PEDRO AURÉLIO
DE QUEIROZ

DIREITO ANTITRUSTE

Os Fundamentos da Promoção da Concorrência

PEDRO AURÉLIO
DE QUEIROZ

DIREITO ANTITRUSTE

Os Fundamentos da Promoção da Concorrência

EDITORA SINGULAR

São Paulo
2018

Dados Internacionais de Catalogação na Publicação (CIP)
Lucas Carlos de Oliveira Silva, CRB-8/9824

Q3d Queiroz, Pedro Aurélio de.

Direito antitruste: os fundamentos da produção da concorrência. / Pedro Aurélio de Queiroz. – São Paulo: Singular, 2018.

376 p.

ISBN: 978-85-53066-01-8

1. Concorrência. 2. Truste. 3. Promoção da concorrência. 4. Ordem econômica. I. Título. II. Autor.

CDU 346.5
CDD 338.9

Capa e projeto gráfico: *Marcos Jundurian*

Editora Singular

Tel./Fax: (11) 3862-1242
www.editorasingular.com.br
singular@editorasingular.com.br

Se existe a ideia de uma sabedoria que tu podes ver e que eu o saiba, e que eu posso ver sem que tu o saibas, e que por isso não podemos mostrar um ao outro, e, contudo, é idêntica em todos, é mister admitir que tal ideia nos seja igualmente acessível a todos.

Santo Agostinho (De lib. arb., II, 10, 28).

Quando teu entendimento transcender a ignorância da separatividade, então obterás a revelação de todo o ensinamento, seja do conhecido, ou daquele por conhecer.

Srimad Bhagavad Gita (1990:109)

À Divina Hierarquia

AGRADECIMENTOS

Como na conhecida lenda de Jonas em que este, afastando-se de Nínive,[1] tentara fugir a Társis, mas fora "tragado" por uma baleia que o devolveu àquele que seria seu real destino, o tema deste livro possui, em alguma medida, uma ligação com a trajetória deste subscritor. Ainda em 2002, quando no exercício da função de Coordenador-Geral da extinta SDE /MJ, por ocasião de discussões sobre uma recém-apresentada proposta de Guia de Análise de Preços Predatórios da também extinta SEAE/MF[2], debatíamos, informalmente, sobre a necessidade de ampliar a atuação na matéria antitruste, até em razão de uma embrionária percepção quanto à insuficiência de mecanismos satisfatórios para efetivação da livre concorrência. Naquela mesma ocasião, a SDE havia sido oficiada pelo CADE, mais especificamente, pelo ex-Conselheiro e Professor Ronaldo Porto Macedo Jr. para se manifestar sobre complexo tema envolvendo questões relativas a tarifas de interconexão entre operadoras de telefonia. O tema de fundo que motivou o ofício não vem ao caso, mas a verdade é que se tratava de expediente pouco usual, já que a SDE, raramente, seria oficiada pelo CADE para se manifestar sobre questões do gênero (era a SDE que, normalmente, instruía os processos que iriam para o CADE e aquele era um expediente excepcional, uma demanda imprevista). Além de uma certa novidade na discussão da matéria regulatória pelo SBDC, o caso provocou certo alvoroço, pois, até então, órgãos do sistema não estavam acostumados com questões que envolveriam a configuração concorrencial de setores, nomeadamente, em razão da rotineira e habitual atuação adjudicatória no controle de atos de concentração e na repressão de ilícitos concorrenciais. Com efeito, a compreensão geral de "advocacia da concorrência" se restringia a uma noção bastante vaga e abrangente de difusão da cultura concorrencial (a famosa "função educativa"). Não alcançava questões mais difíceis como a

1 Nínive corresponderia hoje a cidade iraquiana de Mossul.

2 A SEAE foi substituída pela Secretaria de Promoção da Produtividade e Advocacia da Concorrência e pela Secretaria de Acompanhamento Fiscal, Energia e Loteria conforme artigo 5º do Decreto 9.266 de 15/01/2018.

relatada acima. Ainda naquele ano, influenciados talvez pelas autoridades do DOJ e da extinta OFT presentes no IV Workshop Internacional de Cartéis realizado no Rio de Janeiro, iniciávamos também discussões de temas como *compliance* e fraudes concorrenciais em licitação, grandes novidades até então no antitruste.

Eis que, nos últimos anos, o tema da "advocacia da concorrência" volta à baila e me deparo com o enorme desafio de "retornar a Nínive" e, despretensiosamente, tentar contribuir para a edificação de uma teoria geral da promoção da concorrência ou algo que o valha.

Nesse contexto, seria injusto direcionar meus agradecimentos para uma ou outra pessoa especial, pois foram muitos aqueles que auxiliaram e "coparticiparam" dos sacrifícios para conclusão desta empreitada que, certamente, se iniciou muito antes da elaboração da obra. Assim, gostaria de registrar meus agradecimentos aos Professores que influenciaram, decisivamente, no conteúdo do livro: a Professora Juliana Domingues (Grupos Econômicos); os Professores Vinícius Marques Carvalho e Marcos Paulo Veríssimo (Corrupção e Concorrência); o Professor Sérgio Nojiri (Teorias da Justiça); a Professora Fabiana Severi (Método); o Professor Gustavo Assed (Direito e Desenvolvimento); os Professores Thiago Marrara e Raul de Oliveira (Administração Pública e Desenvolvimento). Gostaria de agradecer o carinho das Professoras Cristina Godoy e Maria Paula Bertran Muñoz que me auxiliaram, criticamente, nas discussões metodológicas. Não poderia, entretanto, deixar de agradecer a Professora Cristiane Derani com quem, ainda como aluno especial na disciplina de Direito Ambiental Econômico no Programa de Pós-Graduação do Largo do São Francisco em 2004, pude aprender conceitos fundamentais que seriam também importantes para este trabalho.

Meus agradecimentos ao Professor Carlos Ragazzo que, assim como o Prof. Vinícius Carvalho, foram meus colegas da Turma X de Especialista em Políticas Públicas e Gestão Governamental na Escola Nacional de Administração Pública em Brasília e que me auxiliou no envio de texto que, de outra forma, seria de difícil acesso. Agradeço ao Professor Leonardo Arquimino de Carvalho que também me auxiliou no envio de sua extraordinária pesquisa sobre o ensino do direito da concorrência no Brasil (triste conclusão!) e que foi, sem dúvida, nuclear para o desenvolvimento deste livro. Meus sinceros agradecimentos à Professora Noeli Rivas da Faculdade de Filosofia, Ciências e Letras de Ribeirão Preto (Docência) pelo valoroso auxílio sobre a temática curricular, particularmente, útil para o último capítulo. Por fim, agradeço a minha querida amiga Aline Lemos Reis Bianchini pela revisão formal do texto.

Ditas estas palavras, permito-me compartilhar o mérito do trabalho com todos aqueles que me auxiliaram nesta trajetória com o desejo de que este esforço investigativo possa contribuir, em alguma medida, para o desenvolvimento social e econômico, para a democratização das instituições e, principalmente, para melhoria das condições de vida da sociedade.

PREFÁCIO

A proposta deste livro é questionar se o direito da concorrência, tal como edificado no presente, tem-se revelado suficiente para alcançar o fenômeno concorrencial de modo efetivo e, portanto, se estaria, de fato, a realizar sua missão no sentido de contribuir para o desenvolvimento e para a democracia. Objetivou-se demonstrar que os mecanismos convencionais de defesa da concorrência (controle de condutas e de atos de concentração) seriam incapazes de fazer frente à crescente concentração dos mercados e à eliminação ou mesmo à redução de distorções competitivas ocasionadas, ainda que indiretamente, pelo próprio Estado. Estes problemas estariam a impactar a própria ideia de democracia e colocariam em risco o desenvolvimento econômico e social.

A partir do referencial teórico utilizado, procurou-se evidenciar a incapacidade do antitruste em acompanhar a velocidade de mercados cada vez mais dinâmicos, bem como alcançar todos os problemas concorrenciais, especialmente, aqueles ocasionados por meios não-convencionais, isto é, por mecanismos de diferenciação de produtos, por práticas apoiadas em facilitações institucionais, subsídios estatais, obtenção de vantagens por influência no processo legislativo e, entre outros, por meio de decisões administrativas e/ou regulatórias.

A *competition advocacy* (promoção da concorrência) foi apresentada como uma das respostas possíveis do direito para mitigar o risco de que a excessiva concentração do poder econômico acabe gerando o bloqueio de canais democráticos, a captura das instituições políticas por grupos dominantes e, ainda que reflexamente, o aumento da desigualdade. Considerando que a *competition advocacy* parte de uma ideia residual ou de exclusão em relação à função preventiva e à repressiva, o trabalho identificou quais seriam os assuntos adequados para uma abordagem sistêmica e, principalmente, útil da promoção da concorrência, tendo em vista, especialmente, o tratamento ainda difuso do tema por parte da doutrina.

Por fim, buscou-se definir, com maior precisão, o conteúdo jurídico da promoção da concorrência e foram apresentadas propostas para aperfeiçoamento do instituto no Brasil, de modo a contribuir para o desenvolvimento econômico-social e para o fortalecimento das instituições democráticas.

O trabalho, além de revisitar pressupostos teóricos do antitruste, tem como referência estudos recentes de organismos internacionais, reformulações da temática concorrencial ocorridas mundo afora, bem como trabalhos produzidos recentemente sobre o assunto.

A obra, fruto da defesa do mestrado do autor na Faculdade de Direito da USP/Ribeirão Preto-SP, foi aprovada com distinção pela banca examinadora que contou com a presença do Conselheiro do CADE e Professor da UNB Paulo Burnier e dos Professores da USP João Grandino Rodas, Juliana Domingues e Gustavo Assed.

São Paulo, 25 de fevereiro de 2018.

Pedro Aurélio de Queiroz Pereira da Silva

SUMÁRIO

CAPÍTULO 2

CAPÍTULO 3

CAPÍTULO 4

INTRODUÇÃO

I. A Escolha do Tema

É praticamente impossível falar da escolha do tema desse livro sem falar da trajetória que me conduziu até ele.

Muitos temas podem ser escolhidos a partir de uma decisão, essencialmente, racional ou de uma escolha a partir de sugestões de terceiros: orientadores ou estudiosos da matéria. A escolha da promoção da concorrência[1] como tema, entretanto, decorre muito mais de um *sentir* do que de um *pensar*. Decorre muito mais de um *contexto político e sociológico* do que, propriamente, de um interesse pessoal ou apenas acadêmico. Explico.

Há muito se fala em "advocacia da concorrência".[2] Esta é a expressão, comumente, utilizada pelos profissionais e estudiosos do tema na seara antitruste para designar algo próximo à promoção da concorrência e que decorre de uma tradução, no mínimo, duvidosa da expressão *competition advocacy*,[3] muito utilizada mundo afora. Uma primeira advertência deve ser feita, em especial, para aqueles que não estão acostumados com as particularidades e expressões próprias do universo antitruste. "Advocacia da concorrência" nada

1 Para um entendimento bastante inicial do tema, a promoção da concorrência está relacionada a atividades do Estado que objetivam combater a concentração econômica por meio de intervenções preventivas, indutoras, corretivas e educativas que não se enquadram, exatamente, nos dois controles "tradicionais" do antitruste, quais sejam, o *controle repressivo de condutas* contrárias à Lei de Defesa da Concorrência e o controle prévio de atos de concentração dos agentes econômicos (fusões, aquisições, acordos etc). A promoção da concorrência objetiva, entre outros, prevenir desníveis concorrenciais provocados, direta ou indiretamente, por atos do próprio Estado ou de entidades privadas com poder de influenciar a concorrência, bem como difundir a cultura da concorrência como um meio de, na via educativa, promover a internalização de condutas pró-competitivas, socialmente, benéficas.

2 Como veremos, este é um termo utilizado no Brasil desde a década de 90 no contexto de liberalização econômica e introdução da concorrência, tendo sido, por vezes, referido no contexto de desestatizações e abertura de mercados.

3 Como esclareceremos posteriormente.

tem a ver com "profissão de advogado da concorrência" ou algo que o valha. Infelizmente, a expressão já naturalizada entre os profissionais do antitruste no Brasil, além de passar uma ideia equivocada sobre seu verdadeiro sentido, talvez reduza a importância do tema. A pergunta que, certamente, vem à mente de uma pessoa do direito não acostumada com a expressão é por que alguém escolheria como tema "advocacia da concorrência"? Qual a relevância do assunto, seu impacto social, sua contribuição para a democracia e para o desenvolvimento? Tentarei responder a estas perguntas por meio deste esforço investigativo. Nesse particular, tentarei demonstrar porque a pesquisa em direito econômico (especialmente, no antitruste) contém particularidades e porque estas particularidades influenciam não apenas o método, mas a própria noção que se tem do direito e como a concepção de ciência poderia contribuir para repensar o direito econômico e concorrencial.

II. O Ponto de Partida e a Relevância do Tema

Apenas para contextualizar de modo bastante introdutório o tema no arcabouço legal do ordenamento brasileiro, é importante lembrar que o Sistema Brasileiro de Defesa da Concorrência está centrado, essencialmente, em ações de *enforcement* consubstanciadas em duas funções, legalmente, bem definidas: o controle de atos de concentração (*função preventiva*) e a repressão de condutas anticompetitivas (*função repressiva*), prevendo, *residualmente*, uma terceira função: a *promoção ou advocacia da concorrência (competition advocacy)*. Parte desta função (de *advocacy*) é desempenhada pela Secretaria de Acompanhamento Econômico do Ministério da Fazenda nos termos do artigo 19 da Lei 12.529/2011.[4] O Tribunal Administrativo de

4 Nos termos do art. 19 da Lei 12.529/2011 que será, posteriormente, estudado, compete a SEAE: i. opinar, nos aspectos referentes à promoção da concorrência, sobre propostas de alterações de atos normativos de interesse geral dos agentes econômicos, de consumidores ou usuários dos serviços prestados submetidos a consulta pública pelas agências reguladoras e, quando entender pertinente, sobre os pedidos de revisão de tarifas e as minutas; ii. opinar, quando considerar pertinente, sobre minutas de atos normativos elaborados por qualquer entidade pública ou privada submetidos à consulta pública, nos aspectos referentes à promoção da concorrência; iii. opinar, quando considerar pertinente, sobre proposições legislativas em tramitação no Congresso Nacional, nos aspectos referentes à promoção da concorrência; iv. elaborar estudos avaliando a situação concorrencial de setores específicos da atividade econômica nacional, de ofício ou quando solicitada pelo Cade, pela Câmara de Comércio Exterior ou pelo Departamento de Proteção e Defesa do Consumidor do Ministério da Justiça ou órgão que vier a sucedê-lo; v. elaborar estudos setoriais que sirvam de insumo para a participação do Ministério da Fazenda na formulação de políticas públicas setoriais nos fóruns em que este Ministério tem assento; vi propor a revisão de

Defesa Econômica (TADE), órgão judicante que compõe o CADE (Conselho Administrativo de Defesa Econômica), por sua vez, também possui papel relevante na promoção da concorrência conforme artigo 9º, inciso XIV, da Nova Lei de Defesa da Concorrência, devendo instruir o público sobre as formas de infração da ordem econômica. É, justamente, sobre esta terceira função (de promoção da concorrência) que nos debruçamos neste livro. Tomamos a liberdade de, por ora, tratar "promoção da concorrência", "*competition advocacy*" e "advocacia da concorrência" como sinônimos para, posteriormente, analisarmos, criticamente, qual destas denominações seria a mais adequada sob nossa ótica.

No início desta introdução, afirmo que o termo "advocacia da concorrência" tem sido utilizado para nominar "algo próximo" à promoção da concorrência e o faço, justamente, porque a "advocacia da concorrência" sempre foi tema pouco estudado e pouco compreendido até mesmo dentro do universo antitruste. Este trabalho tem como um de seus objetivos, justamente, tentar compreender o porquê desta dificuldade conceitual quanto a um instituto que, ao contrário do que possa parecer, não é novo no antitruste.[5]

De certa forma, porém, a novidade está na sua crescente importância e nas abordagens mais recentes que, de certa forma, ampliaram o espectro conceitual da *competition advocacy* no Brasil e no mundo. Por trás deste fato, certamente, há razões de ordem sócio-jurídica e razões relacionadas ao reposicionamento das teorias econômicas até então dominantes. Não por acaso muitos economistas que se contrapõem aos excessos das teorias econômicas dominantes têm sido agraciados com o prêmio Nobel[6] de economia pela Academia Real de Ciências da Suécia. Podem ser citados, entre os mais conhecidos, Ronald Coase (1991), Douglass North (1993) Amartya Sen (1998), Joseph Stiglitz (2001), Oliver Williamson (2009), Elinor Ostrom (2009), Jean

---

leis, regulamentos e outros atos normativos da administração pública federal, estadual, municipal e do Distrito Federal que afetem ou possam afetar a concorrência nos diversos setores econômicos do País; vii. manifestar-se, de ofício ou quando solicitada, a respeito do impacto concorrencial de medidas em discussão no âmbito de fóruns negociadores relativos às atividades de alteração tarifária, ao acesso a mercados e à defesa comercial, ressalvadas as competências dos órgãos envolvidos; viii. encaminhar ao órgão competente representação para que este, a seu critério, adote as medidas legais cabíveis, sempre que for identificado ato normativo que tenha caráter anticompetitivo.

5 Como demonstraremos no curso deste trabalho.

6 Tecnicamente, denominado *Prémio do Banco da Suécia para as Ciências Económicas em Memória de Alfred Nobel* (Sveriges riksbanks pris i ekonomisk vetenskap till Alfred Nobels minne).

Tirole (2014) e, entre outros, Angus Deaton (2015).[7] O prêmio de 2017 foi, justamente, para o economista Richard Thaler que, pioneiro na aplicação da teoria comportamental no campo econômico, rejeitou a racionalidade como premissa das teorias tradicionais (THE ECONOMIST: 2017b).

Com efeito, a "advocacia da concorrência" tal como, comumente, compreendida está longe de alcançar todas as intervenções possíveis em termos de promoção da concorrência. Daí porque a proposta deste livro se traduz em um desafio de construção conceitual da promoção da concorrência que vá além do que os estudiosos e profissionais, no geral, entendem como a conhecida (e, a um só tempo, desconhecida) *advocacia da concorrência*.

Embora crescente a percepção quanto à relevância do tema no Brasil e no mundo, arriscaria dizer que ainda há uma certa *dificuldade conceitual* quanto à delimitação do instituto. Este *vazio conceitual* não decorre, porém, da ausência de estudiosos de qualidade no antitruste. Muito pelo contrário. O direito concorrencial brasileiro é repleto de notáveis. A verdade é que, muito provavelmente, o contexto sócio-político funcionou como um eclipse à evolução da *competition advocacy* (promoção da concorrência) no Brasil. Como demonstrado no decorrer do trabalho, este bloqueio à evolução da promoção da concorrência nada mais é, na prática, que o próprio bloqueio à efetivação mais ampla do princípio da livre concorrência. Ademais disso, este "bloqueio" não parece tampouco decorrer de eventual "hipótese alternativa" de política pública consubstanciada em uma exceção legítima ao princípio da livre concorrência como instrumento de desenvolvimento social e econômico. Trata-se, deveras, de uma restrição construída no tempo sem qualquer justificativa ou embasamento de índole constitucional e, muito menos, econômico que, entretanto, criou raízes culturais.

Curiosamente, uma das características mais conhecidas do instituto da *competition advocacy* é, justamente, a difusão da cultura concorrencial. Mas

7 Vale transcrever parte da nota da Real Academia Sueca de Ciências por ocasião da outorga do Prémio de Ciências Económicas para os economistas norte-americanos Leonid Hurwicz, Eric Maskin e Roger Myerson: "A clássica metáfora de Adam Smith sobre a 'mão invisível' refere-se a como o mercado, sob condições ideais, garante uma alocação eficiente de recursos escassos. Mas, na prática, as condições normalmente não são ideais. Por exemplo, a competição não é completamente livre, os consumidores não são perfeitamente informados e a produção e o consumo desejáveis privadamente podem gerar custos e benefícios sociais" (REUTERS: 2007).

COX, Adam. **Trio norte-americano ganha Nobel de Economia 2007**. Reuters Brasil, 15 de Outubro, 2007 10:38 GMT.

como poderia a promoção da concorrência evoluir sem que exista no Brasil seu pressuposto, vale dizer, a própria cultura concorrencial? Daí a dificuldade e uma certa impotência da doutrina e dos órgãos de defesa da concorrência em definir de modo *indutivo* o que deveria passar por um processo de *construção dedutiva*, isto é, a partir de uma realidade concorrencial pré-existente tal como ocorreu nos EUA, país considerado precursor no antitruste.[8] Doutrina antitruste (aqui incluído o trabalho realizado não apenas por profissionais do direito, mas também por economistas) e órgãos que compõem o Sistema Brasileiro de Defesa da Concorrência (SBDC) são apenas uma "camada" da realidade concorrencial (ou da cultura concorrencial). Portanto, integram esta realidade e são condicionados por ela. Dito de outro modo, padrões estruturais e culturais de concorrência preexistem a "agentes" e a órgãos da concorrência, não obstante suas importantes atuações para estabelecer uma certa cultura concorrencial, para corrigir e induzir comportamentos dos agentes de acordo com o vetor concorrencial.

A escolha do tema decorre da percepção de que o direito da concorrência, tal como edificado até então, talvez esteja sendo insuficiente para fazer frente à crescente concentração de mercado nas mãos de poucos grupos econômicos, ou até mesmo incapaz de eliminar ou mesmo reduzir distorções competitivas ocasionadas muitas vezes pelo próprio Estado que, não raro, atua como um "representante" destes mesmos grupos econômicos, reforçando privilégios e poder de mercado nos mais variados segmentos. Como demonstraremos, inúmeros trabalhos recentes dão "pistas" desta incapacidade do antitruste em alcançar todos os problemas concorrenciais, especialmente, aqueles ocasionados por meios nada convencionais.

Calixto Salomão Filho, em obra seminal, fala na "paralisia do antitruste", justamente, para descrever esta incapacidade operacional do sistema e da teoria microeconômica que ampara este campo do direito em alcançarem esta realidade (2015). Obras recentes mundo afora têm demonstrado a

8 Nas palavras de Rodas: "Embora credite-se ao Canadá o pioneirismo no estabelecimento de legislação concorrencial, graças ao *Act for the Prevention and Suppression of Combinations Formed in Restraint of Trade*, de 1889, coube aos Estados Unidos da América, com seu *Sherman Act*, de 1890, tornar ilegais todo contrato, combinações na forma de truste ou similar, ou conspiração, para restrição de comércio e monopolização. Esse mesmo país delinearia o direito antitruste e influenciaria não somente a Europa, quanto todo o mundo, a ponto de hoje, quase 100 países, possuírem seu próprio direito interno concorrencial, com inspiração maior ou menor do antitruste norte-americano." (2015b).

pouca efetividade dos instrumentos concorrenciais atualmente disponíveis.[9] Nesse sentido, o economista norte-americano John Kwoka, por meio de inédita investigação empírica, evidenciou a inaptidão do antitruste em produzir eficiências nas operações e mercados analisados nos últimos anos (2015). A obra de Kwoka tem provocado tamanha repercussão no âmbito acadêmico americano a ponto de Professores da Universidade de Chicago, uma escola marcadamente liberal,[10] reunirem-se, recentemente, para questionar se a excessiva concentração dos mercados não estaria comprometendo a própria eficiência dos mercados. O que poucos entenderiam é como poderia haver uma aparente mudança de posição em uma escola considerada, tradicionalmente, liberal. É preciso ter em mente, entretanto, que não se trata de uma questão, puramente, ideológica, mas sim da alteração de pressupostos fáticos a partir dos quais a teoria foi produzida. Sob um prisma dinâmico, a teoria de décadas atrás poderia até sugerir que seria mais eficiente uma abordagem que incentivasse ganhos produtivos e alocativos advindos das concentrações para aquele momento e lugar. Como explica Zingales, Professor de Chicago, "talvez o pêndulo tenha mudado para a outra direção. Isto não significa que o ponto de vista tenha mudado em direção oposta, e sim que os fatos são, notoriamente, diferentes" (THE CHICAGO MAROON, 2017).

Posner, por sua vez, em artigo publicado em 2000, já antevia as substanciais dificuldades do antitruste em acompanhar os problemas da realidade (POSNER, 2000). Para o criador da "Law and Economics", existiriam inúmeras outras intervenções, igualmente, relevantes e uma verdadeira crise de paradigma organizacional do sistema de defesa da concorrência, de tal forma que o antitruste não estaria adaptado a lidar com o dinamismo econômico e com a nova economia (POSNER: 2000:2).

Nos EUA, estudos recentes demonstram que sucessivas ondas de concentração de empresas fizeram com que mais de dois terços da economia norte-americana se tornassem mais concentrados desde a década de 90 (THE ECONOMIST, 2017a). Jan De Loecker e Jan Eeckhout evidenciam a brutal elevação das margens de lucros das empresas norte-americanas nas últimas décadas: de 18% em 1980 para 67% em 2014 (2017: 9).

---

9 Aqui incluídos os próprios conceitos microeconômicos.

10 Como demonstraremos, uma escola eficientista não é, necessariamente, liberal, mas pode ter sido, oportunisticamente, liberal. Daí que o pêndulo irá se ajustar para que aqueles fins antes preconizados (pautados no apotegma eficientista) possam, novamente, ser alcançados.

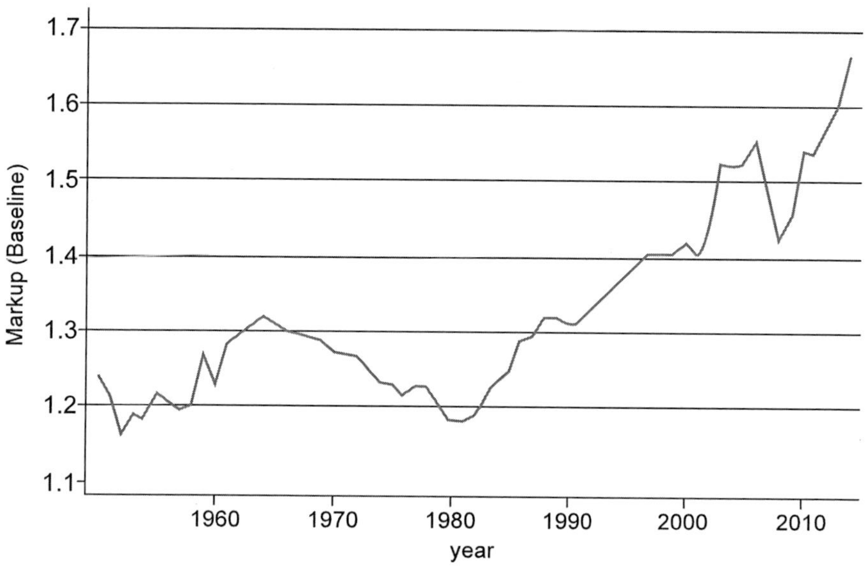

Fonte: Jan De Loecker e Jan Eeckhout (2017:09)

Germán Gutierrez e Thomas Philippon, por sua vez, demonstram o baixo índice de investimentos privados desde 2000 a despeito de níveis recordes de lucratividade das empresas norte-americanas (2017). Um dos fatores apontados pelos autores para tal cenário é, justamente, a significativa redução do nível de competição nos mais variados setores da economia (GUTIERREZ; PHILIPPON, 2017: 66-67). Coincidentemente, indústrias como a farmacêutica, de telecomunicações e de aviação civil estariam praticando preços 50% maiores do que em outros países com retornos crescentes sobre o capital (THE ECONOMIST, 2017a). Muitos outros estudos atestam a expressiva redução dos níveis de competição e dinamismo em diversos segmentos, bem como o aumento significativo da lucratividade e da concentração econômica (DECKER ET AL., 2014 e 2015; GRULLON ET AL.2017; DOTTLING ET. AL., 2017).

Outro ponto que merece ser realçado é o de que empresas americanas gastam mais de US$ 3 bilhões por ano com lobby (THE ECONOMIST, 2017a), o que tem elevado o risco de captura de órgãos reguladores, das autoridades concorrenciais e de influência no processo legislativo para obtenção de medidas que possam, ainda que indiretamente, limitar a concorrência. As dificuldades à efetivação da tutela antitruste vão, portanto, muito além de questões econômicas, alcançando questões de índole institucional e política.

A preocupação com a excessiva concentração nos EUA, que estaria limitando novos investimentos e inovações, fez com que até mesmo o então Presidente Barack Obama editasse uma "Executive Order", especialmente, com o intuito de promover a concorrência no país (WHITE HOUSE, 2016).

No Brasil, os graves problemas relacionados à corrupção têm colocado o sistema de defesa da concorrência no centro das atenções. Inúmeros casos envolvendo práticas de corrupção[11], não raro, estão associados a ilícitos concorrenciais (como nos cartéis em licitação) e grandes grupos econômicos investigados também pretendem, por óbvio, fazer valer seus interesses em aquisições, *lobby* e pressões de todo gênero. Nesse sentido, os referenciais teóricos utilizados neste livro[12] demonstram a estreita relação de interdependência entre concorrência, desenvolvimento e democracia. Por fim, a crescente desigualdade constatada nos últimos tempos, como demonstra Piketty (2014), guardaria estreita relação com este crescente e alarmante processo de concentração econômica.

Como demonstraremos, Reino Unido, EUA, Canadá, México e, entre outros, Austrália vêm tentando superar esta incompletude do direito da concorrência por meio do fortalecimento, justamente, da *competition advocacy* (promoção da concorrência).

É preocupante constatar que, quando da escolha do tema, não havia, no Brasil, nenhuma pesquisa no âmbito acadêmico[13] que tratasse, especificamente, sobre a promoção da concorrência. A *advocacy*, como será visto, é considerada hoje a pedra de toque de qualquer sistema de defesa da concorrência existente no mundo (ZOGHBI, 2009: 1). Não poderia ser um assunto relegado a segundo plano entre os estudiosos do antitruste.[14] A ausência de estudos sobre o tema, entretanto, tem sido, gradativamente, suplantada com a publicação esparsa de artigos, estudos e *workingpapers* no Brasil e no mundo nos últimos anos.

Com efeito, em artigo publicado em 2005, destacamos a insuficiência dos mecanismos tradicionais do antitruste em mitigar riscos concorrenciais do advento de *novos produtos* e *novas tecnologias* (QUEIROZ, 2005). Até então, não havia a previsão de mecanismos de análise prévia dos impactos anticompetitivos de novas tecnologias ou novas políticas públicas com exceção

11 Entre eles, as conhecidas operações Lava Jato e Zelotes deflagradas pela Polícia Federal brasileira.

12 Detalhados a seguir.

13 Mais precisamente no âmbito da pós-graduação *stricto sensu* no Brasil.

14 Justiça seja feita, as publicações sobre o tema têm crescido exponencialmente, porém, apenas nos últimos anos.

das funções convencionais do antitruste (controle de atos de concentração e de condutas). Além disso, não havia talvez uma compreensão mais ampla de que questões como estas poderiam ser equacionadas por meio da *competition advocacy*. Os debates e reflexões do antitruste giravam em torno, essencialmente, do controle de condutas anticompetitivas e de atos de concentração, restando apenas um papel secundário e, por demais, simbólico à "advocacia da concorrência".

Demais disso, como demonstraremos, o que pode estar em risco, nesse cenário de excessiva concentração e de uma certa limitação operacional do antitruste, é a própria ideia de democracia. Nesse sentido, Pitofsky[15], um dos principais teóricos do antitruste na atualidade, define com precisão este sentimento:

> O medo que *a excessiva concentração de poder econômico poderá promover pressões antidemocráticas*, o desejo de reduzir a margem de poder de alguns grupos privados, a fim de aumentar a liberdade individual, e o receio de que a crescente intervenção pública poderá ser necessária se a economia passar a ser dominada por poucos *podem e devem ser, possivelmente, incluídas na equação antitruste*. Embora as preocupações econômicas continuem sendo fundamentais, ignorar esses fatores não-econômicos seria ignorar as bases da legislação antitruste e o consenso político a partir do qual o antitruste foi edificado.[16] (1979: 1075)

A *competition advocacy* seria, portanto, uma das respostas possíveis do direito para mitigar o risco de que a crescente concentração do poder econômico[17] acabe gerando o bloqueio de canais democráticos, a captura

15 Pitofsky é Professor da Universidade de Georgetown nos EUA, tendo atuado como Comissário e Diretor do Departamento de Defesa do Consumidor da Federal Trade Commission. Ou seja, trata-se de um estudioso que acompanhou boa parte da evolução do antitruste americano, servindo ao próprio governo dos EUA.

16 "The fear that excessive concentration of economic power will foster antidemocratic political pressures, the desire to reduce the range of private discretion by a few in order to enhance individual freedom, and the fear that increased governmental intrusion will become necessary if the economy is dominated by the few, *can and should be feasibly incorporated into the antitrust equation*. Although economic concerns would remain paramount, to ignore these non-economic factors would be to ignore the bases of antitrust legislation and the political consensus by which antitrust has been supported" (PITOFSKY, 1979: 1075). Destacamos.

17 Nos EUA, país berço do antitruste, estudos recentes demonstram que sucessivas ondas de concentração de empresa fizeram com que mais de dois terços da economia norte-americana se tornassem mais concentrados desde a década de 90 (THE ECONOMIST, 2017). Coincidentemente, indústrias como a farmacêutica, de telecomunicações e de aviação civil

das instituições políticas por grupos dominantes e, ainda que reflexamente, o aumento da desigualdade.

Os capítulos estão divididos da seguinte forma. No primeiro, tratamos das particularidades da pesquisa em direito econômico e dos fins da tutela antitruste, objetivando, justamente, revisitar conceitos sedimentados na teoria concorrencial e, dessa forma, erigir fundamentos mais sólidos para (re)construção de uma teoria concorrencial. No segundo, a partir do referencial teórico utilizado e teorias políticas e econômicas, passa-se a contextualizar o problema e a *investigar* uma aparente incapacidade do antitruste em alcançar, de modo mais amplo, o fenômeno concorrencial. Buscamos também *demonstrar* que, nos dias de hoje, a *competition advocacy* ocupa papel central para a concretização mais efetiva do princípio constitucional da livre concorrência, funcionando como mecanismo para mitigar privilégios econômicos, reduzir a desigualdade e para permitir o fortalecimento de práticas e instituições democráticas. No terceiro capítulo, passamos a tratar da questão conceitual, propriamente dita, da "advocacia da concorrência", de modo a propor uma definição desta função, bem como para apresentar uma proposta de sistematização dos mecanismos que a integram. Nesse mesmo capítulo, trazemos a contribuição teórica sobre a *competition advocacy* em outras partes do mundo, organismos internacionais e órgãos de defesa da concorrência. Nesse particular, não se trata de detalhar cada um dos mecanismos, até porque renderiam, certamente, trabalhos específicos, mas de compreender sua "razão de ser", "por que" e "como" constituem manifestações da *competition advocacy*. Exemplos de casos concretos serão explicitados como apoio para compreensão desses mecanismos e dos limites enfrentados pelo antitruste. Vale dizer, a análise de casos não constitui objetivo central do trabalho, mas é relevante para compreensão, ainda que de modo auxiliar, do conceito proposto de *competition advocacy* e dos limites do antitruste no Brasil. No último capítulo, é examinada a dimensão cultural[18] da *competition advocacy* e, com base em uma análise propositiva, são sugeridos meios para viabilização do instituto no Brasil (difusão cultural, educacional, reforma institucional etc). Por fim, são apresentadas propostas para aperfeiçoamento do instituto e uma breve conclusão.

---

estão praticando preços 50% maiores do que em outros países com retornos crescentes sobre o capital. Ao mesmo tempo, as empresas americanas gastam mais de US$ 3 bilhões por ano com lobby, o que tem elevado o risco de captura de órgãos reguladores (THE ECONOMIST, 2017).

18 Incluído nesta dimensão o importante papel educativo da *advocacy*.

III. A Ampliação Conceitual dos Pressupostos da Defesa e Promoção da Concorrência

Com base nas teorias econômicas que informam o antitruste[19], tem-se que o objetivo primordial da defesa da concorrência é preservar e incentivar a competição entre os agentes privados como um *meio* para garantir a eficiente alocação de recursos em uma economia, promovendo, assim, ganhos alocativos e produtivos em benefício de toda a sociedade. Entende-se que estes ganhos geram bem-estar econômico e social e, por esta razão, devem ser considerados centrais ao desenvolvimento.[20] Esta é, de forma bastante abrangente, a ideia geral que parece orientar e justificar a implantação de sistemas de defesa da concorrência pelo mundo.[21]

O presente trabalho pretende agregar a esta perspectiva, a contribuição das obras de Douglass North que é um dos maiores expoentes da NEI (Nova Economia Institucional)[22] e que, conjuntamente com Robert William Fogel, foi laureado com o Prémio de Ciências Econômicas em Memória de Alfred Nobel de 1993. Segundo essa abordagem, a concorrência é fundamental ao desenvolvimento não apenas como simples crescimento econômico (gerador de eficiências alocativas e produtivas), mas também como pré-requisito para a edificação de sólidas instituições democráticas que, em um estágio mais avançado de desenvolvimento, caracterizariam as "ordens econômicas de acesso aberto"[23] como detalhadas no decorrer deste livro. Cumpre, nessa etapa, sublinhar que este é, precisamente, o referencial teórico de que parte o presente trabalho. Dito de forma objetiva: a concorrência aqui é compreendida não apenas como maximizadora de bem-estar econômico (conforme conhecida abordagem dominante), mas também como meio de democratização

---

19 Esta é apenas uma definição para efeitos introdutórios sobre o tema. No decorrer do trabalho, apresentaremos nossa visão crítica.

20 Não pretendemos, nesta etapa do trabalho, aprofundar sobre os distintos pontos de vista das principais teorias econômicas.

21 Ideia que será relativizada posteriormente.

22 A Nova Economia Institucional caracterizou-se por ser um movimento de aperfeiçoamento de teorias econômicas convencionais, como a neoclássica, com base em aspectos relacionados a custos de transação, direitos de propriedades, assimetrias informacionais, questões institucionais que, normalmente, não eram contempladas por referidas teorias. A expressão foi proposta por Oliver Williamson e a NEI era integrada por consagrados economistas como Ronald Coase, Douglass North, Oliver Williamson, Harold Demsetz, Elinor Ostrom e, entre outros, Daron Acemoglu. O movimento tem suas raízes na obra de Coase, "The Nature of the Firm" de 1937 e "The Problem of Social Cost" (1960), tendo avançado, especialmente, a partir das obras de North e Williamson.

23 Esta definição é utilizada por Douglass North e será detalhada posteriormente.

de instituições políticas e econômicas por meio da mitigação de estruturas extrativistas[24] de poder econômico. [25]

Trata-se, no fundo, de uma ampliação conceitual dos pressupostos da defesa e promoção da concorrência que influenciam na abordagem metodológica do princípio da livre concorrência, dos institutos do antitruste e até mesmo dos processos de tomada de decisão com base em referido princípio. Como detalhado no capítulo sobre *a pesquisa em direito econômico*, no direito antitruste (e, de certa forma, no direito econômico como um todo), escolas de pensamento econômico reivindicam normatividade e influenciam a própria concepção do direito.

A ideia essencial derivada da definição do marco teórico e que norteia o presente trabalho também nos é dada por Douglass North. Este economista considera que o desenvolvimento é um processo de transformação da ordem social e que o crescimento econômico não conduz, necessariamente, a essa transformação, pois, para que haja desenvolvimento, é necessário que existam mecanismos institucionais e organizacionais que facilitem a transferência dos ganhos da economia para o campo político (LANDES, 1998). Nesse sentido, *a competição política e econômica seriam os pilares de sustentação do desenvolvimento*. Para este autor, estas duas forças se retroalimentam: a *competição política* é necessária para manter o acesso aberto na economia e a *competição econômica* é necessária para manter o acesso aberto na política. *Agentes políticos e econômicos pretenderiam tanto quanto possível bloquear a competição, de sorte que o desenvolvimento sustentável no longo prazo não decorreria da boa vontade desses agentes* (SALAMA, 2011, 29). Esta ideia fundamental define o pressuposto teórico da *competition advocacy* tal como compreendida no presente trabalho: sem difusão da concorrência não há desenvolvimento sustentável no longo prazo.

Por fim, cumpre assinalar que o significado de *instituições*[26] adotado por North é outro elemento chave para se compreender a normatividade no

---

24 Parte-se, para tanto, dos conceitos de instituições extrativas e inclusivas, a seguir detalhados, presentes em Acemoglu; Robinson (2012: 98- 99).

25 Não se pretende, nesse momento, adentrar no conflito teórico entre a abordagem econômica heterodoxa da concorrência em relação a NEI (Nova Economia Institucional), mas definir um ponto de partida, tendo como referência a concorrência como central ao desenvolvimento, constatação, de resto, presente nas diferentes abordagens.

26 Para North (1997): "Institutions are the humanly devised constraints that structure human interaction. They are made up of formal constratints (rules, laws, constitutions), informal constraints (norms of behavior, conventions, and self-imposed codes of conduct), and their enforcement characteristics. Together they define the incentive structure of societies and specifically economies".

âmbito do direito econômico e que, portanto, também é determinante para este esforço investigativo. *Instituições são regras*. Porém, esta normatividade, tal como entendida, especificamente, por North, é ampla e inclui normas privadas, públicas, semi-privadas e semi-públicas. Estas normas compõem e definem o que North denomina *ambiente institucional* e exercem o papel de elo entre o individual e o coletivo (NORTH,1997). Para os fins aqui propostos, não se trata de definir se tais normas são ou não jurídicas[27], mas de saber qual a capacidade que estas normas possuem no sentido de definir e influenciar o ambiente competitivo (e aqui um contraponto às teorias econômicas que defendem que a economia produziria um resultado ótimo a partir da maximização de interesses por agentes racionais). Vale dizer, para a definição de instituições (regras), os *incentivos* importam tanto quanto eventual obrigatoriedade que decorre destas normas. Esse conceito será fundamental para se compreender porque o direito da concorrência deve-se preocupar não apenas em reprimir ilícitos concorrenciais ou em analisar atos de concentração entre empresas, mas, principalmente, em influenciar o ambiente concorrencial, buscando redefinir as "regras do jogo" com base no vetor competitivo. Dito de outra forma, o caráter promocional do direito da concorrência importaria tanto quanto sua função sancionatória de repressão de ilícitos ou de adjudicação de concentrações empresariais.

O problema de fundo a embasar a presente obra pode ser resumido em uma pergunta: *o antitruste, tal como compreendido e desenhado institucionalmente, tem-se revelado suficiente para alcançar todo o fenômeno concorrencial?* Mais especificamente, indaga-se: *a competition advocacy, da forma como compreendida e positivada no Brasil, revela-se adequada para fazer frente aos possíveis problemas concorrenciais que não estão ao alcance das funções típicas*[28] *do antitruste (controle de condutas e de atos de concentração)?*[29] A *hipótese básica* (LAKATOS; MARCONI: 1991, p. 104) que trabalhamos e buscaremos

27 Debate de pouca utilidade para os fins do presente trabalho.

28 Refiro-me, indistintamente, no decorrer do trabalho, a "funções típicas", "tradicionais" ou de "enforcement" como correspondendo às funções de controle de atos de concentração e de condutas anticompetitivas.

29 Parto do pressuposto de que, embora possam ser sempre aperfeiçoadas, as funções de controle de concentração e de condutas no Brasil, encontram-se, satisfatoriamente, desenhadas institucionalmente e não há maiores problemas quanto a sua compreensão e implementação pelos órgãos do SBDC. Talvez os maiores problemas na implementação das funções de *enforcement* passa, justamente, por ações de *advocacy*, a saber, *compliance*, ações educativas, esclarecimento de órgãos estatais quanto as melhores práticas em compras públicas para se evitar cartéis em licitações e atuação prévia para impedir condutas ilícitas muitas vezes incentivadas pelo próprio Estado.

demonstrar é a de que o direito da concorrência não tem alcançado situações que poderiam ou deveriam estar contempladas na tutela antitruste seja em razão de uma compreensão minimalista do princípio da livre concorrência[30] seja pela ausência de instrumentos legais capazes de concretizar esta tarefa. É, justamente, o grau de desenvolvimento da *competition advocacy* que, *ultima ratio*, explica (sintoma) e determina (causa) a higidez de um sistema concorrencial. Este fato revela uma situação inusitada, uma vez que, se, por um lado, reconhece-se que a concorrência é um valor essencial ao desenvolvimento de uma nação, por outro, a *promoção da concorrência* (*competition advocacy*), pilar de sustentação de um regime concorrencial, não avançou no mesmo ritmo das demais funções do antitruste. Vale dizer, é necessário tentar compreender qual razão para que o direito e a política de defesa da concorrência não tenham oferecido respostas satisfatórias a estes desafios. Insuficiência conceitual? Inadequação do marco legal? Questões de ordem política e econômica?

Com efeito, deve-se questionar se a criação, no Brasil, de um regime legal bastante avançado de defesa da concorrência se traduz, na prática, em um sistema efetivo de estímulo à competição. Vale dizer, é preciso refletir se o marco legal do antitruste brasileiro é suficiente para materialização das premissas de um autêntico sistema competitivo. Isto é, em que medida o SBDC, realmente, contribui para o desenvolvimento econômico e para a criação de instituições democráticas inclusivas ou de ordens de acesso aberto (ou para eliminação de instituições extrativistas)[31]? Considerando que este papel caberia, em grande parte, à *competition advocacy*, as definições existentes sobre promoção da concorrência no Brasil são satisfatórias para fazer frente a este desafio?[32]

O trabalho busca investigar se o estágio de desenvolvimento e talvez ainda impreciso entendimento da *competition advocacy* seriam, a um só tempo, *sintoma* e *causa* da primeira hipótese (i.e., insuficiência do antitruste para albergar todo o fenômeno concorrencial). Isto é feito a partir de *três outras hipóteses*.[33] A *primeira* delas é a de que, somente nas últimas décadas, a teoria

30 Nas palavras de SCHERER e ROSS, tradicionalmente o antitruste tem sido identificado como uma espécie de *intervenção episódica mais parecida a uma intervenção cirúrgica* (1990:12).

31 Conforme o marco teórico de que partimos.

32 A pesquisa se dá em âmbito teórico e conceitual, mas com contribuição, em alguma medida, de análise econômica do direito e até de pesquisa participativa e pesquisa-ação, na medida em que busca influenciar pessoas que atuam no setor e, na vertente propositiva, o aperfeiçoamento institucional do tema.

33 Tomando como base o conceito de hipóteses primárias de Lakatos; Marconi (1991, 104).

econômica passou por uma "correção de rota" com a revisão de pressupostos até então dominantes e que, de certa forma, foram determinantes para esta compreensão minimalista do antitruste. Se por um lado, a teoria econômica passou por este realinhamento, o direito parece ainda não ter oferecido respostas satisfatórias para concretizar estas mudanças. A *segunda hipótese* é a de que, entre nós, ainda não é disseminada ou compreendida, satisfatoriamente, a importância nuclear da concorrência para o desenvolvimento, fato este que, de certa forma, pode ter provocado o insulamento técnico do antitruste. Este insulamento, por sua vez, pode ter reforçado esta dificuldade de propagação da cultura concorrencial. A *terceira hipótese* é a de que a própria compreensão do direito ou da função do direito é ainda, predominantemente, minimalista, o que limita a compreensão de mecanismos promocionais, de *soft law*[34] ou de sua própria função construtivista-estruturalista.[35]

IV. O Que Propomos

O livro busca encontrar evidências que comprovem ou rejeitem as hipóteses lançadas e, a partir deste esforço, por meio de uma perspectiva crítica, *avaliar, definir e sistematizar a função de promoção da concorrência* e, por fim, *propor* aperfeiçoamentos do instituto.

Pode-se dizer que a proposta deste trabalho é, essencialmente, funcionar como um *fio de Ariadne*, buscando conectar e revisitar conceitos esparsos e ainda imprecisos sobre a função de promoção da concorrência. Entretanto, a tarefa não é, pura e simplesmente, significar e sistematizar a *competition advocacy* no Brasil, mas revisitar conceitos do próprio antitruste à luz do já referido marco teórico. A definição do que se entende por promoção de concorrência passa, necessariamente, por um olhar crítico da própria função do direito da concorrência e do seu alcance. Em uma certa medida, pode-se dizer que o propósito é investigar se, de fato, o direito da concorrência encontra-se em um "labirinto" e o que se propõe como estratégia de "resgate", nomeadamente, alternativas de abordagem, objetivando a ampliação do espectro conceitual do antitruste a partir de uma (re)significação da *competition advocacy* no Brasil.

34 Nas palavras de M. L. Bortolozzi: "A *soft law* começou a ter repercussão no cenário internacional por meio da Convenção de Estocolmo, sobretudo com relação à questão ambiental. Trata-se de um instrumento não-vinculativo (*non-binding*) tal como as recomendações e resoluções de organizações internacionais e as declarações e atos finais publicados em época de conclusão de conferências internacionais" (2006:422-423).

35 As teorias, os resultados de outras pesquisas e, entre outros, as evidências, utilizadas no decorrer do trabalho buscarão atestar estas hipóteses que, por natureza, são prováveis, supostas e provisórias (LAKATOS; MARCONI: 1991, p. 104), e, portanto, refutáveis.

Considerando que a *competition advocacy* parte de uma ideia residual ou de exclusão em relação à função preventiva e à repressiva [36], busca-se identificar quais seriam os assuntos adequados para uma abordagem sistêmica e, principalmente, *útil* da promoção da concorrência, tendo em vista, especialmente, o tratamento ainda difuso do tema por parte da doutrina. Vale dizer, cumpre definir, com maior precisão, o conteúdo jurídico da promoção da concorrência no Brasil.

Além disso, sendo a livre concorrência um princípio geral (art. 170, IV da CF) a ser observado por agentes públicos e privados em todos os setores da economia, cumpre também *demonstrar* que a *promoção da concorrência* não se dá apenas por ações do Estado, mas também por ações dos agentes privados fomentadas, direta ou indiretamente, pelo Estado (governança, *compliance*, estímulo à inovação e competitividade etc), objetivando não apenas compatibilizar as ações desses agentes em relação à lei da concorrência (LDC), mas também estimular práticas competitivas e inovadoras nos mais variados níveis.

Este trabalho tem como escopo, portanto, encontrar mecanismos para viabilizar esse espectro de atuação mais efetivo da *competition advocacy* por meio de sua (re)construção conceitual e por meio de métodos propositivos.

Nesse ponto, uma observação deve ser feita. Não estamos propondo analisar, setorialmente, a temática da promoção da concorrência. Questões como a promoção da concorrência no setor de transporte individual de passageiros, telecomunicações, energia elétrica etc são analisadas apenas lateralmente em apoio a proposta principal do eixo deste trabalho, até porque demandariam esforços investigativos específicos. A ideia é compreender a *competition advocacy* propriamente dita, seus pressupostos, sua evolução conceitual, suas ferramentas e sua dimensão educativa e cultural (objeto do último capítulo).

Em suma, a proposta é, portanto, a partir do referencial teórico tomado como ponto de partida, *avaliar*, concreta e especificamente, a evolução da *competition advocacy* no Brasil, buscando-se *estimar*, sob uma perspectiva crítica, a higidez e a capacidade do SBDC para a efetiva promoção da concorrência e, portanto, para o desenvolvimento e para criação de um ambiente institucional inclusivo.

---

36 Conforme definição de Ragazzo que trabalharemos no decorrer da pesquisa: "Advocacia da concorrência é qualquer ação de promoção da concorrência que não esteja relacionada com o controle de concentração ou com a repressão de condutas anticompetitivas". Para a ICN: "competition advocacy refers to those activities conducted by a competition authority related to the promotion of a competitive economic environment by means of non-enforcement mechanisms, mainly through its relationships with other governmental entities and by increasing public awareness of the benefits of competition" (2007: 2).

V. Desenho Metodológico do Livro

Como o livro é pautado em uma perspectiva de ruptura ou, ao menos, contestação conceitual e teórica de visões dominantes,[37] a preocupação com o método, pouco comum no direito, é necessária até para confiabilidade do trabalho investigativo aqui proposto.[38]

A partir de levantamento bibliográfico sobre as teorias econômicas, o sistema de promoção da concorrência e sobre as instituições responsáveis pela concretização da *competition advocacy* no Brasil, objetivou-se identificar os pontos críticos do sistema atual e dificuldades específicas na implementação dessa tarefa. O foco foi o de avaliar a contribuição teórica, a evolução histórica, normativa e conceitual da promoção da concorrência.

Foi efetuado levantamento de casos pontuais sobre o tema, de forma a identificar, concretamente, como tem sido efetivada a aplicação da *competition advocacy*, especialmente, após a promulgação da Lei 12.529/2011. Importante observar que os casos serviram para, residualmente, evidenciar a suficiência ou insuficiência da função de promoção da concorrência, tal como compreendida e formatada institucionalmente, para lidar com o fenômeno concorrencial, seus problemas e desafios.

Foi realizada análise da bibliografia colhida com enfoque na contribuição do direito comparado (especialmente, estudos de órgãos internacionais, OCDE, ICN, EUA, Reino Unido, Austrália, Canadá e México). Essa contribuição contempla as diferenças em relação ao direito pátrio, especialmente, para verificar se, no caso desses países, a Common Law permitiria um exame concorrencial mais amplo pelos próprios órgãos responsáveis pelas ações de *enforcement* e como as diferentes culturas concorrenciais entre os países influenciaram e ainda influenciam a adoção de práticas de promoção da concorrência.

Portanto, o trabalho foi realizado com base em *pesquisa teórica e conceitual, revisão bibliográfica e pesquisa documental.* Além disso, foram utilizados dados empíricos e estatísticos secundários, de forma complementar, especialmente, para demonstrar aspectos da dimensão educativa da promoção da

---

37 O que, veremos, já tem sido feito pelos maiores expoentes na matéria concorrencial.

38 Nesse mesmo sentido, HABERMAS (2003: 35) cita o exemplo de *um falante que levanta a pretensão, criticável, à validade da proposição proferida; e como ninguém dispõe diretamente de condições de validade que não sejam interpretadas, a "validade" (Gültigkeit) tem de ser entendida epistemicamente como "validade que se mostra para nós" (Geltung). A justificada pretensão de verdade de um proponente deve ser defensável, através de argumentos, contra objeções de possíveis oponentes e, no final, deve poder contar com um acordo racional da comunidade de interpretação em geral.*

concorrência. A pesquisa, em sua dimensão, predominantemente, qualitativa,[39] inclui, ainda que de modo residual, observação participante[40] com diálogo permanente com autoridades responsáveis pela promoção da concorrência em Brasília.[41]

É inegável que, por trás de qualquer trabalho científico, há, em alguma medida, o *mito* da solução de um *quebra-cabeças* (KUHN, 1970: 60), mas sabemos que não é possível *descobrir* ou *perceber* uma razão objetiva independente do observador ou do seu contexto espacial e temporal. Assim, o trabalho é realizado de forma despretensiosa e, como premissa de toda pesquisa científica, parte-se de um pressuposto de relatividade temporal e espacial tanto dos problemas aqui propostos como das soluções apresentadas, tendo como referência uma perspectiva não-determinista *incerto tempore, incertisque loci* (LUCRETIUS,100 a.c.: 112).

O que dizer então das peculiaridades da pesquisa em Direito Econômico? Qual o préstimo dos ensinamentos metodológicos para um pesquisador nessa área? Sem estes pressupostos, não seria possível seguir nas próximas linhas. Como será visto, tudo o que aqui se disse vale (ou deveria valer) para o processo investigativo no direito e, particularmente, no direito econômico e concorrencial.

---

39 O raciocínio que empreendemos é o hipotético-dedutivo que melhor se ajusta à compreensão de ciência já referida. Este raciocínio remete ao já referido pensamento de Karl Popper e se caracteriza, em suma, pelo seguinte encadeamento lógico descrito por Gustin, Dias, Barbosa (2006) e aqui adaptado para a temática concorrencial: i. existência de expectativas ou conhecimento prévio sedimentado em teorias econômicas e concorrenciais dominantes; ii. surgem conflitos com estas expectativas e teorias; iii. propõem-se soluções a partir de conjecturas (no presente caso, na parte final deste trabalho); iv. teste de falseamento (tentativa de refutação conceitual, argumentativa apoiada, residualmente, em dados empíricos, empreendida nos primeiros capítulos).

40 Nas palavras de GIL (2012, p. 103), "a observação participante, ou observação ativa, consiste na participação real do conhecimento na vida da comunidade, do grupo ou de uma situação determinada". Este tipo de abordagem também é denominado trabalho de campo etnográfico.

41 Em complementeo, quanto ao tipo de pesquisa, pode-se falar, outrossim, que nos aproximamos do modelo descrito por Bovino e Courtis (2012) de uma dogmática crítica e aberta a uma orientação sociológica, capaz de revelar suas próprias dificuldades de concreção com a superação dos obstáculos epistemológicos ao estudo científico do direito e, aqui particularmente, do direito econômico e concorrencial. Quanto à abordagem, o trabalho é, predominantemente, qualitativo, sendo realizado a partir desta perspectiva crítico-reflexiva.

CAPÍTULO 1

A PESQUISA EM DIREITO ECONÔMICO E OS FINS DO ANTITRUSTE: A NECESSÁRIA CORREÇÃO DE ROTA DA TUTELA CONCORRENCIAL

1.1. O Desafio Proposto

Falar sobre a compreensão que se tem do direito e, mais especificamente, da pesquisa em direito econômico não são tarefas triviais. Mais simples seria, simplesmente, transpor essa etapa e tratar do tema, objeto deste livro, ignorando pressupostos filosóficos e metodológicos dos quais se parte. Porém, agir dessa forma representaria reproduzir, simplesmente, conceitos naturalizados de forma irrefletida sem se ater para a função primordial de um pesquisador que é a de percorrer uma trajetória científica olhando para o todo e não, pois, "tomando a parte pelo todo". Ao mesmo tempo, falar sobre todos estes aspectos envolveria produzir um "tratado" sobre a matéria e, assim, esquecer o objetivo principal da obra, de modo que este capítulo, embora crucial, revela-se bastante despretensioso.

1.2. O Direito e a Pesquisa em Direito Econômico

O direito é uma ciência complexa.[1] Denominamos "direito" realidades multifárias. Reduzimos conceitualmente essas realidades na palavra "direito". Além disso, como estudiosos do direito, nos colocamos, talvez até inconscientemente, "internamente ao direito", ignorando que somos seres holísticos, não apenas, portanto, "sujeitos do direito", mas seres humanos integrados a realidades diversas, dotados de emoções, psiquismos, espiritualidade e crenças religiosas[2] que pensam o direito.[3] Curiosamente, mas com base na mesma ideia excludente, por vezes, acreditamos que somos sujeitos "externos ao direito", acreditando, e.g., que a realidade normativa está, totalmente, compreendida

1 Considero o conceito de ciência nessa expressão de forma bastante ampla.

2 Aqui incluídos aqueles que creem que em nada creem.

3 Esta afirmação, como veremos, é útil também para se compreender que a pretendida racionalidade humana pressuposta pelas teorias econômicas tradicionais não condiz com a realidade.

no texto legal e que seriamos meros intermediadores, "bocas da lei" da normatividade, i.e., sem nela interferir. No primeiro caso, excluímos do sujeito pensante tudo aquilo que não derivaria do próprio direito. No segundo, excluímos o próprio sujeito com suas razões e emoções do universo jurídico. O objetivo nas duas hipóteses é o mesmo, portanto: edificar a lógica do direito apartada do sujeito e da realidade.

A verdade é que somos criadores desta realidade tanto sob o prisma "pré-normativo" (relacionado ao momento da elaboração e da criação da norma) como "pós-normativo" (no que tange à operacionalização dessa normatividade), além de estarmos, permanentemente, integrados a uma realidade temporal, espacial e quântica[4] que abrange o próprio direito nessas duas dimensões. O direito, portanto, é fruto dessa realidade ao mesmo tempo em que nela interfere (TELLES JÚNIOR, 1970). Entre os elementos "pré-normativos" e "pós-normativos", há apenas uma permanente relação de causa e efeito cuja distinção é apenas didática e temporal na medida em que processos contínuos se repetem e se entrelaçam dando origem a novos processos, relações e decisões. A realidade, na qual inserido o sujeito, produz o direito, o direito interfere na realidade, a realidade produz o direito e, assim, em contínuo processo. A ordem normativa do direito não ignora as "leis" da natureza assim como não ignora as "leis" pressupostas entre homens assim como não desconhece outras normatividades não, necessariamente, jurídicas.

Mas o que poderia ser considerado direito em sua dimensão mais fundamental? Inicialmente, o direito é apenas mais um campo da realidade (ao lado da política, da economia, da religião etc). O direito é também mais um *campo de normatização* da realidade (a moral, a ética e, entre outros, a religião também possuem *padrões normativos*). Dito isto, o que importa saber é que o direito se diferencia dos demais campos normativos, principalmente, por ser dotado de *autorizamento*[5] (Telles Júnior, 1970: 314) e não, portanto, pela *imperatividade* que pode estar presente também em outros campos

4 Uma realidade ligada a elementos de causalidade e efeito a partir da qual deriva o direito que passa, então, a nela interferir (TELLES JÚNIOR, 1970).

5 "Sendo autorizante, toda norma jurídica é um *autorizamento*. O *autorizamento* da norma é causa da *autorização* de que o lesado é titular. O autorizamento é *da norma*. A autorização é *do lesado*. [...] em virtude do *autorizamento* das normas jurídicas, o lesado pode, com *autorização* jurídica, completar sua *interação* com quem o prejudicou. Após a *ação*, violadora da norma, a própria norma, exprimindo um imperativo da sociedade, autoria a *reação* correspondente" (TELLES JÚNIOR, 1970: 314).

normativos. Dessa maneira, o direito é "tão normativo" como outro campo imperativo (a moral, por exemplo), mas dotado de *função autorizante* que o peculiariza. Quando se afirma que o direito é *função*, não se quer com isto dizer que o direito seja apenas *função* e nem que seja apenas *autorizamento normativo*. O caráter distintivo do direito, aqui mencionado, não se confunde com tudo aquilo que se possa dizer como inserto no universo jurídico. Mas este é, sem dúvida, o ponto de partida que *divisa o que é direito do que não é direito* (e esta separação é apenas *conceitual*, vale dizer, objetiva compreender o próprio direito, não, necessariamente, se traduz como *manifestação do direito*).

Dessa forma, o direito enquanto *função* não se confunde com seu *conteúdo*. O conteúdo do direito é composto por realidades não, necessariamente, "imperativas" na origem, isto é, não, necessariamente, por normas de conduta em sentido estrito[6] ou por modais deônticos, mas também por eles. Vale dizer, é o direito que empresta *autorizamento* a estas realidades que, antes de jurídicas, poderiam ou não ser *imperativas* (se morais, religiosas etc). Daí porque a interdisciplinaridade[7] é constitutiva do direito (absorvida, de certa forma, pelo próprio conteúdo normativo) e o conteúdo do direito é, na verdade, integrado por "conteúdos" da realidade que, sendo objeto de estudo da ciência do direito, impõem, igualmente, o conhecimento multidisciplinar. Nesse sentido, o direito não é dotado de um conteúdo que possa ser considerado "somente" do próprio direito, mas *também* do direito, até porque, do contrário, esse pretenso conteúdo "exclusivo" do direito seria universal e imutável, o que não corresponde ao caráter relativo, temporal e espacial próprio do direito. É como se o direito iluminasse campos da realidade que, então, passariam a ser dotados de imperatividade e *autorizamento* (seu caráter distintivo em essência). Porém, o conteúdo do direito não está, total e exclusivamente, explicitado em textos normativos, mas, *principalmente*, em textos normativos.

6 Embora seja possível dizer que tudo que constitui o direito é normativo, nos referimos a esta normatividade em sentido estrito como sendo normas que, antes de jurídicas, já poderiam ser dotadas de imperatividade.

7 A segmentação disciplinar se conecta com o conceito de secularização da ciência (sua separação em relação aos demais campos sociais: economia, política e, principalmente, da religião) na medida em que, na sociedade moderna, os campos do saber também passaram por um intenso processo de racionalização e especialização. Esta profunda especialização ensejou a criação de campos do saber que pouco se comunicavam. Esta mesma dificuldade é observada dentro do próprio direito (e provavelmente, internamente, em outras disciplinas), especialmente, em temas que deveriam possuir tratamento transversal como concorrência, corrupção, direito constitucional etc

Ainda assim, o *quanto* um dado conteúdo jurídico está adstrito ao texto varia por uma série de razões factuais, temporais e disciplinares.

Como se sabe, *conceitos* extraídos dos *termos normativos* são *ideias* advindas do intérprete a partir do texto escrito (GRAU, 2008: 196). Além disso, textos normativos servem muitas vezes como *referências de conteúdo* e não, propriamente, como conteúdo em si. Isto é particularmente importante no caso dos *princípios do direito* que são, muitas vezes, apenas referidos ou sequer referidos (implícitos) pelos textos normativos[8]. Com efeito, o conteúdo normativo variará de segmento para segmento do direito. Vale dizer, em determinadas áreas, o conteúdo está mais adstrito ao texto propriamente dito (direito penal, tributário, processual). Em outras, o conteúdo é, essencialmente, *referenciado* pelo direito (direito econômico). No direito econômico, que nos interessa para o presente trabalho, o conteúdo normativo é, altamente, referenciado, o que significa dizer que textos normativos demandam muito mais do intérprete, das demais teorias e disciplinas que "emprestam" conteúdo ao direito (no particular, principalmente, a economia, mas não apenas economia, pois também é, em essência, pluridisciplinar, sendo constituída por elementos da história, matemática, raciocínio lógico e até do próprio direito). Esta constatação é, particularmente, importante no campo do direito concorrencial em que técnicas de decisão, elementos históricos, microeconômicos e políticos se entrecruzam.

Quando nos referimos à *ciência do direito*[9], normalmente, pensamos: i. na *ciência normativa* (estudos de textos legais, fatos, casos); ii. *no estudo do funcionamento do direito ou do direito como função* (características normativas e sancionatórias, modais deônticos, técnicas de decisão, lógica jurídica etc); iii. *no estudo do fenômeno jurídico propriamente dito* (do direito manifestado e das estruturas que o concretizam/criam, análises estatísticas e empíricas); mas, raramente, pensamos: iv. *na modalidade de ciência que objetiva melhorar o direito* (os "laboratórios" do direito), até porque existe o dogma de que aquilo que não está no direito não é direito e, portanto, pertenceria a outro campo do conhecimento e, assim, "não deveria" ser acessado (um dogma, portanto).[10]

8 Dependentes, portanto, de considerações individuais subjetivas ou de escolas de pensamento.

9 Não apenas o vocábulo "direito" é plurívoco, mas o direito enquanto ciência se refere a múltiplas realidades.

10 Curiosamente, pode-se considerar que a própria *dogmática* acolhe essa possibilidade ao internalizar, superficial e secundariamente, esse conceito como *proposta de lege ferenda* a ser apresentada pelo investigador.

Ocorre que uma das principais características da ciência talvez seja encontrar as melhores respostas para os problemas da sociedade e, portanto, *melhorar* a vida das pessoas. Isto não significa buscar respostas fora do direito para o direito. Mas buscar melhorar o direito com base em uma razão científica e dialética. E isto também não significa que essa modalidade de ciência seja exclusiva do direito, até porque não se trata de uma "*ciência normativa*", mas uma ciência *também* do direito. É, no mínimo, curioso que esta forma de pensar e melhorar o direito possa ficar adstrita às áreas que não são dotadas de *expertise* jurídica (economia, ciência política, psicologia etc) e, por outro lado, não esteja ao alcance do próprio direito.

O direito, além de poder funcionar como uma espécie de "tecnologia" da realidade, pode ser aperfeiçoado para ser mais justo e efetivo. Aperfeiçoado não com base em uma *justiça* universal e atemporal, mas sim com base no constante aperfeiçoamento de estruturas normativas com vistas a melhorar a efetividade do próprio direito.

Com efeito, temas como "corrupção", "desigualdade econômica", "desigualdade de gênero" e, entre outros, "concorrência" deveriam merecer mais atenção não apenas por parte do direito enquanto "ciência normativa", mas também por parte da ciência que objetiva melhorar as próprias estruturas normativas. Não existe o risco de "contágio" no exercício de tal prática, pois os operadores e estudiosos do direito já estão posicionados, *externamente*, em relação ao direito (não são apenas "sujeitos do direito", são "seres holísticos" com emoções, preferências e conhecimentos de diferentes áreas do saber em que pese a especialização jurídica) e o direito já se socorre de outras ciências para ser concretizado, pensado e ensinado. A própria docência[11] e o método são, sob este ponto de vista, "externos" ao direito. O que ocorre é que, na ausência de reflexão científica e crítica sobre a efetividade das estruturas normativas, o direito pouco se aperfeiçoa e posições hegemônicas (não necessariamente as melhores) acabam naturalizadas e perenizadas. Estudiosos do direito passam, assim, apenas a reforçar um determinado *habitus*[12] já estabelecido, isto é, sem refletir sobre melhores alternativas (mais justas e mais eficazes). É preciso ter em mente que o direito está imerso em um entorno histórico e cultural e a percepção destas condicionantes é que permite ao pesquisador atuar com consciência do jogo de forças a que está sujeito (MARTINS, 2014: 121).

---

11 Aliás, a docência é o melhor exemplo de uma atividade complexa que perpassa o conhecimento científico, a expressão humano-psicológica, a dimensão artística, moral e até política.

12 Nas palavras de P. Bourdieu o *habitus* "*hace que los agentes individuales apliquen la ley del cuerpo social sin tener ni intención ni conciencia de obedecerla*" (2008, p.188).

Além disso, essa forma de conceber o direito, por vezes, apenas reforça uma falsa justiça na aplicação das leis (ou *falsa legalidade* conforme nos ensina Rodriguez, 2015) que, por ser supostamente universal e geral, na verdade, positiva interesses parciais, não, necessariamente, portanto, as melhores soluções, as mais igualitárias ou mais efetivas. Trata-se, no fundo, de uma visão limitada do conhecimento que leva à estagnação do direito como campo do saber (KANT DE LIMA, 1985).[13] Não apenas isso. Trata-se de uma visão que condiciona a própria interpretação do direito, até porque, como visto, muitas normas, especialmente, os princípios dependem de elementos cognitivos que, embora reconhecidos pelo direito, não o foram expressamente. Obviamente, que a ausência de reflexão sobre o direito faz com que prevaleçam posições, política ou economicamente, dominantes sob o manto de uma suposta legalidade. Esta ausência de reflexão conduz nem sempre apenas a decisões injustas, mas também às, racionalmente, deficientes (isto é, nem sempre as melhores). Essa realidade se agrava no caso de princípios estruturantes ou dos metaprincípios[14] que orientam a aplicação de outras normas e que dependem, essencialmente, de métodos construtivos de interpretação, mas que acabam relegados a segundo plano pela tradição dogmática. Esse vazio de conteúdo acaba por estreitar a compreensão que se possa ter do próprio direito.

Negar essa possibilidade à ciência do direito (de estudar, cientificamente, o direito para aperfeiçoá-lo a partir de uma perspectiva multidisciplinar) é o mesmo que negar à física novos estudos com base na matemática, por ser esta uma ciência "externa" à física.[15] Dessa forma, pesquisas propositivas e propostas de *lege ferenda* deveriam ser frequentes no direito, pois buscam aperfeiçoar estruturas muitas vezes anacrônicas, desiguais e, não raro, inefetivas.[16]

Importante observar que, assim como a biologia utiliza-se da química, física, matemática, estatística e até da interpretação cognitiva dos resultados,

13 Assunto que será retomado adiante, ainda que de forma breve, quando tratamos do processo de crescente racionalização do direito e da tensão entre sua racionalidade formal e substantiva.

14 Uso o termo metaprincípios em sentido amplo como abrangendo metanormas, critérios, postulados ou, entre outros, axiomas. Para uma visão detalhada sobre o tema, consultar Ávila (1999).

15 Sem a matemática, a Física teria estacionado nas leis de Newton do século retrasado.

16 A propósito, sobre a limitação operacional e científica da dogmática clássica, Bovino e Courtis dão o exemplo do surgimento da Justiça do Trabalho que decorreu da inadequação das categorias jurídicas do direito civil para ajustar-se a um certo ideal de justiça. Curiosamente, o surgimento de uma dogmática crítica passa a considerar e reconhecer estas estruturas normativas a partir de condicionamentos externos. Os "elementos estranhos" do direito passam a ser incorporados com nomes distintivos, novos direitos e novos institutos (2012).

a ciência do direito, em suas diferentes manifestações, é integrada por inúmeras "ciências"[17] auxiliares (semiótica, estatística, psicologia, economia, história, a própria metodologia científica, docência, etc), até porque, como referido acima, o conteúdo normativo do direito não é exclusivo do direito, mas também do direito. Nem mesmo a *lógica deôntica* (a lógica das normas)[18] originou-se no direito, nem tampouco é uma lógica exclusiva do direito.[19] Deveria estar claro, portanto, que tanto cientistas como estudiosos do direito não aprendem conceitos, leis e teorias de forma abstrata e isoladamente (KUHN, 1970: 71)[20]. Todo conhecimento é encontrado em uma unidade histórica e pedagogicamente anterior, apresentado em conjunto com outros campos do saber e com suas aplicações (KUHN, 1970: 71). Novas teorias dirigem-se a solucionar problemas atuais e, quando aceitas, passam a compor os manuais que orientarão novas aplicações, bem como serão desafiadas por outras teorias. Assim também funciona o direito.

Uma vez que o direito, na sua dimensão funcional, é dotado de um caráter normativo e decisório, a ciência do direito como um todo passa a ser influenciada por correntes doutrinárias e ideológicas que "disputam" ou reivindicam essa normatividade, até porque, invariavelmente, o resultado de

---

17 Repiso: *ciência* em sentido amplo.

18 Gomes nos ensina que a "Lógica deôntica estuda a validade de argumentos nos quais frases regidas por expressões como *É obrigatório que...*, *É permitido que...* desempenham papel relevante. A primeira dessas expressões pode ser representada pela letra maiúscula O (operador de obrigação), sendo que a segunda é simbolizada por P (operador de permissão). Por exemplo, se *p* for a frase *Impostos são pagos*, O*p* e P*p* devem ser lidas, respectivamente, das seguintes maneiras: *É obrigatório que impostos sejam pagos, É permitido que impostos sejam pagos.* A lógica deôntica recebe o seu nome da palavra grega *déon* (necessidade, o que é preciso). Em resumo, essa lógica pode ser entendida como a lógica das normas, no sentido do que seja obrigatório ou permitido". (2008).

19 Gomes demonstra que "As primeiras reflexões sobre lógica deôntica remontam ao século XIV (Knuuttila, 1981). Em 1926, já sob o impacto da lógica matemática, o austríaco Ernst Mally escreveu um minucioso livro pioneiro sobre a lógica do dever (Mally, 1926). Entre 1937 e 1939, Jørgen Jørgensen, Karl Menger, Albert Hofstadter e J. C. C. McKinsey também escreveram textos nessa área. Porém, por várias razões, todos esses estudos das décadas de 20 e 30 tinham insuficiências importantes (Føllesdal; Hilpinen, 1971). Em 1951, o finlandês Georg Henrik von Wright publicou o artigo "Deontic Logic", também pioneiro e ainda insatisfatório, mas que veio a desempenhar um papel seminal, pelo avanço que representou relativamente aos seus antecessores (von Wright, 1951). Esse artigo de von Wright foi debatido e aperfeiçoado por vários lógicos, daí resultando o assim chamado sistema-padrão, que pode ser considerado como maduro e logicamente plausível (Føllesdal; Hilpinen, 1971)" (2008).

20 Kuhn não se refere, especificamente, a juristas, mas aos cientistas em geral, mas trago a contribuição que, ao meu ver, aplica-se, outrossim, aos estudiosos do direito.

uma decisão jurídica não fica adstrito ao direito, isto é, gera efeitos políticos, econômicos e, em derradeira análise, interfere nas mais variadas relações de poder. Por esta dependência de seu aspecto decisório e normativo, a busca ou aproximação da verdade no direito (o *fazer ciência*) talvez possua maiores obstáculos do que em outras áreas do saber (sem dúvida, também influenciadas por inúmeros fatores). Nesse aspecto específico, quanto ao corte na realidade operado pelo direito (ou quanto ao resultado), decisões jurídicas são também políticas e/ou econômicas. Aqui não se trata de negar a ideologia (sempre existente) no pensar e operar o direito, até porque, sabemos, a neutralidade representa, por si só, uma tomada de posição, uma quimera, portanto. O que se pretende demonstrar é que, por vezes, escamoteado em rebuscado "juridiquês", encerra-se uma disputa, mais profunda, de poder. Esse componente que permeia o universo do direito, que influencia sua operacionalização e dificulta o avanço da ciência jurídica, obviamente, não é também exclusivo do direito. A política e a economia estão sujeitas ao jogo de forças e demandas de toda ordem dos mais variados grupos de interesse.

Já há muito superado o dogma da neutralidade, a cientificidade do direito não estaria na sua pureza, mas na sua submissão a métodos científicos de validação e falseamento, à transparência de seus procedimentos e a sua abertura a canais democráticos de legitimação, próprios de qualquer campo do saber. Reconhece-se, entretanto, que neutralizar toda ordem de interesses não é uma tarefa singela, o que, indubitavelmente, emperra o avanço da ciência jurídica.

Com efeito, a justiça também não é realizada, exclusivamente, pelo direito, *mas também* pelo direito.[21] O direito não é o único mecanismo de realização da justiça nem tampouco de teorização sobre o *justo*,[22] mas, na verdade, trata-se do mecanismo da modernidade que, por excelência, propõe a sua realização (ou que oferece a aparência de justiça e de autenticidade nesse mister).

O direito é um sistema que tem como uma de suas características a simplificação[23] e "profissionalização" da realização da justiça por meio de

21 Encontrar a justiça é como buscar a verdade. Nesse sentido, há clara aproximação entre a lógica científica e da realização da justiça. Nas palavras de Rawls: "A justiça é a primeira virtude das instituições sociais, como a verdade o é dos sistemas de pensamento" (2008: 3).

22 Pouco difundida nos cursos de direito no Brasil, a teorização sobre justiça é frequente na Filosofia Política.

23 No sentido de facilitação.

um modelo weberiano (racional-legal).[24] Por um lado, simplifica a teorização sobre o "justo" na medida em que oferece uma "aparência" de justiça ao que é positivado (um "lustro" de legitimidade). Por outro, é um mecanismo "profissional"[25] de produção de justiça "em escala" por meio de um sistema burocrático, supostamente, impessoal, geral e abstrato.[26]

Daí se segue que o crescente processo de racionalização do direito[27] acirra a dialética entre sua dimensão formal e a substantiva – problemática que, nas palavras de Antônio Pierucci (1998), incide quando se

> Discute se o desenvolvimento das instituições jurídico-políticas é ou não determinado, e até que ponto o é, pelas condições econômicas; bem como ao tratar da questão das demandas de justiça material de que são portadores no capitalismo avançado os movimentos democráticos das classes negativamente favorecidas, tendencialmente interessadas na (re)substantivação da lei e do direito, descontentes com a burguesa equivalência das noções de justiça e igualdade jurídica formal.[28]

---

24 Nas palavras de Antônio Pierucci, para Weber, "no Ocidente, e só no Ocidente, ocorreu um desenvolvimento da racionalidade jurídica que veio dar no conceito (moderno) de ordem jurídico-legal formalmente legítima e legitimamente revisável" (1998: 43-73).

25 Racional-legal (weberiano).

26 Nesse sentido, "na medida em que o treinamento jurídico vai se enquadrando nesse 'modelo acadêmico' de formação de juristas, o qual, sabemos todos, consiste num empreendimento educacional institucionalizado com especial inclinação para a teoria, melhor dizendo, para a teorização abstrata, é de esperar que passem a crescer constantemente as chances de racionalizar o direito no sentido de uma formalização sempre maior (sistematização, estruturação, articulação, unificação, homogeneização, abstração, universalização etc.)" (PIERUCCI, 1998).

27 Nesse aspecto, "no campo do direito, não há como eludir a diretíssima relação de afinidade que existe entre o formalismo jurídico-legal que vai aos poucos tomando conta do direito ocidental e a escolarização sistemática dos juristas em Faculdades de Direito, noutras palavras, o treinamento no modo teórico-dedutivo de pensar, recebido em escolas superiores especificamente voltadas para o ensino do Direito. Quanto mais o antigo modelo de treinamento prático foi se desenvolvendo na direção do modelo acadêmico de formação, maiores foram as chances de incrementar e sofisticar as qualidades lógico-formais do direito moderno (PIERUCCI, 1998).

28 Nesse aspecto, Habermas citando Marcuse afirma que este estaria "convencido de que naquilo que Weber chamou de 'racionalização' não se impõe uma 'racionalidade' enquanto tal, mas sim uma forma de dominação política oculta imposta em seu nome. Como a racionalidade desse tipo se refere tão somente à escolha correta entre estratégias, ao emprego apropriado da tecnologia e à instauração adequada de sistemas (para fins *estabelecidos* em situações *dadas*), ela subtrai à reflexão e à reconstrução racional o contexto dos interesses sociais mais amplos contidos nas estratégias eleitas, nas tecnologias empregadas e nos sistemas instituídos" (2014: 76-77).

Nesta toada, o direito é um sistema de poder em disputa com outros mecanismos e que, portanto, reivindica para si o monopólio do uso da força, concorrendo, porém, com essas forças (econômica, moral, religiosa, familiar ou até mesmo com mecanismos contrários ao próprio direito).[29] Mas um sistema também, ele próprio, fruto de uma disputa "interna" como na citada tensão entre sua racionalidade formal dominante e a crescente demanda por uma justiça material ou substantiva.[30]

O direito é um mecanismo baseado, essencialmente, no dual "legal--ilegal", "lícito-ilícito" que, entretanto, não se resume a este código binário. O que diferencia o direito, em essência, é, como referido, o autorizamento[31] que decorre de suas normas imperativas e premiais.[32] Nesse particular, equivocam-se aqueles que reduzem o direito ao código binário lícito-ilícito. O direito também disputa a normatividade com outros campos por meio de *incentivos e desincentivos*. A *força normativa* não decorre apenas de mecanismos obrigatórios, proibitivos ou sancionatórios. Decorre, sobretudo, *da capacidade de*

29 Nesse particular, Pierucci (1998) ressalva: "Mas os fatores extrajurídicos também têm força causal. Às vezes de modo decisivo, como no caso da relação apontada entre o formalismo do direito moderno e as classes médias urbanas, a burguesia. Perseguindo, através da história das culturas, as marcas da expansão da racionalidade no âmbito do direito, Weber constata que 'lá onde faltou este nexo [com grupos poderosos de particulares que tivessem forte interesse no caráter racional do direito e do procedimento, como ocorreu com as classes médias em Roma, no fim da Idade Média e na época moderna], a secularização do direito e a diferenciação nítida de um rigoroso pensamento jurídico-formal ficaram patinando em seus começos[...]' (EyS, p. 604) [die Säkularisation des Rechts und die Herausdifferenzierung eines streng formal juristischen Denkens; WuG, p. 468; Passagem]. Uma coisa são os interesses intrínsecos do estrato de juristas e seus hábitos intelectuais, outra muito diferente, os interesses econômicos e organizacionais da burguesia empresarial e seu modo de vida. Ambas as constelações de interesses e maneiras, quando se trata de indagar pelos fatores que levaram à crescente racionalização formal do direito moderno, encadearam-se, segundo Weber, para conduzir o processo num mesmo sentido. Daí que, na passagem em tela, ele atribui à influência decisiva das camadas burguesas a maior nitidez assumida pelo pensamento jurídico-formal na moderna cultura do Ocidente. E, como interessa à burguesia a maior formalização e objetivação das relações interindividuais, Weber não deixa de levar em consideração a influência das classes médias urbanas e seu ethos também na secularização do conjunto das normas jurídicas que regulam e sancionam essas relações contratuais e valem para todos".

30 Como também afirma Pierucci (1998): "No fim das contas, porém, a dominância no processo de racionalização do direito é empalmada mesmo pela racionalidade formal. Na teorização weberiana, diz Brubaker, o formalismo está para a racionalidade jurídica moderna assim como a calculabilidade está para a racionalidade capitalista".

31 Ainda assim, o *autorizamento* não deixa de ser, em alguma medida, uma *ficção*, amplamente, aceita e legitimada pelo monopólio do uso da força, também esta uma *ficção* aceita ou, por vezes, imposta.

32 Normas premiais também são autorizativas na medida em que autorizam um sujeito que delas se beneficia a fazer valer uma faculdade ou dever propiciado por esta norma.

influenciar a realidade. Determinados incentivos podem resultar, na prática, em "quase obrigatoriedades" e desincentivos em "quase proibições ou sanções". Assim, a coercitividade é apenas uma das características do direito, não a única. Este aspecto é, particularmente, importante no caso do direito econômico. Além disso, o direito é um sistema que se vale de elementos dos outros campos (econômico, filosófico, moral etc) para ser concretizado (positivado, interpretado, criado). Esta conclusão pode parecer óbvia, mas a verdade é que existe um certo *fetiche* de que o direito seria um sistema *autoreferenciado*, vale dizer, cujos elementos e conceitos são sempre extraídos do próprio direito. Os outros campos também se valem do direito e de outros "sistemas" para operarem. Direito, economia e política, por exemplo, se entrecruzam. São campos que, se por um lado, reivindicam dada autonomia funcional, do ponto de vista material (de conteúdo), se comunicam e se interpenetram.

A justiça, portanto, é um conceito presente não apenas no direito, mas nas ações humanas em geral. O direito é apenas uma das searas onde se dá essa discussão. Daí poder-se falar que, nesse sentido específico, o direito não tem o monopólio da justiça. Da mesma forma, o direito não tem o monopólio da *imperatividade*. "Leis" econômicas, morais, éticas ou religiosas podem até, na prática, ter maior força imperativa que o próprio direito em determinados casos. O direito, porém, diferencia-se, como vimos, por constituir-se em *específico* mecanismo de *autorizamento*, corporificado em uma ordem racional-legal que, ao menos em tese,[33] se destacou dos outros domínios (religiosos, morais e, entre outros, pessoais-familiares). Em suma, uma "linguagem"[34] que tenta se impor sobre as demais. Mas uma "linguagem" que, em essência, *autoriza*, por meio do modal deôntico do *permitido*, outras *imperatividades* e outros meios de influenciar a realidade.

Nas relações não diretamente reguladas pelo direito objetivo, a autorização para fazer aquilo que a lei não proíbe cria um espaço bastante amplo de liberdade para que novas normatividades se imponham, sobretudo, a partir de uma lógica de poder seja ele político, econômico ou até mesmo religioso. O poder econômico, por exemplo, estabelece, dentro desse campo de liberdade permitido pelo direito, relações de sujeição especial que atravessam territórios e que "regulam", em grande medida, a vida das pessoas. Como grande parte da vida social se desdobra muito além do direito positivado, relações de

33 O direito depende de um pressuposto hipotético de aceitação que pode-se dar mediante acordo (vontade política da maioria), pelo uso da força ou da combinação destes dois requisitos.

34 Ou "sistema", "argumento" etc.

poder informais (em princípio, legitimadas, ainda que, indiretamente, pelo próprio direito) se impõem às pessoas por meio destes mecanismos autorregulativos em que grupos de poder definem suas próprias regras. Se há ou não um predomínio do campo econômico sobre os demais (incluído o direito), a verdade é que a vida se expande para muito além do direito objetivo (positivado). Estando o direito encerrado dentro de um dado contexto no tempo e no espaço, tem-se que a realidade, em grande medida, não apenas conforma o direito como o próprio direito integra esta realidade, influenciando-a seja com mecanismos conservadores ou transformadores (modernizadores ou até mesmo anacrônicos).[35] Nesse mesmo sentido, o direito, tal qual a economia e a política, é apenas um dos veículos (ou uma das linguagens) de manifestação de poder em dada sociedade no tempo e no espaço.

Tratando, especificamente, da pesquisa em direito econômico, deve-se considerar algumas características específicas desse ramo do direito. Como dito acima, no direito econômico, há predomínio de normas referenciadas, isto é, textos normativos demandam muito mais do interprete e das demais disciplinas que "emprestam" conteúdo ao direito (no particular, principalmente, a economia, mas não apenas da economia, pois esta "ciência" também é, em essência, pluridisciplinar, sendo constituída por elementos da história, matemática, raciocínio lógico e até do próprio direito). Nessa senda, pode-se dizer que escolas de pensamento econômico "reivindicam" ou "disputam" normatividade e influenciam a própria concepção do direito. Daí porque o resgate de sentido conceitual efetuado pelo pesquisador em direito econômico deve partir de elementos, embora referenciados pelo direito, definidos por meio dessas escolas de pensamento. Ignorar este fato significa, simplesmente, reproduzir, irrefletidamente, eventuais equívocos de doutrinas hegemônicas que se apoiam em uma ou outra escola econômica cujos pressupostos ou estão naturalizados ou, simplesmente, não são explicitados. Não se pode ignorar o elemento ideológico presente nas teorias econômicas que informam o direito econômico e concorrencial. Se a própria teoria econômica "se digladia" entre escolas ultraliberais, institucionais, escolas mais ou menos progressistas, a doutrina, tal como atualmente compreendida, deveria ser revisitada, analisada com olhar crítico e reflexivo. Esta conscientização é de suma importância

35 Sobre os limites da relação entre direito e economia Balkin afirma que "A system of law does not operate in the same fashion as the corn and soybean markets. This does not mean, however, that it is totally impervious to economic factors. *Rather, it means that legal rules will respond to the economic forces in place at the time the rules are created, although that response will not be of the same nature as market equilibrium*". Destacamos. (BALKIN, 1987: 1484).

para o presente trabalho, pois os fundamentos do antitruste brasileiro foram, essencialmente, edificados com base em uma perspectiva *top down*, vale dizer, a partir do *transplante institucional* de elementos teóricos pré-existentes em outras jurisdições e talvez sem a devida vivência cultural necessária para a compreensão destes institutos.[36]

Outro ponto importante é que estudos de antitruste, em geral, são escritos e lidos, indistintamente, por advogados e economistas[37]. Além disso, membros do Sistema Brasileiro de Defesa da Concorrência são, no geral, também advogados e economistas.[38] O próprio termo "antitruste", como sabemos, traduzido do inglês "antitrust"[39] é usado para designar muito do que se fala e se produz na esfera concorrencial, independente de se tratar de um estudo em que predomine uma análise econômica ou jurídica. Antitruste é uma espécie de *tertium genus*, híbrido entre direito e microeconomia que produz uma razão diferente das duas disciplinas isoladas (BORK: 1993:10). Este esclarecimento, talvez despiciendo para pessoas habituadas com o direito concorrencial, é fundamental para se compreender esta ausência de segregação entre literatura econômica e jurídica nessa seara, desde que, obviamente, internalizadas metodologicamente segundo padrões do próprio direito.

Daí porque, com invariável frequência, há um certo estranhamento com a linguagem e o tipo de pesquisa desenvolvida no âmbito antitruste,

36 Assunto que será aprofundado no decorrer do trabalho.

37 Ou até mesmo por engenheiros.

38 O Tribunal Administrativo e a Superintendência-Geral do CADE são integrados por profissionais de *notório saber jurídico ou econômico* (art. 6º e § 1o do art. 12 da LDC).

39 Como demonstra B. Orbach, o termo "*antitrust*" surge a partir de um instrumento contratual denominado "*corporate trust*", utilizado por John D. Rockefeller, pioneiro na indústria petrolífera americana, para consolidar seu império por meio da *Standard Oil Trust*. Tratava-se de um acordo comercial de controle indireto de firmas individuais, inspirados em instrumentos pré-existentes do Common Law e elaborado pelo advogado Samuel Calvin Tait Dodd, para driblar eventuais obstáculos burocráticos à concentração do poderio da indústria petrolífera nas mãos da Standard Oil (ORBACH, 2012:609-611). O artifício desenvolvido ("*corporate trust*") se tornaria popular e passaria a ser utilizado por inúmeras firmas durante a Revolução Industrial (ORBACH, 2012:609-611). O movimento antitruste nasce, justamente, com o caso Standard Oil em 1890 por meio do qual o Judiciário determinou a dissolução do acordo e a cisão da companhia. A partir de então, as grandes firmas passaram também a ser denominadas de "*trusts*", mas independente do sentido original daquele arranjo corporativo e com uma conotação pejorativa (ORBACH, 2012:617). "*Antitrust*" seria, assim, o termo utilizado para combater os "*trusts*". Curioso notar que o surgimento de um movimento concentracionista coincidiu, exatamente, com a ideia de utilização de mecanismos contratuais para burlar impedimentos jurídicos e de normas estaduais que, indiretamente, funcionavam como obstáculos à concentração de poder econômico.

nomeadamente, entre aqueles que não estão habituados com as peculiaridades do direito concorrencial. Esta é uma limitação natural da própria compreensão metodológica da ciência do direito ou de uma dogmática bastante restritiva (e não, portanto, de todas as escolas dogmáticas). O estranhamento se torna mais latente com a pesquisa no âmbito do direito econômico, uma vez que a função promocional do direito ganha importância nesse campo (BOBBIO, 2007). Ao direito econômico interessa, em grande medida, estimular ou encorajar determinados comportamentos, não apenas, portanto, a repressão. Esse enfoque influencia a própria compreensão do que se entende por direito, qual o papel do pesquisador e do operador do direito, ao menos, nessa específica seara. Nesse aspecto, a lógica do direito econômico deve adotar um enfoque promocional que, segundo N. Bobbio, buscaria fomentar comportamentos socialmente desejáveis e não apenas sancionar, negativamente, os indesejáveis (BOBBIO, 2007). Portanto, o papel permanente de um pesquisador nesse campo é construir e descontruir teorias que informam este específico sistema jurídico, analisar aspectos promocionais e sancionatórios do direito à luz da Constituição e apresentar propostas de *lege ferenda* para aperfeiçoar instituições. Caberia ao investigador compreender e justificar o que está a fazer em um ou outro momento e, por óbvio, não subverter a ordem normativa e constitucional.

Com efeito, uma abordagem corrente na ciência econômica trazida para o direito por Richard Posner no final da década de 70, ficou conhecida, primeiramente, no campo econômico, por meio da obra clássica de J. M. Keynes denominada *O Escopo e Método em Economia Política* publicada em 1891. Posteriormente, esta mesma teoria foi desenvolvida por M. Friedman em importante trabalho sobre o tema[40]. Esta abordagem divisa o enfoque de estudo econômico em uma *perspectiva descritiva (positiva),* outra *normativa* e uma *"artística"* ("art of economics"). A abordagem descritiva se preocuparia com o "o que é" e a abordagem normativa com o que "deve ser". Keynes entendia que era frequente a confusão entre estas duas perspectivas e que isso acarretava grandes equívocos entre os estudiosos. Para tanto, era necessário formular uma teoria separando esse aspecto normativo do aspecto descritivo do discurso econômico (FRIEDMAN, 1966: 3).

A abordagem positiva (explicativa) é uma espécie de "teoria pura"[41] da economia na medida em que pretende ser *independente de qualquer*

40 Denominado *The Methodology of Positive Economics* (FRIEDMAN, 1966).

41 Nas palavras de Pigou "The main motive of economic study is to help social improvement. Economic science will, therefore, be 'realistic' rather than 'pure'; but not merely 'descriptive'" (1932:9).

posição ética ou de qualquer julgamento normativo ou valorativo ao passo que as dimensões normativa e "artística" dependeriam, necessariamente, da análise descritiva[42] (FRIEDMAN, 1966: 4-5). A tarefa da abordagem positiva é prover um sistema de generalizações que poderia ser usado para a realização de *previsões corretas* sobre os efeitos de quaisquer medidas que modificassem condições ou circunstâncias econômicas. Pretende, portanto, ser um sistema norteado pela *exatidão* e *previsibilidade*. Nas palavras de Friedman, a dimensão positiva da economia seria uma "ciência objetiva" tal qual uma ciência exata (FRIEDMAN, 1966: 4). Friedman reconhece, entretanto, que o fato de a economia lidar com relações interpessoais e o investigador ser, ele próprio, parte do problema investigado, suscitaria algumas dificuldades em se atingir a esperada objetividade científica (FRIEDMAN, 1966: 4).[43]

Esta classificação, na verdade, tem sua origem mais longínqua na onda do positivismo do século XIX, por meio de Nassau Senior, o primeiro pensador a tratar do tema, tendo elaborado a divisão entre economia positiva (ou neutra) e economia normativa em sua obra "Outline of Political Economy" de 1836 (BRZOWSKI, 2014: 11). Para demonstrar que esta classificação seguia a tendência positivista daquela época, Nassau Senior fez um pronunciamento em 1860 na British Association for the Advancement of Science, uma das principais entidades voltadas para promoção e desenvolvimento da ciência da época, no qual reforçou a *definição ultraestrita da ciência econômica* e da função dos economistas em que *o assunto deveria estar confinado dentro dos limites da ciência positiva* (BRZOWSKI 2014: 11).

Posner, ao trazer esta classificação para o direito, entendia de fundamental importância a abordagem descritiva (positiva) e não apenas seu aspecto valorativo propriamente dito (POSNER, 1979). Para Posner, a abordagem positiva (descritiva) buscaria explicar o mundo enquanto a abordagem normativa transformá-lo para torná-lo melhor. Chega a citar os estudos realizados por Calabresi como exemplo de *economia valorativa* (normativa), já que Calabresi tentou encontrar um meio de controlar de forma ótima o nível de acidentes adotando determinadas normas baseadas em critérios econômicos (1979: 284-285). Posner afirma que sempre houve muita resistência entre profissionais e estudiosos, habituados com o normativismo, em aceitar a abordagem positiva

42 Em razão de sua suposta cientificidade.

43 Como vimos, esta pretendida objetividade não é, plenamente, alcançável nem mesmo nas ciências mais objetivas.

ou descritiva (POSNER, 1979: 285).[44] Mas, ao mesmo tempo, reconhece que "as duas teorias não são tão separadas assim, o que mais uma vez ilustra a falta de um limite claro do 'ser' e do 'dever ser'" (2007: 503).

Posner realça a grande influência de K. Popper sobre o pensamento de muitos economistas positivistas que atribuiriam à "falseabilidade" a característica definidora da cientificidade da economia (2007: 487). Posner (2007: 490), entretanto, a despeito de reconhecer que "uma teoria que não seja eficientemente refutável, mas apenas confirmável, teria bases muito tênues", reconhece o caráter ambíguo e de difícil verificação da economia, o que não retiraria, entretanto, seu caráter científico (2007: 490-493). Nesse sentido, um adepto radical de Popper tenderia a refutar a análise econômica do direito, o que refletiria, na verdade, uma incompreensão do método científico (2007: 502). "A lei natural de que a água ferve a 100 graus centigrados não é refutada, mas apenas ressalvada, de que ela ferve a uma temperatura inferior em grandes altitudes", contrapõe Posner (2007: 502). Dessa forma, a teoria positiva do direito seria também um ponto de partida e não a conclusão finalística do fenômeno (POSNER, 2007: 502).

Hayek acaba por dissolver essa distinção entre economia positiva (científica) e normativa (valorativa)[45], a partir da consideração de que seria impossível abolir o padrão comportamental como ponto de partida da teoria econômica (BRZOWSKI, 2014: 127-128). Não haveria qualquer raciocínio econômico nesse formato sem uma decisão valorativa prévia, por exemplo, o direito de propriedade, materializado pelo direito[46] (BRZOWSKI, 2014: 127-128). Hayek é criticado por propor um raciocínio do tipo *regresso ao infinito*

44 "But there seems to be a growing belief-it is in part an aspect of the general growth of interest in legal theory at the major law schools-that the scientific study of law is both an interesting and a feasible pursuit" (POSNER, 1979: 295). Essa abordagem, porém, tem sido frequente no âmbito do direito econômico.

45 Conforme Brzowski, "Hayek explicitamente desenvolve seu projeto incluindo valores, dissolvendo a comum distinção em economia entre economia positiva (ciência) e economia normativa (ética) (WONG, 1987, p. 920). Se a economia evoluiu e surgiu se relacionando com as regras de conduta, a separação total entre o que é e o que deve ser 77, descrição dos fatos e dos valores e prescrições, é estritamente impossível. Por isso, Hayek é alocado para a "economia normativa" dentro da pesquisa econômica padrão. (2014: 127-128)

46 Nas palavras de Brzowski "O ponto aqui é que não teria nenhuma ciência econômica se não houvesse concomitantemente o marco regulatório que permite a propriedade privada e os contratos, com o poder coercitivo delegado ao estado para manter o respeito à constituição dos elementos que permitem a economia" (2014: 127-128).

ao considerar decisões valorativas prévias ao desdobramento do raciocínio econômico.[47] Nada mais injusto.[48]

De certa forma, a Nova Economia Institucional também desconstrói esta classificação, uma vez que, em termos gerais, além de não trabalhar com a hipótese unidisciplinar ou pura da economia, considera aspectos da realidade não como *dados* e sim como *construídos* institucionalmente (não apenas pelo direito, mas por um ambiente institucional mais amplo de regras informais e práticas sociais). Nesse aspecto, seria impossível também dissociar a dimensão positiva (descritiva) da normativa. No fundo, este é o grande problema de modelos como o de "concorrência perfeita" que funcionariam apenas, abstratamente, com a exclusão de inúmeras variáveis da realidade.[49]

A primeira ressalva sobre a separação entre uma teoria positiva e outra normativa é a de que, não obstante a valorosa contribuição do raciocínio principalmente para AED, a análise positiva (descritiva) deve-se dar muito além do estrito enfoque econômico ou eficientista.[50] Além disso, esta classificação, de certa forma, singela, não pode ser compreendida como, totalmente, perfeita, neutra ou pura. No fundo, é mais uma tentativa, comprovadamente, inviável de tentar separar o sujeito do objeto como se houvesse uma razão, totalmente, objetiva na ciência ou como se a subjetividade pudesse ser, absolutamente, neutralizada no saber científico quando este saber, no mais das vezes, apresenta-se como intermediador para compreensão da realidade e não, portanto, como a própria realidade. Esta abordagem se distancia das premissas aqui adotadas na medida em que se trata de mais um intento em transformar o

47 Nesse particular:"Em contraste com essa abordagem formalista, surge outra, que se torna a definição do século XX, aceita tanto por Hayek quanto pelos neoclássicos, de autoria de Lionel Robbins: "Economia é a ciência que estuda o comportamento humano como uma relação entre fins e meios escassos que têm usos alternativos" (ROBBINS, 1935, p.5). Implícito na definição é a escolha utilitarista. Assim, economia positiva se torna, por força de uma definição formal, independentemente de qualquer tipo de consideração sobre quais são os fins e as preferências na análise microeconômica, se distância da filosofia política, ética etc. Em termos puramente formais, os fins e as preferências são "dados" ao economista, dados pela sociedade. O economista procede fazendo o cálculo econômico, que nada mais é que uma análise do melhor, mais eficiente e mais econômico caminho entre recursos escassos e fins/preferências. " (BRZOWSKI, 2014: 11).

48 Como veremos no tópico em que analisamos os pressupostos valorativos que embasam teorias econômicas, a análise sobre as limitações de teorias econômicas, dentre elas a positiva, revela-se bastante adequada (BRZOWSKI, 2014: 127-128).

49 É como querer aplicar as leis da dinâmica, indistintamente, a corpos que se encontrem em diferentes condições de altura, pressão e massa sem considerar estas particularidades.

50 Isto ficará claro no decorrer do trabalho.

objeto científico em um dado universal e atemporal, equívoco frequente na formação do pensamento científico moderno que, como já demonstramos, revelou-se inviável não apenas nas ciências humanas, mas também nas ciências físicas. Aliás, Friedman tenta defender a certeza e universalidade prometidas pela economia positiva com base no exemplo da Física[51] que, naquela época, entretanto, estava passando por grandes transformações em seus próprios postulados científicos (1966: 2). Friedman foi pego no contrapé com a profunda mudança de paradigmas da física que impuseram como princípios, justamente, o indeterminismo (princípio da incerteza), o necessário aspecto relacional entre sujeito e objeto e a relatividade dos fenômenos materiais-energéticos. Isto é, nem mesmo a Física poderia entregar a previsibilidade e certeza pretendidas pelos economistas positivistas. A produção científica atual, no âmbito da física[52], é *hipotética* e, comprovadamente, *influenciada pelo observador*.[53] Por fim, pode-se dizer que se trata de uma teoria de fundo utilitarista que desconsidera aspectos deontológicos ou valorativos que, de uma forma ou de outra, precedem e permeiam todo raciocínio econômico, concretizador daqueles aspectos.

Ainda sobre a influência das escolas de pensamento econômico, o direito econômico foi muito influenciado por escolas liberais, tendo havido, porém, de forma gradativa, a valorização da *dinâmica institucional* trazida pela NEI, e, especialmente, a partir das obras de Douglass North (RODRIGUEZ, PUSCHEL, MACHADO, 2012). Vale notar que, assim como o direito, a economia também reivindicou sua "pureza" como no citado exemplo da economia positiva ou descritiva, isto é, uma pretensão a neutralidade em relação a elementos externos e de outras disciplinas como a história, a psicologia e o próprio direito.[54] A Nova Economia Institucional vem como uma das correções

51 Conforme Friedman: "Social science or economics is by no means peculiar in this respect - witness the importance of personal beliefs and of "home" remedies in medicine wherever obviously convincing evidence for "expert" opinion is lacking. The current prestige and acceptance of the views of physical scientists in their fields of specialization - and, all too often, in other fields as well - derives, not from faith alone, but from the evidence of their works, the success of their predictions, and the dramatic achievements from applying, their results. When economics seemed to provide such evidence of its worth, in Great Britain in the first half of the nineteenth century, the prestige and acceptance of "scientific economics" rivaled the current prestige of the physical sciences." (1966: 2).

52 Com base na física quântica.

53 Nas palavras de Rovelli, a mecânica quântica nos permitiu compreender três aspectos da natureza das coisas: granularidade, indeterminismo e relacionalidade (2014: 128).

54 Entre as ciências mais objetivas, até mesmo a física pretendeu trabalhar com a ideia de *sistema fechado*, o que, posteriormente, comprovou-se incorreto em razão de fatores como granularidade, referencialidade etc (ROVELLI, 2014).

de rota da teoria econômica, mas sem deixar de ter como uma de suas pedras de toque a eficiência, mecanismo central da análise econômica, porém não o único. Como veremos, trata-se de uma linha de pensamento mais *realista* na medida em que passou a contemplar conhecimentos de disciplinas que influenciam e delimitam, constantemente, o fenômeno econômico (nomeadamente, história, psicologia e direito), bem como elementos factuais, empíricos e contingenciais. A NEI propõe sobretudo transcender a ideia de uma teoria econômica, estritamente, racional e sem base empírica.

Outra característica marcante que influencia a pesquisa neste âmbito é a de que os órgãos responsáveis pela operacionalização do direito econômico necessitam de amplos poderes discricionários, ou seja, de reconhecida competência para manipular quer as normas quer os fatos conforme a situação concreta se lhes apresente e tendo em conta os diferentes campos sociais, em constante mutação e suas respectivas necessidades de regulação (QUEIROZ, 2006: 66-67). Nesse aspecto, haveria possibilidade de uma legalidade negociada, uma legalidade efêmera e intersticial onde o dualismo norma/fato desaparece quase completamente (SANTOS, 2000: 156). Além disso, o direito econômico é considerado por alguns autores um direito flexível e de "textura aberta" (ARNAUD, 1999: 152), uma vez que enseja tomadas de decisão a partir de "valores" extraídos do próprio sistema econômico (competição, eficiência, redução de custos de transação etc).

Pode-se dizer que o direito econômico é ainda influenciado por um processo global de introdução da concorrência nos mercados em substituição às barreiras legais específicas dos Estados, sendo relacionado, nesse âmbito, com a própria relativização de soberanias em nome de um direito supranacional pautado em menos regulação, mas, por outro lado, mais concorrência (ARNAUD, 1999:155). As perspectivas estáticas-estatocêntricas não responderiam mais aos desafios do direito "individualizante" e "flexível", uma vez que presente a necessidade de *desconcentração* e *descentralização* da regulação jurídica e a indispensabilidade de se articular em moldes inovadores o direito interno com os fenômenos da *internacionalização* e *supranacionalização* (CANOTILHO, 1999: 652-653). Nesse sentido, o direito econômico da sociedade global expande-se num ambiente de crescente complexidade. De um lado, dá-se a crise regulatória do direito estatal, frequentemente acusado de não garantir expectativas de direitos e de não se ajustar às possibilidades de ação e escolha geradas pela revolução tecnológica (QUEIROZ, 2006: 67). De outro lado, mas não menos importante, os modos de produção do direito são difusos, policêntricos, auto-regulativos (CAMPILONGO, 2000: 39).

Este fenômeno é identificado com a crescente substituição da "pirâmide" normativa kelseniana por séries normativas dispostas na forma de "teias de aranha" emaranhadas, descentralizadas e, em larga medida, surgidas apenas para estabelecer premissas de decisões flexíveis (QUEIROZ, 2006: 67). Em razão disso, boa parte da teoria do direito retoma a linha do pluralismo jurídico (CAMPILONGO, 2000). Desse ângulo, o direito econômico tem pouca afinidade com a concepção formal de sistema a partir da qual grande parte do raciocínio jurídico foi erigido.

Um aspecto bastante curioso na pesquisa em direito econômico e que tem a ver, especificamente, com o próprio tema do presente trabalho é que há uma carência de pesquisa empírica em uma seara na qual este tipo de pesquisa seria fundamental.[55] O que é interessante é que a pesquisa empírica no direito econômico serve não apenas para compreender o fenômeno jurídico, mas como mecanismo de orientação da própria aplicação do direito econômico e, particularmente, do direito da concorrência.[56] Talvez esta seja, inclusive, uma das principais funções da promoção da concorrência por meio da realização de estudos de mercado, acompanhamento e monitoramento. Essa "dificuldade metodológica" decorre, em certa medida, do abismo entre o direito escrito (legislado e normatizado) e o direito praticado (KANT DE LIMA, 1985). Mas não se trata de uma limitação cognitiva da ciência do direito apenas. Como demonstraremos, esta é uma dificuldade da própria concepção da teoria econômica predominante que se instaurou mundo afora.

Tomadas essas premissas e especificidades da pesquisa em direito econômico, a pesquisa deve sempre considerar essa realidade normativa bastante peculiar deste ramo do direito. Pode-se afirmar que a pesquisa em direito econômico encaixa-se na vertente jurídico-sociológica descrita por Gustin, Dias, Barbosa (2006), já que o *direito deve ser analisado como variável dependente da sociedade* (e, portanto, da economia e da política). Além disso,

---

55 A doutrina antitruste foi uma das precursoras na realização de pesquisas empíricas no âmbito jurídico. Como veremos, Richard A. Posner, Professor da Universidade de Chicago, e magistrado nos EUA, foi um dos maiores incentivadores desse tipo de pesquisa entre estudiosos e juízes no direito norte-americano, inicialmente, no antitruste mas, posteriormente, em diversas outras áreas do direito, principalmente, por meio da conhecida escola de *Law and Economics* (Análise Econômica do Direito).

56 Há inúmeros exemplos de pesquisa empírica, há tempos, levadas a cabo no antitruste. Vg.: Questionários e entrevistas que objetivam estudar o comportamento dos consumidores sobre preferências quanto a compra de produtos, estudos para delimitação do raio de abrangência de mercados geográficos, extração de dados para análise substitutibilidade de produtos e serviços, pesquisas de mercado, comportamento e variação de preços etc.

trabalha-se, nesse campo, com as noções de eficiência, eficácia e efetividade das relações direito/sociedade. Nesse particular, o percurso investigativo é voltado para a facticidade do direito e das relações contraditórias que o próprio direito estabelece com os demais campos (GUSTIN, DIAS, BARBOSA, 2006).

1.3. Os Fins do Antitruste: por que o Direito da Concorrência deveria revisitar seus pressupostos e o papel da *advocacy* na correção de rota da tutela concorrencial

Muito se discute no antitruste quais seriam os fins da tutela concorrencial. Entretanto, poucos se atentam para o fato de que esta análise depende, essencialmente, do ponto da partida tomado, da perspectiva do observador, da situação analisada e de aspectos temporais e espaciais, por vezes, esquecidos quando procuramos encontrar explicações (pretensamente, atemporais e universais) para questões, altamente, mutáveis.

Com efeito, talvez muito do que se tem construído teoricamente, nesse particular, parta de uma "perspectiva funcional"[57] do antitruste e a partir daquilo que é *dado* pela realidade, já evidenciado por ela. No que se refere à perspectiva funcional, a análise sobre os fins do antitruste é empreendida tendo-se em mente o funcionamento típico do antitruste, isto é, de sua estrutura tal como posta. São discutidos os *fins dos mecanismos de um específico sistema concorrencial*, portanto, e não, propriamente, os *fins do antitruste*. Toma-se, assim, a parte de um sistema como explicação para o todo. Nesse aspecto, de fato, pouco resta ao observador além daquilo que já é *dado* por este objeto (das funções já estabelecidas). A verdade é que a teoria antitruste deveria ser compreendida para muito além das teorias que a informam, especialmente, a partir das "teorias que informam estas teorias", a saber, a filosofia, as teorias políticas de justiça, o conhecimento crítico, a sociologia, a história e, entre outros, a economia constitucional.[58]

---

57 Do sistema tal como, legalmente, já estruturado.

58 Nas palavras de Jorge Vianna Monteiro, "diferentemente da economia convencional, em que o agente toma decisões em um ambiente de regras fixas ou predeterminadas (escolhas sob restrições), a economia constitucional tem seu domínio na determinação das próprias regras, sendo seu objetivo fundamental estabelecer as instituições sob as quais os participantes das escolhas públicas atuam (Buchanan, 1998). Esse programa de pesquisas tem a sua sistematização iniciada com o celebrado texto *O cálculo do consenso*: *fundamentos lógicos da democracia constitucional*, de James Buchanan e Gordon Tullock, publicado em 1962. Na caracterização do novo campo de estudos, o rótulo *public choice* passa a ser usado, embora progressivamente venha sendo reconfigurado como economia constitucional" (2004: 15-16).

Ainda assim, a matéria concorrencial deve ser confrontada com fatos existentes em dado momento respeitadas as peculiaridades dos sistemas políticos de cada sociedade. Este processo de compreensão da realidade passa, necessariamente, por um processo de desconstrução daquilo que é *dado* pela própria realidade. Contudo, talvez esta seria uma tarefa hercúlea para profissionais do direito, não raro, habituados ao que já está *dado* pela *tradição normativa* (aqui incluídos direito posto, doutrina e incontáveis vícios da dogmática).

Nesse aspecto, análogo à abordagem institucionalista, Hayek (1946:93) já considerava que a teoria antitruste assumiria como naturalmente existentes um dado estado de coisas (1946:93). Hayek critica o que ele chama de análise tautológica da teoria concorrencial que teria sido estendida, de forma indevida, para problemas que, na realidade, envolveriam um *processo social* e não individual (1946). O processo competitivo não poderia ser equacionado por um cálculo objetivo ou por uma análise lógico-racional com uma única solução, até porque o problema consistiria em ajustar as teorias e dados individuais com os fatos mutáveis de uma dada sociedade em que as ações dos indivíduos são influenciadas mutuamente e se sucedem no tempo (1946: 93).

Para Hayek (1946), o processo competitivo envolveria, na realidade, uma *mudança contínua* dos dados e não a imutabilidade das informações utilizadas pelas teorias que informam a matéria concorrencial. A teoria antitruste lidaria com o problema como se houvesse um permanente estado irreal de "equilíbrio competitivo" em que os dados teóricos se ajustariam completamente à realidade em quaisquer condições. O modelo de *concorrência perfeita*, pressuposto, em grande medida, na teoria antitruste dominante, embora já, amplamente, rejeitado, seria equivocadamente aplicado, de forma indistinta, na maior parte dos casos. Hayek demonstra o equívoco desse *modo de pensar* ao realçar que, na realidade, o que importaria seria a *natureza do processo*: "a *competição é, por natureza, um processo dinâmico*" (1946:94).

A verdade é que o modelo de *concorrência perfeita*, embora rechaçado por muitos, foi, no decorrer do tempo, aperfeiçoado por novas teorias que intentaram "adaptar" seus pressupostos às "imperfeições" da realidade[59] tais como em estudos comportamentais, institucionais, estruturalistas, em teorias como *second best theory* e *workable competition*, e, entre outras, em teorias

59 Obviamente que as imperfeições não são, propriamente, da realidade, mas do arcabouço teórico.

pós-Chicago como a teoria dos jogos[60] (ANDRADE, 2012: 53). Como vimos, a própria análise institucionalista é uma teoria que objetiva corrigir premissas da concorrência perfeita, central para compreender ferramentas de *advocacy*.[61] O tema será retomado no capítulo seguinte quando analisaremos os pressupostos teóricos da promoção da concorrência.

1.3.1. Entre Liberdade e Equidade: os Pressupostos das Teorias Econômicas que Fundamentam o Antitruste

O debate sobre o caráter normativo ou descritivo da economia, referido anteriormente, talvez seja pouco consentâneo com uma noção de ciência mais atual, uma vez que é identificado com pressupostos científicos ainda do século XIX, justamente, quando tal divisão foi proposta e quando o saber científico moderno ainda se encontrava em estágio embrionário. Por trás de qualquer teoria econômica, existe um recorte valorativo ainda que, por vezes, ignorado.[62] No geral, alguns economistas não enfrentam as premissas de suas próprias teorias, pois estão subjacentes a um dado pensamento predominante. Trabalham com a teoria tal como *dada*. A verdade é que, como ponto de partida das teorias econômicas que embasam o antitruste, existem opções valorativas naturalizadas nas premissas a partir das quais se desenvolve todo raciocínio econômico e jurídico. Não pretendemos aprofundar no tema, pois cada uma dessas teorias compreenderia estudos específicos, mas apenas expor alguns pressupostos daquelas que têm sido talvez as mais relevantes balizas filosóficas que estruturam o pensamento econômico dominante. O objetivo deste esforço é apenas compreender, de modo bastante panorâmico, os verdadeiros fundamentos do antitruste (ou das teorias econômicas que embasam o antitruste).

---

60 Muitas delas são citadas, difusamente, no decorrer deste trabalho.

61 Como demonstramos, o intuito de North também é maximizar a eficiência.

62 A teoria econômica edificada nos últimos dois séculos tem forte apego a um conceito universal e atemporal de "agentes racionais" com mesmo nível informacional, com mesmos gostos e preferências e, entre outros, um fictício livre ingresso de competidores nos mercados conforme as barreiras à entrada sejam consideradas, em tese, reduzidas, isto é, independentemente de outros fatores, e.g.: institucionais, comportamentais ou dinâmico-temporais. Para perguntas do tipo "*e se* os consumidores apresentarem comportamento diverso ao esperado pela teoria?" ou "*e se* as barreiras à entrada puderem ser, artificial ou institucionalmente, elevadas?", a conhecida resposta padrão é a de que tais hipóteses "não seriam *racionais*". Entretanto, a realidade é que se trata, exatamente, do contrário. Isto é, atribuir um elemento de certeza onde ela não existe pareceria irracional e incompatível com um conceito atual de ciência.

Quando são discutidos fins do antitruste, em última instância, está-se propondo um regresso às balizas axiológicas que criaram e estruturaram o pensamento econômico. Como já observamos, Hayek foi criticado por propor um *regresso ao infinito* quando reconheceu esse recorte valorativo da ciência econômica ao criticar a separação entre ciência positiva e ciência normativa.[63] Hayek, a propósito, estava à frente de seu tempo. Por certo, não existem limites atemporais e universais que poderiam ser impostos ao conhecimento científico, mas apenas *escolhas* e demarcações metodológicas circunscritas de pontos de partida também sujeitos à permanente revisão crítico-temporal. Curiosamente, o já ultrapassado saber científico, e, consequentemente, os saberes econômicos e jurídicos dominantes se apoiam, justamente, nesses pressupostos. Não se trata, porém, de ciência, mas de dogma.

A teorização sobre padrões de justiça, em razão de sua natureza contrafactual, permite visualizar padrões de sociedade e o que está por trás de modelos postos e das mentalidades que o compõem. Discussões quanto aos valores *liberdade, equidade, justiça*, bem como quanto ao *paradigma eficientista*, frequentes no antitruste, estão, na realidade, presentes nos componentes políticos que precederam a formulação econômica e, portanto, fundamentaram as principais escolas de pensamento que dominaram o debate contemporâneo em filosofia política.[64] Esta correlação, normalmente, não é feita e estes pressupostos são discutidos, autonomamente, dentro da própria teoria antitruste. Rawls chama atenção para o fato de que, invariavelmente, nos esquecemos que os grandes utilitaristas Hume, Adam Smith, Bentham e Mill eram, na realidade, teóricos sociais e economistas de primeira linha e que "sua doutrina moral foi estruturada para atender aos requisitos de seus interesses mais gerais e encaixar-se em um esquema abrangente" (2008: XLIV). Dito de outra forma, o resgate da origem do referencial que embasa as teorias econômicas é uma tarefa necessária e, em última instância, inevitável, nomeadamente, no caso de um trabalho que propõe, justamente, uma releitura de pressupostos do direito concorrencial.

Com efeito, algumas teorias aproximam-se mais dos modelos das sociedades capitalistas (teorias utilitárias, teorias libertárias, teorias liberais-igualitárias etc) e outras de sociedades socialistas, multiculturalistas, feministas e, entre outras, comunitaristas (KYMLICKA, 2002). Vamos nos ater, muito brevemente, sobre alguns pressupostos das teorias mais conhecidas de sociedades

63 Conforme capítulo inaugural.

64 Sobre o tema, consultar Kymlicka (2002).

capitalistas modernas[65] que mais se correlacionam com a teoria econômica predominante e que são úteis para estruturar o raciocínio concorrencial.

Os referenciais mais caros para o antitruste são, por certo, *liberdade* e *igualdade*. Pode-se dizer que as teorias e sistemas de defesa da concorrência são estruturados a partir do equilíbrio entre estes pressupostos. Nem sempre, contudo, estes vetores são contrapostos como veremos adiante. Nessa senda, a teoria de *igualdade de recursos* de Dworkin é um claro exemplo dessa tentativa de reconciliar estas "ideias gêmeas" (GUEST, 2010: 259). Dworkin pressupõe um mínimo de igualdade de recursos como ponto de partida, mas, após esta etapa, uma ampla liberdade política e econômica entre as pessoas, até porque seria equivocado no "processo de igualação tornar as pessoas iguais na conquista de suas ambições" (GUEST, 2010: 261).[66] A igualdade de meios constituiria, assim, um pré-requisito para distribuição de liberdades potenciais, produzindo-se, dessa forma, uma espécie de síntese precisa entre igualdade[67] e liberdade (GUEST, 2010: 255). Para Stephen Guest, o desenvolvimento do pensamento de R. Dworkin "sugere maneiras pelas quais os argumentos jurídicos podem se desenvolver, particularmente em ligação com o desenvolvimento da análise econômica" (2010: 255). O mérito da teoria de Dworkin é o de permitir a maximização da liberdade por meio de um pressuposto de igualdade (de recursos). A teoria de Dworkin segue a lógica de que "os desejos podem ser infinitos, mas as necessidades não são" (SHAPIRO, 2006:130), de tal sorte que, uma vez atendido um patamar mínimo de igualação no ponto de partida, deve-se admitir ampla liberdade no âmbito das ambições. Nessa perspectiva, pode-se dizer que os economistas neoclássicos estariam equivocados

65 Este recorte se deve ao fato de que não se pretende aqui discutir modelos de sociedade, mas alternativas valorativas dentro do modelo econômico vigente, úteis, portanto, à compreensão de valores como liberdade e igualdade.

66 Dworkin trabalha com a ideia de um sistema distributivo sensível à ambição a partir do que chama "teste de inveja" por meio do qual cada cidadão seria tratado com igual consideração e as diferenças refletirão apenas suas diferentes ambições e diferentes crenças, de tal forma que cada pessoa pague pelos custos de suas escolhas. Nesse sistema, Dworkin elabora um modelo imaginário para se alcançar a igualdade de recursos que se consubstanciaria em um leilão. Por meio deste leilão, imigrantes desembarcariam em uma ilha desabitada e receberiam uma quantidade igual de recursos (100 conchas de marisco) com os quais teriam a liberdade para adquirir seus bens por meio de lances que cessariam no ponto em que ninguém mais invejasse o pacote de bens de outra pessoa. Para uma visão mais detalhada da teoria de Dworkin, consultar Guest (2010) e Kymlicka (2002).

67 Para Dworkin, "tratar as pessoas como iguais só requer que lhes sejam dadas as capacidades, à guisa de recursos, para fazerem essas coisas" (GUEST, 2010: 261).

em misturar "desejos" com "necessidades"[68] (Shapiro, 2006:130), até porque a maior liberdade pressupõe, exatamente, um mínimo de igualdade.

John Rawls, por sua vez, toma como ponto de partida a igualdade em termos de liberdades (liberdades iguais) e, feito isto, adota o parâmetro de otimalidade de Pareto (RAWLS, 2008). Para Rawls, a partir do ponto em que são garantidas liberdades iguais[69], pressupõe-se que só é possível melhorar a situação de uma pessoa desde que isso não importe piorar a situação de todos (2008: 96).[70] Dworkin também admite que seria possível aumentar diferenças entre as pessoas desde que isto importe reduzir o déficit de recursos dos menos favorecidos e desde que preservada a liberdade de todos, mas ressalva que, de qualquer forma, comparações interpessoais de bem-estar não seriam mensuráveis (GUEST, 2010: 269).

No fundo, tanto Rawls como Dworkin admitem a eficiência como produtora de bem-estar, mas desde que isto não comprometa uma igualdade básica em termos de liberdades (Rawls) ou de recursos (Dworkin). Dito de outra forma, a eficiência seria, portanto, um meio para aperfeiçoamento de liberdades, e não um pressuposto único de bem-estar como pretenderiam os eficientistas. Isto prova que eficiência e *fairness* não são, exatamente, valores antagônicos como se poderia supor. A eficiência compõe, ainda que de modo relativo e instrumental, um dado sistema de justiça. Deveria haver, na verdade, um limite à eficiência que seria imposto por uma noção de *fairness* no exato sentido de que "a justiça tem prioridade sobre a eficiência e requer certas mudanças que não são eficientes nesse sentido. Só há compatibilidade no sentido de que um esquema perfeitamente justo é também eficiente" (RAWLS, 2008: 96).[71] E um sistema só é justo, repise-se, se a eficiência acarretar a melhora de todos, especialmente, dos membros mais desfavorecidos da sociedade (RAWLS, 2008: 91).

O utilitarista clássico,[72] ao contrário, só recorre à igualdade para resolver impasses, como valor secundário, portanto (RAWLS, 2008: 96). Não

68 Ideia pressuposta na incapacidade dos eficientistas em discutir comparações interpessoais tendo em vista um suposto relativismo de preferências e infinitude dos desejos.

69 Para Rawls, deve-se reconhecer ao indivíduo o sistema mais amplo de liberdades aplicável de forma igualitária a todos os demais indivíduos (primeiro princípio) e desigualdades somente são admitidas se forem benéficas aos menos favorecidos e desde que todas posições na sociedade estejam acessíveis a todos de forma igualitária. (RAWLS, 2008).

70 Vale dizer, a impossibilidade de melhorar a situação de uma pessoa sem piorar a dos demais e, especialmente, dos menos favorecidos (RAWLS, 2008: 96).

71 Realçamos.

72 Tradicionalmente, para os utilitaristas, a utilidade é definida em razão da felicidade representada pela máxima: "o máximo de felicidade para o maior número de pessoas", sendo a

se importa se a maximização de utilidade acarrete ou não injustiças.[73] Por tal razão, o utilitarista é também consequencialista.[74] Talvez um dos maiores expoentes do utilitarismo eficientista, Pareto renegava os julgamentos morais e comparações interpessoais.[75] Para Pareto, tudo se resolvia em um padrão unificado em torno da eficiência. As ideias de Pareto viriam a influenciar, profundamente, a teoria microeconômica e, consequentemente, o pensamento antitruste. Nas palavras de Ian Shapiro:

> Além de excluir as comparações interpessoais, Pareto defendia uma maior modéstia quanto àquilo que devíamos aspirar conhecer sobre a psicologia dos indivíduos. Ele queria evitar a investigação sobre os motivos pelos quais as pessoas desejam as coisas ou até sobre se elas consomem os bens que tentam adquirir. Achava inteiramente desnecessário entrar em questões sobre se os bens de consumo trazem felicidade às pessoas. 'No sentido usual da palavra, a morfina não é útil, uma vez que prejudica o viciado em morfina; por outro lado, ela é economicamente *útil* para ele, mesmo que não seja saudável, porque satisfaz um de seus desejos. (2006: 53).

Pareto, portanto, neutralizaria preferências interpessoais por meio de um critério "unificador", presumidamente, útil e benéfico a todos: a eficiência. Como reduzir, entretanto, a dimensão psicológica do indivíduo, os princípios e valores sistêmicos em um único apotegma eficientista? Talvez este seja um

---

experiência ou sensação de prazer o principal bem humano (KYMLICKA, 2002: 15-18). Nas palavras de Kymlicka, J. Bentham, uma das maiores referências, "disse, em trecho famoso 'a insignificância é tão boa quanto a poesia' (...) Se preferimos a poesia à insignificância, se pensamos que é uma coisa mais valiosa a qual decidimos dedicar nosso tempo, deve ser porque ela nos dá mais prazer" (KYMLICKA, 2002: 16).

73 Nas precisas palavras de Alf Ross "O princípio da maximização certamente reflete também algo fundamental da maneira pela qual são feitas as escolhas econômicas, quando estão em jogo os interesses de um só indivíduo. O homem de negócios, por exemplo, apreciará as diferentes possibilidades de investimento de acordo com o benefício calculado, medido em termos de dinheiro, e escolherá entre essas possibilidades a que lhe promete o maior lucro, o que é um claro cálculo de maximização. O princípio não se ajusta como medida, por outro lado, para problemas econômico-sociais, os problemas que relacionam com indivíduos que mutuamente competem." (2007: 340).

74 Nesse aspecto, "o consequencialismo nos diz que devemos nos preocupar em promover a utilidade das pessoas e, idealmente, satisfaríamos todas as preferências informadas de todas as pessoas. Infelizmente, isso é impossível. Os recursos disponíveis para satisfazer as preferências das pessoas são limitados. Além disso, as preferências das pessoas podem entrar em conflito. Assim sendo, devemos satisfazer as preferências de quem? (...) e se a promoção do bem-estar de uma pessoa estiver em conflito com a de outra?" (KYMLICKA, 2002: 24-25).

75 Nas palavras de Shapiro, "o método utilitarista clássico é insensível aos limites morais entre as pessoas" (2006:49).

dos maiores "déficits" da teoria antitruste contemporânea, vale dizer, não contemplar aspectos comportamentais[76], institucionais e dinâmicos desconhecidos por lógicas do tipo "custo-benefício". Para Shapiro, esta negação da possibilidade de se fazerem comparações interpessoais obrigaria considerar o indivíduo como um "ser racional no sentido extremamente limitado que a transitividade implica" (2006: 57).[77] Dworkin, por sinal, vê nos excessos da eficiência paretiana o risco em se igualar preferências que não poderiam ou não deveriam ser submetidas à mesma métrica unificadora[78] (GUEST, 2010: 269). Da mesma forma, Rawls critica os utilitaristas e eficientistas que, a partir de uma visão consequencialista,[79] trabalham com a ideia de maximização de bem-estar agregado a partir de um valor único[80], vale dizer, sem a necessária obediência a uma razão deontológica ou valorativa prévia que considere uma equação entre diferentes valores e princípios (RAWLS, 2008: 97). Esta análise é fundamental para se compreender que a eficiência como um fim em si mesmo, compreensão própria do utilitarismo e do eficientismo paretiano[81],

76 Posner reconhece a fraqueza da economia em lidar com questões que fogem do espectro "racional" embora acredite que isto não retiraria seu *status* de cientificidade. Para ele: "O pressuposto básico da economia – o de que os indivíduos são maximizadores racionais – parece não apenas contra-intuitivo (...) como também seriamente incompleta. As pessoas têm dificuldade para lidar com eventos de baixa probabilidade, que são importantes em muitas áreas do comportamento estudadas pelos economistas; e boa parte do comportamento humano parece ser impulsivo, emocional, supersticioso – numa palavra, irracional" (2007: 491).

77 Para Alf Ross, "ao atribuir importância exclusiva à soma total, e não à sua distribuição, todos os conflitos de interesses ficam ignorados desde o começo e se torna impossível atribuir à distribuição qualquer significado independente. Porém, a maior parte dos problemas econômicos de importância social são problemas de distribuição ou, em todo o caso, problemas que detêm um aspecto distributivo. O problema da renda nacional, por exemplo, não é simplesmente uma questão do seu montante, como também de sua distribuição" (2007: 340-341).

78 Esta crítica pode ser vista como uma crítica às noções de concorrência perfeita ou concorrência via preços que igualam preferências em um método de simplificação matemática para compreensão da realidade concorrencial.

79 Para José Maria de Arruda Andrade, a Escola de Chicago teria natureza "conquencialista forte", "já que pretendia, ainda que por meio de instrumentos pretensamente técnicos, ditar como deveria ser a interpretação e a aplicação da legislação antitruste" (2012:57).

80 Nesse sentido, "o utilitarismo não oferece um critério ou método científico singularmente simples para determinar o que é certo e errado" (KYMLICKA, 2002: 24-25).

81 Nas palavras de Shapiro, "a negação, por parte de Pareto, da possibilidade de se fazerem comparações interpessoais resultou na importação de uma poderosa doutrina de autonomia individual para o núcleo lógico do utilitarismo. Ao passo que, na melhor das hipóteses, o impulso libertário de Bentham só estava acidentalmente relacionado à análise lógica de seu princípio de felicidade máxima, é um axioma do sistema de Pareto que toda pessoa é independente para decidir suas preferências" (2006: 57).

poderia tanto comprometer uma ideia de "liberdade" assim como uma noção de "equidade".[82] Já uma compreensão equilibrada de eficiência poderia, por outro lado, produzir efeitos benéficos tanto na redução de desigualdades como na ampliação de liberdades. A métrica eficientista, portanto, não guarda necessária relação nem com liberdade nem com igualdade, podendo contribuir para um ou outro valor.

No extremo liberal, por sua vez, situa-se a teoria libertária que tem como um de seus maiores expoentes Robert Nozick. Trata-se de um importante referencial para entender modelos econômicos e políticos. A teoria é útil também para entender um ponto de extrema relevância: há uma clara diferença entre liberais-igualitários (e.g.: Rawls, Dworkin, Amartya Sen etc) e estes liberais mais extremos, também conhecidos como "libertários" (e.g.: Nozick, Locke etc). Basicamente, em sua "*entitlement theory*"[83] (teoria da titularidade), Nozick defende a total liberdade dos agentes econômicos e a preservação absoluta de direitos de propriedade e contratuais.[84] Caberia ao Estado um papel de neutralidade em relação aos atores privados, somente interferindo na economia para garantir a preservação dos direitos de propriedade quando ameaçados[85] (KYMLICKA, 2002: 102-165). Nessa lógica, o Estado não deveria intervir nos mercados e nem interferir na liberdade dos indivíduos seja para aumentar a eficiência, concorrência ou reduzir desigualdades (KYMLICKA, 2002: 102-165). Assim, mecanismos de controle de atos de concentração ou de promoção da concorrência seriam impensáveis para libertários, pois violariam um direito absoluto de propriedade dos meios de produção.[86] Nesse aspecto,

---

82 Há uma oposição clara entre a posição eficientista de Pareto e a liberal-igualitária de Dworkin. Enquanto para Dworkin poderia haver um aprimoramento no que diz respeito à igualdade, sem um aprimoramento no bem-estar, pelo teste de aprimoramento de bem-estar, preferido por economistas, a igualdade seria um critério secundário (GUEST, 2010: 269). Nas palavras de Guest, "um aprimoramento na igualdade pode significar a redução de bem-estar, digamos, de algumas pessoas ricas, se for exigido que a redistribuição custeie esquemas de bem-estar justificados pela igualdade" (2010:269). No fundo, a lógica de Dworkin é o que fundamenta políticas como as de universalização de serviços públicos.

83 Normalmente, traduzida como "teoria da titularidade" significa que um indivíduo teria um direito absoluto de dispor livremente de suas posses como quiser, desde que isso não envolva força nem fraude (KYMLICKA, 2002: 103).

84 A única forma de tributação admitida é a que se destinaria a levantar receitas para manter instituições de básicas do Estado, necessárias para proteção do sistema de transações comerciais, e.g., o sistema de polícia e o de justiça.

85 Libertários se opõem a qualquer restrição na liberdade individual (KYMLICKA, 2002: 102-165).

86 Para os libertários, se a propriedade foi adquirida justamente, a máxima para uma distribuição justa seria: "De cada um, como escolher, para cada um, como escolhido" (KYMLICKA,

libertários defendem uma teoria, totalmente, orientada para o *processo*, isto é, independentemente do resultado (positivo ou negativo) para o bem-estar social e econômico[87] (SEN, 2016: 349).

Deveras, a relação entre democracia e liberalismo nem sempre foi pacífica. Como adverte Bobbio, "estamos hoje tão acostumados a usar a expressão liberal-democracia que esquecemos que os liberais puros, desde o início do século, sempre consideraram a democracia (...) como o caminho aberto para a perda da liberdade, para a revolta das massas contra as *elites*" (1991: 43). De fato, talvez a concorrência (política e econômica) ainda se apresente como uma ideia, "excessivamente" democrática para libertários (ou liberais extremos) assim como instrumentos concorrenciais mais efetivos também o seriam. Nesse contexto, não é difícil entender porque o antitruste pouco tem avançado ou contribuído para concretizar de modo mais amplo e disseminado o princípio concorrencial.

Uma visão talvez equivocada, portanto, seria identificar a lógica eficientista com uma lógica "liberal"[88]. Na realidade, defender uma tese eficientista pode ser progressista a ponto de contrariar pressupostos liberais. Como esclarece Kymlicka, "se as pessoas não estão maximizando a utilidade nas suas vidas privadas, então reorganizar a estrutura básica a fim de deixar menos espaços para a vida privada poderia aumentar a utilidade" (2002: 27). Dessa forma, reorganizar uma estrutura econômica ineficiente, e. g., por meio da introdução de concorrência pode ser uma ideia que se contrapõe a uma noção libertária de preservação de direitos de propriedade.[89]

Essa mesma ideia, entretanto, baseada em critério eficientista, pode ser, totalmente, compatível com uma noção igualitária. Uma visão eficientista do antitruste, e.g., compreenderia como admissíveis intervenções que promovam desmonopolizações quando configurações das estruturas de mercado

---

2002: 102-165). Esta ideia expressa por Nozick como a "posse de si mesmo" acompanha a lógica de Locke de que "a primeira limitação da liberdade é imposta pela lei divina" (BOBBIO, 1997: 103).

87 Para Amartya Sen (2016:349): "Nozick caracteriza os direitos à liberdade com relação ao *controle*, concedido ao indivíduo, sobre certas decisões pessoais, e 'cada pessoa pode exercer seus direitos como queira'. Mas não há nenhuma garantia quanto ao resultado: é apenas um direito de escolher a ação".

88 Libertária.

89 Amartya Sen (2016:348) demonstra que, para Nozick, tanto a solução liberal-paretiana como a teoria da liberdade na teoria da escolha social são impossíveis, em razão do postulado de que "cada pessoa pode exercer seus direitos como queira".

revelem-se disfuncionais. Como veremos, até mesmo Bork[90], conhecido por suas ideias "liberais", reconhece essa possibilidade e chega a destacar o caráter progressista da tutela antitruste, considerada por ele, em razão disso, uma espécie de subcategoria ideológica (1993: 423). O que pretendia Bork era, justamente, fazer prevalecer a ideia de eficiência sobre direitos de categorias e sobre privilégios (1993: 420-425). Entretanto, naquele momento, instrumentos "liberalizantes" seriam mais aptos ao atingimento de uma lógica eficientista do que intervenções estruturais pró-competitivas.[91]

A realidade é que a simplificação do espectro ideológico entre partidários de direita e de esquerda ou, entre outros, entre liberais e igualitários pode ter contribuído para jogar uma cortina de fumaça na compreensão das múltiplas configurações possíveis por trás de modelos econômicos e de sociedade.[92] Igualdade e liberdade devem ser vistas como valores multidimensionais (SEN, 2009: 351). Como vimos, é plenamente possível sustentar uma posição liberal-igualitária e, ao mesmo tempo, defender a eficiência como um dos meios para realização do bem-estar social e econômico, de tal sorte que a adoção de uma visão estreita ou unifocal de igualdade e de liberdade deveria ser evitada (SEN, 2009: 351).[93]

Já a posição dos libertários no sentido da defesa de um direito de propriedade absoluto, não obstante caracterize-se como um resquício cultural herdado do ideário do Estado Liberal, já se encontraria, ao menos no âmbito da teoria jurídica atual, deveras, ultrapassada. Além disso, esta compreensão não encontraria respaldo na Constituição Federal de 1988, tendo em vista a previsão de diversos instrumentos e princípios de limitação e condicionamento social ao uso da propriedade. Mas é uma teoria que deve ser lembrada, pois o direito moderno foi edificado com base nesse ideário libertário, e, tanto escolas

90 Na verdade, Bork é, notoriamente, um anti-libertário, defensor do caráter progressista e, portanto, ideológico do antitruste.

91 Como demonstraremos, o pêndulo pode ter mudado de direção, como parecem defender até mesmo teóricos de Chicago.

92 Nas palavras de Shapiro, "as pessoas têm a tendência de enxergar o mundo como uma versão ampliada de seus grupos de referência locais (relativamente homogêneos), deixando em segundo plano aqueles que diferem muito de si (2006:126).

93 Nesse aspecto, precisas as palavras de Amartya Sen (2016:351): "tanto a igualdade como a liberdade devem ser vistas como multidimensionais dentro de seus amplos conteúdos. *Temos razão para evitar a adoção de uma visão estreita e unifocal da igualdade ou da liberdade*, que ignora todas as outras considerações que esses valores exigem. Essa pluralidade tem de ser parte de uma teoria da justiça, que necessita estar atenta a vários aspectos diferentes que cada uma dessas grandes ideias – liberdade e igualdade – invoca".

de pensamento como operadores do direito ainda sofrem forte influência dessa "exegese". Talvez seja, justamente, este um dos motivos para que a tutela concorrencial, especialmente, no Brasil apresente ainda hoje um caráter minimalista e para que exista uma certa resistência a uma atuação concorrencial mais pró-ativa e dinâmica. Curiosamente, portanto, o argumento libertário[94] talvez se constitua em poderosa ferramenta ideológica apta a impedir a criação de uma tutela mais efetiva no âmbito concorrencial nos dias de hoje.

Em suma, é possível que existam posições mais consequencialistas como aquelas que fazem uma leitura da maximização da utilidade como fim em si mesmo, uma teoria mais libertária no sentido de preservação absoluta do direito de propriedade independente de valores igualitários ou eficientistas e teorias que prestigiam em alguma medida a liberdade e a igualdade como valores e pressupostos sistêmicos, mas que reconhecem vantagens advindas de padrões de eficiência.[95] Assim, uma tradição jurídica que tenha dificuldades em aceitar desaprovações de operações independente de questões eficientistas ou igualitárias pode ser considerada mais libertária na medida em que privilegia o direito de propriedade como uma liberdade fundamental (e absoluta) que se sobrepõe sobre os demais valores. Com base nesse modo de pensar (libertário), a estrutura da sociedade é justa tal como *dada* e, assim, deve ser preservada.

Há limites à interferência antitruste sobre estas estruturas não obstante o potencial aperfeiçoamento que decorreria de uma intervenção do Estado. Uma teoria econômica que subordina valores democráticos e igualitários à maior eficiência tenderia, por sua vez, a fazer uma leitura instrumental da concorrência em nome de maior eficiência independente de outros valores sistêmicos. Sob este prisma, uma dada configuração de mercado eficiente é preferível a uma configuração mais equitativa. Por outro lado, como vimos, uma teoria econômica focada em eficiência pode-se contrapor a um valor libertário de preservação do poder de mercado (ineficiente), contribuindo para redução de desigualdades e ampliando a liberdade total do mercado por meio do sacrifício de liberdades individuais.

---

94 O argumento libertário é, no fundo, uma petição de direitos absolutos àqueles que detém posição dominante tanto no âmbito político como econômico. Trata-se da utilização da retórica das liberdades individuais para impedir a intervenção pública na ampliação de liberdades coletivas, na garantia de igualdade de oportunidades e na redução de desigualdade via políticas fiscais e redistributivas.

95 Muitas outras leituras com base em outros autores e teorias poderiam ser realizadas. Mas a ideia é, justamente, apresentar, de forma bastante despretensiosa, alguns padrões mais comuns do espectro capitalista que nos auxiliem a fazer uma releitura dos fins do antitruste e das ferramentas disponíveis para implementar estes fins.

Por fim, teorias liberais-igualitárias posicionam padrões de justiça e equidade como pontos de partida, mas reconhecem a eficiência como importante vetor para aperfeiçoamento dessa estrutura básica, subordinando-a, entretanto, a uma ideia inicial (e permanente) de justiça. Para estes, a liberdade é fundamental, mas há um necessário pressuposto de igualdade e justiça na estrutura básica da sociedade, sendo a eficiência um vetor também relevante, desde que para aperfeiçoamento dessa estrutura.

A verdade é que o antitruste vai lidar com estes valores no dia a dia, ainda que, frequentemente, por meios indiretos e teorias pressupostas. O modelo teórico vai pender para um lado ou para outro a depender da cultura jurídica de um determinado tempo e lugar, do contexto político e sociojurídico em que situado o intérprete, sua ideologia e formação. Um economista, por exemplo, tenderia a ser, naturalmente, mais influenciado pelo pensamento econômico dominante ao passo que uma pessoa com formação jurídica estaria mais acostumada a realizar ponderações de valores prestigiados pelo ordenamento, mas não deixaria de lado um contexto jurídico e cultural mais amplo em que foi formado.

1.3.2. O Difícil Equilíbrio entre Eficiência, Igualdade e Liberdade: o Papel da Tutela Concorrencial

Posner é um dos maiores defensores do critério eficientista na análise do direito. Para ele, "a eficiência é o princípio que anima boa parte da doutrina do *common law*" (2007: 503). Entretanto, Posner, não seria, aparentemente, um utilitarista como Pareto fora considerado (SHAPIRO, 2006).

Posner é um defensor do uso da maximização da riqueza como um fio condutor das decisões judiciais, de tal forma que o Judiciário deveria fazer o papel de aperfeiçoamento da atividade legislativa, em essência, incompleta, incerta e, por vezes, ineficiente (2007: 520-523). Nesse diapasão, não obstante o fato de Posner se aproximar de uma postura mais consequencialista, ele próprio, relativiza esta ideia:

> Não gostaria de deixar a impressão de uma visão parcial da atividade de pesquisa no campo da análise econômica do direito. Explorar a hipótese de eficiência é apenas uma faceta desta atividade. Uma pessoa pode estudar o direito sob uma perspectiva da economia positiva sem empregar, necessariamente, esta hipótese. Outra abordagem possível é com base na economia normativa, como ilustra o importante trabalho de Calabresi. O meu ponto é que a análise econômica positiva e, particularmente, a hipótese eficientista, não seriam a única hipótese válida de aplicação da

> economia no direito, mas, frise-se, este é um modo de análise que deve ser levado a sério por qualquer um interessado em compreender nosso sistema jurisdicional[96] (1979:294).

A verdade é que a tentativa de Posner em isolar o pressuposto eficientista de argumentos valorativos foi, severamente, criticada por teóricos do direito. Um dos maiores opositores, foi, justamente, Dworkin, com quem Posner travou uma série de debates. Nas palavras de Ronaldo Porto Macedo Jr., embora Posner tente neutralizar a moral em sua análise, na prática, os próprios argumentos de Posner "acabam se socorrendo de uma tal teoria. Posner estaria, assim, envolvido numa teoria moral substantiva, não instrumental, que ele não reconhece" (2012: 277). Dessa forma, a própria teoria de Posner somente encontraria guarida com base em uma prática discursiva argumentativa própria da "moral reasoning" (2012: 278).

A realidade é que Posner acabara cedendo ainda que, parcialmente, às críticas de Dworkin.[97] Nas palavras de SALAMA (2012: 24):

> Ao criticar a teoria eficientista de Posner, Dworkin pressupusera, incorretamente, que o critério de eficiência de Pareto seria "o sentido usual [de eficiência] dentre a profissão [de economistas]". Isso não é necessariamente verdadeiro, já que o termo eficiência pode ser entendido simplesmente como uma relação de maximização dos resultados a partir de uma ponderação entre custos e benefícios. Este ponto é importante porque, como vimos, a teoria eficientista não se resumia a uma mera aplicação da ética de Pareto.

Como vimos, a eficiência em Pareto partiria de um pressuposto, marcadamente, utilitarista e bastante inflexível de maximização da utilidade. Para

96 Tradução livre. No original: "I do not wish to leave too one-sided an impression of the research activity in the law-and-economics field. Exploring the efficiency hypothesis is only one facet of that activity. One can study the law from the standpoint of positive economics without employing the hypothesis. And one can study it from the standpoint of normative economics as well, as Calabresi's important work illustrates. My point is not that positive economic analysis, and in particular the efficiency hypothesis, is the only valid application of economics to the law, but, to repeat, that it is a mode of analysis that must be taken seriously by anyone interested in understanding our still largely judge-made legal system" (POSNER, 1979: 294).

97 Como demonstra Salama (2012), Posner diz o seguinte em seu artigo "Tribute to Ronald Dworkin": "um artigo que [Dworkin] escreveu há muitos anos, criticando de maneira enérgica minha posição sobre a maximização da riqueza, apesar de exagerar em seu argumento, foi convincente e me fez alterar alguns dos meus pontos de vista, o que eu evidentemente fiz com má vontade e com um certo atraso. Estou grato [a Dworkin] pelas críticas. " (2012: 24).

Posner, entretanto, a eficiência seria um fator de administração dessas variáveis axiológicas (uma necessária relação de "custo-benefício"), até porque um magistrado deve "igualmente defender valores democráticos, a Constituição, a linguagem jurídica como um meio de comunicação efetiva e a separação dos Poderes" (SALAMA, 2012: 25). A tutela concorrencial, da mesma forma, não poderia ser, exclusivamente, pautada no argumento eficientista, até porque inúmeros valores concorrem com a ideia de "custo e benefício" advogada por Posner.

Ainda entre os eficientistas, R. Bork, por sua vez, afirma que a tensão entre livre mercado e regulação também reflete e reage à tensão entre ideias de liberdade e equidade (1993). Para Bork, liberdade e equidade não são valores absolutos, mas que, na realidade, deveriam ser equilibrados (1993: 11).[98] A tutela antitruste seria, assim, expressão desse equilíbrio.

A ideia de que a concorrência não pode ser vista apenas pelos seus efeitos benéficos imediatos (eficiência no presente) demonstra que uma lógica consequencialista (ou, puramente, eficientista) pode não se sustentar, justamente, por não obedecer também, minimamente, a uma lógica deontológica própria do raciocínio jurídico. No longo prazo, os excessos do consequencialismo (como, por exemplo, permitir a excessiva concentração econômica) poderiam comprometer a própria operatividade do sistema por não vislumbrar possíveis externalidades negativas das decisões tomadas no presente que, *ultima ratio*, não contemplaram a eficiência no longo prazo. Um dos riscos do consequencialismo é o de transigir sobre valores democráticos em prol de maior eficiência no presente, mas com elevado custo futuro para a sociedade e próximas gerações.

A livre concorrência, por outro lado, tem sido identificada com o exercício das liberdades econômicas, isto é, como maximizadora da livre iniciativa em sua dimensão coletiva (livre entrada e livre empreendimento).[99] Entretanto, do ponto de vista da filosofia política, talvez esta compreensão não seja, totalmente, adequada. Com efeito, a defesa da concorrência funciona, em grande

98 Para Peritz a política concorrencial tem sido produzida com base em uma tensão entre política concorrencial e direitos de propriedade, isto é, entre os valores de liberdade e equidade. Conforme afirma: "competition policy has never provided the sole normative ground for antitrust. I have written elsewhere that antitrust has been produced by a tension between competition policy and private property rights, two rhetorics whose historical forms can be understood in terms of internal conflicts between commitments to the values of liberty and equality" (1990: 767)

99 Trataremos desse tema posteriormente ao analisarmos o conteúdo jurídico do princípio da livre concorrência.

parte, como *maximizadora da igualdade no exercício de liberdades* (liberdades iguais) e, não exatamente, como garantidora pura e simples de liberdades. Em outros termos, a tutela antitruste objetivaria tornar menos desiguais as pessoas considerando um pressuposto de igualdade no ponto de partida do exercício daquelas liberdades.[100] Este pressuposto, *ultima ratio*, é o que concebemos como sendo a *igualdade de oportunidades*.

O antitruste é o ramo do direito que, por excelência, objetivaria garantir a igualdade de oportunidades no exercício das liberdades econômicas. E isto se dá, essencialmente, por meio da garantia de concorrência (livre entrada e livre empreendimento) que, por sua vez, pressupõe conformação de liberdades individuais pelo Estado. A intervenção estatal, nesse campo, não se dá, exatamente, por meio de políticas redistributivas, o que, em princípio, seria um recurso apenas excepcional restrito a outras finalidades legislativas (BORK, 1993: 427). Nesse sentido, a ideia não seria, simplesmente, ajudar os que levam a pior, mas permitir que as pessoas estejam em condições de "administrar seus próprios assuntos (...) em condições apropriadamente igualitárias", isto é, criar condições para um cenário de iguais liberdades fundamentais e igualdade equitativa de oportunidades (RAWLS, 2008: XL). Dessa forma, falar-se em liberdade em uma dimensão coletiva seria sinônimo de igualdade no exercício de liberdades, ou seja, igualdade no ponto de partida e liberdade subsequente, não o contrário.

A tutela antitruste não objetivaria, dessa forma, preservar liberdades individuais, mas ampliar espaços coletivos de liberdade[101], até porque deve-se questionar qual a liberdade existente quando, e. g., a maior parte dos meios de produção estão concentrados nas mãos de um monopolista senão apenas a liberdade do próprio agente dominante. O antitruste, portanto, se afastaria de concepção libertária no sentido nozickiano[102], identificando-se com uma teoria liberal-igualitária conformadora de liberdades individuais (contrária, portanto, aos pressupostos de uma teoria libertária). Mesmo para os eficientistas, a igualdade de oportunidades é pressuposto do antitruste. A questão é que, para estes, a igualdade de oportunidades é, naturalmente, alcançada por

---

100 Para Rawls, a democracia evitaria que uma pequena parcela da sociedade controlasse a economia e a política, mas não por meio da redistribuição de renda para aqueles que menos têm ao fim de cada período, mas sim "garantindo a ampla disseminação da propriedade de ativos produtivos e de capital humano (...) no início de cada período" (2008: XL).

101 Liberdade de entrada e de empreendimento.

102 Como vimos, teoria que buscaria maximizar direitos de propriedade, pressupondo a não intervenção do Estado (Estado Neutro) salvo para preservar estes direitos quando ameaçados. Sobre o tema, consultar Kymlicka (2002).

uma tutela eficiente (BORK, 1993: 422). [103] Além disso, o antitruste convive com políticas redistributivas oriundas de outros microssistemas e com políticas que excepcionam, total ou parcialmente, a concorrência.[104]

Nesse prisma, é de se questionar se a tutela concorrencial, tal como posta atualmente, tem atingido seu objetivo de maximização da igualdade de oportunidades no exercício de liberdades econômicas[105] ou se, na prática, tem-se consubstanciado em um referendo de posições econômicas estabelecidas nos moldes de uma teoria libertária (nozickiana). Vale dizer, deve-se perquirir se o antitruste, por meio de suas funções típicas, tem logrado êxito em ampliar espaços coletivos de liberdade ou se, na verdade, tem sido incapaz de alterar estruturas econômicas já consolidadas e, potencialmente, ineficientes. É preciso refletir se o papel da defesa da concorrência tem sido o de promover a eficiência nos mercados ou apenas controlar excessos dos agentes econômicos por meio do controle de concentrações e de condutas anticompetitivas. Além disso, deve-se questionar se os argumentos econômicos, atualmente, predominantes na análise antitruste são, realmente, válidos e, empiricamente, comprováveis ou se, no fundo, apenas reforçam posições dominantes sob o pretexto de duvidosas eficiências derivadas das operações.

Ainda sobre a relação entre antitruste e igualdade, a concorrência também contribui, ainda que indiretamente, para redução da desigualdade material[106] propriamente dita. Como vimos, não parece correta a contraposição entre os valores "eficiência" e "equidade". Nem sempre o vetor eficientista é contrário à equidade. Uma economia eficiente é, potencialmente, produtora de mais equidade e não o contrário. Basta pensar que uma economia produtiva gera mais renda, mais oportunidades econômicas e maior arrecadação que, pelo menos em princípio, permitiria políticas redistributivas. Se a tributação é anti-isonômica e ineficiente, o problema já não seria, exatamente, econômico, mas de escolhas políticas que inviabilizariam a redistribuição da riqueza gerada.[107]

---

103 Para BORK, "competition in open markets reflects the ideal of equality of opportunity" (BORK, 1993: 422).

104 Nem sempre razoáveis ou proporcionais.

105 Como vimos, tanto Bork, no campo antitruste, como Rawls, um dos maiores teóricos políticos, consideram que este seria o papel primordial do Estado na política concorrencial.

106 Como veremos, no México a competition advocacy foi eleita como meio de redução de desigualdades. Mas é importante pontuar que talvez este não seria, exatamente, o fim "direto" buscado por mecanismos de promoção da concorrência, mas sim que a introdução de maior eficiência e concorrência em setores deficientes atinjam, indiretamente, tal desiderato.

107 Nesse sentido, Piketty esclarece que "o imposto progressivo constitui sempre um método mais ou menos liberal para se reduzir as desigualdades, pois respeita a livre concorrência

Um dos maiores obstáculos à geração de riqueza é, justamente, a ineficiência (BORK, 1993: 423). Como veremos, economias que não privilegiam a eficiência dinâmica, movimentos inovativos e destruição criativa não obtêm um desenvolvimento social e economicamente sustentável. Se há déficit de concorrência e menos incentivo à inovação, o resultado é menos renda decorrente do processo produtivo e, portanto, maior desigualdade. Se, conforme evidencia a fórmula apresentada por Piketty, ***r*>g**,[108] ou seja, se o retorno do capital (**r**) tende a ser cada vez maior que o do crescimento econômico (**g**), uma economia eficiente dependeria exatamente do contrário, isto é, de maior geração de riqueza decorrente do processo produtivo (PIKETTY, 2013). Sem estímulo à concorrência e à eficiência, haverá, isto sim, progressivo aumento do desemprego e crescimento da desigualdade.[109] Dito de outra forma, é como se um mínimo de igualdade fosse pressuposto para maior eficiência econômica, mas também a eficiência um pré-requisito para uma economia menos desigual. Com extrema desigualdade, há menos emprego, menor consumo[110] e menos investimento produtivo a ponto de comprometer o próprio crescimento econômico. Há menos eficiência, portanto. Nesse mesmo sentido, Diogo Coutinho recusa a ideia excludente entre eficiência e equidade, deslocando a discussão de índole "tudo ou nada" para uma reflexão quanto ao *grau de eficácia* na implementação de decisões e políticas públicas (2013:105). Coutinho demonstra que políticas voltadas para redução de desigualdade, por vezes, contribuem para aumentar a eficiência econômica no longo prazo (2013:105).

A maior eficiência de uma economia[111], portanto, tende a gerar mais oportunidades, maior crescimento produtivo, emprego e consumo. Há, nesse

---

e a propriedade privada enquanto modifica os incentivos privados, às vezes radicalmente, mas sempre de modo previsível e contínuo, segundo regras fixadas com antecedência e debatidas de maneira democrática, no contexto de um Estado de direito. O imposto progressivo exprime de certa forma um compromisso ideal entre justiça social e liberdade individual. Então, não é por acaso que os países anglo-saxões, que em certa medida se mostraram mais apegados à ideia das liberdades individuais ao longo da história, também tenham caminhado com mais firmeza na direção de uma progressividade fiscal ao longo do século XX" (2014: 492).

108 A chamada fórmula da "contradição central do capitalismo" (PIKETTY, 2014: 31-41).

109 Como esclarece Piketty, "A principal força desestabilizadora está relacionada ao fato de que a taxa de rendimento privado do capital '*r*' pode ser forte e continuamente mais elevada do que a taxa de crescimento da renda e da produção '*g*'. A desigualdade '*r*>*g*' faz com que os patrimônios originados no passado se recapitalizem mais rápido do que a progressão da produção e dos salários." (PIKETTY, 2014: 555).

110 O consumo dos mais favorecidos é, proporcionalmente, menor em relação a produtos básicos e necessários.

111 Em sentido amplo, dinâmico e inovativo.

contexto, um desenho institucional mais favorável à redução de desigualdades. Uma economia ineficiente tende a estagnar o crescimento e aumentar, assim, a desigualdade. Menos inovação e competitividade redundam em uma situação de desigualdade permanente com pequenas melhoras de tempos em tempos, mas com posterior regressão a níveis basais de desigualdade.

Como veremos, investimentos na indústria "dominante" pura e simplesmente como medida para tentar "sair da crise" e não em novos paradigmas de inovação e competitividade levam a um círculo vicioso que podem até redundar, no curto prazo, em surtos de crescimento. Porém, no final de um período de expansão, esta estratégia revela-se insustentável por se consubstanciar em mera expansão do crédito e estímulo ao consumo com posterior endividamento seguido por um período de recessão. Não se traduz, portanto, em desenvolvimento sustentável no longo prazo. Pequenas melhorias no nível de desigualdade são depois perdidas em um movimento mais lento de desenvolvimento do que aquele empreendido em nações que lideram novos ciclos econômicos. É bastante comum que, em economias menos desenvolvidas, em momentos de crises, governos façam grandes acordos e abram mão de tributação para salvar as grandes corporações, distribuindo subsídios via bancos de fomento. Entretanto, esta estratégia é realizada com elevado custo de oportunidade na medida em que é realizada à custa de expressivo endividamento, juros "compensatórios" mais altos para população em geral e tributação também elevada. Nesse sentido, um "eficientista moderno" poderia, seguramente, afirmar que padrões extremos de desigualdade comprometem o próprio funcionamento regular de uma economia. Maximizar a utilidade passaria não apenas pela multiplicação de riqueza, mas por uma preocupação mínima com mecanismos distributivos proporcionados por uma economia de mercado mais equilibrada sem prejuízo de políticas sociais redistributivas que independam de pressupostos do tipo "custo-benefício". *Ultima ratio*, a eficiência depende de patamares mínimos de igualdade. É de se questionar, entretanto, se o sistema antitruste, na sua configuração atual, tem contribuído, de fato, para reduzir a ineficiência econômica e, portanto, ainda que reflexamente, para redução da desigualdade.

Com efeito, considerando, assim, que o antitruste é baseado sobretudo em uma teoria liberal-igualitária, tarefa árdua seria identificar qual a medida de igualdade capaz de tornar as liberdades econômicas, de fato, isonômicas. Isto é, de que modo a igualdade garantiria, verdadeiramente, a igualdade de oportunidades no exercício das liberdades econômicas? Não vamos aprofundar, nesse ponto, mas vale ressaltar que, como vimos, as teorias variam entre aquelas que entendem que um mínimo material (igualdade básica de recursos) é pressuposto para o exercício de igualdades (Dworkin), entre aqueles que entendem que apenas uma igualdade no exercício de liberdades mais "básicas" deveria ser considerada no ponto de partida (Rawls)[112] e aqueles que entendem que liberdades dependem de uma igualdade de capacidades[113] (Amartya Sen). A verdade é que a noção de igualdade pode ser abordada sob diferentes perspectivas: oportunidades, liberdades ou ganhos materiais (KYMLICKA, 2002: 4). Mas, para os fins do presente trabalho, cumpre ter em mente que o antitruste é, a um só tempo, garantidor de um conceito de igualdade no ponto de partida e pressuposto do exercício de liberdades econômicas subsequentes. A discussão, portanto, deveria girar em torno da satisfatividade da tutela concorrencial para alcançar, verdadeiramente, esta equação. Sem igualdade mínima na posição inicial não é possível um autêntico exercício de liberdades econômicas. A dúvida seria se a tutela antitruste, tal como tradicionalmente concebida, seria, de fato, um meio apto ao alcance de tal desiderato.

1.3.3. Os Pressupostos Decisórios do Antitruste: o Princípio da Incerteza, a Causalidade e o Paradoxo de Schrödinger

Talvez seja um equívoco acreditar que, feito o primeiro recorte valorativo que delimita as premissas teóricas do antitruste, as decisões passariam a ser, estritamente, técnicas. Por um lado, os próprios conceitos microeconômicos manejados, por si só, incluem, constantemente, sopesamentos axiológicos. As definições de mercado relevante e grau de substitutibilidade dos produtos são um misto de subjetivismo valorativo e argumentação microeconômica de suporte a estas decisões.[114] Não que se consubstanciem, exatamente, em avaliações políticas, mas como toda e qualquer decisão jurídica, estas definições incorporam interpretações valorativas sobre fatos, normas e conhecimento microeconômico.

---

112 Sobre o tema, Kymlicka (2002).

113 Não obstante as mútuas divergências entre Dworkin e A. Sen, as duas teorias (igualdade de recursos e igualdade de capacidadades) aproximam-se, ao menos, na tentativa de equilibrar igualdade e liberdade. Entretanto, A. Sen parece ir além na ideia de igualdade ao discutir "funcionamentos" substantivos e não apenas uma igualdade básica de recursos no ponto de partida como pretende Dworkin (SEN, 2016). No fundo, SEN discute necessidades concretas como pré-requisito, justamente, para uma liberdade efetiva do indíviduo, não apenas formal, pelo que é criticado por Dworkin que acredita ser problemática a discussão de preferências. Enquanto Dworkin parece se contentar com uma igualdade material básica como pressuposto de liberdade, A. Sen tem a pretensão de discutir aspectos que dificultam o acesso isonômico aos recursos (SEN, 2016).

114 À análise das estruturas do mercado deveriam ser agregadas, entre outros, questões referentes ao *específico ambiente institucional* do segmento investigado.

Nesse sentido, imagine-se o mercado de *cereais matinais prontos para consumo* (entre eles, o conhecido "sucrilhos") [115] e que esteja em discussão se o produto seria ou não essencial a ponto de atrair o controle antitruste (análise, por si só, bastante subjetiva e de questionável necessidade no âmbito jurídico).[116] Este é o tipo de decisão que afetaria, de modo determinante, o resultado de um ato de concentração e que demonstra, cabalmente, que mesmo no nível, supostamente, "técnico" do antitruste, há forte conteúdo valorativo. Poder-se-ia argumentar que estudos empíricos poderiam demonstrar que consumidores aceitariam pagar até "x" reais pelo cereal e, a partir de então, optariam por um "substituto", ainda que com características nem tão próximas a do cereal,[117] tal como o pão de queijo ou pão com manteiga, inibindo a prática de preços supracompetitivos pela firma dominante. Mas a verdade é que, pressuposta a perda de bem-estar inicial advinda da eliminação de um concorrente (ou de uma alternativa), nem mesmo os consumidores saberiam, se, de fato, agiriam dessa forma (optando por outro produto). Além disso, os consumidores estariam sendo induzidos a responder que optariam por outro produto, justamente, em razão da perda de uma opção, isto é, com a supressão de uma alternativa em razão da operação, só lhes restariam partir para a segunda opção. Trata-se, portanto, também de um exercício subjetivo que, quando não inferido pelas autoridades, é captado por entrevistas ou ofícios, supostamente, objetivos que, dependendo de como realizados, também poderiam influenciar o resultado. Não se está, com isso, retirando a importância de pesquisas estruturadas, semiestruturadas, ofícios e questionários operacionalizados pelos órgãos de defesa da concorrência. Sem dúvida, são de suma importância e deveriam ser, frequentemente, utilizados. Entretanto, é inegável que não deixam de captar aspectos subjetivos por meio de instrumentos, aparentemente, objetivos.

---

115 AC 08000.020.471/97-70. É conhecido o caso em que a empresa Kellog's havia adquirido a Superbom e, com isto, passado a deter 55% do mercado enquanto a Nestlé, 18,2%, gerando um duopólio no segmento de cereais matinais. O caso foi marcado pela polêmica desconsideração de 3 votos contrários à operação, pois haviam sido tomados durante a gestão do então Presidente Gesner de Oliveira por Conselheiros que já haviam deixado o CADE.

116 No voto vogal no AC 08000.020.471/97-70 do Conselheiro João Bosco Leopoldino ficou consignado que "levando em conta a realidade brasileira, em que o salário-mínimo nem chega a 100 dólares, pensar em cereais matinais prontos para consumo sejam um bem essencial é no mínimo desconhecer o Brasil. O brasileiro mal tem dinheiro para um café da manhã com café com pão com margarina. Acreditar que cereais matinais lhe sejam um bem essencial é querer ser muito crédulo".

117 Também uma análise subjetiva.

Além disso, há um componente de *incerteza* nas decisões concorrenciais impossível de neutralizar, especialmente, nas decisões estruturais tomadas em atos de concentração, em políticas públicas que influenciem na concorrência, em decisões regulatórias de promoção da concorrência (introdução e fomento) ou em decisões estruturais no controle comportamental (raras, no Brasil). Nestas hipóteses, há um inevitável exercício de "futurologia". Estas decisões são tomadas no presente, mas com olhar prospectivo. Isto, por si só, torna impossível a objetividade completa em uma decisão nesse âmbito. Preferências e diferentes interpretações econômicas e jurídicas são cotejadas no momento de tomada de decisão. Muitos poderiam dizer que melhor seria, então, "não decidir", porém, obviamente, esta também é uma opção que implica uma decisão (autorizativa, no caso). "Não decidir", na realidade, sequer seria possível, dada a necessidade de observância do princípio constitucional da livre concorrência e a vedação ao *non liquet*.

Entretanto, há um perigoso pressuposto de certeza na lógica de funcionamento do sistema concorrencial que contraria o postulado segundo o qual há um componente de incerteza em qualquer tentativa de mensurar a realidade e que, portanto, "qualquer previsão exata sobre o futuro não será bem-sucedida" (HEISENBERG, 1935: 7). [118] Há, dessa forma, um elemento

118 O princípio da incerteza foi proposto pelo físico alemão W. Heisenberg que recebeu o Nobel em 1932. O postulado, que tem influenciado a física e o pensamento científico, prevê que a velocidade e a posição de uma partícula só poderiam ser mensuradas de modo simultâneo com uma precisão limitada. Quanto maior a precisão com que se conhece a posição de uma partícula, menor seria a precisão para medir a sua velocidade; e vice-versa (HEISENBERG, 1935). Esta concepção, que se tornaria conhecida também como a interpretação de Copenhagen, se contrapõe às tradicionais teorias científicas que precederam o desenvolvimento da física do último século e que tomavam como premissa postulados universais e atemporais colocados, posteriormente, em xeque pelas descobertas científicas mais recentes. Entre as teorias mais respeitadas que fazem oposição ao princípio da incerteza, merece ser citada a mecânica quântica bohmiana que, muito embora reconheça todas as características peculiares do fenômeno quântico, oferece outra explicação para o comportamento do elétron (NORSEN, 2017: 182). Para esta vertente formulada pelo físico David Bohm, o elétron seria sempre uma partícula cuja manifestação seria influenciada por fatores não, necessariamente, incertos, mas tão somente desconhecidos, uma vez que baseados em conceitos de não-localidade do potencial quântico (NORSEN, 2017: 178). De qualquer forma, a teoria bohmiana, não obstante procure outra explicação para o fenômeno quântico, reconhece a incapacidade de certificação, no presente, dos elementos causais do fenômeno observável. Especificamente, portanto, para efeitos metodológicos, há pouca diferença em relação ao princípio da incerteza de Heisenberg, uma vez que, embora a teoria de Bohm reivindique um caráter determinista do fenômeno, se limita a dizer que as partículas estão em "algum lugar" e que não seria possível saber, com precisão, sua exata posição (NORSEN, 2017: 182). Nesse sentido, Norsen afirma: "According to the de Broglie - Bohm pilot-wave theory, most of the puzzles and paradoxes of orthodox

causal ou uma inevitável interferência entre qualquer tentativa de interagir com a realidade e a própria realidade (HEISENBERG, 1935: 7). O que dizer então das decisões (ou "não-decisões") do antitruste que, direta ou indiretamente, interferem em mercados, estruturas e segmentos econômicos?

Um exemplo hipotético nos permite visualizar melhor o elemento de incerteza que compõe a decisão antitruste. O exemplo é baseado no paradoxo do *gato de Schrödinger*, experiência mental desenvolvida pelo físico austríaco Erwin Schrödinger em 1935 e que tem influenciado o pensamento científico desde então (SCHRÖDINGER, 1980).[119] Muito embora este exercício tenha sido proposto por Schrödinger para expor a dificuldade da microfísica (física quântica) em lidar com fenômenos macros relacionados à visão tradicional da física,[120] o raciocínio é bastante útil para se compreender processos que envolvam tomadas de decisão.[121] Na experiência, há um gato preso em uma caixa com um

quantum mechanics arise from its using incomplete state descriptions. It is not, for example, that electrons are wave-like when not being observed, but then magically 'collapse' to sharp positions when looked at. Instead, according to the pilot-wave theory, the electron is always a particle with a sharp position following a definite trajectory through space; the statistical wave-like phenomena (such as the build-up of the interference pattern in the two-slit experiment) arise because the motion of the particle is influenced by an associated wave. This is sometimes hard for people to understand because they are so accustomed, in ordinary quantum mechanics, to describing "particles" (like electrons) in terms of wave functions. So let me repeat it for emphasis: a single electron, according to the pilot-wave theory, is not one thing, but two – a wave and a (literal, pointlike) particle whose motion is controlled by the wave. (...) So that is the first reason for going into the quantum continuity equation here: it gives another illuminating perspective on the pilot-wave theory's new dynamical postulate (for how the particles should move). The second reason is that it makes it possible to understand something about probability in the theory. In general, according to the pilot-wave theory, every particle is always definitely somewhere. But we do not usually know the exact location!" (2017: 178-182).

119 Interessante pontuar que, segundo Posner, "a economia se assemelha à física" (2007: 491).

120 Para Einstein e Schrödinger, o paradoxo do gato demonstra, em última instância, nosso conhecimento ainda incompleto sobre os fenômenos da realidade (NORSEN, 2017). Se, por um lado, esta constatação poderia colocar em questão o princípio da incerteza de Heisenberg, por outro, apenas reforçaria a relatividade de postulados supostamente universais e atemporais até então presentes na física e também nos demais campos do saber. No máximo, a contestação do princípio da incerteza poderia ser feita em nome de um "princípio da ignorância", isto é, o conhecimento ainda incompleto da realidade estaria a impor uma incapacidade operacional na realização de previsões com dados extraídos do presente. Nesse sentido, "For Einstein and Schrödinger, then, the cat/bomb example strongly suggested that, rather than providing direct, literal, complete descriptions of physical systems, quantum mechanical wave functions should instead be understood as describing our incomplete knowledge – our ignorance – about the physical states of these systems" (NORSEN, 2017: 73).

121 Nesse particular, não se trata, propriamente, de uma aplicação direta de princípios da física ao presente estudo, mas apenas um exercício metodológico e argumentativo derivado

frasco de veneno que contém um elemento emissor de partículas radioativas (partículas alfa). Na caixa, há também um artefato capaz de detectar o nível de radiação e acionar automaticamente um martelo capaz de quebrar o frasco e liberar o gás radioativo que mataria o gato. Ao mesmo tempo, a radiação *pode ou não* ser liberada dentro de um dado intervalo de tempo. Há 50% de chance de que o dispositivo não libere a partícula e 50% de chance de que ele libere. Se o elemento radioativo não for liberado, o gato não morrerá, isto é, o desfecho é "*gato vivo*". Entretanto, se a radiação é liberada, o resultado do experimento é "*gato morto*". Dessa forma, é possível afirmar que temos *50% de gato morto* e *50% de gato vivo. Se não acessarmos a caixa para olhar internamente, não teremos certeza se o gato está ou não vivo.* A única maneira de ter certeza é se acessarmos o interior da caixa. O "x" da questão é que, para uma análise quântica, o gato pode estar *vivo e morto*. Por que? Porque, com base no princípio da incerteza de Heinsenberg, citado anteriormente, não é possível medir uma dada partícula sem interferir nos resultados dessa aferição. Se abrimos a caixa, interferimos no resultado dessa análise. *Trazendo para o universo concorrencial, as decisões antitruste são tomadas em um ambiente de incerteza na medida em que decidir (ou não) significa interferir na própria realidade. Não é possível prever, prévia e totalmente, todos os corolários de uma decisão e nem os demais fatores da realidade que influenciam a decisão.* [122] A decisão (ou a não decisão) antitruste, tomada levando em consideração uma série de fatores (conhecidos e desconhecidos), passa a compor e colorir a própria realidade econômica, não está dela dissociada. A incerteza é um componente inexorável da decisão.

Havendo esse componente de incerteza, como veremos mais adiante, o acompanhamento de mercado, por meio de *advocacy*, deveria ser realizado permanentemente seja por meio de pesquisas empíricas, por meio de revisões e monitoramento de atos de concentração ou por meio de propostas de políticas de promoção da concorrência independentemente do fator subjetivo que compõe a decisão (e a própria realidade). O que importa é que este fator[123] seja controlado e submetido a testes diuturnos de transparência, validação e contestabilidade (ou falseabilidade).

---

do exemplo hipotético supracitado para demonstrar a incerteza das decisões no campo concorrencial ou, na linha proposta por Einstein, o conhecimento ainda incompleto, no presente, dos dados da realidade (NORSEN, 2017).

122 Sendo incerta, como veremos mais adiante, o acompanhamento de mercado, por meio de *advocacy*, deveria ser permanente seja por meio de pesquisa empírica, por meio de revisões de atos de concentração ou por meio de propostas de políticas de promoção da concorrência.

123 Como vimos, anteriormente, não puramente subjetivo e nem puramente objetivo.

Não se quer dizer, com isso, que as decisões concorrenciais sejam tomadas aleatoriamente. Mas sim que as decisões não são compostas pelo elemento "certeza" e que elas próprias influenciam a realidade (a realidade não é um elemento autônomo à decisão e nem a decisão indiferente à realidade). Pensar o contrário seria conceber um fator determinista ínsito à própria realidade que, segundo este raciocínio, não seria, portanto, influenciável. Entretanto, é inegável que por trás da configuração de estruturas de mercados há elementos de causalidade que decorrem de atuações ou omissões do Estado. Em uma palavra, *intencionalidades* influenciam modelos econômicos, políticas públicas e o próprio desenvolvimento.[124] Se, por um lado, estas constatações poderiam parecer bastante intuitivas e singelas para muitos, não há justificativa para que livros de microeconomia e de antitruste lidem com o universo concorrencial como uma realidade *objetiva, atemporal* e *universal*[125]. Não haveria razão também para que estas teorias fossem reproduzidas, de forma acrítica, pelos tomadores de decisão. Mais: é difícil compreender o porquê de o antitruste, por meio de suas funções típicas, estar ainda centrado em apenas uma parte da realidade concorrencial. Se é verdade que decisões concorrenciais influenciam estruturas de mercado, deveria ser verdade também que a simples negativa em tomar decisões, nessa seara, também influencia as mesmas estruturas. Isto é incoerente com a ideia de que a *decisão inicial* quanto à necessidade de observância do princípio da livre concorrência já foi, na verdade, tomada pelo constituinte. Sob o prisma lógico-jurídico, há um critério pré-estabelecido na Constituição (de defesa da concorrência) que, em última instância, não está sendo alcançado pelo sistema posto de defesa da concorrência[126]. As funções típicas do antitruste já não seriam capazes de acompanhar o processo competitivo dinâmico e, rapidamente, mutável. A *promoção da concorrência* surgiria, assim, como uma alternativa para preencher esse vazio institucional e permitir uma aplicação mais efetiva do imperativo constitucional.

Outro aspecto decisório que merece ser pontuado é o de que quando dois ou mais objetivos do antitruste "disputam" a preferência do aplicador, critérios de justiça também entram em cena ainda que implicitamente e o pluralismo impõe uma adequação objetiva pelo sistema decisório (AL-AMEEN, 2012: 275). A verdade é que a própria eficiência é uma escolha valorativa. Ao preferirmos a competição ao monopólio, estamos privilegiando um arranjo

124 Aqui remetemos ao tópico que tratamos articulação entre antitruste e políticas de desenvolvimento.

125 Pressupostos, *e.g.*, da *concorrência perfeita* e, aliás, como defende Posner (2007).

126 Ou, principalmente, pela compreensão que se tem desse sistema.

eficiente sob o prisma do consumidor, uma vez que, para os interesses da empresa, seria muito mais conveniente a posição de monopolista (VARIAN, 2000: 451). Da mesma forma, ao se preferir incentivar, com os mais variados subsídios, uma *campeã nacional*, está-se deixando de lado a eficiência para patrocinar um *player* esperando outras contrapartidas que contrariam os interesses mais imediatos dos consumidores brasileiros, uma vez que não seriam, diretamente, beneficiados por uma política pró-exportação que provocaria preços maiores internamente. Nesse sentido, portanto, "embora a teoria de Pareto não seja normativa, ela tem, apesar disso, implicações normativas" (SHAPIRO, 2006: 58), até porque envolve uma escolha com base em eficiência dentre diversas escolhas possíveis.

Nesse contexto, uma das economistas mais prestigiadas na atualidade, Deirdre McCloskey (2010) defende que o capitalismo moderno não é fruto da economia tal qual a, concebemos, habitualmente. Não é fruto de teorias alocativas, eficiência, direito de propriedade, ambição, ética protestante, acumulação material, recursos naturais ou geográficos, expansão de comércio exterior, investimento, causas genéticas, instituições, ciência etc (MCCLOSKEY, 2010). O que fundamenta a modernidade capitalista são *valores* (ideias): dignidade e liberdade.[127] A famosa frase de M. Friedman "there's no free lunch" (não existe almoço grátis) parte, por exemplo, de um recorte valorativo de que escolhas humanas são escolhas econômicas (FRIEDMAN, 1975). A realidade é que nem mesmo as escolhas econômicas são escolhas, exclusivamente, baseadas em uma relação custo-benefício. Esse tipo de escolha (exclusivamente, eficientista) é um modo específico de pensar (uma teoria, portanto) e não a disciplina econômica como um todo como demonstra com maestria McCloskey. Obviamente, isto não é diferente no antitruste. As decisões concorrenciais apresentam, igualmente, conteúdo valorativo seja

127 Nesse sentido, alguns trechos da obra de McCloskey merecem ser citados: "dignity and liberty (not liberty alone, note) for ordinary people made modernity. It was a sociological and political change, not in the first instance psychological (Max Weber) or economic (Karl Marx) or legal (Douglass North)." (2010:1). Mais adiante, McCloskey afirma: "I am claiming, in other words, that the historically unique economic growth on the order of a factor of ten or sixteen or higher, and its political and spiritual correlates, depended on ideas more than on economics" (2010:7). Por fim, McCloskey assevera: "depending exclusively on economic materialism to explain the modern world, whether left -wing historical materialism or right-wing economics, is mistaken. Ideas of human dignity and liberty did the trick. As the economic historian Joel Mokyr puts it, "economic change in all periods depends, more than most economists think, on what people believe." The gigantic material changes were the outcome, not the cause. It was ideas, or "rhetoric," that caused our enrichment, and with it our modern liberties. (2010:31).

porque derivam de escolhas tomadas anteriormente ou porque importam novas ponderações e sopesamentos axiológicos e argumentativos.

Nesse aspecto, Peritz defende que haveria, desde a gênese do antitruste, uma equação entre valores e princípios de intervenção e de direitos de propriedade que fundamentaram, inclusive, limites à venda e à aquisição de empresas (1990: 773). Segundo Peritz, o argumento que impõe maiores obstáculos ao antitruste seria, justamente, o do direito de livre disposição da propriedade (1990: 773-790). O surgimento do antitruste nasceria do conflito entre estes valores que, no fundo, teriam sido apenas transportados mediante teorias que atribuem papel social aos direitos de propriedade que se contrapõem a *price theory*.[128]

Nesse mesmo sentido, para Bork, o antitruste pode ser concebido como uma subcategoria ideológica, um microcosmo no qual grandes movimentos da sociedade se refletem e que, de alguma forma, são reforçados e criados (1993:10).[129] Para Bork, o papel do antitruste deveria ser pensado em relação ao desenvolvimento de longo prazo, tendências e modo de pensar em 4 assuntos fundamentais: o papel das Cortes e do Legislativo; o grau legítimo da participação do governo na economia; a ênfase a ser colocada no bem-estar social geral vis a vis a proteção de interesses particulares; e *a interpretação a ser dada às ideias de liberdade e igualdade* (1993:10).

1.3.4. Fechamento do Capítulo: A Necessária Correção de Rota do Antitruste

A verdade é que, raramente, pressupostos epistemológicos e axiológicos são discutidos como deveriam tanto no âmbito do antitruste como nas próprias teorias econômicas que o informam. Esta é, de certa forma, uma herança da própria ciência econômica que parte de um recorte muito demarcado do conceito de escassez reforçada pelo "sono profundo" imposto à ciência jurídica pela cultura predominante de uma dogmática acrítica. Nessa linha, a economia parece ter sido erigida com base em uma suposta objetividade que não existiria nem mesmo na física. O direito, por sua vez, se encastelou em sua própria lógica e se afastou da realidade que objetivaria

128 Para Peritz, não por acaso, o governo Reagan teria negligenciado a aplicação do antitruste, abraçando o modelo da price-theory (1990: 773-790). Nas palavras de Peritz: "A genealogy is, in my view, preferable because it 'allows us to establish a historical knowledge of struggles', to see current antitrust economics as the product of social and political conflict, and finally, to understand that efficiency is a controversial social and political choice, not a scientific or logical necessity" (1990: 773-790).

129 Como afirma Bork: "unique symbolic and educative influence over public attitudes toward free markets and capitalism" (1993:10).

regrar. É necessário reposicionar direito e economia no ponto de equilíbrio entre objetividade e subjetividade.[130] Mas como construir novas realidades (ou contribuir para aperfeiçoá-las) sem conhecer a realidade vigente, pressupostos econômicos e jurídicos?[131] Como desconstruir conceitos naturalizados e inconscientemente encrustados em nossas mentes sem conhecer mecanismos de funcionamento da ciência moderna, do direito e, como aqui se propõe, do direito da concorrência? O que se pretende é, justamente, empreender o desafio de desconstrução de paradigmas existentes em busca de novos e mais sólidos contornos para aspectos relacionados à teoria antitruste e ao fenômeno da promoção da concorrência.

Em cada ponto de partida das teorias econômicas, há uma escolha, ainda que, no mais das vezes, implícita, do conceito de justiça. A teorização sobre justiça, tão cara nos cursos de filosofia política, foi apenas tangenciada pela teoria econômica sem, entretanto, criar grandes abalos nos postulados (sempre implícitos) da economia, curiosamente, um dos campos predominantes da vida social. Talvez uma das maiores expressões do confronto no seio econômico entre perspectivas de justiça, deu-se no referido embate entre R. Posner e R. Dworkin sobre o conceito de eficiência. Como demonstramos, a partir do recorte específico deste esforço investigativo, boa parte da teorização econômica assume determinados pressupostos como *dados* a partir de um processo acrítico de naturalização de conceitos que estariam já supostamente "presentes" na economia (pretensamente, *neutra*), quando estão, na realidade, no âmbito hipotético, criados no âmago de uma teoria econômica, por sua vez, idealizada, quase que exclusivamente, na premissa eficientista. Esta mesma premissa eficientista, entretanto, parece apenas pressuposta, pois, ao não se confirmar na prática, serve a modelos libertários de preservação de direitos de propriedade quase-absolutos e, na realidade, estes sim, produtores de ineficiências.

Parâmetros microeconômicos da análise antitruste não passam por um processo crítico de revisão, porque *a teoria é pensada a partir dos parâmetros, não antes deles*. Muitos dirão que os parâmetros são definidos em lei. Porém, a verdade é que, como já referimos, as normas de direito econômico são referenciadas no texto legal, não possuem conteúdo exauriente (possuem *textura aberta*). Não é, exatamente, o direito positivo que indica quais são os critérios de mercado relevante, de barreiras à entrada ou índice de concentração de

130 Como se disse, tanto uma como outro são, no fundo, "separações didáticas" de uma mesma realidade, isto é, "graus de percepção" daquilo que constitui o mundo e daquilo que nos constitui.

131 Esforço que será realizado no próximo capítulo.

mercado que serão usados em um ou outro caso.[132] O direito posto não diz se estes critérios são, de fato, necessários em todo e qualquer caso ou mesmo se há adequação entre estes critérios e os fins do antitruste. As leis sequer mencionam estes critérios! Aliás, o direito positivo pouco diz sobre fins do antitruste. Fornece apenas "pistas" para que o interprete construa a teoria que melhor se adapte, digamos, ao *mainstream* de práticas e teorizações já existentes sobre o tema.[133] Curiosamente, o antitruste apresenta conteúdo, inevitavelmente, decisório e normativo. Além disso, suas decisões operam recortes econômicos na realidade. A ciência econômica fornece subsídios para decisões, pelo direito, e o direito opera transformações na realidade econômica. Como poderia o antitruste, nesse contexto, partir de uma perspectiva não-valorativa ou, estritamente, econômica?[134]

Com efeito, a impressão é a de que tanto no âmbito da teoria econômica como no direito econômico (e aqui, particularmente, do direito concorrencial), o *paradigma*[135] vigente passa por uma *crise conceitual* e até *existencial. Conceitual* porque as definições existentes já não se ajustam aos dados da realidade. *Existencial* porque está em jogo a própria concepção do saber econômico até então dominante. Qualquer tentativa de reconstrução do conhecimento com base nas atuais *regras de correspondência* poderá levar a um processo distópico de total ausência de compatibilidade desse conhecimento com a realidade. Talvez estejamos, nessa seara, diante daquilo que T. Kuhn denomina mudança de paradigmas que impõe novos critérios, novos problemas e soluções (1970: 143). A questão é que, ao assimilar um dado paradigma, a comunidade científica fixa-se a uma dada teoria, métodos e padrões estáveis que dificultam uma transformação que seria necessária. Quando paradigmas mudam, *ocorrem alterações significativas nos critérios que determinam a legitimidade tanto dos problemas como das soluções propostas* (KUHN, 1970:

---

132 Conceitos que serão trabalhados posteriormente.

133 Pouco espaço sobraria aos operadores do direito antitruste.

134 Para Flynn (1990, 893): "An economic system is not only an intitutional device for satisfying existing wants and needs but a way of creating and fashioning wants in the future. How men work together now to satisfy their presente desires affects the desires they will have later on, the kind of persons they will be.. Since economic arrangements have these effects, and indeed must do so, the choice of these institutions involves some view of human good and of the design of institutions to realize it. The choice must, therefore, bem made on moral and political as well as on eonomic grounds. Considerations of efficiency are but one basis of decision and often relatevely minor at that".

135 Para KUHN, *paradigmas são realizações científicas universalmente reconhecidas que, durante algum tempo, fornecem problemas e soluções modelares para uma comunidade de praticantes de uma ciência*. (KUHN, 1970: 13).

143). Especificamente, no âmbito do direito da concorrência, como será visto, vislumbra-se não apenas um descolamento entre os avanços e transformações já verificados no âmago da teoria econômica nos últimos anos e uma teoria jurídica ainda baseada em critérios que predominaram na década de 80– uma crise conceitual[136], portanto – mas também um descompasso estrutural entre critérios internos das próprias teorias econômicas até então dominantes, nomeadamente, a *crise do critério eficientista* na análise econômica (sob esta perspectiva, portanto, uma crise existencial).

Tomando de empréstimo a imagem utilizada por Kuhn, a teoria que informa o antitruste pode ser considerada como uma peça de equipamento, projetada e construída para determinados fins que talvez já não funcione conforme pretendido, revelando uma *anomalia* que não pode ser ajustada às expectativas profissionais, não obstante esforços repetidos (1970: 24). Dessa forma, a ciência desorienta-se seguidamente e, quando isto ocorre, não é mais possível se esquivar das anomalias que subvertem a tradição existente da prática científica — então começam as investigações extraordinárias que finalmente conduzem a um novo conjunto de compromissos, a uma nova base para a prática da ciência (KUHN, 1970: 24).

As palavras de Calixto Salomão Filho sintetizam essa percepção:

> Não parece exagerado falar em paralisia do antitruste. Desde os anos 80, período em que a escola de pensamento neoclássico passou a dominar o quadro teórico e a aplicação prática do antitruste, primeiro nos EUA, e em seguida espraiando sua influência pelo mundo, as reflexões sobre o antitruste vem perdendo densidade teórica.
>
> [...] O que mais chama a atenção é que isso ocorre em um momento em que existem diversas teorias econômicas e jurídicas a pôr em xeque os pressupostos dessa mesma teoria neoclássica que fundamentam tediosas discussões sobre eficiência. A maioria delas, se aprofundadas, *levaria a uma necessidade de revisão integral dos fundamentos e instrumentos de aplicação do antitruste* (2015: 233-234).[137]

Com efeito, há uma percepção emergente até mesmo entre teóricos de Chicago de que a concorrência tem sido enfraquecida de modo significativo e preocupante, o que significaria que as firmas dominantes já não precisariam mais inovar como antes e a desigualdade pode crescer se as companhias, simplesmente, acumularem riqueza sem a contrapartida em investimentos

136 E isso, em grande medida, independe da vontade dos operadores.

137 Realçamos.

e empregos (THE ECONOMIST, 2017a). Como veremos, sobejam indícios teóricos e estatísticos da insuficiência da concorrência nos mercados e da incapacidade dos mecanismos tradicionais do antitruste em fazer frente a mecanismos não-convencionais de concentração do poder econômico. Esta "penúria" do antitruste (SALOMÃO FILHO, 2015: 233), entretanto, tem sido combatida mundo afora por meio de mecanismos renovados de *competition advocacy*, mas as dificuldades persistem e a excessiva concentração de poder econômico ameaça o próprio funcionamento democrático.

O que propomos aqui é, exatamente, aquilo que Kuhn parece considerar como as motivações que deveriam constituir o móvel principal de muitos cientistas, a saber, o impulso para testar (e contestar) o conhecimento estabelecido (KUHN, 1970: 60-61), mas também contribuir para o desenvolvimento social e econômico, para a democratização das instituições e para melhoria das condições de vida da sociedade. Demais disso, constitui dever do investigador se esforçar em tentar compreender o mundo, ampliar o alcance e precisão da ordem que lhe foi imposta (KUHN, 1970: 60-65).[138]

O país vem se acostumando, progressivamente, à cultura da defesa da concorrência e tem apresentado expressivos avanços nos últimos anos. Muitos vícios e incompletudes na matéria também tem sido, por vezes, enfrentados. Entretanto, isto não pode servir de pretexto para inexistência de uma ciência crítica sobre o tema. Este é um dos objetivos do trabalho: contribuir, critica, mas despretensiosamente, para a reflexão do "onde estamos" e "para onde vamos" na teorização antitruste a partir da avaliação da função que talvez melhor represente o estado da arte atual da difusão da política de defesa da concorrência no Brasil: a *competition advocacy*. No capítulo seguinte, analisamos os pressupostos da promoção da concorrência.

138 O sistema *popperiano* é menos rígido em relação ao de Kuhn: "não diz como o cientista deve se portar, não fornece cânones de validação instantânea do conhecimento (não diz ao cientista como proceder no momento da pesquisa; restringe-se apenas a uma análise retrospectiva do conhecimento supostamente obtido) e não exclui a *priori* qualquer área de pesquisa do domínio do que se pode chamar ciência" (ASSIS, 1993). Desta forma, creio que a ciência jurídica no campo do direito econômico seria muito mais tributária ao método popperiano do que ao de T. Kuhn. De toda sorte, como visto acima, há diversas contribuições do pensamento de Kuhn para a atividade científica como um todo.

CAPÍTULO 2

OS PRESSUPOSTOS DA *COMPETITION ADVOCACY*: A DIMENSÃO TRANSVERSAL DO DIREITO DA CONCORRÊNCIA

No passado, os Estados Unidos presenciaram um movimento antitruste sem que existissem mecanismos de defesa da concorrência. Atualmente, há mecanismos de defesa da concorrência sem existir, entretanto, um movimento antitruste (HOFSTADTER, 2008: 189)

2.1. Movimento Antitruste e Promoção da Concorrência

Em 1964, o historiador norte-americano Richard Hofstadter proferiu um discurso na Universidade da Califórnia nos EUA intitulado "O que aconteceu com o *movimento antitruste*?". A fala, que se tornaria célebre, é lembrada em artigos e manuais do antitruste como um protesto ao período de exceção à política antitruste pelo governo americano por ocasião do New Deal. Ao mesmo tempo, o protesto demonstrava o conhecimento e interesse do público pelo tema, algo marcante no processo de assimilação cultural da concorrência em solo americano. Hofstadter, entendia que o antitruste havia se tornado uma matéria "complexa, difícil e chata", "uma paixão já sem brilho" (2008: 189). O trecho que nos interessa é, exatamente, aquele que é, frequentemente, citado pela maioria dos estudiosos da matéria, que diz o seguinte: "No passado, os Estados Unidos presenciaram um movimento antitruste sem que existissem mecanismos de defesa da concorrência. Atualmente, há mecanismos de defesa da concorrência sem existir, entretanto, um movimento antitruste" (2008: 189)[1]. Sem entrar, especificamente, nos motivos que levaram a esta declaração, assunto que será retomado posteriormente[2], o que importa aqui é pontuar que,

1 Tradução livre. "Once the United States had an antitrust movement without antitrust prosecutions. In our time, there have been antitrust prosecutions without an antitrust movement." Hofstadter (2008)

2 O tema é retomado mais adiante quando tratamos do tema em solo americano, bem como das diferenças entre a tradição jurídica da Common Law no antitruste e sobre a questão do *transplante institucional* de institutos jurídicos.

no Brasil, ao contrário do que ocorreu nos EUA, a criação de mecanismos de defesa da concorrência ocorreu sem que houvesse um autêntico movimento antitruste em marcha no país. Como demonstraremos, este fator seria determinante para a pouca efetividade da tutela antitruste em terreno pátrio.

Com efeito, o surgimento de um movimento concorrencial nos EUA precedeu a elaboração das estruturas legais e a criação de órgãos de defesa da concorrência, o que somente veio a ocorrer com a edição do Sherman Act em 1890, Clayton Act e Federal Act em 1914, que representariam os principais diplomas do alicerce institucional do antitruste estadunidense. Antes deles, uma série de casos julgados pelo Judiciário norte-americano serviriam de base à criação desse arcabouço legal que veio a reboque do então nascente movimento concorrencial.[3] As intervenções na defesa da concorrência passariam, então, a ser cada vez mais amplas e disseminadas, buscando a satisfação da finalidade concorrencial independente dos estritos limites formais ou legais da atuação estatal.

No Brasil, ocorreu, exatamente, o inverso. Padrões normativos foram criados para fomentar um movimento antitruste. Esta introdução "via fórceps" da cultura concorrencial, tema que também será retomado posteriormente, dificultou a criação de um ambiente institucional propício à disseminação e à efetivação do antitruste.[4] Nesse contexto, a *competition advocacy*[5] (traduzida, inicialmente, como "advocacia da concorrência") ganhou importância, inicialmente, como um meio de difusão da cultura concorrencial. Vale dizer,

---

3 O surgimento do termo "antitrust" e a importância do caso *Standard Oil* para este movimento concorrencial foram analisados anteriormente.

4 Este fato fica muito claro na afirmação de Gesner de Oliveira, Presidente do CADE de 1996 a 2000, importante período da consolidação do sistema de defesa da concorrência brasileiro:

"Diferentemente do contexto histórico do Sherman Act, o surgimento da política de concorrência nos países desenvolvidos (sic), desde o final da década de 80, está associado à mudança do papel do Estado na direção de menor intervenção nos mercados. Esse, na verdade, tem sido o caso do Brasil, no qual a liberalização comercial, a desregulamentação e a privatização têm alterado a economia desde o início da década de 90. A defesa da concorrência é ao mesmo tempo um produto da reforma econômica e um catalisador da transformação recente. Trata-se de um produto da reforma econômica, porquanto a privatização, desregulamentação e liberalização comercial criam genuína demanda social para a repressão e a prevenção do abuso de poder econômico. Assim, a disseminação de leis de concorrência é, em princípio, positiva para o investimento direto. Bem implementadas, as legislações de concorrência podem ajudar a manter e aprofundar o processo de liberalização. " (1998; 18).

5 Lembro o leitor que trato como sinônimos "promoção da concorrência", "advocacia da concorrência" e "*competition advocacy*".

uma espécie de mecanismo que foi concebido, inicialmente, para "fazer dar certo" sistemas de defesa da concorrência em países não acostumados com a cultura da concorrência por meio da assistência e apoio de organismos internacionais. Como veremos a seguir, a introdução de um sistema efetivo de defesa da concorrência no Brasil dependeria, entretanto, de uma maior correspondência entre o desenho legal adotado e um *ambiente institucional e cultural* de maior disseminação da concorrência. De fato, este papel caberia, em princípio, à função de promoção da concorrência. Entretanto, como poderia esta função fomentar um ambiente institucional de maior concorrência se, no caso, trata-se de um mecanismo também imerso nesse mesmo contexto cultural e institucional[6] que objetivaria transformar?

Sokol (2010: 3) nos ajuda a responder a esta pergunta, dando o exemplo pitoresco de uma ilha americana do Pacífico chamada Guam que, no pós-guerras, apresentava um problema com a infestação de cobras que estavam devorando os pássaros do local, e com isso, ameaçando-os de extinção. Para combater a ameaça, o Governo introduz um animal conhecido pela capacidade de caçar cobras, o mangusto[7] e, assim, eliminar o perigo da ilha. Porém, os mangustos, com o tempo, acabaram se adaptando ao ecossistema e desenvolveram o apetite pelos pássaros que, justamente, deveriam ser por eles protegidos. O animal, além de passar a se alimentar dos pássaros, passaria a comer também seus ovos. No final dessa história, o animal introduzido no ecossistema para salvar os pássaros da ameaça das cobras, "juntou-se" às cobras, ao começar, ele próprio, a caçar pássaros e suas crias, colocando ainda mais em risco o ecossistema.

O exemplo de Sokol, obviamente, é apenas uma figura de linguagem um pouco mais "extrema" que, não, necessariamente, corresponderia ao que ocorreu com o antitruste no Brasil desde sua implantação, mas que nos ajuda a entender os riscos do transporte de institutos alienígenas sem o correspondente enraizamento cultural.[8]

Talvez uma comparação mais condizente com nossa realidade seria a de um "mangusto" que poderia ter-se esforçado em caçar as cobras e preservar os pássaros, mas ainda assim ter enfrentado forte resistência de um ecossistema

6 Um contexto, justamente, de não-concorrência.

7 O mangusto é um *herpestidae* da família dos mamíferos carníveros em sua maioria de origem africana, pouco conhecido, entretanto, no Brasil.

8 Como veremos no capítulo derradeiro, o maior problema não é, exatamente, a transposição, por vezes, necessária e inevitável, mas a inexistência de um processo de adaptação e aprendizado institucional.

que ainda impõe barreiras à realização dessa tarefa ao mesmo tempo em que é terreno fértil para sobrevivência e procriação das cobras.[9] Traduzindo para o campo concorrencial, um "ecossistema"[10] de maior indução e promoção da concorrência irá, certamente, influenciar os agentes econômicos a adotarem padrões comportamentais baseados no vetor concorrencial, assim como um ambiente que não estimule a competição irá permitir que grupos de interesse mantenham privilégios, criem monopólios e reduzam a concorrência.

2.2. Concorrência, Democracia e Desenvolvimento

O que o referido exemplo da ilha Guam parece nos ensinar é que de nada adiantaria a implantação, no Brasil, de um regime legal bastante avançado de defesa da concorrência sem um ambiente institucional (um "ecossistema") propício ao estímulo e desenvolvimento da competição de forma muito mais ampla e disseminada para muito além do microssistema antitruste. A defesa da concorrência, no país, ainda hoje é bastante restrita e, de certa forma, pouco compreendida até mesmo dentro do universo jurídico. Esse papel de difusão da cultura concorrencial caberia, justamente, à *competition advocacy*. Entretanto, como veremos, não havia, por um lado, mecanismos suficientes para uma efetiva promoção da competição e, por outro, conhecimento abrangente sobre o tema capazes de sobrepujar a debilidade de um ambiente institucional ainda propício a "não-concorrência" em terreno tupiniquim. As funções típicas do antitruste, as conhecidas funções de prevenção (controle de atos de concentração) e repressão (controle de condutas anticoncorrenciais), já eram, por si só, "grandes novidades" a desafiar o conhecimento de juristas e economistas.[11] Não existiam nem mesmo profissionais em número suficiente e especialistas na matéria para ocuparem todos os postos vagos nos recém-criados órgãos de defesa da concorrência. Manuais e artigos sobre o tema na década de 90 eram esparsos e raros. Como poderia um sistema que dava seus primeiros passos dar conta de um processo que, comparativamente, demandou décadas para ser erigido em solo norte-americano? O que sobrava à *competition advocacy* no Brasil?[12] Certamente, pouco ou quase nada.

9 Como veremos, não se pode dizer o mesmo da primeira tentativa de introduzir um sistema antitruste no Brasil por meio da Lei Malaia em que sequer a tentativa de implantação de um sistema de defesa da concorrência foi bem-sucedida.

10 O que denominamos aqui "ecossistema" nada mais é que o conceito de "ambiente institucional" que trabalhamos a seguir.

11 Infelizmente, como veremos, ainda é um tema pouco estudado em muitas Universidades.

12 O leitor pode estar se perguntando se não estaríamos partindo de um conceito muito amplo de *advocacy*. Entretanto, como já dissemos anteriormente, o conceito, atualmente,

Para NORTH, a simples existência de instituições não é garantia de desenvolvimento, mas a natureza do ambiente institucional é que o definirá (MIRA, 2011: 11). A existência de um sistema formal de defesa da concorrência não é sinônimo de efetiva preocupação concorrencial em termos de políticas de desenvolvimento.

Assim, por mais que a legislação tenha avançado ao tentar estimular a função de promoção da concorrência, a realidade é que a efetiva garantia de manutenção e estímulo à concorrência não dependeria apenas de um sistema legal bem estruturado,[13] até porque a efetividade das ações de *enforcement* também depende de um ambiente institucional de maior difusão da concorrência (seu mecanismo de retroalimentação).

Dessa forma, a *competition advocacy* surge como pilar de sustentação de um efetivo ambiente institucional de maior competição no Brasil capaz de promover o desenvolvimento social e economicamente sustentável.

Neste capítulo, trabalhamos os pressupostos teóricos da promoção da concorrência no Brasil e demonstramos porque o assunto possui estreita relação com os temas do desenvolvimento e da democracia. No próximo, passo a tratar da questão conceitual propriamente dita da promoção da concorrência, de modo a propor uma definição desta função, bem como uma proposta de sistematização dos mecanismos que a integram.

2.2.1. Instituições, Custos de transação e Promoção da Concorrência

A concorrência é considerada como um meio para garantir a eficiente alocação de recursos em uma economia[14], promovendo, assim, crescimento

---

dominante quanto ao tema é aquele definido por Ragazzo e incluiria uma noção residual, isto é, tudo aquilo não relacionado com as funções convencionais do antitruste (2007: 2). Esta definição residual vem ao encontro da melhor prática internacional quanto ao tema como aprofundaremos no próximo capítulo.

13 Um bom desenho institucional é pré-requisito para boas práticas no âmbito concorrencial, mas, sem dúvida, não o bastante. Como afirma Fox: "Good institutional design is a critical component of good competition policy and competition law enforcement. The design of the institutions is like the design of a house: it must facilitate life within the house. Good institutional design takes account of the family's values and empowers life within its walls. Designs cannot be conjured in the abstract; they must fit the family that lives in the house, its aspirations, possibilities, and practical limits. Therefore, the good architect lives with the family before conceptualizing the design." (2010).

14 Pode-se dizer que esta é uma compreensão geral e até um pressuposto da maioria das teorias econômicas fundada em modelos competitivos e dinâmicos. Para a OCDE, "Increasing competition 'improves a country's performance, opens business opportunities to its citizens and reduces the cost of goods and services throughout the economy" (2011).

econômico[15] e ganhos em benefício de toda a sociedade.[16] Há, também, o entendimento de que, para alcançar tal desiderato, é necessário um hígido sistema de defesa da concorrência. Entretanto, certamente, não há consenso de qual seria o conteúdo da concorrência capaz de promover este bem-estar e nem tampouco quais seriam os fins de um sistema antitruste. A defesa da concorrência deve-se preocupar apenas com a eficiência econômica? Deve levar em consideração outras finalidades: defesa do consumidor, redução de desigualdades e, entre outros, tutela do pequeno e médio empresário? Em outras palavras, se por um lado, há previsão da livre concorrência como princípio constitucional da ordem econômica, por outro, arriscaríamos dizer que ainda há claro esforço para conceituá-la. O capítulo anterior consistiu, justamente, em um esforço no sentido de, ao menos, tentar-se compreender quais seriam estes fins e como influenciam a compreensão do próprio antitruste.

Com efeito, esta dificuldade é, de certa forma, potencializada, já que, como observamos anteriormente, no direito concorrencial, as teorias econômicas disputam a normatividade de um microssistema jurídico bastante aberto ao preenchimento de sentido pelo intérprete. Há também um componente histórico relevante no processo de construção da doutrina antitruste que reflete o próprio papel temporal do processo econômico e, até mesmo, jurídico. Determinados valores podem ser considerados relevantes no passado, mas não no presente. Alguns meios podem ter se mostrado aptos ao atingimento de valores eleitos em dado tempo, mas já não conseguem operar os mesmos resultados atualmente. E, por fim, há um componente setorial a influenciar toda esta análise. Em determinados segmentos, a concorrência irá operar um ou outro efeito, de tal sorte que existem tanto setores em que o maior grau de competição redundará benefícios à sociedade como setores em que menos competição é que produzirá bem-estar.[17] Para tornar a análise

---

15 Sobre o tema e, especialmente, sobre a demonstração empírica dos efeitos benéficos da concorrência para o desenvolvimento, consultar também, dentre muitos outros, ICN (2009), Paolo Buccirossi, Lorenzo Ciari, Tomaso Duso, Giancarlo Spagnolo e Cristiana Vitale (2013), Philippe Aghion e Rachel Griffith (2008), Aghion P, Howitt P. (2009), Aghion P, Akcigit U e Howitt P. (2013), Aghion, Philippe, Matias Braun e Johannes Fedderke (2008), Stephen J. Nickell (1996), Michael E. Porter (1990), Petersen (2011) e Stucke (2013b).

16 Trata-se de uma compreensão acolhida pelo texto constitucional na medida em que a livre concorrência está prevista como princípio da ordem econômica (170, IV) e a próprio Constituição prevê que a lei reprimirá o abuso do poder econômico que vise à dominação dos mercados, à eliminação da concorrência e ao aumento arbitrário dos lucros (173, § 4º).

17 Também a análise do que se considera "bem-estar", "felicidade" ou "utilidade" é dissonante entre as teorias político-filosóficas, de tal sorte que, mesmo nesse caso, há uma reivindicação ainda que indireta de primazia valorativa a influenciar toda a análise econômica e jurídica.

ainda mais difícil, setores também são mutáveis no tempo e no espaço, de tal sorte que um dado entendimento poderá mudar no futuro e um mesmo caso pode ser decidido de forma totalmente diversa em diferentes jurisdições.[18] Uma mesma conduta, inclusive, pode ser considerada ilícita se praticada por determinado agente (com poder de mercado), mas não ser reprovável se praticada por outro agente econômico, pois incapaz de influenciar as condições do mercado. Não se quer com isto concluir ser impossível construir uma análise teórica sobre o antitruste, mas apenas ressaltar que, segundo compreendemos, a teoria deveria ser erigida a partir destes pressupostos sob pena de generalizações e equívocos contumazes próprios de doutrinas que se pretendem universais e atemporais.[19]

Partindo, portanto, da premissa de que a análise concorrencial é *relativa* e dependente de um processo histórico e político contextualizado, a *teoria da mudança institucional*[20] de Douglass North surge como um dos contrapontos às escolas econômicas mais libertárias[21] que tem, em grande medida, influenciado o antitruste. A vantagem comparativa da teoria de North em relação a estas teorias é que propõe estudar a economia a partir de um contexto histórico situado, analisando o desenvolvimento econômico no longo prazo (1970).

Importante destacar que North não abandona o ideário eficientista como central ao desenvolvimento econômico, mas o faz de forma a corrigir a tradicional análise sobre o tema ao incorporar o elemento institucional e atribuir, como veremos, maior peso a uma ideia próxima[22] a de *eficiência dinâmica*[23], condicionando o desenvolvimento à existência de concorrência

---

18 O direito antitruste europeu, v.g., tem sido considerado mais restritivo que o americano (SOKOL, 2010: 44).

19 Como vimos, a relatividade é própria do saber científico, não o contrário.

20 Como veremos mais adiante.

21 Definida no capítulo anterior.

22 Quando afirmamos "ideia próxima" é porque o próprio conceito de *eficiência dinâmica* varia na teoria econômica e também porque há alguma divergência teórica entre a ideia de *destruição criativa* e tutela concorrencial. Retornaremos ao assunto mais adiante.

23 A eficiência dinâmica está associada à ideia de ausência de um equilíbrio competitivo que seria próprio do conceito estático de eficiência, isto é, "um ambiente suficientemente competitivo (...) para que as inovações encontrem oportunidade adequada para serem não só difundidas, como geradas e incorporadas num ritmo intenso, dentro dos limites possibilitados pela tecnologia e pela limitação de recursos e dos padrões internacionais" (POSSAS et al., 1995). Entretanto, para Baumol e Ordover, a eficiência dinâmica é definida como uma alocação ótimo-paretiana entre presente e futuro, sendo chamada de "alocação estática intertemporal" (FAGUNDES, 1998).

política e econômica, bem como à ideia de *destruição criativa schumpeteriana*.[24] A verdade é que, ao reconhecer a inadequação de teorias eficientistas "puras" tendo em vista uma realidade não linear e imperfeita, a teoria institucional aproxima-se de um critério mais fidedigno e científico de eficiência ao mesmo tempo em que se distancia de um "dogma" eficientista. Para North (1997), o resultado neoclássico de mercados eficientes só seria obtido caso não existissem custos de transação. Para os neoclássicos, as instituições ineficientes não resistirão ao tempo e perecerão naturalmente. Assim, somente sob condições de negociação sem custos os atores alcançariam uma solução que maximizasse a riqueza agregada independentemente dos arranjos institucionais (NORTH: 1997). Contudo, esse pressuposto não se observa empiricamente.

Outro problema é o de que as teorias neoclássicas seriam *estáticas*, pois incapazes de preverem como as mudanças marginais produzirão transformações no curto prazo. Entretanto, a evolução histórica se dá a partir de impulsos de organizações, em meio a um ambiente institucional e ideológico mutável (SALAMA, 2011: 44-45).

Nessa esteira, enquanto o foco predominante da literatura sobre instituições e custos de transação[25] tem sido encontrar soluções eficientes para problemas de organização em arranjos competitivos tais como questões de integração vertical, de franchising, trocas comerciais etc (WILLIAMSOM: 1981), North se preocupa, essencialmente, *como instituições políticas contribuem para reforçar estes custos* (1991: 98). Nesse ponto, a grande contribuição desta teoria para o presente trabalho é compreender como *intervenções e omissões* do Poder Público influenciam, direta ou indiretamente, o processo competitivo, ou seja, como incrementam custos de transação, bloqueiam

---

24 Nas palavras de Fagundes: "O enfoque Schumpeteriano da concorrência intercapitalista - e suas implicações em termos da eficiência do sistema econômico - fornece uma alternativa conceitual radical em relação às concepções tradicionais de concorrência e de eficiência econômica associada aos modelos de equilíbrio geral e parcial tradicionais." (1998)

25 Sobre custos de transação, North afirma: "Institutions and the technology employed determine the transaction and transformation costs that add up to the costs of production. It was Ronald Coase (1960) who made the crucial connection between institutions, transaction costs, and neo-classical theory. The neo-classical result of efficient markets only obtains when it is costless to transact. Only under the conditions of costless bargaining will the actors reach the soluction maximizes aggregate income regardless of the institutional arrangements. When it is costly to transact then institutions matter. And it is costly to transact. Wallis and North (1986) demonstrated in na empirical study that 45 percent of U.S. GNP was devoted to the transaction sector in 1970. Efficient markets are created in the real world when competition is strong enough via arbitrage and efficient information feedback to approximate the case zero transaction cost and the parties can realize the gains from trade inherent in the neo-classical argument" (1993)

canais de competição e impedem que soluções eficientes possam produzir bem-estar.[26] A teoria econômica, de certa forma, naturalizada no antitruste sempre considerou tais *influências institucionais* como *dadas* pela realidade (NORTH, 1991: 98), vale dizer, sem analisar como foram construídas e nem como poderiam ser aperfeiçoadas para reduzir imperfeições estruturais provocadas na economia e, portanto, no processo competitivo. A promoção da concorrência, segundo pensamos, cumpriria exatamente este papel de mitigação ou eliminação de fatores institucionais que incrementam custos de transação e que impedem que os benefícios do desenvolvimento econômico sejam distribuídos, mais equitativamente, para toda a sociedade. A teoria de North nos permite enxergar além dos conceitos microeconômicos trabalhados pelas funções típicas do antitruste, de modo a que possamos compreender em que medida determinados incentivos institucionais também contribuem para bloquear a concorrência, e não apenas, portanto, condutas ilícitas e societárias, propriamente, dos agentes econômicos. Mas não apenas isto. A teoria propõe correções aos conceitos microeconômicos trabalhados ao examinar custos indiretos que incidem sobre custos de produção, assimetrias informacionais, externalidades, falhas de mercado e, entre outros, riscos envolvidos nas atividades econômicas.

Outro conceito que nos interessa e que é central na obra de North é o de *instituições*, que nada mais é que um elemento chave para se compreender a normatividade no âmbito do direito econômico. Para North, as instituições são condicionamentos criados, pelo próprio homem, que moldam escolhas individuais.[27] As instituições, em um modelo competitivo, teriam o papel de *reduzir custos de transação* e, assim, viabilizar o desenvolvimento.[28] Nações

26 Embora a obra de North ressalte como *intervenções* políticas interferem no nível de bem-estar econômico, chamamos a atenção para os efeitos das omissões do poder público em termos de vigilância concorrencial.

27 Para North: "Institutions are the humanly devised constraints that structure human interaction. They are made up of formal constraints (rules, laws, constitutions), informal constraints (norms of behavior, conventions, and self-imposed codes of conduct), and their enforcement characteristics. Together they define the incentive structure of societies and specifically economies" (1997)

28 Nesse sentido, Juliana Domingues assevera que "[...] a aplicação da Lei Antitruste no Brasil levada a efeito pelo CADE tem sinalizado à sociedade que a livre concorrência (ou "fair play" no mercado) é um princípio relevante no Brasil. Esse fato tem colaborado sensivelmente para o aumento de previsibilidade – ou redução dos custos de transação - no jogo competitivo de livre mercado estabelecido pela Constituição Federal de 1988. Isso, colabora com o aumento da segurança institucional geral no país, o que é pressuposto para o desenvolvimento." (DOMINGUES, Juliana Oliveira; GABAN, Eduardo Molan, 2016: 105-121.)

em que instituições geram elevado custo de transação, vale dizer, *oportunismo, ambiente inseguro, complexidade* e *incerteza*, gerariam também *baixos níveis de desenvolvimento* (MIRA, 2011: 11), mantendo privilégios de grupos de interesse com poder de influenciar decisões políticas.[29] Nesse contexto, as funções tradicionais do antitruste já não seriam capazes de confrontar barreiras institucionais impostas à concorrência. O papel primordial de uma função direcionada à promoção da concorrência seria, justamente, buscar mitigar estes aspectos institucionais que contribuem para o ambiente de oportunismo e incerteza nos mercados. Para tanto, a *advocacy* se vale de diversos mecanismos, detalhados no capítulo seguinte, que objetivam neutralizar possíveis impactos negativos na economia competitiva oriundos de intervenções, omissões estatais ou de organismos privados com capacidade de influenciar na concorrência. Além disso, a *advocacy* busca corrigir uma natural assimetria informacional consubstanciada, por um lado, no desconhecimento de aspectos relativos à concorrência entre o público em geral e, por outro, quanto à necessidade de observância das normas concorrenciais tanto por entes públicos como por agentes econômicos por meio da difusão da cultura concorrencial. Esta última modalidade objetiva, justamente, eliminar uma imperfeição institucional dos mercados caraterizada pela falha informacional naturalizada que induz Poder Público e sociedade a um aprendizado contrário ao daquele prestigiado constitucionalmente, isto é, uma indesejável cultura de burla e desrespeito à concorrência.

Segundo a UNCTAD o tripé da *competition advocacy* seria, justamente, a busca por uma maior contestabilidade nos mercados, maior eficiência econômica por meio da redução de custos de transação e uma cultura em que o princípio da livre concorrência é, firmemente, enraizado na sociedade, de tal forma que o público em geral torne-se o próprio guardião da concorrência no seio da sociedade (2000: 8).

---

29 Nas palavras de NORTH e FOGEL (1997): "an even more stringent implicit requirement of the discipline-of-the-competitive-market model is that when there are significant transaction costs, the consequent institutions of the market will be designed to induce actors acquire the essential information that will lead them to correct their models. The implication is not only that they can be ignored in economic analysis because they play no independent role in economic performance. (...) Institutions are not necessarily or even usually created to be socially efficient; rather they, or at least the formal rules, are created to serve the interests of those with the bargain power to create new rules. In a world of zero transaction costs, bargaining strength does not affect the efficiency of outcomes; but in a world of positive transaction costs it does".

Nessa linha, portanto, *instituições são regras* e a compreensão deste ambiente institucional é determinante para a definição de um modelo de desenvolvimento. Porém, esta normatividade é ampla e inclui normas públicas (sanções negativas, deveres, permissões, proibições e incentivos ou sanções positivas), privadas, "semi-privadas" e "semi-públicas". Estas normas compõem e definem o que North denomina *ambiente institucional*[30] e exercem o papel de elo entre o individual e o coletivo (NORTH,1997). Estas regras compreendem *restrições formais*: Constituição, leis, normas administrativas e *restrições informais*: normas de comportamento, contratos, costumes e normas de conduta, bem como seus mecanismos de observância e aplicação próprios (NORTH, 1997). Conjuntamente, estas regras compõem uma dada estrutura de incentivos que moldam condutas sociais e econômicas (NORTH, 1997).

A contribuição desta definição é que ela nos permite visualizar que a normatividade, no âmbito econômico, é definida por um conjunto mais abrangente de regras, não apenas estatais, que criam, como referido, uma dada *estrutura de incentivos e conexões recíprocas*. Esta *estrutura de incentivos* influencia e delimita comportamentos econômicos, criando um *ambiente institucional* que moldará todas as demais condutas sociais e econômicas (NORTH, 1970: 133). Retomando o exemplo da Ilha Guam, citado por Sokol, o *ambiente institucional* é como o ecossistema que irá moldar todas as relações estabelecidas em um dado lugar. Um ambiente institucional propício à inovação e à concorrência irá propiciar, igualmente, comportamentos pró competitivos ao passo que um ambiente inóspito à competição irá desestimular a competitividade no mercado. Caberia à promoção da concorrência atuar sobre as estruturas de mercado, de modo a estimular condutas pró-competitivas, gerar um aprendizado institucional baseado na cultura da concorrência e, por outro lado, impedir que este mesmo ambiente estimule comportamentos contrários à concorrência. Da mesma forma, de nada adiantaria um avançado sistema legal de defesa da concorrência se o *ambiente institucional*,[31] em que estabelecido este sistema, não contribuísse para o seu sucesso. Daí se dizer que a *competittion advocacy* reflete o nível de qualidade e excelência de qualquer sistema de defesa da concorrência no mundo (ZOGHBI, 2009: 1). Sem ela, um sistema legal de concorrência é uma ilha incapaz de influenciar a realidade a sua volta, isto é, um sistema que operaria apenas uma reduzida influência

30 Conceito detalhado logo a seguir.

31 Ou o "ecossistema" das Ilhas Guam.

em seu entorno.[32] Sem uma efetiva mudança institucional[33], não há terreno fértil para disseminação de uma cultura da concorrência. Nesse sentido, se há ampla comprovação empírica dos efeitos benéficos da concorrência para o desenvolvimento[34], é certo também que a promoção da concorrência é pressuposto para que tais resultados se verifiquem na prática. Pode-se afirmar, assim, que, sem promoção da concorrência, não há efetivo desenvolvimento.

Importa sublinhar que, para a definição de instituições (regras), os *incentivos* importam tanto quanto eventual obrigatoriedade que decorre, diretamente, das normas. Este conceito será fundamental para se compreender por que o direito da concorrência deve-se preocupar não apenas em reprimir ilícitos concorrenciais ou em analisar atos de concentração entre empresas, mas, principalmente, em influenciar o ambiente concorrencial, buscando redefinir as "regras do jogo" com base no vetor competitivo. Quando há omissão do poder público na garantia da ordem concorrencial, são os detentores de poder de barganha que determinam as regras do jogo. Dito de outra forma, o caráter promocional do direito da concorrência importaria tanto quanto sua função sancionatória de repressão de ilícitos ou de adjudicação de concentrações empresariais.[35]

Com efeito, as instituições não exercem um papel independente no desempenho econômico como grande parte da teoria econômica tem considerado, até porque as instituições não são, necessariamente, criadas para serem socialmente eficientes (NORTH: 1997). Como afirma North: "as regras formais são, normalmente, criadas para servir os interesses daqueles que têm poder de barganha. Em um mundo de custos de transação zero, o poder de barganha não afetaria a eficiência, mas em um mundo de custos de transação positivos isso ocorre" (1997). Se as instituições não exercem um papel neutro no desempenho econômico, a omissão do Poder Público no seu dever de promoção da concorrência também não é sinônimo de neutralidade. A omissão estatal na promoção da concorrência, deliberada ou não, é produtora, portanto, de

32 Seria como esperar que a mera atribuição do nome oficial "Estados Unidos do Brasil" ao país, como o fez a revogada Constituição de 1891, poderia ter o condão de alçar o Brasil ao mesmo grau de desenvolvimento de seu "homônimo" do Norte.

33 Mudança institucional, nesse sentido, portanto, é um conceito muito mais amplo do que mudança legal. O que importa não é, simplesmente, "mudar", mas "como mudar".

34 Conforme farta investigação já produzida sobre o tema e já citado anteriormente.

35 Não se trata de definir se tais normas são jurídicas ou não, mas de saber qual a capacidade que estas normas possuem no sentido de definir e influenciar o ambiente competitivo (e aqui um contraponto às teorias econômicas que defendem que a economia produziria um resultado ótimo a partir da maximização de interesses por agentes racionais).

potenciais efeitos nocivos ao bem-estar e influenciam no desenvolvimento.[36] Para North, mercados eficientes somente são criados no mundo real quando a concorrência é forte o suficiente (1993). Dessa forma, é inegável que escolhas estatais que ignoram o fator competitivo são determinantes para o fracasso em termos de maximização do bem-estar social e econômico assim como também é verdade que um sistema concorrencial minimalista, portanto, não irá alcançar tal desiderato.

Nesse sentido, como assevera North (1997), é a interação entre instituições e organizações que molda a evolução institucional da economia. Se, por um lado, as instituições são as regras do jogo, organizações e agentes econômicos são os jogadores (NORTH, 1997). Traduzindo para o campo concorrencial, um ambiente institucional[37] de maior indução e promoção da concorrência irá, certamente, influenciar seus "jogadores" a adotar padrões comportamentais baseados no vetor concorrencial, assim como um ambiente que não estimule a competição irá permitir que grupos de interesse mantenham privilégios, criem monopólios e reduzam a concorrência tal como sugere o já citado exemplo das ilhas Guam.

No próximo tópico, tentaremos demonstrar como arranjos mais eficientes poderiam contribuir para o desenvolvimento e por que a *competition advocacy* é crucial para auxiliar nesse processo, especialmente, por meio da neutralização de potenciais efeitos anticompetitivos de mecanismos institucionais.

2.2.2. *A Concorrência como Pressuposto Democrático e a Democracia como Pressuposto Concorrencial*

North considera que o desenvolvimento é um processo de transformação da ordem social e que o crescimento econômico não conduz, necessariamente, a essa transformação, pois, para que haja desenvolvimento, é necessário que existam mecanismos institucionais e organizacionais que facilitem a transferência dos ganhos da economia para o campo político (LANDES: 1998). Esse processo (de desenvolvimento, não apenas de crescimento) ocorreria pela passagem das ordens de acesso limitado para ordens de acesso aberto[38]

---

36 North demonstra que instituições e tecnologia determinam a transformação de custos de transação que são adicionados aos custos de produção (1997).

37 O conceito de "ambiente institucional" será aprofundado posteriormente.

38 Conforme esclarece SALAMA, na teoria desenvolvida por North, existem "três tipos básicos de ordens sociais: as ordens primitivas (OP), as ordens de acesso limitado (OAL) e as ordens de acesso aberto (OAA). As OP são as sociedades primitivas de caçadores e coletores, em que a violência é endêmica e que, de modo geral, já foram superadas em

(SALAMA, 2001: 29). Nesse sentido, *a competição política e econômica seriam os pilares de sustentação do desenvolvimento*. Para este autor, estas duas forças se retroalimentam: a *competição política* é necessária para manter o acesso aberto na economia e a *competição econômica* é necessária para manter o acesso aberto na política. Agentes políticos e econômicos pretenderiam tanto quanto possível bloquear a competição,[39] de sorte que o desenvolvimento sustentável no longo prazo não decorreria da boa vontade desses agentes (SALAMA, 2001: 29). Esta ideia fundamental define o pressuposto teórico da *competition advocacy* tal como compreendida no presente trabalho, isto é, o desenvolvimento democrático depende, essencialmente, do desbloqueio de estruturas institucionais contrárias à livre concorrência, o que as típicas funções do antitruste já não seriam capazes de suplantar.

No fundo, o que North considera como sendo o papel nuclear da competição e da *destruição criativa schumpeteriana* para promoção do desenvolvimento de forma sustentada nada mais é que uma noção próxima a de *eficiência dinâmica*,[40] por vezes, deixada em segundo plano pela teoria econômica e pelo antitruste.[41] A novidade estaria na ideia de que esta noção retroalimentaria o processo de desenvolvimento com a contribuição para democratização das instituições. A concorrência, nesse contexto, seria pré-requisito para um desenvolvimento virtuoso ao mesmo tempo em que serviria como garantia de higidez democrática. Concorrência política e concorrência econômica se retroalimentariam assim como democracia e desenvolvimento.

---

quase todo o mundo. As OAL são as formas historicamente mais comumente observáveis nas sociedades humanas, nas quais o controle da violência se dá através da formação de coalizões de elite; e as OAA correspondem a mais ou menos duas dúzias de países que, por uma conjunção fortuita de eventos, realizaram nas últimas décadas uma transição e superaram a condição de OAL" (2001: 27-31).

39 A teoria neoclássica deveria levar em consideração que o "homo politicus" buscaria maximizar seus interesses tanto quanto o "homo economicus", de tal sorte que ou bem se entendem ou entram em conflito.

40 North não fala, expressamente, em eficiência dinâmica neste caso. Contudo, *utltima ratio*, trata-se da mesma ideia ainda que com as nuances da teoria institucional de North.

41 Para Fagundes (1997), Schumpeter "propôs um novo conceito de eficiência, de natureza dinâmica, associado não somente à redução dos custos de produção e distribuição através de inovações ao longo do tempo, mas também ao surgimento de novos produtos e novos processos de produção (SCHERER, 1991, p. 35). Em outras palavras, Schumpeter descartou a eficiência de Pareto estática como critério particularmente relevante para o bem-estar social, uma vez que seu foco está colocado sobre as propriedades dinâmicas da concorrência e dos mercados, cujo impacto alocativo, e respectivas implicações normativas, deve ser visto pela ótica da geração, filtragem seletiva e difusão das inovações no bojo do progresso técnico em inovação e competitividade. "

À já conhecida dimensão desenvolvimentista da concorrência seria adicionado um indissociável componente democrático. No fundo, trata-se de uma relação de interdependência entre política, economia e direito.

A *destruição criativa schumpeteriana* é uma característica marcante das ordens de acesso aberto (SALAMA, 2011: 28-29), pois o estímulo à inovação advindo da concorrência é um fator de natural desestabilização de privilégios na medida em que provoca a substituição do velho pelo novo, derrubando restrições de entrada aos sistemas político e econômico[42] que, por outro lado, tenderiam a ser mantidos em instituições extrativistas e nas ordens de acesso limitado.[43]

A contribuição dessa visão é a de que o desenvolvimento não se sustenta sem o componente democrático que, por sua vez, impulsiona a inovação política e econômica, ideia próxima, repise-se, a de eficiência dinâmica. Muitos já advogavam a tese de que a concorrência seria fundamental para o desenvolvimento como vimos acima, mas talvez poucos afirmassem que a concorrência (não apenas política, também a econômica) seria um componente crucial para a própria existência de uma democracia.[44] A concorrência apresenta-se, assim, como uma via de mão dupla: contribui para o desenvolvimento dos mercados e para preservação da democracia.[45]

O fato de um economista levantar essa hipótese, pouco debatida pela ciência econômica, poderia suscitar alguma suspeição não fosse a mesma ideia ter sido proposta por um dos mais respeitados teóricos da Filosofia Política da atualidade. John Rawls considera que as instituições de fundo da democracia com seus mercados competitivos objetivariam "dispersar a propriedade de riquezas e capital e, assim, impedir que uma pequena parte da sociedade

---

42 Nas palavras de North: "Schumpeterian creative destruction ensues when entry into economic activities is open to all citizens and potential entrepreneurs enjoy basic support for organizational forms like partnerships, corporations, and contract law. When entry is open, economic actors create rents through innovation. Competition gradually erodes those rents as new firms and individuals enter into new lines of business or transform old activities. Economic actors would love to use the political process to restrict entry and maintain their rents. Symmetrically, political actors would love to use the political process to restrict entry, create rents, and bind economic actors to support a developing political coalition." (2007: 18).

43 Nesse mesmo sentido, Stucke (2013b).

44 Como demonstraremos a seguir, esta constatação já foi difundida entre teóricos do antitruste e foi retomada por muitos outros recentemente.

45 Muitos também advogam que a própria democracia seria instrumental ao desenvolvimento. Nesse sentido Sen (2016), North (1990), Rodrik (1997). De Haan; Siermann, 1996, Jagdish Bhagwati (2002) e, entre muitos outros, Acemoglu e Robinson (2012).

controle a economia e, indiretamente, a própria vida política" (2008: XL). A democracia, nesta visão, evitaria o controle da economia e da política por uma minoria ao garantir uma ampla disseminação da propriedade de ativos produtivos e de capital humano (RAWLS, 2008: XL). Trata-se, assim, de uma espécie de *reserva democrática* que estaria presente na ideia de concorrência. Segundo esta concepção, portanto, a concorrência seria compreendida não apenas como maximizadora de bem-estar econômico, seu viés desenvolvimentista, mas também como meio de democratização de instituições políticas e econômicas por meio da mitigação de estruturas extrativistas de poder econômico e como meio, ainda que indireto, de redução de desigualdades por meio da contenção deste poder econômico e, portanto, de garantia para uma distribuição mais equitativa de recursos.

Petersen (2011) demonstra que teóricos do antitruste tentaram estabelecer uma relação entre defesa da concorrência e democracia. Esta ideia teria surgido em razão da compreensão de que condutas anticompetitivas incentivadas pelo Estado (especialmente, cartéis) teriam exercido um papel crucial para a ascensão do regime nazista alemão e que os efeitos nocivos de tal política fizeram com que o sistema antitruste fosse eleito, justamente, como meio para democratizar instituições, momento em que floresceu a conhecida Escola de Freiburg que, como se sabe, influenciou, profundamente, o pensamento político e econômico alemão (GERBER, 1994: 28-29; QUACK ; DJELIC, 2005: 258-59. *Apud* PETERSEN, 2011).[46] Esta noção, entretanto, não ficou restrita ao direito concorrencial alemão, tendo sido difundida, posteriormente, entre estudiosos do antitruste como Friedman, 1962; Adams, 1979; Green, 1987 e Barnes, 1989 (PETERSEN, 2011). Friedman, e. g., já defendia que a dispersão de poder econômico seria um meio de contenção do poder político nos governos, de tal forma que a concorrência capitalista seria pressuposto da liberdade política (1962: 15-17).[47]

---

46 No pensamento ordoliberal, esse componente democrático seria representado pela defesa de um processo de livre escolha e de descoberta das melhores opções do mercado que, como demonstra Calixto Salomão Filho, não seria apenas representado pela "existência de um preço não alterado por condições artificiais de oferta e de demanda, que, portanto, represente a utilidade marginal do produto (como querem os neoclássicos), mas também que exista efetiva pluralidade real ou potencial de escolha entre produtos com base em preço, quantidade, preferências regionais, etc. A possibilidade de escolha assume, portanto, um valor em si mesmo" (2002:28).

47 Nas palavras de Friedman, (1962: 16): "Viewed as a means to the end of political freedom, economic arrangements are important because of their effect on the concentration or dispersion of power. The kind of economic organization that provides economic freedom

Ideias muito parecidas têm sido, recentemente, difundidas também por economistas e teóricos do antitruste, cabendo mencionar Acemoglu e Robinson (2011), Orbach (2012), Stucke (2013b); Salop; Baker (2015), Kirkwood (2013) e o próprio Petersen (2011).

Obviamente que a aptidão do antitruste para promover a democracia depende de uma abordagem que ultrapasse a mera consideração de benefícios imediatos advindos de ganhos de eficiência estática e também do modo de efetivação da tutela antitruste, isto é, da suficiência de seus mecanismos para um controle mais amplo e dinâmico. A consideração de que existe (ou que pode existir) um componente democrático relevante no antitruste importa a própria mudança da concepção atual de tutela concorrencial e revela um aparente *trade off* entre uma concepção que privilegia crescimento puro e simples e outra que valorizaria o crescimento, social e economicamente, sustentável. Este *trade off*, entretanto, é apenas, aparente na medida em que supostas eficiências no presente que impliquem perdas democráticas revelar-se-ão verdadeiros problemas no futuro, vale dizer, uma espécie de externalidade negativa advinda de estruturas excessivamente, concentradas que passariam a produzir mais efeitos negativos que aqueles, inicialmente, considerados positivos. Somente uma análise evolucionária (não-estacionária) poderia dar conta deste fenômeno adequadamente.

A verdade é que a qualificação "democrática" do desenvolvimento é o que permitiria a efetiva incorporação do crescimento de forma duradoura e disseminada pela sociedade. Prevenir concentração do poder econômico talvez não tenha sido uma das preocupações recentes dos sistemas de defesa da concorrência, o que pode ter comprometido sua função de democratização das instituições (PETERSEN, 2011: 22). Se é verdade que a concorrência, comprovadamente, contribui para o desenvolvimento econômico, é verdade também que o qualifica. Isto é, os fins do antitruste influenciam "qual" modelo de desenvolvimento deve ser perseguido pelo Estado: um modelo mais ou menos inclusivo, mais ou menos democrático. Obviamente que quando falamos de um padrão concorrencial não nos referimos, exatamente, ao específico papel do SBDC, também relevante, mas ao sistema concorrencial como um todo presente na configuração de políticas de desenvolvimento.[48] Sendo a concorrência central ao desenvolvimento e um imperativo constitucional, a

directly, namely, competitive capitalism, also promotes political freedom because it separates economic power from political power and in this way, enables the one to offset the other."

48 Característica da transversalidade concorrencial.

ausência de preocupação concorrencial nessas políticas é, *ultima ratio*, uma escolha por um dado padrão de desenvolvimento, ainda que muitas vezes, realizada de modo implícito ou indireto nessas políticas.

Em suma, a capacidade de um sistema concorrencial mitigar a excessiva concentração econômica e prevenir pressões antidemocráticas depende, essencialmente, de como este aparato é desenhado e vivenciado institucionalmente (PETERSEN, 2011: 22). Talvez o sistema tradicional de defesa da concorrência reproduza, justamente, um modo de operar focado em resolução de questões pontuais, atuando de forma essencialmente reativa, incapaz, portanto, de concretizar mais amplamente os fins esperados de uma tutela antitruste. Deve-se questionar, assim, qual a capacidade do sistema de defesa da concorrência atual para contribuir para o desenvolvimento e para a democracia.

2.2.3. Concorrência e Políticas de Desenvolvimento: o Difícil Equilíbrio entre Eficiência Estática e Dinâmica

O aparente *trade off* existente entre políticas de desenvolvimento baseadas em eficiência estática e aquelas mais focadas em componentes dinâmicos e inovativos talvez seja um dos grandes desafios ao desenvolvimento, um fator que reforça fronteiras entre nações, economicamente, desenvolvidas e menos desenvolvidas. Países em desenvolvimento estariam menos propensos a liderarem políticas tecnológicas disruptivas aptas à promoção do crescimento, até porque isto poderia contrariar pressupostos de uma política de manutenção de posições de grupos políticos e econômicos dominantes. Diante de crises, um país em desenvolvimento tenderia a incentivar sua indústria defasada por meio de subsídios ou salvaguardas[49] e incentivo à maior concentração, alimentando um ciclo vicioso ao passo que uma economia avançada tenderia a investigar qual o próximo passo para o desenvolvimento (DOSI, 1988; DOSI, PAVITT e SOETE, 1990). Como demonstramos, essa ideia se conecta à noção democrática de concorrência desenvolvida por North e outros autores no sentido de que a competição econômica é, no fundo, fundamental ao desenvolvimento (*ultima ratio*, a eficiência dinâmica) e que o componente

49 É conhecido o exemplo clássico desse tipo de proteção concedida à indústria de brinquedos (Abrinq) que, por, aproximadamente, uma década, obteve salvaguardas que permitiram uma reserva de mercado. Mas poderiam ser citados muitos outros exemplos de medidas protetivas. Nesse sentido, vale mencionar os incentivos via subsídios à indústria automobilística das últimas décadas (QUEIROZ, 2012) e o já citado caso da Medida Provisória 795/2017 que prorrogou benefícios fiscais ao setor petrolífero por mais 20 anos.

democrático deve integrar o sistema concorrencial.[50] O que importa pontuar, nesse momento, é que somente uma análise concorrencial permanente e ativa poderia superar o *trade off* existente entre eficiência estática e dinâmica, o que o sistema antitruste atual, de caráter minimalista,[51] já não seria capaz de dar resposta. Esse papel, como veremos, caberia a um sistema muito mais amplo baseado em mecanismos de promoção da concorrência.

Um aspecto central e distintivo de um modelo pautado em competição dinâmica é que este seria baseado em um padrão em que agentes econômicos esforçam-se para obter a liderança em termos de inovação tecnológica em detrimento de outro modelo em que as empresas, simplesmente, seguem as firmas líderes (NELSON; WINTER, 1982: 123). Obviamente que estes padrões são dependentes de uma dada opção de desenvolvimento. Países que procuram inovação e competitividade liderarão novos ciclos de crescimento. Países que não primam pelo protagonismo da concorrência política e econômica tomam suas decisões com base nos padrões já construídos previamente ou, no máximo, fazem adaptações de modelo para seguirem o caminho dependente de países que exercem a liderança (*path-dependent change*).[52]

O risco é de que essa fórmula de "mudança dependente da trajetória" provoque uma mera adaptação para a próxima etapa das instituições que já tem contribuído muito para uma América Latina pobre e desigual (ACEMOGLU; ROBINSON, 2011: 48)[53] e que, portanto, deixe em segundo plano a necessidade de transformação mais efetiva do ambiente institucional rumo à maior concorrência nos mercados. Se uma nação não procura a inovação e competitividade, não existe outra alternativa senão um modelo baseado em *path-dependent change*.

Com efeito, um modelo centrado na armadilha das matérias primas e dos produtos básicos (*staples trap*[54]), além de apresentar baixa eficiência

---

50 Acemoglu e Robinson (2012: 98-99) consideram a destruição criativa schumpeteriana uma característica marcante das instituições inclusivas e, assim como North, como requisito para o desenvolvimento. Nesse particular, a teoria destes autores, também, situa a eficiência dinâmica como pré-requisito para o desenvolvimento.

51 Aqui não se trata de uma crítica aos operadores do setor, mas sim ao desenho institucional, até porque, estou certo, a vontade geral dos profissionais e estudiosos do antitruste seria uma atuação muito mais ampla e fortalecida.

52 Países que não se preocupam com o protagonismo econômico dependem da trajetória dos países líderes (path-dependent change).

53 Nas palavras de Acemoglu e Robinson (2011: 48): "Leading only to the next stage of the institutions that had already made much of Latin America poor and unequal"

54 *Staples trap* é definido como a falta de capacidade de uma economia baseada em recursos naturais para amadurecer para uma economia diversificada (PAMPLONA; CACCIAMALI, 2017: 255).

schumpeteriana, tende a incentivar a concentração dos fatores de produção com base em uma lógica exportadora de *commodities* cujos benefícios para economia interna são, no mínimo, duvidosos[55] (PAMPLONA; CACCIAMALI, 2017: 255-256). Para Stiglitz, Dosi e Cimoli, atividades de produção baseadas em recursos naturais são intensivas em capital e demandam pouca mão de obra qualificada, favorecem a concentração de renda, corrupção e geram crescimento menor no longo prazo[56] (2009: 556 *apud* PAMPLONA; CACCIAMALI, 2017: 255). Com base na *Staples Theory* (teoria dos produtos básicos), a escolha por um modelo de desenvolvimento pautado na concentração dos fatores de produção em torno de produtos básicos influencia o restante da economia doméstica, a sociedade, a natureza do empreendedorismo, da absorção tecnológica e da inovação (PAMPLONA; CACCIAMALI, 2017: 257-258). O Estado ao incentivar este padrão nada mais faz que criar incentivos institucionais para que a economia e a sociedade também se comportem dessa forma. Como veremos, Schneider (2013) chega a mencionar que tal modelo influenciou até mesmo os padrões educacionais e inovativos no país.[57] Esta cultura contrária à concorrência, inovação e competitividade é, portanto, no mais das vezes, estimulada pelo próprio poder público em aliança com grandes grupos econômicos dominantes.

55 Muito embora a economia brasileira apresente certa diversificação industrial e substancial economia interna, isto, na prática, ainda não é capaz de influenciar o modelo de desenvolvimento ainda muito focado em capital intensivo, concentração econômica e reduzida capacidade inovativa. Enquanto países desenvolvidos procuram protagonismo em inovações disruptivas, as políticas inovativas brasileiras dos últimos anos são caracterizadas por terem ocorrido dentro dos próprios setores dominantes como petróleo, sucroalcoleiro e energético. Isto é, enquanto países desenvolvidos buscam rotas alternativas como fontes energéticas mais eficientes, meios de transporte autonônomos e veículos aéreos, o Brasil promove o desenvolvimento com base no salto qualitativo de sua própria indústria e com subsídios para aquecer o mercado de consumo, nomeadamente, para a indústria automobilística e de eletrodomésticos (QUEIROZ, 2012). É o caso da Medida Provisória 795/2017 que prevê que as companhias petrolíferas poderão abater do imposto de renda e CSLL investimentos realizados em P&D e o Decreto 9.128/2017 prorroga por mais 20 anos o REPETRO, regime que suspende a cobrança de tributos em matéria de exploração offshore. Outro exemplo é o caso da edição da MP 471, convertida na Lei 12.218/2010 que prorrogou benefícios às montadoras em plena crise econômica. Obviamente que políticas do tipo apresentam elevado custo de oportunidade, isto é, as renúncias fiscais significativas se traduzem em menos dinheiro para planejamento inovativo em áreas como ciência e tecnologia.

56 Como demonstram Pamplona e Cacciamali, ao sugerirem princípios para uma política de desenvolvimento bem-sucedida, os economistas Stiglitz, Cimoli e Dosi recomendam "evite a maldição dos recursos naturais" (2017: 255).

57 E por que não mencionar o pensamento econômico brasileiro, as grades currículares dos cursos de economia, direito e administração?

O papel do Estado, nesse sentido deveria ser, justamente, o contrário do referido modelo *staples trap*, vale dizer, o de promover a inovação e a competitividade, funcionando como catalisador da mudança (MAZZUCATO, 2014:110). Do contrário, o que se verá é a manutenção destas grandes estruturas econômicas extrativistas. A promoção da concorrência tem como pressuposto, exatamente, este papel transformador da economia pelo Estado em que formuladores da política devem usar meios e instrumentos para influenciar e "criar" mercados conforme um dado modelo de desenvolvimento pautado em políticas inovativas (MAZZUCATO, 2014: 258).[58]

Em linha com esse pensamento, foi promulgada a Emenda Constitucional 85 de 2015[59] que alterou diversos dispositivos da Constituição, incorporou como um dos deveres do Estado promover a inovação (art. 218, § 1º) e instituiu a expressa previsão de que "O Estado estimulará a formação e o fortalecimento da inovação nas empresas, bem como nos demais entes, públicos ou privados, a constituição e a manutenção de parques e polos tecnológicos e de demais ambientes promotores da inovação, a atuação dos inventores independentes e a criação, absorção, difusão e transferência de tecnologia" (art. 219, parágrafo único). A Emenda em questão impôs ainda como dever da União, Estados, Distritos Federais e Municípios "proporcionar os meios de acesso à cultura, à educação, à ciência, à tecnologia, à pesquisa e à inovação" (art. 23, V da CF). A Lei 13.243/2016 que instituiu o novo marco legal da ciência, tecnologia e inovação, por sua vez, determina, exatamente, que a capacitação e a pesquisa científica e tecnológica devem ter como um de seus princípios a promoção da competitividade empresarial nos mercados nacional e internacional (artigo 2º). Este arcabouço legal criou todos os pressupostos para que a promoção da concorrência, em sua dimensão dinâmica, seja implementada de modo mais efetivo no Brasil e não apenas por meio da estrita atuação dos órgãos do SBDC, mas *também* por eles.

Em linha com essa nova perspectiva, a SEAE foi transformada na Secretaria de Promoção da Produtividade e Advocacia da Concorrência (SEPRAC) agora com competências mais amplas para, nos termos do Decreto 9.266/2018, promover o capitalismo inclusivo, a produtividade, competitividade, a inovação,

58 A realidade é que se inovação e competitividade fossem, de fato, um objetivo central da política de desenvolvimento brasileiro, por certo, a EMBRAER não teria instalado seu centro de inovação e competitividade, justamente, no Vale do Silício, objetivando explorar questões relacionadas a inovações disruptivas (2017).

59 Tamanho foi o intuito em promover inovação que o Capítulo IV da CF foi alterado de modo a incluir o termo "inovação" ("Da Ciência, Tecnologia e Inovação").

o empreendedorismo e atração de tecnologias de ponta de forma alinhada aos objetivos de desenvolvimento sustentável. A recente alteração, em compasso com as melhores práticas internacionais, amplia o foco da tutela concorrencial para incorporar a dimensão dinâmica e inovativa. Para tanto, o Decreto cria uma Subsecretaria de Promoção da Produtividade, Concorrência e Inovação, justamente, para dar ênfase a esta nova dinâmica.

Como veremos, diversos países vêm adotando a promoção da concorrência como mecanismo orientador de políticas de desenvolvimento e macroeconômicas. Nessa linha, José Tavares Jr. demonstra que a *competition advocacy* foi, e.g., o mecanismo indutor do desenvolvimento australiano a partir da década de 90, funcionando como uma espécie de catalisador de políticas públicas e como fator de reinversão do ciclo de desenvolvimento antes pautado em *staples trap*. Para se ter ideia dos efeitos para o desenvolvimento da adoção da promoção da concorrência em solo australiano, estima-se que os novos esforços em termos de *advocacy* contribuíram para o crescimento da produtividade doméstica em 2,5% para uma elevação da renda média familiar em sete mil dólares (UNCTAD, 2013). Em setores estratégicos como o de energia elétrica, os preços médios do insumo declinaram 19%; no setor portuário, as taxas reais caíram até 50% e, no de telecomunicações, mais de 20% (UNCTAD, 2013). Nas palavras de Tavares Jr. (2014: 313-323):

> Em 1993, o Hilmer Committee Report introduziu o conceito de comprehensive competition policy, sugerindo que a defesa da concorrência só é efetiva *quando vai além dos instrumentos antitruste convencionais* e incorpora todas as ações governamentais que regulam o processo de competição, como barreiras comerciais, subsídios, propriedade intelectual, regulação de monopólios, normas técnicas e proteção ao consumidor. Essa visão orientou a transformação da TPC[60] em Australian Competition and Consumer Commission (ACCC), com poderes para influir, quando julgar pertinente, nas ações do governo em todas aquelas áreas.[61]

Com efeito, talvez o grande equívoco da política de desenvolvimento brasileira das últimas décadas tenha sido relegar a segundo plano o papel da concorrência e, portanto, da eficiência para a consolidação de um crescimento duradouro e sustentável pautado em inovação[62] e competitividade. Nesse

---

60 Australian Trade Practices Commission.

61 Itálicos nossos.

62 Exceção deve ser feita à lei que instituiu o novo marco legal de inovação, ciência e tecnologia, Lei 13.243/2016 e que prevê, justamente, como já referimos, princípios, entre outros,

sentido, há uma contradição na teoria econômica, pois, ao mesmo tempo em que situa à concorrência como central ao desenvolvimento, desconsidera as intervenções necessárias para fazer valer esse pressuposto. Se a concorrência é central ao desenvolvimento, um sistema antitruste *ex post* e minimalista já não se revelaria apto ao alcance desse desiderato, tendo em vista inúmeras políticas com potencial de causar desequilíbrios competitivos.[63] Seria uma tarefa inglória investir em um mecanismo de difusão da concorrência se a maior parte dos incentivos institucionais, no mais das vezes, originados do próprio Poder Público, caminham, justamente, na direção oposta, isto é, são indutores de um ambiente institucional contrário à livre concorrência.

2.2.4. Superando o Trade-off entre Eficiência Estática e Dinâmica por meio da Promoção da Concorrência

Se é verdade que a superação das disfuncionalidades causadas por políticas de desenvolvimento passaria por uma nova abordagem da questão concorrencial, *a fortiori*, o enfoque em termos de eficiência também deveria ser repensado de modo a ultrapassar as fronteiras do microssistema antitruste. Sobre o descompasso entre a tutela antitruste e um conceito mais adequado de eficiência, Possas et al (1995) esclarecem que:

> A concepção schumpeteriana da concorrência certamente torna a implementação de políticas antitruste muito mais complexa, *além de apontar falhas graves nos princípios que têm orientado a formulação dos arcabouços legais e sua implementação nas últimas décadas*. Boa parte das ações antitruste usualmente empreendidas, *por estarem baseadas em uma análise estática das eficiências alocativas*, podem sacrificar, em nome destas, ganhos de longo prazo derivados de um ritmo superior de incorporação do progresso técnico (eficência dinâmica e seletiva).[64]

Possas et al demonstram que, em razão de uma concepção, excessivamente, liberal da política concorrencial, não se consideraria uma noção econômica mais integrada e abrangente, limitando-se a uma salvaguarda contra efeitos negativos do livre jogo das forças de mercado (1995: 27). Estes autores

como o estímulo à inovação e à promoção à competitividade empresarial nos mercados nacional e internacional (artigo 2º.). Obviamente que, sem promoção da concorrência, os pressupostos desta lei jamais serão alcançados.

63 Nomeadamente, política industrial, fiscal, tributária, leis, atos regulatórios e políticas públicas originadas em todos os entes da Federação.

64 Itálicos nossos.

defendem, assim, a reconstrução dos aparatos regulatórios do antitruste[65] com base em uma visão reformada de eficiência para que a atuação antitruste não se consubstancie em uma "defesa equivocada da concorrência em suas dimensões estáticas e passassem a fazer parte de um arcabouço institucional voltado para a elevação do dinamismo dos sistemas de inovação e da eficiência seletiva dos mercados" (1995: 27-28).

A atual análise antitruste seria inconsistente por não incorporar um conceito dinâmico de eficiência pautada em inovação e transformação tecnológica. A verdade é que a análise concorrencial poderia (e deveria[66]) incorporar o conceito intertemporal de eficiência dinâmica, especialmente, por meio de um monitoramento permanente de mercados, o que somente seria possível por meio de mecanismos de promoção da concorrência[67] e não apenas, portanto, por meio dos atuais controles reativos disponíveis nas funções típicas do SBDC. Outro fator que reforça esta tese é o de que a atuação do BNDES no Brasil, nos últimos anos, não tenha talvez reforçado como deveria um conceito de eficiência dinâmica. Diversos estudos demonstram que, em grande parte, empréstimos do BNDES são, na realidade, transferências de subsídios puro e simples para grandes empresas, sem quaisquer benefícios em termos de inovação e desempenho (MUSACCHIO; LAZZARINI, 2015: 319). Faria muito mais sentido, portanto, a introdução de eficiência em políticas de desenvolvimento por meio de uma tutela antitruste renovada e muito mais ampla do que uma atitude, indiscriminadamente, permissiva com operações, supostamente, eficientes. Uma política concorrencial, nesse sentido, estaria, necessariamente, associada a uma atuação pró-competitiva de estímulo à inovação nos mercados. Nesse outro aspecto, portanto, a análise seria acertada na medida em que o vetor de um sistema antitruste deveria ser a busca por padrões perenes de destruição criativa baseados em comportamentos inovativos e não apenas a existência de formas de competição estáveis do ponto de vista temporal (POSSAS et al., 1995: 26) ou, supostamente, eficientes e inofensivas do ponto de vista estático, o que as intervenções pontuais do SBDC incentivariam.[68] Esta calibragem não seria possível, entretanto, no sistema antitruste tradicional, tendo em vista um

---

65 Possas et al estavam, sem dúvida, a frente de seu tempo. Se a proposta tivesse sido, minimamente, compreendida e acolhida teríamos, certamente, uma revolução em termos de política de desenvolvimento pautada em inovação e competitividade. O texto é do longínquo ano de 1995.

66 Com base no princípio da livre concorrência insculpido na Constituição Federal.

67 E, obviamente, com um orçamento compatível com este desafio, algo impensável no presente.

68 E, como veremos, potencialmente, equivocadas do ponto de vista de uma análise de poder de mercado que não incorpora a dimensão institucional e dinâmica dos mercados.

componente regulativo e intertemporal de análise muito mais amplo que os mecanismos adjudicatórios disponíveis não mais permitiriam.

Nesse mesmo sentido, Daniela Corrêa também propõe que a análise antitruste passe por uma reestruturação por meio da qual o SBDC e agências passem a efetuar estudos contínuos, com base em eficiência dinâmica, em relação aos efeitos de fusões sobre inovação, bem-estar do consumidor, evolução do mercado, grau de persistência de elevadas participações de mercado nas mãos de poucos players e, entre outros, a frequência de evoluções tecnológicas (2009: 100).[69] A autora afirma que incorporar estes elementos na análise importaria repensar a ênfase antitruste em definições de mercado e na insistência em limites rígidos de parcela de mercado, especialmente, em mercados dinâmicos (CORRÊA, 2009: 100).[70]

Esta é, na verdade, uma discussão, de certa forma, recorrente na teoria antitruste e tem como referencial, justamente, o conflito entre uma dimensão estática e dinâmica da análise concorrencial. A propósito, Williamson ao resenhar a obra clássica de Bork, afirmara, justamente, que, embora Bork reconheça as limitações de uma análise estática, não teria considerado, justamente, a importância de uma atuação estratégica do antitruste no sentido de induzir as firmas a adotarem posições pró-competitivas e inovativas. Isto é, a teoria de Bork somente faria sentido se preenchidos pressupostos estruturais de garantia de uma efetiva expectativa de concorrência, o que uma análise atemporal[71] não seria capaz de dimensionar (1979: 528).[72] Nas palavras de Williamson: "quando já está configurada uma dada dominação estrutural, o antitruste é mal servido pela dependência exclusiva de uma teoria estática focada em preços. Ao invés disso, o foco deveria ser criar condições para incentivos concorrenciais intertemporais (1979: 528)".

Williamson entende que uma análise baseada em um *processo competitivo evolucionário* auxiliaria na compreensão de determinadas circunstâncias que

69 A autora entende que "o problema do trade-off entre efeitos de longo prazo - derivados do potencial de inovação - e os de curto-prazo - refletidos na preocupação de limitar a probabilidade de práticas anticompetitivas por parte das empresas - pode ser mitigado com a imposição de condições às fusões (por exemplo, obrigação de licenciar tecnologias a custos razoáveis)" (CORRÊA, 2009:100).

70 Retomaremos este tema no decorrer deste trabalho.

71 Pautada em eficiência estática.

72 A crítica de Williamson talvez seja, parcialmente, injusta, pois Bork considera, expressamente, em sua obra uma dimensão promocional da concorrência no capítulo em que faz recomendações para aperfeiçoar a tutela antitruste nos EUA (1993: 407).

definiriam as condições de dominação de mercado e que, portanto, demandaria uma atuação concorrencial renovada e estratégica (1979: 528). Parece-nos, entretanto, que Bork reconhecera, em alguma medida, a dimensão dinâmica e intertemporal da concorrência e foi, justamente, essa percepção que gerou seu descontentamento com o sistema antitruste naquele contexto. Ao defender, fervorosamente, que o antitruste deveria tutelar a concorrência e não os concorrentes, Bork afirmara: "concorrência é um processo evolucionário. Evolução requer extinção de algumas espécies tanto quanto à sobrevivência de outras" [73] (1965: 375). Portanto, o que originou a teoria de Bork foi, justamente, uma insatisfação com uma concepção retrógrada de concorrência consubstanciada na defesa, em si, dos concorrentes, fato que promoveria a ineficiência nos mercados e impediria soluções inovadoras. No fundo, Bork também fundamentava sua teoria em um pressuposto mínimo de eficiência dinâmica, mas com base em outros argumentos.[74] A questão é que a teoria de Bork, como qualquer outra teoria antitruste, foi pensada para um dado tempo e lugar (ORBACH, 2014:15).[75] Havia uma preocupação genuína por parte de Bork em aprimorar um sistema que se encontrava refém de regras disfuncionais, protetivas de grupos de interesse e não, exatamente, a defesa pura e simples de teses liberais.[76] Além disso, havia, justamente, uma preocupação com a perda de competitividade da indústria americana na concorrência internacional em razão do excessivo rigor da tutela antitruste e em razão do foco em questões localizadas não, necessariamente, eficientes, o que se tornaria marcante com a pressão exercida por *players* asiáticos na década de 70 e 80.[77]

73 No original: "Competition is an evolutionary process. Evolution requires the extinction of some species as well as the survival of others." (1965: 375).

74 Se Bork "exagerou na dose" eficientista como solução para todos os problemas concorrenciais, já seria outra história.

75 Curiosamente, esta questão temporal fica nítida até mesmo na atenuação da posição crítica de Bork em relação às decisões na matéria concorrencial já na segunda edição de sua obra. Nas palavras de B. Orbach: "Bork's characterization of the crisis missed an important dimension of evolution in antitrust. *Bork used economic insights of his time* to evaluate the robustness of judicial decisions from eras when different economic insights dominated. His critique often benefitted from a hindsight bias" (2014:15). Realçamos.

76 Aliás, nesse quadro, Bork seria, essencialmente, anti-libertário no sentido nozickiano ao defender a supremacia da eficiência sobre interesses privados.

77 Nas palavras de CRANE (2014: 847-853), um estudioso pode assumir, perfeitamente, que o antitruste deve-se preocupar com a maximização de bem-estar do consumidor sem, necessariamente, aderir, de forma irrestrita, a todos os pressupostos de Bork. Os progressos em termos de teoria dos jogos, economia comportamental e institucional seriam exemplos de que o pressuposto eficientista pode ser aperfeiçoado. Para o autor: "One can accept Bork's claim on antitrust's goals without fully accepting the economic theories Bork applied in

A questão é que a noção de eficiência dinâmica tem sido associada, por vezes, a uma crítica pura e simples da eficácia da tutela antitruste que, baseada na ideia de eficiência estática, poderia levar a desconstituição de operações eficientes sob o prisma dinâmico. Isto é, contraditoriamente, a defesa da eficiência dinâmica, não raro, aparece como reforço de teses liberais para reforçar isenções concorrenciais por meio de supostas estratégias de políticas de desenvolvimento, nomeadamente, de políticas industriais. Todavia, esta visão é, deveras, incongruente, pois não seria possível defender que, em tese[78], a maior concentração de mercado sob o prisma da eficiência dinâmica (hipotética) seria, necessariamente, benéfica. Também não seria possível afirmar o contrário, vale dizer, que maior rivalidade seria sempre produtora de bem-estar. Nesse sentido, Scherer e Ross afirmam que concentrações podem tanto melhorar a situação de empresas convalescentes como elevar custos organizacionais e burocráticos, acarretando uma piora na performance (1990: 167).[79] Vale dizer, "é impossível com base em princípios *a priori* ou em estudos de casos discernir se o balanço (de uma concentração) seria positivo ou negativo, ou qual a intensidade de mudança que ela poderia acarretar" (SCHERER; ROSS; 1990:167). [80]

Com efeito, é, no mínimo, curioso que a avaliação, frequentemente, efetuada com base em eficiência dinâmica leve em consideração apenas um dos potenciais equívocos da análise antitruste, vale dizer, das operações, equivocadamente, reprovadas com base em enfoque estático (ao mesmo tempo

---

later chapters of The Antitrust Paradox. One can believe, for example, that antitrust law should promote consumer welfare exclusively, but reject Bork's contentions that predatory pricing, vertical integration, and tying arrangements never or almost never reduce consumer welfare. Advances in game theory, behavioral economics, or empirical learning may undermine Bork's claims about consumer behavior and firm responses without touching his central premise on antitrust's goals." No mesmo sentido, B. Orbach afirma: "Of course, the consumer welfare standard may continue serving as the stated goal of U.S. competition laws but, practically, antitrust has always been and will always be about the preservation of competition" (2012).

78 Abstratamente.

79 Os autores ainda demonstram que mesmo os métodos quantitativos disponíveis, baseados em preços (*Capital Asset Pricing Theory*) ou em performance interna (lucro, vendas e market share) poderão levar a resultados, totalmente, diversos, impondo uma análise cuidadosa das autoridades concorrenciais (SCHERER; ROSS; 1990:167).

80 No original: "mergers *may* improve the coalescing firm's efficiency, but they can also increase the burdens of bureaucracy and degrade operating performance. From a priori principles and case study evidence, it is impossible to discern whether the balance of effects is positive or negative, or how large the average merger-induced changes may be" (SCHERER; ROSS; 1990:167). Itálico no original.

em que o enfoque estático tem sido defendido, justamente, para aprovar operações que, eventualmente, gerem excessiva concentração). Nesse particular, a defesa da eficiência dinâmica transformar-se-ia em mera válvula de escape para aprovação de operações que não seriam aprovadas com base nos critérios atuais. Porém, esta perspectiva talvez desconsidere, justamente, um dos principais riscos da tutela antitruste vigente que é o de considerar eficientes aquelas operações que, do ponto de vista dinâmico, não o seriam, até porque, como se sabe, a reprovação de operações é apenas residual no controle atualmente empreendido. A reprovação de operações não constitui nem 2% do total dos atos de concentração avaliados ao passo que mais de 98% são aprovados (CADE, 2016: 76).[81] Isto é, há um pressuposto de eficiência nas operações aprovadas com base nos critérios vigentes que, do ponto de vista dinâmico, poderia não se confirmar.

Contrariando esta presunção de que as operações aprovadas com enfoque estático seriam *a priori* eficientes, John Kwoka, em recente estudo sobre atos de concentração analisados pelas autoridades de defesa da concorrência norte-americanas, coletou dados de 3.000 operações e concluiu que resultaram em uma elevação média de preços de 7,29%, sendo que, naqueles casos em que o DOJ impôs alguma condição, os aumentos de preços foram ainda maiores, variando de 7,68% a 16,01% (2015:21). O estudo empírico de Kwoka permitiu uma análise inédita no que tange aos efeitos de atos de concentração sobre preços, qualidade, eficiências geradas, inovação e P&D (2015:5); tarefa que deveria ser conduzida, permanentemente, pelas autoridades de defesa da concorrência. Em outras palavras, o estudo de Kwoka (2015) comprova que, ao contrário do que se supõe, eventuais ganhos de eficiência que motivaram a aprovação de operações não têm sido, na realidade, repassados aos consumidores. O estudo é um divisor de águas na teoria concorrencial e tem colocado em xeque premissas operacionais do próprio sistema antitruste ao provar que concentrações de mercado nem sempre são eficientes nem mesmo sob o prisma estático, o que contraria o pressuposto pró-competitivo da análise estrutural.[82]

A realidade é que um dos únicos estudos a analisar, estatística e empiracamente, a eficiência de operações concorrenciais antes do intrigante

81 Durante o exercício de 2015, o Cade concluiu a análise de mérito de 384 ACs, dos quais 376 foram aprovados sem restrições, 7 foram aprovados com restrições e 1 foi reprovado (CADE, 2016: 76).

82 A realidade é que pressupostos temporais e espaciais (aqui incluídos pressupostos fáticos) podem influenciar até mesmo a composição de custos de produção, economias de escala e alocativas que integram e determinam a análise concorrencial.

estudo de Kwoka foi conduzido por Scherer e Ravenscraft na década de 60-70 e, curiosamente, já havia chegado à conclusão de que não haveria evidência estatística a apoiar a hipótese de aumento de eficiência em operações (SCHERER; ROSS; 1990:173-174). Os autores demonstram que os fatos apontariam, justamente, na direção oposta: "na média, a eficiência tem sido reduzida após concentrações, especialmente, quando firmas menores são absorvidas por estruturas muito grandes e burocráticas" (SCHERER; ROSS; 1990:174).

Dessa forma, mais valeria identificar aqueles casos em que a redução do número de concorrentes, em si, poderia impactar a noção dinâmica de um "ambiente suficientemente competitivo" (POSSAS et al, 1995), pressuposto de inovação e competitividade, do que se preocupar com possíveis reprovações que, sabemos, são raros.[83] Nesse aspecto, J. Fagundes demonstra que existem evidências suficientemente fortes para suportar a hipótese de que "mercados concentrados em que as empresas não enfrentem concorrência potencial significativa e não estejam engajadas em concorrência via inovações são mais conducentes à emergência de práticas anticompetitivas e à formação de preços não-competitivos" (1998: 18-23). A teoria antitruste deveria se preocupar mais com a efetividade do sistema concorrencial do que com justificativas para embasar válvulas de escape e isenções competitivas com fulcro em um pressuposto de eficiência[84] que, *a priori*, não poderia ser demonstrado. Esta é, portanto, a ideia que deveria nortear a análise antitruste e que, não obstante os distintos argumentos e pontos de vista, está por trás de conceitos como o de *competitive effectiveness* de Stigler (também adotado por Bork; 1993: 192) ou de *workable competition*.[85] Nesse particular, J. Fagundes é cirúrgico:

> Embora ainda carente de desenvolvimento teórico mais aprofundado, o número de firmas também é uma variável importante, ainda que não a única, em uma abordagem neo-schumpeteriana, na medida em que implica maior diversidade e, portanto, maior grau de experimentação de

---

83 E isso é, particularmente, importante tendo em vista a tradicional análise de poder de mercado, essencialmente, estática e que, não raro, ignora aspectos institucionais dos mercados que potencializam posições dominantes.

84 Nesse sentido, R. Peritz critica de modo contundente a lógica de funcionamento do sistema antitruste: "Massive empirical evidence indicates that a decentralized power structure – the root principle of antitruste – does not have to be sacrificed to attain either allocative efficiency or a "Pareto-optimal' maximization of consumer welfare. If that be so, what justification remains for the toleration of concentrated economic power or for a policy of untrammeled laissez-faire which would insulate such power from antitruste challenge?" (1990: 781).

85 Como também tratamos a serguir.

> novas trajetórias tecnológicas e adaptabilidade do sistema econômico a choques exógenos. Nesse sentido, um maior grau de concentração derivado de uma fusão entre concorrentes, por exemplo, ainda que implique eficiências produtivas via economias de escala, pode gerar ineficiências dinâmicas expressivas, por intermédio da redução da diversidade presente da indústria (1998: 18).

Em suma, ainda não há no Brasil uma preocupação consistente em termos de eficiência intertemporal ou dinâmica capaz de funcionar como dínamo do desenvolvimento nem no âmbito antitruste e muito menos no âmbito das políticas de desenvolvimento. A *competition advocacy* surgiria, assim, como uma resposta pró-ativa de intervenção nos mercados, alterando o foco atual baseado em uma análise estática para uma análise intertemporal e dinâmica que incorpore a ideia da busca permanente por um "ambiente suficientemente competitivo" (POSSAS et al, 1995). O mérito dessa "correção de rota" seria, exatamente, integrar a preocupação concorrencial com mecanismos de estímulo industrial pautados, genuinamente, em inovação e competitividade.

2.2.5. Política Industrial e Disfuncionalidade Concorrencial

Não é objeto do presente trabalho analisar o mérito propriamente dito da política industrial brasileira,[86] assunto que tocamos de passagem mais adiante. O que importa, para os fins aqui propostos, é compreender: i. que a política industrial exerce um papel determinante na configuração concorrencial de vários setores; ii. como isto acontece; iii. como essa política poderia se articular com a livre concorrência, de modo a impedir, mitigar ou, pelo menos, monitorar eventuais distorções por ela provocadas. A ideia aqui é compreender como a política industrial poderia impactar a concorrência e como este fato pode afetar, profundamente, o desenvolvimento. É inegável

---

86 João Carlos Ferraz, Germano Mendes de Paula e David Kupfer citam políticas industriais de corte desenvolvimentista, neoschumpeteriana e neoclássica (2002). No fundo, a segmentação incorre no aparente equívoco de divisar situações que deveriam ser tratadas globalmente. Isto é, políticas desenvolvimentistas devem ser justificadas em falhas de mercado ou interesses estratégicos, mas isto não afastaria a análise de possíveis distorções concorrenciais por ela causadas e nem a necessidade de permanente compatibilização destas políticas com padrões de eficiência, até porque o que se busca é um resultado ótimo no futuro (a eficiência aqui é intertemporal). Da mesma forma, a política considerada neoschumpeteriana, no fundo, objetiva a mesma coisa: um padrão transformador com incentivo à renovação e criação, portanto, de um cenário mais eficiente no futuro. Por fim, a neoclássica não pode ser considerada "liberal" ou passiva, pois, comprovadamente, padrões competitivos são buscados não apenas por aparatos reativos, mas, especialmente, pela atuação pró ativa do próprio Poder Público.

que o incentivo a determinadas matrizes industriais com base em finalidades desenvolvimentistas é um vetor de atuação do Estado com forte impacto no ambiente concorrencial. Incentivar *determinadas* empresas em nome dessas finalidades é, ao menos, em tese, contrário a um dos principais objetivos da *defesa e promoção da concorrência* que consistiria, em regra, no desestímulo à excessiva concentração de poder econômico.

A política industrial trabalha, justamente, com um vetor contrário ao da política concorrencial na medida em que busca fortalecer e concentrar empresas selecionadas, as chamadas "campeãs nacionais". O conhecido argumento para criação das "campeãs nacionais" é o de que seria necessário criar uma firma com habilidade e capacidade estratégica para competir globalmente. Entretanto, Paul Geroski, em clássico artigo sobre o tema, demonstra que os monopólios criados por meio destes incentivos invariavelmente optam "pela vida fácil", transformando-se, com frequência, em estruturas ineficientes, lentas e pouco inovativas (2005: 39-42). O autor expõe os equívocos desta política, ressaltando que a escolha das campeãs nacionais quase sempre se dá pelas "razões erradas", isto é, a partir daquelas firmas que já detêm influência política em detrimento de firmas nascentes (GEROSKI, 2005: 39-42). Nas palavras de Geroski, políticas de incentivo a campeãs nacionais apoiam, normalmente, setores do passado "poluindo o cenário industrial com dinossauros cuja habilidade de competir por protecionismo político revela-se muito superior do que a capacidade de concorrer em seus próprios mercados" (2005: 40).

No caso do Brasil, esta lógica de patrocínio a monopólios em detrimento do estímulo a empresas nascentes responde a um paradigma de desenvolvimento fruto da evolução econômico-institucional brasileira que tem sido, entretanto, objeto de contestação e reflexão (SALOMÃO FILHO: 2015).

A verdade é que este padrão de desenvolvimento pode incrementar determinadas disfuncionalidades econômicas. Por trás da atuação dessas empresas "privadas", há, na verdade, forte participação estatal e técnicas de *subsídios cruzados* por meio de financiamentos via juros baixos compensados por juros mais altos pagos por aqueles que não são beneficiados por essa política: empresas concorrentes e a sociedade em geral. Além disso, essa prática é sustentada por meio de suplementação de dinheiro público, incluindo, além dos incentivos dos bancos oficiais de fomento, aportes do Tesouro Nacional. Uma das maiores dificuldades, nesse sentido, seria, justamente, definir um volume ótimo de subsídios a estimular externalidades positivas (FAGUNDES, 1998: 18). Se é certo que os bancos de fomento não possuem *expertise concorrencial*, suas decisões podem, a pretexto de propiciar desenvolvimento, promover, isto sim, o colapso sistêmico.

Nesse contexto, pode-se falar que a política industrial brasileira impacta o ambiente concorrencial em duas dimensões: *de mercado* e *fiscal*. Isto é, de um lado esta política tem a potencialidade de influir, setorialmente, na relação entre os agentes econômicos situados em um dado mercado e nos demais elos da cadeia produtiva relacionados ao setor subsidiado, uma vez que empresas são selecionadas (normalmente, as maiores em seus segmentos) para receberem benefícios fiscais diferenciados em relação às demais empresas que operam naquele mercado (uma disfunção de mercado, portanto). Por outro lado, pode-se afirmar que a política industrial, por meio de seus subsídios assimétricos, influencia a definição da própria política fiscal e, portanto, impacta, ainda que de forma indireta, o ambiente concorrencial como um todo tendo em vista a necessidade de medidas compensatórias advindas dessa assimétrica distribuição de incentivos fiscais, operando ineficiências para a economia de um modo geral (uma disfunção econômico-fiscal).[87] Mensurar o impacto dessas medidas parece não ter sido, propriamente, foco de atuação nem das autoridades incumbidas pela implementação dessas políticas e nem das autoridades de defesa da concorrência. Esta tarefa caberia, entretanto, à própria *competition advocacy*.

2.2.6. Os Fins da Política Industrial e a Promoção Concorrência

A política industrial é crucial para a definição do modelo de desenvolvimento buscado por um país.[88] O fato é que este modelo é fruto não apenas da ação espontânea dos atores privados e da propensão de determinadores

---

87 De certa forma, a aprovação da TLP (Taxa de Longo Prazo) em substituição à TJLP (Taxa de Juros de Longo Prazo) pela Lei 13/483/2017 objetiva reduzir essa assimetria acabando com o chamado "subsídio implícito" em operações com juros abaixo dos praticados no mercado. Estima-se que, entre 2008 e 2016, o subsídio implícito custou R$ 116 bilhões para os cidadãos (BRASIL: 2017). A TLP é calculada com base na taxa de juro real da NTN-B de cinco anos + IPCA, não se sujeitando a critérios políticos como no caso da TJLP.

88 Nas palavras de J. Fagundes, "de acordo com Jordan e Teece (1992, p.12), a política industrial pode ser entendida como o conjunto de medidas que afetam direta ou indiretamente a performance industrial, através de seus efeitos sobre as variáveis microeconômicas. Em geral, o objetivo da política industrial tradicional é o de maximizar a renda real média (Correa e Villela, 1995, p. 5), o que lhe confere um caráter estático. Em visões mais heterodoxas e recentes, a política industrial visa aumentar a competitividade das firmas, setores e do próprio País, adquirindo uma dimensão mais sistêmica (Cassiolato, 1996), faltando, no entanto, uma base teórica que a justifique sob o prisma normativo" (1998:2).

setores da economia para investirem em certas atividades. Há uma *intencionalidade* por trás dessa dinâmica e isso não pode ser desconsiderado. Ainda que se entenda que o Estado vá, muitas vezes, a reboque da iniciativa privada na formulação dessa política, é inegável que as escolhas estatais, boas ou más, influenciam o processo competitivo e a eficiência da economia como um todo. O que importa, para a presente análise, é compreender que um dado modelo de desenvolvimento depende, essencialmente, de escolhas feitas no passado que estruturam o atual estado de coisas, bem como de escolhas feitas no presente que irão estruturar este modelo no porvir.

Com efeito, Geroski demonstra que não deveria haver oposição entre a política industrial e a concorrencial, pois é o vetor competitivo e não o protecionismo que introduz eficiência nos mercados, estimula posturas inovativas e o surgimento de empresas, verdadeiramente, capazes de conquistar mercados de forma sustentável (2005: 42).[89] A escolha por um padrão de proteção e incentivo a campeãs nacionais em detrimento de empresas nascentes e competitivas influencia toda a gama de incentivos e o padrão de desenvolvimento econômico estrutural brasileiro.[90] Nesse sentido, há um componente histórico-institucional que, de certa forma, condiciona esse modelo de desenvolvimento. Incentivos são gerados a partir de estruturas postas que passam por processos de retroalimentação e reforço estrutural. Grandes grupos econômicos são importantes porque, em algum momento, tornaram-se importantes. E, provavelmente, continuam importantes porque são alimentados pela mesma política industrial que incentiva este modelo. Nessa lógica, não é possível saber se determinados grupos obtém subsídios do BNDES porque são "estratégicos" ou se são "estratégicos", justamente, porque

---

89 Para Geroski, "In fact, one can go further than this. It seems to me that the notion that there is an inherent tension between industrial policy and competition policy is basically wrong. For anti-trust authorities, 'competitiveness' is about rivalry, about markets where firms actively try to gain the advantage on each other, trying a variety of different tactics and never ceasing to search for yet more tactics. Markets that are competitive in this way usually deliver prices close to costs, but they also deliver a lot more. The continual striving to out-do rivals' leads to innovations which are truly radical. Even when the innovations produced in competitive markets are incremental, they usually occur frequently enough to lead to large cumulative effects. And, when either type of innovation occurs, the firms in such markets often pull ahead of their rivals in other, less competitive markets. Firms who do this should be a source of national pride—and indeed, they really are champions. The important point, however, is that it is competitive markets that produce such champions, not national governments." (2005: 42).

90 Como veremos no capítulo derradeiro, até mesmo padrões culturais e demais movimentos inovativos na sociedade são influenciados por este modelo de desenvolvimento.

obtêm esses subsídios. A verdade é que a *concentração de poder* (político e econômico) faz com que o padrão de crescimento econômico se adapte a esta realidade. Vale dizer, o crescimento passa a ser estruturado a partir de ganhos de produtividade baseados em redistribuição inversa de renda, da força de trabalho para os grandes grupos (SALOMÃO FILHO, 2014: 62-63). Nessa ordem de ideias, conquista de maior parcela de mercado e aquisições de novas empresas por grandes corporações, no mais das vezes, não decorreriam da maior eficiência interna destes grupos, mas, direta ou indiretamente, de incentivos estatais previamente concedidos, não raro, associados a antigos laços políticos e contrapartidas eleitorais.

A promoção da concorrência deve ter um papel central em pensar (e repensar), criticamente, estes modelos de desenvolvimento. Nesse sentido, é necessário questionar se o modelo brasileiro não representa, na realidade, apenas um *ciclo vicioso* que reforça desigualdades e fomenta a concentração econômica nas mãos de determinados grupos de interesse. A análise dos efeitos da política industrial sobre o processo competitivo deve ser feita, portanto, com olhar mais amplo do que aquele, eventualmente, exercido no âmbito atual da *defesa da concorrência*. É necessário analisar toda trama de incentivos, a história institucional de setores, relações políticas e econômicas dessas empresas com o Estado. Isto porque a concentração estrutural de poder econômico produz efeitos sobre todo o sistema, concentrando a renda entre setores industriais e extratos sociais (SALOMÃO FILHO, 2014: 62). Esta constatação desloca a preocupação com a livre concorrência do âmbito micro para o macro, do curto para o longo prazo. Não faz sentido pensar em livre concorrência apenas no âmbito estrito do controle da atuação dos agentes quando, na realidade, são as estruturas institucionais (estatais, semi-estatais ou privadas) que estão a influenciar e determinar estes comportamentos.

Com efeito, a maior parte dos países da América Latina passou por um processo de *deslocamento de ênfase* de suas políticas na década de 90 em busca de maior competitividade industrial (PERES. 2010, p. 366). Porém, é inegável que o desenvolvimento desses países e, especialmente, do Brasil, não obstante um grau mínimo de diversificação industrial, é ainda voltado para exploração de recursos naturais e produtos básicos, o que limita o desenvolvimento de inovações e novas vantagens competitivas e até mesmo o potencial desenvolvimento de empresas de menor porte (PERES. 2010, p. 366). Este modelo pressupõe, em alguma medida, grandes estruturas, ganhos de escala, mão de obra barata e subespecializada que induzem a maior concentração via redistribuição inversa de renda (SALOMÃO FILHO. 2014, p. 62).

Em uma palavra, uma dada ênfase em um modelo de desenvolvimento influencia toda a configuração de incentivos, competitividade e inovação da economia. Mas não apenas isso. Este modelo de desenvolvimento, por ser baseado em *concentração de renda, risco reduzido, capital intensivo, pouca inovação* e *baixa diversificação*, favorece a criação do que CULPEPPER (2011) denomina "quiet politics", isto é, a pressão por parte de grupos de interesse para a manutenção de incentivos e de um ambiente regulatório que preserve determinadas vantagens competitivas sobre potenciais *start-ups* e demais entrantes (SCHNEIDER 2013, p. 150-152). [91]

Com efeito, sob o prisma concorrencial, existem dois meios para contrastar a política antitruste e a política industrial. Um deles é analisar concentrações empresariais incentivadas, direta ou indiretamente, pelo Estado, o que é feito, apenas parcialmente, com base no atual controle de atos de concentração.[92] Nesse caso, a proposta seria, justamente, compatibilizar a defesa da concorrência com objetivos mais amplos de política industrial.[93] Outra forma seria utilizar mecanismos de promoção da concorrência para identificar em que medida essas operações impactam a competição nesses mercados. E aqui é necessário compreender que a utilidade dessa investigação, além do incentivo à competitividade em si, é alcançar concentrações de mercado em um contexto dinâmico e preventivo, isto é, diferente de uma análise reativa de atos de concentração, mas a partir de uma análise mais profunda das estruturas dos mercados. A diferença é que, como veremos, a promoção da concorrência toma como referência uma perspectiva mais abrangente de análise das estruturas de mercado e considera uma dimensão temporal mais dilatada do que a efetuada pelo controle concorrencial típico. O controle de atos de concentração atua sobre operações individuais em um espaço de tempo mais limitado e não contemplaria, com a mesma profundidade e nem com as mesmas ferramentas, a análise dos incentivos estatais

91 O que CULPEPPER (2011) coloca em questão em sua obra é se a democracia determina as regras do jogo democrático ou se as grandes corporações econômicas o fazem (a democracia controla os negócios ou os negócios controlam a democracia).

92 O tema da possibilidade de análise de objetivos de política industrial pelo CADE, quando do controle de atos de concentração, não é tema do presente trabalho, já que não se trata, especificamente, de uma tarefa de *promoção da concorrência*, mas de *defesa da concorrência* (controle de estruturas).

93 Não se pode descartar também a possibilidade da própria utilização do antitruste como uma política industrial de expansão de firmas internacionais dominantes. Isto é, nesse caso, o antitruste também funcionaria no interesse de economias dominantes e de grandes corporações que buscariam liberdade, redução de custos e segurança nos mercados. Até por isso, uma visão de mínima intervenção do antitruste seria convergente com essa política.

por trás destas operações; nem mesmo em que medida distorcem ou podem distorcer a concorrência em um sentido mais amplo (institucional). Por esta razão, o controle tradicional do antitruste tem-se revelado insuficiente para fazer frente a questões relacionadas à política industrial, justamente, em razão desta se tratar de uma intervenção do próprio Estado com elevado potencial anticompetitivo.

O foco da promoção da concorrência[94] é analisar os incentivos institucionais provocados por esta atuação estatal, até como uma forma de contribuir para um modelo equilibrado que realize os fins propostos, principalmente, pelo BNDES, mas que também contemple aspectos concorrenciais. A promoção da concorrência contribui, assim, para o desenho institucional do setor, limitando atuações estatais distorcivas e propondo alternativas de desenvolvimento sustentável. Age, portanto, não apenas para corrigir excessos, mas como mecanismo estruturante dessas políticas. Nas palavras de Schuartz, "promover a concorrência estimula comportamentos inovadores que visam à geração de vantagens comparativas" (SCHUARTZ, 2009: 57). Não há como pensar a política industrial de forma dissociada da política concorrencial, portanto.

O papel das instituições promotoras da livre concorrência é o de avaliar quais são as externalidades de determinadas políticas desempenhadas pelo BNDES, quais são as políticas alternativas ou mecanismos para mitigar impactos concorrenciais e quais setores mereceriam uma atenção maior do BNDES enquanto agente promotor do desenvolvimento econômico nacional. Deve-se questionar, por exemplo, se as empresas financiadas já não teriam certa facilidade para captar recursos no mercado interno e externo. Nesse contexto, deve-se dimensionar o custo de oportunidade[95] da adoção de uma dada política em detrimento de outra. O grande problema de políticas distorcivas e supressivas da lógica concorrencial é que são tomadas sem a necessária análise do *trade off* entre uma escolha e as opções excluídas por esta decisão (ORBACH, 2014).

---

94 Quando nos referimos aqui à promoção da concorrência, estamos tratando, justamente, do exercício desta função não apenas por órgãos especializados na matéria, mas também no dever de observância da livre concorrência por todos os órgãos públicos responsáveis pela implementação de atos e normas capazes de influenciarem na competição. Nesse particular, o dever de promover a concorrência é uma tarefa do próprio BNDES, tarefa a ser monitorada, portanto, pelos órgãos competentes.

95 Custos de oportunidade correspondem aos custos (implícitos ou explícitos) incorridos em uma escolha em detrimento de uma opção alternativa (excluída).

Nessa linha, historicamente a maior parte dos recursos do BNDES é direcionada a grandes empresas, como pode ser visto abaixo.

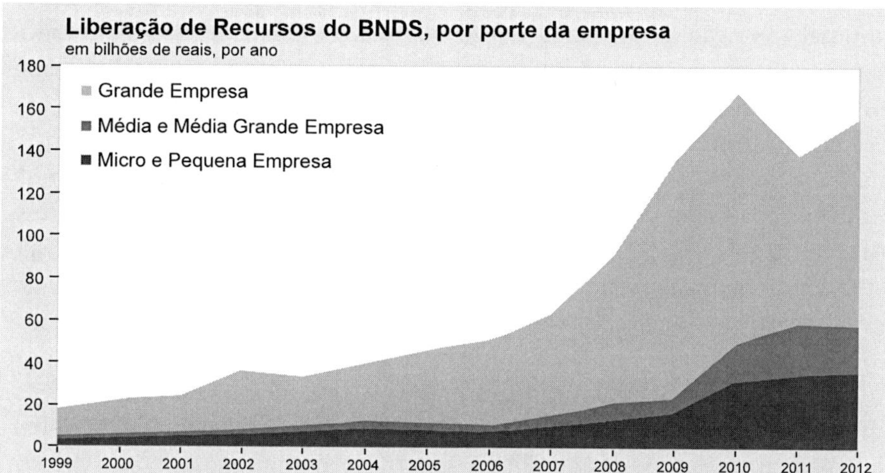

Fonte: BNDS (ver http://goo.gl/2kZnjt)
(Nota) Definição de porte de empresa, por receita operacional bruta anual: (1) Microempresa, até R$2.4mi; (2) Pequena Empresa, R$ 2.4-16mi; (3) Média empresa, R$ 16-90mi; (4) Média-Grande empresa, R$ 90-300mi; (5) Grande empresa, mais que R$ 300mi.

Entretanto, tais companhias seriam, ao mesmo tempo, as mais aptas a captar recursos no mercado interno e externo (por meio de bancos ou investidores em geral). Nesse sentido, é inegável que uma das externalidades desta política é, justamente, reforçar a posição dominante destas empresas. Muitos tendem a defender as políticas adotadas pelo BNDES com base nos resultados, diretamente, derivados dessa política, essencialmente, sua contribuição para o Produto Interno Bruto, renda e emprego. Vale dizer, não são analisados custos de oportunidades, externalidades, se os ganhos não poderiam ser até maiores por meio de políticas alternativas ou mesmo se, realmente, se sustentariam no longo prazo. Além disso, os ciclos de crescimento econômico brasileiro têm sido baseados em padrões contrários ao de eficiência dinâmica na medida em que ondas de crescimento são compensadas por ondas recessivas, inflação e endividamento. Trata-se de um modelo não sustentável de desenvolvimento em que as gerações seguintes pagam pelo crescimento, artificialmente, gerado no passado.

É inegável a capacidade de o BNDES interferir nos resultados econômicos, até porque, considerados os poderosos instrumentos e munições de que dispõe, isso seria o mínimo a se esperar. Entretanto, deve-se questionar o elevado custo de uma política do gênero para a economia como um todo tendo em vista até mesmo a reduzida contribuição do seguimento industrial para o crescimento[96] (apenas 9 a 11% do PIB nos últimos anos[97]); ou se não estaria a própria intervenção dos últimos anos a contribuir para este resultado negativo. De qualquer forma, é importante notar que esta é uma tendência mundial (redução da participação do segmento industrial no crescimento), de modo que mais importante do que ter uma política industrial seria saber *qual a melhor política* e *qual seu impacto para o desenvolvimento*. O que merece ser questionado, sob o prisma de *advocacy*, é se estas medidas são, de fato, *sustentáveis, melhores que as alternativas existentes* e *quais as externalidades que provocam*. Sem a possibilidade de controle interno e externo dessa atuação, jamais será possível aquilatar se a livre concorrência e a eficiência estão sendo bem dimensionadas. Para a UNCTAD (2009), a *competition advocacy* seria, justamente, um dos meios para reduzir a tensão existente entre a política industrial e defesa da concorrência. Caberia, portanto, à *promoção da concorrência* mensurar, empírica e estatisticamente, os potenciais efeitos anticompetitivos e pró-competitivos da política industrial, de modo a potencializar a contribuição desta política para o desenvolvimento.[98]

---

96 Conforme excelente estudo do IPEA, ao contrário do que muitos defendem, não há uma necessária correlação entre crescimento industrial e crescimento do PIB *per capita* (IPEA, 2012). Países como França, Reino Unido, EUA e Japão que passaram por intenso processo de desindustrialização tiveram elevação concomitante da renda *per capita* (IPEA, 2012). A perda de peso nas atividades manufatureiras, portanto, não impediu que os ganhos de produtividade se verificassem. Esta constatação corrobora a ideia de que os incentivos industriais mereceriam ser repensados de forma ampla, especialmente, no sentido de que sirvam para estimular a competitividade e movimentos inovativos e não como forma de proteção pura e simples a determinados segmentos. Em uma palavra, mais vale investir na qualidade do desenvolvimento, o que inclui maior valor agregado e produtividade da indústria do que pautar investimentos, pura e simplesmente, em critérios quantitativos e não sustentáveis.

97 Segundo estudo do Instituto Brasileiro de Economia da FGV a participação da indústria retornou aos mesmos níveis da década de 40, em torno de 10% após o pico de 22% observado nos anos 80 (VALOR, 2015).

98 Proposta semelhante é a de J. Fagundes que, embora não mencione, expressamente, a utilização da promoção da concorrência, o faz de modo, no mínimo, intuitivo: "A conciliação da política de defesa da concorrência no âmbito estrutural com a política industrial pode ser realizada, quando necessária e conforme já apontado, sem grandes dificuldades, mediante a criação de "zonas de exceção", isto é, a especificação de um conjunto seletivo de industrias que, por serem alvo de políticas industriais, estariam, durante certo período de tempo, fora do escopo da política de defesa da concorrência. A definição de tais zonas deveria ser construída em conjunto pelos órgãos responsáveis pela elaboração e execução das políticas industriais e de defesa da concorrência, tendo em vista o correto balanceamento de todas as variáveis envolvidas. Vale lembrar que a própria política de defesa da concorrência não ignora o papel da concorrência internacional e da concorrência via inovações na configuração do ambiente competitivo doméstico, como bem demonstram o conceito de mercado relevante e as considerações sobre as características da tecnologia,

2.2.7. *Corrupção e Promoção da Concorrência*

Em sua consagrada obra *O Paradoxo do Antitruste*, R. Bork (1993) descreve a crise do paradigma concorrencial decorrente, em grande parte, do que denomina "resultados bizarros" da produção legislativa que promoveu uma autêntica cultura da "não-concorrência", isto é, protecionismo, desvios competitivos, favorecimentos e utilização predatória de órgãos públicos para fins anticoncorrenciais. O cenário descrito que poderia ser associado aos recentes acontecimentos no cenário nacional, na verdade, retratava a economia americana da década de 60 e 70.

Curiosamente, em recente conferência sobre as ameaças da excessiva concentração econômica realizada pela Universidade de Chicago, Allen Sanderson alertou para o risco de que determinadas políticas de governo, regulações e *rent-seeking* por parte de firmas dominantes estejam bloqueando a entrada de novos competidores e fortalecendo firmas que já detêm poder de mercado (THE CHICAGO MAROON, 2017). O Professor de Chicago entende que a combinação de políticas e novos segmentos tecnológicos estão interferindo nas respostas normais dos mecanismos de mercado e, como resultado, mercados tendem a se tornar menos contestáveis (THE CHICAGO MAROON, 2017). A questão que se coloca é como o antitruste poderia por meio de seus mecanismos tradicionais lidar com problemas que envolvem decisões no âmbito político e regulatório, por vezes, reforçadas por laços com o poder econômico de firmas dominantes com capacidade de influenciarem disputas eleitorais. Certamente, não há outra forma senão por uma renovação ampla da política concorrencial.

Nessa linha, a relação entre corrupção[99] e concorrência permite vislumbrar a dinâmica antitruste sob outra perspectiva. Se a escolha da concorrência como um princípio central é justificada pelos efeitos benéficos que propicia, a ideia que advém da temática anticorrupção é que, *a contrario sensu*, o *déficit concorrencial* provocado por favorecimentos indevidos e privilégios injustificados a determinados grupos coloca em risco todo o processo de desenvolvimento e compromete o funcionamento democrático das instituições. O tema, portanto, permite vislumbrar o antitruste em uma dimensão "negativa", isto é, não exatamente em relação aos efeitos benéficos da concorrência propriamente dita,

---

ambas empregadas no exame da natureza e dos efeitos dos atos de concentração sobre a dinâmica competitiva dos mercados" (1998:23).

99 Refiro-me à corrupção nesse tópico em sentido amplo, isto é, não apenas às práticas, expressamente, contrárias ao arcabouço legal anticorrupção, mas também desvios sistêmicos mais amplos que incluem favorecimentos indiretos, privilégios e subsídios a determinados grupos econômicos e políticos.

mas em relação aos efeitos nocivos da ausência de competição provocada por práticas de corrupção. Esta perspectiva possibilita também pensar a concorrência para além de uma ótica, estritamente, consequencialista (eficientista) na medida em que a rivalidade propiciada por mercados competitivos é um fator a dificultar a ocorrência de práticas de corrupção e um mecanismo natural de controle do poder de influência de grandes grupos econômicos. No fundo, isto demonstra que a ideia básica por trás da concorrência como princípio central é muito mais que contribuir para o crescimento econômico, mas impedir que o bloqueio de canais competitivos possa reduzir ou eliminar a igualdade de oportunidades tanto no campo econômico como no âmbito político.

Com efeito, políticas de desenvolvimento, subsídios e renúncias fiscais têm sido, invariavelmente, apontadas como fruto de um contexto mais amplo e endêmico de corrupção sistêmica na medida em que estreitam os laços entre poder político e econômico, apresentando, justamente, como efeito colateral o reforço de posições dominantes de grandes grupos econômicos (LAZZARINI, 2010). As graves distorções concorrenciais geradas por essas políticas passam, em grande medida, ao largo da tradicional tutela concorrencial, mas não deixam de provocar severos danos à ordem econômica e social.

Ades e Di Tella (1999) sugerem, em estudo empírico sobre o tema, que políticas de estímulo à concorrência reduzem corrupção. Como demonstram os autores, a corrupção é maior nos países que adotam políticas de "proteção" ou incentivo a determinados grupos econômicos, provocando, portanto, a elevação de barreiras à entrada em decorrência desses estímulos. O estudo conclui que *menos concorrência* facilitaria a extração de rendas de firmas sob a influência e até o controle (direto ou indireto) do Governo (ADES e DI TELLA: 1999). Dito de outro modo, a concentração de mercado por meio de benefícios seletivos a determinadas firmas dominantes contribuiria para uma espécie de redução do custo de transação da "economia da corrupção", facilitando a criação de laços mais seguros e duradouros entre a política e a economia ao passo que a concorrência seria um componente desestabilizador da corrupção sistêmica. Além disso, conclui o estudo, países que não estão sujeitos a políticas preventivas de promoção da concorrência tenderiam a apresentar índices maiores de corrupção (ADES e DI TELLA: 1999). Schneider demonstra, justamente, que quanto maior a centralização do sistema político maior a "economia" da corrupção (ou a redução dos custos de transação das estratégias de corrupção (2013, p. 150-152). A economia da corrupção, portanto, é uma das alternativas, menos eficientes e menos democráticas, à economia competitiva. Trata-se, no fundo, de uma subversão ao livre mercado por meio de práticas de favorecimento a determinados grupos políticos e econômicos. Segundo Mariana Mazzucato:

> o Estado não pode e não deve se curvar facilmente a grupos de interesse que se aproximam dele em busca de doações, rendas e privilégios desnecessários, como cortes de impostos. Em vez disso, deve procurar aqueles grupos de interesse com os quais possa trabalhar dinamicamente em sua busca por crescimento e evolução tecnológica (2014: 29)

A realidade é que nem sempre será fácil contar com a boa vontade do governante para encontrar referidos "grupos de interesse com os quais (o Estado) possa trabalhar dinamicamente". A burocracia weberiana, ao mesmo tempo em que buscou afastar a influência de fatores pessoais na administração do bem público por meio de um modelo racional-legal, talvez tenha criado a sua própria armadilha, isto é, a possibilidade de grupos e pessoas manipularem, previamente, o próprio sistema "geral" e "abstrato". Leis, normas e incentivos são fruto de um complexo processo em que, muitas vezes, poder político e econômico se entrelaçam por meio de favorecimentos e manipulações do processo burocrático. A burocracia concebida, inicialmente, para ser um sistema impessoal de exercício político-decisório passa a ser, ela própria, uma ferramenta para obliterar a concorrência política e econômica. A captura do sistema político por grupos de poder talvez seja um dos maiores obstáculos à efetivação da democracia moderna. Nesse sentido, deve-se questionar se o padrão de desenvolvimento econômico brasileiro não seria, essencialmente, pautado em uma economia extrativista em que alguns poucos grupos se beneficiam de incentivos do Estado, principalmente, via BNDES, Caixa Econômica Federal e repasses do Tesouro e, em contrapartida, influenciam o processo político-decisório. Nesse passo, as condições de concorrência (econômica e política) seriam dadas previamente por uma espécie de "parceria" entre grupos econômicos e políticos[100] e não, portanto, pela igualdade de oportunidades e por condições isonômicas de entrada e permanência nos mercados.[101] Ao

100 Nesse sentido, Acemoglu e Robinson (2012: 95) consideram que existe uma forte sinergia entre instituições políticas e econômicas, sendo a concorrência essencial à construção de instituições inclusivas: "There is strong synergy between economic and political institutions. Extractive political institutions concentrate power in the hands of a narrow elite and place few constraints on the exercise of this power. Economic institutions are then often structured by this elite to extract resources from the rest of the society. Extractive economic institutions thus naturally accompany extractive political institutions. In fact, they must inherently depend on extractive political institutions for their survival. Inclusive political institutions, vesting power broadly, would tend to uproot economic institutions that expropriate the resources of the many, erect entry barriers, and suppress the functioning of markets so that only a few benefits".

101 Este não é um problema exclusivo, entretanto, dos países em desenvolvimento. Empresas americanas gastam mais de US$ 3 bilhões por ano com lobby, o que tem elevado o risco de captura de órgãos reguladores (THE ECONOMIST, 2017).

mesmo tempo, o custo de um sistema como este acaba sendo sustentado por toda a sociedade por meio de uma elevada tributação sobre o consumo que penaliza os menos favorecidos e por meio de uma política de juros altos que compensam juros menores e benefícios fiscais restritos apenas a determinadas empresas e setores. Empresas beneficiadas por esta política, não raro, constam também como as maiores devedoras da União, alimentando esse círculo vicioso de obtenção de benefícios por meio da extração de rendas do Estado e da sociedade.[102] Nesse contexto, ferramentas de *advocacy* surgem como uma tentativa de depurar desvios concorrenciais advindos da captura do processo democrático e, até mesmo, como um meio de controle de políticas que, em princípio, poderiam até parecer bem-intencionadas, acabam, entretanto, por gerar distorções econômicas de difícil reversão e com elevado custo para a sociedade e gerações futuras.[103]

Com efeito, práticas de corrupção e atos contrários à concorrência têm, justamente, como ponto de intersecção o intuito em extrair rendas do Estado e da sociedade[104] (conhecidas como práticas de *rent seeking*[105]). Não raro,

---

102 Constam, entre outros, como os maiores devedores da União: JBS/SA, MARFRIG S.A., MINERVA S.A., BRADESCO S.A, ITAU UNIBANCO S.A., VIVO, OI S.A., VALE S.A., LOJAS AMERICANAS S.A., BRASKEN S.A., EMBRATEL S.A, ELETROPAULO, AZUL LINHAS AÉREAS S.A., AMBEV S.A. etc (PGFN, 2017).

103 O desafio é blindar os próprios órgãos de defesa de concorrência do risco de captura. A Operação Patmos, e.g., recentemente deflagrada pela Polícia Federal, aponta que os nomes encaminhados pelo então Presidente Michel Temer para nomeação no CADE teriam sido sugeridos, justamente, pela empresa JBS também envolvida em outras operações da Polícia Federal (Auto Circunstanciado/MJ-PF nº 02/2017 e Ação Cautelar 4.316/STF).

104 Nesse mesmo sentido: Stiglitz afirma: "The financial sector has developed expertise in a wide variety of forms of rent seeking itself. We've already mentioned some, but there are many others: taking advantage of asymmetries of information (selling securities that they had designed to fail, but knowing that buyers didn't know that); taking excessive risk—with the government holding a lifeline, bailing them out and assuming the losses, the knowledge of which, incidentally, allows them to borrow at a lower interest rate than they otherwise could; and getting money from the Federal Reserve at low interest rates, now almost zero. But the form of rent seeking that is most egregious—and that has been most perfected in recent years—has been the ability of those in the financial sector to take advantage of the poor and uninformed, as they made enormous amounts of money by preying upon these groups with predatory lending and abusive credit card practices" (2012: 28-51). A sonegação seria outro exemplo claro de práticas de *rent seeking*, não raro, associada à corrupção e a desvios concorrenciais.

105 Sobre a temática do *rent seeking*, consultar Stiglitz, Joseph. The Price of Inequality (2013), Barak Orbach, "A State of Inaction: Regulatory Preferences, Rent, and Income Inequality", (2015), Daron Acemoglu & James A. Robinson, Why Nations Fail: The Origins of Power, Prosperity, and Poverty (2012) e BAKER, Jonathan and SALOP, Steven, "Antitrust, Competition Policy, and Inequality" (2015).

estão interligadas como nos casos de cartéis em licitação[106] ou são originadas, previamente, a partir de desvios em processos político-decisórios.

A corrupção, por vezes, dá origem a desvios concorrenciais, mas, por outro lado, é a própria ausência de uma dinâmica competitiva que favorece atos corruptivos. Nesse aspecto, é a concorrência que desestabiliza a economia da corrupção, dificultando a ocorrência de práticas corruptivas. Como já referimos, a concorrência eleva os custos de transação de práticas de corrupção, dificultando sua ocorrência. Não por acaso, esta seria uma das razões naturais pelas quais, sob a perspectiva da "economia da corrupção", valeria a pena estimular a concentração econômica de modo a reduzir incertezas trazidas pela pluralidade de *players* e, dessa forma, facilitar o funcionamento da corrupção sistêmica. Nesse sentido, Steiner (2006: 418) afirma que práticas de corrupção

> aniquilam mercados pela substituição da competição que seria baseada em preços, qualidade e serviços diferenciados por transações ilícitas. Resultam em ineficiências e penalizam condutas honestas. Violam a máxima da justiça distributiva de que os resultados deveriam ser alcançados por meio de regras imparciais e critérios aplicados isonomicamente para todos os competidores. [107]

A realidade é que o atual movimento anticorrupção pode ser compreendido, essencialmente, como um movimento mais amplo contra abusos do poder econômico, fraudes em licitações, utilização de bancos públicos para subsidiar determinados grupos e pessoas,[108] desvios eleitorais, compras de medidas provisórias objetivando benefícios fiscais, flexibilização da fiscalização da atuação de grandes players, influências privadas de toda ordem na aprovação de leis e de regulações favoráveis.[109]

---

106 O caso dos cartéis é paradigmático e demonstra por que a promoção da concorrência deveria alcançar todos os entes da federação. A OCDE publicou, nesse sentido, diretrizes de prevenção a cartéis em compras publicas que objetivam, justamente, incentivar práticas pró-competitivas no âmbito do poder público. No fundo, trata-se de uma linha temática comum ao combate à corrupção e às práticas anticompetitivas (OCDE, 2009).

107 No orginal: "undermine markets by substituting dishonest exchanges for genuine competition based on price, quality, and service. They lead to inefficiencies and penalize honest conduct. And they violate maxims of distributive justice holding that results should be reached using impartial rules and criteria applied equally to all competitors" (STEINER: 2006: 418)

108 Auditoria do TCU, recentemente, indicou, p. e., que houve favorecimento da ordem de US$ 750 milhões do BNDES ao frigorífico JBS.

109 Não por acaso, a Lei Anticorrupção (Lei 12.846/13) tomou como modelo a própria LDC.

Para se ter uma ideia da estreita relação entre corrupção e concorrência, as duas principais operações de combate à corrupção deflagradas, recentemente, no Brasil, Operação Lava Jato e Operação Zelotes,[110] envolveram, entre outros, crimes econômicos, concorrenciais e eleitorais. No primeiro caso, fraudes e cartéis em licitações de empresas públicas alimentaram esquemas políticos e favorecimentos em prol de grandes grupos econômicos e políticos. Já no segundo caso, bancos e grandes grupos empresariais estão sendo investigados por terem sido, amplamente, beneficiados pela compra de medidas provisórias e decisões tributárias favoráveis. A maioria dos envolvidos já são operadores dominantes nos mercados em que atuam. As operações em questão reforçam a ideia de que grandes grupos no Brasil têm suas posições dominantes "reforçadas" por meios institucionais, isto é, burla à licitação, desvio de dinheiro público, compras de medidas provisórias e de decisões tributárias que retroalimentam a corrupção sistêmica por meio de esquemas político-eleitorais. A verdade é que, até pelo montante de recursos envolvidos, por se tratar de uma prática diuturna e que envolve laços estreitos e duradouros com o poder político, as investigações estão permitindo demonstrar que, em alguma medida, o poder econômico no Brasil foi erigido a partir de mecanismos de burla ao livre mercado e não por meio de eficiências internas dos agentes.

A conexão existente entre corrupção e concorrência demonstra, *ultima ratio*, a importância para elaboração de estratégias concorrenciais preventivas, de modo a envolver órgãos públicos, sociedade e Judiciário que vão além, portanto, da tradicional tutela antitruste.[111] De nada adiantaria um sistema de defesa da concorrência reativo, se mecanismos institucionais prévios criam estruturas de poder econômico ineficientes e dependentes de favores de organizações políticas e entes públicos. A *competitiion advocacy*, por meio de uma atuação preventiva articulada entre os entes da Federação e dos demais Poderes, cumpriria a importante missão de fazer prevalecer a economia da concorrência sobre a economia da corrupção. Nesse diapasão, Angel Lopez Hoher afirma que a *advocacy* é uma "ferramenta essencial, especialmente, em jurisdições em que os mercados ainda não são desenvolvidos e a concorrência ainda é um conceito 'novo' em conflito com medidas do próprio Estado e práticas de *rent seeking*" (2012).

110 Bem como seus desdobramentos e "sub-operações".

111 Somente na operação Lava Jato, a AGU ajuizou ações para recuperar mais de R$ 11,3 bilhões em face dos envolvidos na prática de cartel em licitações. Ação de Improbidade Administrativa 5017254-05.2017.4.04.7000.

Nesse particular, trata-se, no fundo, de mais uma demonstração de que a concorrência, além de colaborar no desenvolvimento econômico, contribuiria para democratizar instituições políticas e econômicas por meio do permanente auxílio no combate preventivo às práticas de corrupção.

Nessa esteira, a Lei Anticorrupção (Lei 12.846/13) é fruto de um longo processo histórico iniciado com a assinatura pelo Brasil da Convenção Interamericana contra a Corrupção de 1996 (Convenção da OEA - Organização dos Estados Americanos), da Convenção da ONU - Organização das Nações Unidas contra a Corrupção de 2003 e da Convenção sobre o Combate à Corrupção de Funcionários Públicos Estrangeiros em Transações Comerciais Internacionais da OCDE de 1997. Após a assinatura e incorporação desses diplomas, o país incluiu no Código Penal artigos que tratam da corrupção praticada por particular contra a Administração Pública Estrangeira, tendo também promovido a atualização da Lei de Lavagem de Dinheiro (Lei 9.613/98 revogada pela Lei 12.683/12). A Lei Anticorrupção brasileira, fruto desse processo, foi inspirada no B.A. - Bribery Act da Grã-Bretanha e na FCPA - Foreign Corruption Practice Act dos Estados Unidos. O FCPA foi promulgado em 1977, sendo considerado o marco do combate à corrupção nas economias desenvolvidas. O B.A., por sua vez, publicado em 2010, é considerado uma das legislações mais severas do mundo no assunto, especialmente, pela tipificação de falhas internas na prevenção da corrupção por parte de empresas e de seus gestores. A Lei Anticorrupção, em conjunto com as Leis de Improbidade (Lei 8.429/92), Lei de Licitações (Lei 8.666/93) e LDC, formam, ainda que com algumas sobreposições, o arcabouço normativo sobre o tema. Cumpre observar que o acordo de leniência da LDC foi, na prática, reproduzido na Lei Anticorrupção (DOMINGUES, GABAN: 2016).

2.3. O Mito da Concorrência Via Preços e os Riscos da Análise com Foco em Eficiência Estática

Nas palavras de Peritz, "a concorrência tem sido compreendida como envolvendo muito mais que concorrência via preços" (2003: 110). Até mesmo Michael Porter, conhecido por seus manuais sobre estratégias e diferenciais competitivos, tem defendido que a competição via preços é apenas a segunda alternativa para diferenciação de produtos e de agregação de valores e, ainda assim, restrita àqueles agentes econômicos que são produtores de baixo custo e pretendem manter esta reputação (PERITZ, 2003: 107). Qual a razão então para que o antitruste mantenha um certo "fetiche" pelo padrão de concorrência via preços?

Se é verdade que a concorrência não se dá apenas via preços (e, certamente, ela se dê hoje muito pouco via preços), mas por meio dos mais variados tipos de diferenciação, é verdade também que um dos fins do antitruste não seria defender apenas a eficiência estática (alocativa e produtiva), pois este é um conceito, essencialmente, focado em preços. O objetivo almejado pela tradicional análise antitruste seriam soluções que aproximem, ainda que potencialmente, o preço a seu custo marginal.[112] Entretanto, indaga-se: seria apenas este o fator apto a gerar bem-estar econômico? Certamente, a resposta é negativa.

Como veremos, até mesmo produtos, em princípio, homogêneos, tem passado, no plano concorrencial, por processos de diferenciação competitiva. Mas sequer seria preciso uma diferenciação competitiva *provocada* intencionalmente pelo agente econômico para reconhecer que, em muitos mercados, a concorrência não se dá apenas via preços. Qual a concorrência em preços entre os canais de TV aberta (mercado de radiodifusão), entre diversos segmentos da internet ou entre shopping centers? São claros exemplos de que o enfoque em preços não funciona em todos os mercados.[113] O caso do mercado de TV aberta é uma clara demonstração de que a preocupação antitruste deve-se voltar para outros fatores competitivos como: i. a diversidade e qualidade de canais até como uma necessidade democrática de pluralidade de opções ao consumidor; ii. poder das operadoras em ampliar posições dominantes em seguimentos, verticalmente, relacionados; e iii. a inexistência de rivalidade suficiente para gerar movimentos inovativos também no campo artístico e cultural. Não há argumento do ponto de vista de eficiência econômica que supere a noção de que deve haver pluralidade e diversidade de canais neste segmento, até mesmo porque se trata do chamado mercado de "preço zero" (OCDE, 2016), isto é, em que não há cobrança direta do serviço prestado ao usuário. A eficiência produtiva e alocativa poderiam, nesse caso, colidir com um valor muito caro ao bem-estar econômico que é a pluralidade de opções ao consumidor, porquanto aquele conceito pressupõe menos estruturas e preços menores. Garantir mais opções, nesse sentido, nem sempre seria sinônimo de maior eficiência estática. Dito de outra forma: *ganhos de eficiência alocativa e produtiva nem sempre produzem bem-estar econômico*. Além disso, a

---

112 Muito embora Kwoka (2015) demonstre que o antitruste tem provocado, exatamente, o efeito contrário, isto é, maiores preços e ineficiências após a aprovação de operações.

113 E, como veremos, mesmo em mercados que seriam, em princípio, compettivos *via preços*, a concorrência tem obedecido a este padrão de diferenciação.

concorrência, nesse exemplo, deve-se preocupar com a facilitação dos meios de entrada e permanência de novos *players* no mercado, já que, somente, dessa forma, o componente dinâmico e inovativo estaria resguardado. A diversidade e a qualidade dos serviços dependem dessa expectativa de entrada e exercício por novos *players*.

Com efeito, a contenção do exercício de poder de mercado apto a acarretar maiores preços e piores opções aos consumidores decorrerá de uma análise que extrapole o foco na concorrência via preços e nos ganhos de eficiência estática apenas. Por vezes, a inexistência de rivalidade, baixo dinamismo e reduzida capacidade inovativa são fatores de redução do bem-estar. O foco quantitativo, portanto, deveria ser deslocado para uma análise qualitativa e institucional (com foco em incentivos).[114]

Nem seria necessário recorrer a um mercado tão específico como o de radiodifusão para perceber que nem sempre a *eficiência estática* deveria ocupar um papel tão central na análise antitruste. Quase todos os segmentos apresentam fatores distintivos em relação ao fator "preço" que situam a concorrência em um nível da mais ampla diversificação: qualidade e variedade de produtos, diferentes sabores, cores, designs, *status*, durabilidade, alcance, funcionalidades, eficácia, apresentação de embalagens, diferenciação via marketing e um fator pouco mencionado: o direito, simplesmente, a uma segunda ou terceira opção, isto é, uma espécie de pressuposto democrático de liberdade de escolha por parte do consumidor.

Nesse sentido, a análise da possibilidade de substituição de produtos na delimitação de mercados relevantes quanto à demanda é, no fundo, uma técnica para tornar menos imperfeito os mercados na análise antitruste, ao mesmo tempo em que permite conjugar, no mesmo padrão de eficiência alocativa, produtos, em princípio, diferentes. Do contrário, sem a fórmula

---

114 Nesse sentido, Roberto Pfeiffer propõe a utilização do chamado "critério de escolha" nas hipóteses em que ocorra diminuição significativa das opções do consumidor, especialmente, em mercados caracterizados pela *non price competition* e nos mercados de alta tecnologia. Para este autor, "o uso do critério da escolha pode ser perfeitamente compatibilizado com os métodos atualmente empregados. Assim, o estudo dos efeitos do ato de concentração sobre o padrão de escolha dos consumidores seria uma etapa analítica que teria ensejo após terem sido completadas as fases de análise das eficiências compensatórias e do impacto de preços. A utilização do paradigma da escolha possui pertinência, por exemplo, como um critério de 'desempate' nas situações em que houver dúvidas entre impugnar ou não um ato de concentração ou como fator de reforço aos argumentos a favor da impugnação, nas hipóteses em que o bem-estar do consumidor tiver sido afetado com a diminuição substancial das opções necessárias ao exercício do direito de escolha" (2010:273).

da substitutibilidade, inúmeros casos seriam desaprovados pela autoridade antitruste em razão da enorme concentração acarretada pela análise isolada de produtos com características não-equivalentes. Ocorre que um dos critérios para substitutibilidade é, justamente, o preço. Considera-se que para definir a possibilidade de substituição, deve-se estimar a elasticidade cruzada-preço da demanda (CADE, 2016), isto é, até que ponto consumidores estariam dispostos a substituir um bem em resposta a um aumento do preço de outro bem. O preço, nesse caso, funciona como *substituto de preferências a partir de um único parâmetro (o próprio preço).* Ora, como estimar, nessa análise, eventual redução de bem-estar provocada pela aceitação de um produto substituto com características inferiores? Muitos poderão afirmar que, se são substitutos, sob o prisma do consumidor, tais produtos seriam, perfeitamente, intercambiáveis (ainda que distintos). Porém, essa lógica é tautológica na medida em que o preço *pode ser*, no mais das vezes, um fator redutor e indutor de escolhas, pois, muito provavelmente, se o consumidor não tem acesso ao produto "a" passaria a optar pelo produto "b". Vale dizer, a própria redução do leque de opções induz a substituição, de tal sorte que esta redução passa a ser pressuposto da eficiência.[115] *A eficiência é, nesse contexto, considerada boa desde que, no ponto de partida da análise, pressuponha-se uma dada redução de bem-estar* (v.g.: redução de possibilidade de escolha).[116] Até que ponto que esta redução seria positiva e em quais mercados ela poderia incidir é um tema muito pouco estudado pela teoria econômica e que talvez não tenha sido, satisfatoriamente, incorporado pela análise de mercado relevante[117] quanto ao produto[118]. À análise deveria ser agregada a seguinte questão: *até que ponto*

115 Nesse diapasão, R. Peritz afirma: "empirical analysis highlights the central flaws of the New Learning. It shows that *Market power includes the discritionary power to control the choices from which consumers are permitted to select,* and the power to thereby control the allocation of society's scarce resources in accordance with producers - rather than consumers - preferences" (1990: 781). Destacamos.

116 Eficiência é tomada de modo tautológico, isto é, *eficiência é desejável porque produtora de eficiências* (*sic*). Porém, nem sempre o que é eficiente pode ser considerado, necessariamente, benéfico ao consumidor. Essa premissa parte da ideia de que as preferências são tomadas em um âmbito prévio por meio de um pressuposto eficientista, é dizer, não seriam construídas pelos consumidores, pois seriam *dadas* a eles. Eficiência é uma qualidade essencial e isto é inegável, porém outros valores devem ser levados em consideração na análise antitruste.

117 Conforme Guia de análise da SDE/SEAE: "O mercado relevante se determinará em termos dos produtos e/ou serviços (de agora em diante simplesmente produtos) que o compõem (dimensão do produto) e da área geográfica para qual a venda destes produtos é economicamente viável (dimensão geográfica)." (CADE, 2010: 7)

118 "O mercado relevante se constituirá do menor espaço econômico no qual seja factível a uma empresa, atuando de forma isolada, ou a um grupo de empresas, agindo de forma coordenada, exercer poder de mercado" (Guia-H, §30). (CADE, 2010: 7)

a substituição de um bem em resposta a um aumento do preço de outro bem compensaria eventual redução de opções ao consumidor ou em que medida o produto substituto atenderia, satisfatoriamente, as preferências do consumidor independentemente da variável "preço"? [119]

Seguindo a mesma lógica, o conhecido teste do monopolista hipotético[120], que pode ser utilizado tanto para delimitação do mercado quanto ao produto como para delimitação do mercado geográfico, parte da mesma ideia, no mínimo, arriscada, que busca identificar *o menor grupo de produtos e a menor área geográfica necessários para que um suposto monopolista esteja em condições de impor um "pequeno, porém significativo e não transitório" aumento de preços.* Aqui também há o problema da substitutibilidade que, *ultima ratio*, parte de critérios subjetivos de *proximidade em substituição de uso* ou *percepção dos consumidores* (CADE, 2010: 8). Além da dificuldade de mensuração desses critérios, o que é feito por aproximação a partir de dados quantitativos e qualitativos ou até por inferência, o cálculo da *elasticidade crítica*[121], que é, justamente, o critério que mede em que grau pode ser exercido o poder de mercado do monopolista hipotético (CADE, 2016), também se revela, no mais das vezes, arriscado. Tal teste parte do pressuposto de que não seria lógico o exercício de poder de mercado até determinado ponto, justamente, o ponto

---

119 Esta é uma crítica contumaz ao método de análise que reduz a preferência subjetiva a preferência por preços. Preferências variam subjetiva e culturalmente. Nesse sentido, HAWKER afirma: "While all strategic management texts attempt to train business students to pursue their companies' strategic goals in a rational manner, a divide exists between those texts which share the Chicago assumption of rational behavior of firms depends at least in part on emotional and psychological factors. (...) Not only the individual beliefs of managers, but the shared values and beliefs or culture of the firm both enables and constrains its behavior" (1990: 79).

120 Conforme o teste do "monopolista hipotético", "o mercado relevante é definido como o menor grupo de produtos e a menor área geográfica necessários para que um suposto monopolista esteja em condições de impor um 'pequeno, porém significativo e não transitório' aumento de preços. " (CADE, 2010: 8),

121 Conforme estudo do CADE: "Um conceito associado é o de elasticidade-preço da demanda crítica para maximização de lucro, ou elasticidade crítica apenas. Aqui, impõe-se a condição de que o monopolista hipotético é maximizador de lucros e assim irá realizar um aumento no mínimo igual ao SSNIP se a elasticidade preço da demanda do mercado for compatível com este aumento ou maior (em valor absoluto). Se a elasticidade-preço da demanda do monopolista for menor que a elasticidade compatível com o SSNIP, a demanda de mercado é tal que um monopolista maximizador de lucros irá impor aumento de preços menor do que o SSNIP (Werden, 1998). Assim o exercício de poder de mercado do monopolista hipotético através do SSNIP não é lógico, o que sugere que o mercado relevante deve incluir mais produtos ou concorrentes. Isto irá reduzir a elasticidade de demanda percebida pelo monopolista até o ponto em que o SSNIP é uma estratégia maximizadora de lucros (racional e lucrativa)." (2010: 11)

em que o *pequeno, porém significativo e não transitório* aumento de preços já não seria interessante para o monopolista hipotético, pois atrairia substitutos e concorrentes. Se a elasticidade preço da demanda do mercado em que situado o detentor de poder de mercado for, de fato, menor que a prevista no teste do monopolista hipotético, seria ilógico ao agente econômico aumentar preços além deste limite hipotético. Entretanto, pressupõe-se que o potencial concorrente (entrante ou atual) tenha acesso ao mesmo nível de informação que nem mesmo a autoridade antitruste conseguiria, no presente, ter certeza. Pressupõe, outrossim, que os concorrentes e potenciais entrantes tenham acesso ao mesmo nível de informação que o monopolista hipotético detém, ainda que com custos, provavelmente, diferentes. Enfim, parece pouco provável que tais barreiras informacionais serão sempre, facilmente, suplantadas por agentes econômicos e consumidores sem que, até lá, não se acarrete perda de bem-estar em alguma magnitude. Aqui também entraria o importante papel da *competition advocacy*, por meio de acompanhamento de mercados críticos e concentrados, como meio de induzir a concorrência e reduzir assimetrias informacionais.

A realidade é que essa análise será sempre falha se mirar apenas o passado, pois a realidade dos mercados se reconstrói no tempo e as decisões do antitruste influenciam esta realidade, de modo que, voltando ao já citado *princípio da incerteza*, não é possível saber se as informações serão comprovadas no tempo sem saber o resultado da própria intervenção (ou não intervenção) estatal.

Talvez o grande equívoco das teorias que embasam o antitruste seria acreditar que a concorrência é instrumento da eficiência quando, na realidade, eficiência e concorrência são instrumentais a outros fins. O perigo da visão predominante da *concorrência meio*, repetida em manuais como um mantra, é que à concorrência tem sido reservado o papel de *instrumento* para a eficiência. Entretanto, *eficiência não é um fim em si mesmo*, pois também é instrumento para atingir outros fins. Como demonstrado, o bem-estar econômico, objetivo último do antitruste, nem sempre será alcançado por meio da eficiência apenas, assim como nem sempre será alcançado pela concorrência pura e simples. A visão tautológica da eficiência[122] parece inconsistente, pois

122 Nesse aspecto, John Flynn assevera "The association of antitrust policy and its objective of serving the 'public interest' with the concept of "competition" and the movement to lock the meaning of the concept of 'competition' to the tautological definition of "efficiency", derived from manipulation of the hypothetical assumptions and deductively derived abstract conclusions of neoclassical price theory, have become central features of modern antitrust litigation" (1990: 893).

os instrumentos buscados para alcançar bem-estar variam no tempo e no espaço, sujeitos a sopesamentos valorativos e de acordo com a especificidade dos setores analisados e dos agentes econômicos que os integram[123] (FLYNN, 1990: 893). A *efetividade* ("effectiveness") buscada por uma intervenção (ou por uma política de não-intervenção) não é sinônimo de eficiência, mas sim do fim, especificamente, buscado que, por sua vez, pode consistir na diversidade de produtos, qualidade, privacidade dos consumidores, existência de alternativas de escolha, segurança e, entre outros, preços ou custos menores. Dito de outro modo, uma intervenção efetiva poderá ou não ter como objetivo uma relação do tipo "custo-benefício". Nem sempre este será o fim buscado. Além disso, não se pode justificar uma "tutela eficiente, porque eficiente", pois se trata, como vimos, de uma lógica, puramente, tautológica sem qualquer significado normativo. A eficiência é produtora de bem-estar *se* e *quando*, de fato, apresentar-se como geradora de efeitos sociais desejáveis[124]

O fato da pluralidade de competidores ter sido relegada a segundo plano na teorização antitruste parece um equívoco que nem mesmo Bork teria incorrido. Bork insistiu na tese que tem prevalecido da *concorrência meio*, sendo a eficiência o *fim último do antitruste*. Para Bork, a concorrência deve ser entendida como a maximização do bem-estar do consumidor que seria sinônimo de eficiência econômica.[125] É célebre e muito citada sua afirmação de que "o antitruste não tutela os competidores, mas a concorrência"[126] (BORK, 1993). Entretanto, ao mesmo tempo, há uma parte de sua obra pouco lembrada em que Bork relativiza sua posição pró-concentração, não se opondo a soluções de desinvestimento desde que, adotadas muito excepcionalmente, incrementem a eficiência nos mercados (1993: 179). Por sinal, Bork não era

123 Nesse sentido, Shapiro (2006:69) afirma: "podemos ver aqui a força retórica da dúvida de Pareto: *como podemos ter a esperança de saber se a utilidade que o lobo obtém em comer o carneiro excede a utilidade que este obtém em não ser comido*" senão admitindo-se uma preferência inicial (ou uma tomada de decisão inicial).

124 Em suma, a eficiência é também instrumento de realização de outras finalidades.

125 Segundo Bork, "competition must be undestood as the maximization of consumer welfare or, if you preferer, economic efificiency" (1993: 427).

126 Nas palavras de CRANE: "The maxim that antitrust law protects 'competition, not competitors' appeared in Brown Shoe88 in 1962 and was repeated in pre-Chicago School classics like Philadelphia National Bank and Justice Stewart's dissent in Von's Grocery. But Bork made a tremendously important contribution by crystallizing antitrust law as the application of objective economic analysis to advance a cluster of efficiency interests centered on the consumer. Bork sought to demystify the aspects of antitrust jurisprudence that opposed bigness, concentration, and economic power without linking those qualities to demonstrable economic harms to concrete interests." (2014: 852-853).

um defensor de monopólios ineficientes. Era um eficientista, mas não um libertário (defensor de direitos de propriedade irrestritos) tal como definimos anteriormente.

Daí porque há um aparente equívoco entre aqueles que consideram a *concorrência como meio para eficiência,* mas, ao mesmo tempo, não reconhecem o caráter instrumental da própria eficiência. Se a eficiência estática fosse capaz de, por si só, dar conta desta tarefa não seria preciso prever uma "reserva concorrencial" em alguns casos. Mas a realidade é que se trata de uma contradição apenas aparente, porque, como vimos, Bork também pressupôs que, justamente, o que se espera de um mercado eficiente é um patamar mínimo de rivalidade e de opções.[127]

Trata-se de um recorte valorativo a partir do qual, a teoria de Bork passa a fazer sentido, até porque a eficiência não poderia desprezar seu necessário componente intertemporal e dinâmico (1965: 375).[128] O antitruste objetivaria, nesse contexto, defender a concorrência e não os competidores, *mas desde que exista um patamar mínimo de rivalidade no mercado ou uma expectativa de rivalidade garantida pela facilidade de entrada e permanência de um agente econômico*, uma espécie de "cláusula de segurança". Esta facilidade de entrada pressupõe, portanto, a não obstrução de canais competitivos por meio institucionais, ou seja, a inexistência de custos adicionais de transação em relação aqueles que seriam pressupostos em mercados competitivos. Obviamente, que a definição deste "mínimo concorrencial" é, em alguma medida, subjetivo e irá variar de segmento para segmento, no tempo e no espaço. Mas se é verdade que a definição abstrata desta cláusula de segurança de mínima rivalidade seria uma tarefa difícil, a pressuposição de eficiência quando inexistente sequer expectativa de competição também seria, no mínimo, destituída de qualquer base científica.

A eficiência tem sido a *pedra de toque* do antitruste e, de fato, uma economia eficiente é um dos pré-requisitos para promoção de bem-estar, preços menores, estímulo à inovação, dinamismo e, até mesmo, inclusão social. Não é difícil constatar que, em grande medida, as economias socialistas naufragaram, justamente, devido a escolhas que comprometeram a produtividade econômica. Se partimos de um pressuposto real de escassez, obviamente, que só é possível multiplicar com eficiência. Dessa forma, é

---

127 Como já analisamos ao tratar da dimensão dinâmica da concorrência.

128 Ainda assim, como ressaltamos, a obra de Bork é, excessivamente, focada no componente estático de eficiência. Mas como asseveramos, trata-se de um recorte específico que não pode prescindir da dimensão temporal e espacial em que elaborada a teoria.

certo que o desenvolvimento só será alcançado: i. *produzindo-se mais com menos recursos* (eficiência produtiva); ii. *produzindo-se com redução de custos e preços aproveitando-se melhor os recursos disponíves* (eficiência alocativa); iii. *produzindo-se com dinamismo, rivalidade, soluções inovadoras, criação de novos produtos e novas tecnologias que viabilizem as duas primeiras hipóteses* (eficiência dinâmica). Sem eficiência, não há crescimento econômico, não há multiplicação que permita redistribuição alguma da riqueza gerada. Se não há geração de riqueza, o que se distribui é a pobreza e o desenvolvimento se estanca. Dificilmente, haverá felicidade onde há carência de recursos básicos ainda que exista maior igualdade.

Entretanto, embora a eficiência tenha sido um dos principais motores do crescimento econômico e, portanto, uma referência central do antitruste, nem sempre será o único parâmetro, como, aliás, já demonstramos por meio do elucidativo exemplo do mercado de TV aberta. O peso deste fator irá variar de mercado para mercado e concorrerá com outros fatores peculiares dos produtos e serviços, mas também com outras finalidades públicas, não raro, colidentes com a noção de eficiência. Universalização de serviços essenciais, não agressão ao meio ambiente e, entre outros, estímulo às pequenas e microempresas, são apenas alguns exemplos dos "muros de segurança" que, não raro, são erguidos contra o paradigma eficientista. Pode não ser eficiente levar energia elétrica para populações carentes, mas ainda assim pode existir um interesse social em que esta política seja efetivada. Pode ser mais eficiente criar uma usina hidrelétrica ainda que com sacrifício da fauna, flora e populações indígenas, mas esta escolha pode ser rechaçada pela necessidade de defesa do meio ambiente e das populações indígenas.

É fácil concordar com Robert Bork no sentido de que o antitruste, ao menos no âmbito teórico, não deve dissipar suas energias em perseguir outras finalidades que comprometam a eficiência de um modo geral. Entretanto, isso não significa que todas as demais finalidades sociais sejam sobrepujadas pela busca de um único fim (WILLIAMSON, 1979: 527). Bork teria omitido que determinadas finalidades poderiam, com razoabilidade, excepcionar o desiderato concorrencial (WILLIAMSON, 1979: 527).

Outro exemplo de que nem sempre uma solução eficiente revelar-se-ia, necessariamente, benéfica, é o de que uma eventual economia de recursos na unificação dos três Poderes da República[129] não justificaria a adoção de uma solução do gênero. Poderia parecer bastante "produtivo" que o Presidente da

129 Exemplo que, por certo, pressupõe o fim do próprio modelo Republicano.

República pudesse, a um só tempo, legislar, julgar e administrar, reduzindo "pontos de veto"[130] existentes em uma democracia, tornando muito mais eficiente o exercício da função pública.[131] Eleições poderiam ser realizadas, indiretamente, uma vez que muito menos custosas que eleições diretas; o duplo grau de jurisdição e o direito ao recurso poderiam ser extintos em uma demanda por celeridade e por contenção de despesas, e assim por diante. Com a economia gerada, todos estes recursos deixariam de ser financiados pela sociedade via tributos. A verdade é que ninguém nega que seria mais eficiente unificar os três Poderes em um único órgão, exercendo as três funções típicas, mas, a história demonstra que é preciso construir "muros de segurança" para prevenir, justamente, o abuso de poder que decorreria do exercício conjunto das três funções por um mesmo ente. Essa é a mesma lógica pressuposta no controle do poder econômico. Existem requisitos mínimos democráticos, uma espécie de "freios e contrapesos" que serviriam para prevenir que uma grande estrutura econômica abuse de seu poder ou coloque Poder Público e cidadãos em uma posição de extrema vulnerabilidade, facilitando, até mesmo, a captura de servidores e órgãos públicos para satisfação de interesses privados.

Especificamente, no caso da concorrência, o que se questiona é a própria utilização da eficiência como um único critério interno de análise. A verdade é que, como vimos, o foco exclusivo em *eficiência via preços* nem sempre produzirá bem-estar aos consumidores. Eficiência não pode ser assumida como o único objetivo do antitruste e nem como uma "pré-escolha" do consumidor (uma decisão anterior à sua liberdade de escolha). Imagine-se que um grande atacadista fornecedor de frutas e monopolista desse mercado perceba que seria muito mais rentável, em termos de eficiência, passar a trabalhar com um só tipo de fruta e, assim, realiza um acordo com o mercado varejista para o comércio apenas da banana[132]. Com esta decisão, reduzirá custos de distribuição, negociação, ganhará tempo, aumentará seu poder de barganha perante produtores e, entre outros, incrementará ganhos de escala. É inegável que se trata de uma solução eficiente. Um acordo, nesse caso, geraria

130 Obstáculos.

131 Nesse sentido, William R. Keech em obra clássica sobre o tema assevera: "There are costs of democracy in the sense that there are, even at best, inevitable inefficiencies to be found in any system in which agents (such as presidents) act on behalf of principals (such as voters). There may also be ways in which the incentives of the electoral process lead systematically to outcomes that are demonstrably inferior." (1995:17).

132 Trata-se, obviamente, apenas de um exemplo hipotético. A escolha de apenas uma fruta permite visualizar melhor a premissa de que partimos, mas poderia ser apenas um acordo para reduzir a variedade de frutas, pressupondo uma posição dominante capaz de influenciar no mercado.

eficiências com benefícios potenciais em termos de preços ao consumidor, compensando, em tese a concentração. Entretanto, parece claro que o acordo não é a melhor solução para o mercado, para produtores de outras frutas e especialmente para o consumidor que terá uma drástica redução da variedade de frutas. Não seria benéfico, por uma razão bastante singela: *concorrência não é sinônimo de concorrência via preços*. E, portanto, *eficiência não pode ser, abstratamente, considerada pressuposto de bem-estar*.

Além disso, as análises tomam como pressuposto uma perigosa ilação segundo a qual a eficiência interna de uma empresa poderia ser equiparada à eficiência gerada pela incorporação de outra empresa (BORK: 1993). Entretanto, isso nem sempre é verdadeiro. Primeiramente, em razão da natural redução das possibilidades de escolha do consumidor que, caso contrário, não teria ocorrido. Além disso, seria necessário dimensionar, empiricamente, se o valor gasto na transação não poderia ser empregado de modo mais eficiente caso ela não ocorresse, isto é, se as eficiências geradas realmente superariam o uso alternativo dos recursos que, na hipótese de não ter ocorrido a operação, poderiam ser, eventualmente, empregados em *inovação, incremento da rivalidade, melhoria da qualidade e diversidade dos produtos*. Vale dizer, é preciso questionar se a estratégia de comprar um concorrente, na prática, não seria uma escolha por não concorrer ou eliminar um potencial rival. As conclusões, no mais das vezes, são óbvias, mas ignoradas. Não se quer dizer, com isso, que operações não sejam eficientes. Mas que, certamente, nem todas são. Porém, o foco puro e simples em índices de concentração e mercado relevante ignoram características institucionais do mercado e, não raro, desconsideram o componente dinâmico que deveria estar presente na análise antitruste. Sem contar que, invariavelmente, há, além de diferentes visões sobre a existência de eficiências, um verdadeiro conflito "entre eficiências", isto é, nem sempre a eventual eficiência produtiva, p.e., decorrente da maior concentração, superaria a eficiência dinâmica pressuposta em um ambiente com maior rivalidade. No fundo, até mesmo a análise das eficiências envolve valorar alternativas e os efeitos de uma ou outra escolha. Daí porque faria algum sentido a noção de Stigler de *competitive effectiveness*, adotada por Bork, como um meio de avaliar o bem-estar total da economia (1993: 192). Mas ainda assim seria, necessário, considerar eficiências "reais" e não apenas um pressuposto teórico de eficiência erigido *a priori*. Além disso, seria preciso contemplar um aspecto evolucionário de eficiência e não estacionário (ou estático) como Bork e boa parte da teoria antitruste privilegiaram.[133] Nesse mesmo sentido C. Salomão Filho, afirma:

133 Sempre lembrando que os pressupostos fáticos da análise efetuada por Bork, certamente, eram muito distintos dos atuais como já referimos.

> Não se pode dizer que todas as perdas sociais ocasionadas por uma concentração que exclui concorrentes do mercado encontrarão suficiente compensação no benefício para os consumidores consistente na diminuição de preço decorrente de algum ganho de escala. A diminuição da possibilidade de escolha do consumidor (talvez não por preço, mas por qualidade do produto) e a concessão de poder sobre o mercado a um produtor que pode vir a utilizá-lo no futuro para aumentar os preços de forma a suplantar o benefício decorrente de sua própria redução de custos. São custos para o consumidor que não podem ser desprezados (2002: 33).

De mais a mais, se há uma decisão baseada em eficiência, não se pode ter certeza que este ganho será transferido ao mercado e ao consumidor, pois isso depende, necessariamente, de outros fatores: rivalidade mínima (competição propriamente dita, portanto) ou expectativa de rivalidade, questões institucionais, tecnológicas, higidez econômica dos fornecedores ou controle estatal seja via regulação ou por meio de mecanismos de promoção da concorrência. A eficiência tomada como parâmetro no momento de uma análise antitruste é mutável no tempo e, como vimos, a própria decisão (ou não decisão) influencia esta realidade, de tal sorte que, apenas por meio de um exercício prospectivo seria possível vislumbrar as condições de mercado no futuro. Entretanto, transformações tecnológicas, institucionais e legais ocorrem a todo momento, de tal sorte que a única forma de tornar a análise mais segura e, ao mesmo tempo, eficaz seria o monitoramento e controle das condicionantes que levaram a tomada de decisão. Somente um sistema que, de fato, acompanhe a realidade será capaz de identificar, mais precisamente, se os pressupostos de eficiência foram confirmados no tempo e, se for o caso, promover correções e mudanças de rota das balizas das decisões tomadas.[134]

Nesse sentido, até mesmo os fatos que permitem a análise de eficiência são mutáveis no tempo, de tal sorte que determinada estrutura eficiente hoje pode não ser amanhã. Isto por uma razão muito simples. A evolução dos custos considerados em uma determinada análise depende de movimentos disruptivos, mudanças institucionais e tecnológicas. A concorrência era impensável tempos atrás, e.g., no segmento de telefonia. Hoje ela não só é possível como operadoras enfrentam a concorrência até mesmo de outras tecnologias de valor adicionado aos serviços de telecomunicações. O desenvolvimento e a consolidação do capitalismo dependeram, em grande medida, de movimentos de acumulação de capital, geração de economias de escalas e consumo

134 O que, obviamente, deve ser feito com cautela, com base em critérios pré-definidos e mediante ponderação com outros valores como segurança jurídica e razoabilidade.

em massa. Grandes estruturas empresariais, portanto, eram necessárias para viabilizar este modo de produção assim como a concorrência internacional teve papel central no incentivo à concentração de empresas com base no vetor eficientista. Entretanto, a rápida mudança tecnológica, o dinamismo de inúmeros setores e a tendência progressiva no sentido de redução de custos marginais e produtivos (RIFKIN, 2016) subvertem essa lógica, de modo a influenciar, senão alterar, toda a análise. A tendência atualmente verificada de custos marginais decrescentes (RIFKIN, 2016) impõe uma nova concepção de antitruste, menos preocupado com a eficiência estática e mais com a existência de mínima rivalidade e eficiência dinâmica. Se é verdade, nas palavras de Bork (1993), que, a eficiência "beneficia os consumidores com a redução de custos de bens e serviços", deve-se admitir também que, com a comprovada tendência à colossal redução de custos advinda, nomeadamente, de fatores tecnológicos, o antitruste deveria passar a olhar *cum grano salis* para supostas eficiências de determinadas estruturas econômicas, fatores institucionais, operações e acordos empresariais.

Nesse espectro, Eleanor Fox (2009) desenvolveu seu célebre artigo "O Paradoxo da Eficiência" por meio do qual, em resposta ao paradoxo concorrencial de Bork, evidencia que *a mesma política concentracionista que buscou maior eficiência no passado é hoje produtora, justamente, do efeito contrário, isto é, tem-se mostrado geradora de ineficiências*. Daí, portanto, falar-se no parodoxo eficientista em contraposição ao paradoxo antitruste de Bork: "em nome de maior eficiência, posturas conservadoras inviabilizaram soluções, de fato, eficientes, favorecendo firmas já dominantes" (FOX, 2009: 77-88). Fox sugere que o pêndulo seja ajustado em direção a uma análise dinâmica e que permita maior abertura dos mercados (FOX, 2009: 88).

Com efeito é necessário compreender que: i. nem sempre soluções baseadas em eficiência são as melhores do ponto de vista do direito (o pressuposto de que eficiência seria sempre positivo para o consumidor não é verdadeiro); ii. nem sempre a competição é eficiente (a despeito de, em geral, ser considerada produtora de eficiências dinâmicas, nem sempre é a solução *ótima* em razão das particularidades dos mercados, questões tecnológicas e temporais); iii. ainda que a competição não se revele o meio mais eficiente, não significa que a concorrência deva ser, necessariamente, reduzida ou eliminada seja pelo pressuposto de uma dada liberdade dos agentes de mercado que já se encontram no mercado, seja por uma necessidade de equidade para atingir outros fins que não a eficiência propriamente dita, até porque a eficiência não pode ser considerada um fim em si mesmo, além de se consubstanciar em um termo com sentido plurívoco (eficiência produtiva, alocativa, dinâmica, neo-schumpeteriana, evolucionária etc), mutável no tempo conforme a alteração de condições factuais (e.g.: custos); iv. nem sempre a eficiência e/ou a concorrência podem ser consideradas os melhores meios para o atingimento de outras finalidades prestigiadas pelo ordenamento. Nesse particular, a concorrência e a eficiência podem ser, eventualmente, mitigadas em nome de outros desideratos (e.g.: para universalização de serviços, para reduzir impactos ambientais, em nome da redução de desigualdades regionais e sociais etc).

No que concerne à característica multifária da eficiência e da concorrência, esses conceitos são, deveras, bastante relativos e dependentes de determinadas premissas que podem ser questionadas. A análise que orienta decisões com base em modelos eficientes e concorrenciais depende, essencialmente, da etapa em que é feita, dos setores e, como referimos, de atributos de tempo e lugar. Não por acaso, como já mencionamos, o direito antitruste europeu tem sido considerado mais interventivo que o norte-americano para casos com pressupostos muito assemelhados. A análise de um ato de concentração pelo CADE, por sua vez, distingue-se da definição de uma política regulatória com base em modelos competitivos ou que objetive maior eficiência, justamente, porque no caso da regulação setorial o que se está definindo são as próprias estruturas de atuação do agente econômico, vale dizer, não se está analisando um ato desse agente com base em estruturas já postas.

Outro exemplo para se entender a "relatividade concorrencial" seria uma situação em que, com base no princípio da igualdade, pretender-se-ia garantir a efetiva participação de todos licitantes em um dado processo licitatório de forma impessoal e isonômica. Essa garantia não significa que a melhor proposta será alcançada, necessariamente, pela existência da pluralidade de competidores. Mas que a garantia de concorrência, por ser um valor institucional a ser buscado, *poderá* trazer a melhor proposta (há um pressuposto e não uma certeza). E, mesmo no caso de ampla concorrência, não há garantia de que a proposta mais eficiente será alcançada, uma vez que, ao contrário do esperado, é a unicidade de fornecedor que, eventualmente, poderia trazer ganhos de escalas e menor preço.[135] Entretanto a solução eficiente nem sempre é a preferível. Dito de outra forma, nesse exemplo, seria a concorrência "não-eficiente" (em preços) a alternativa prestigiada pelo direito. A existência de maior rivalidade evitaria ações oportunistas dos agentes econômicos e/

135 É possível que, no setor de compras públicas, seja interessante ter mais fornecedores do que apenas um único licitante, não obstante, em princípio, mais eficiente concentrar as compras em um único fornecedor.

ou a dependência em relação a um só competidor. Além disso, há razões outras para escolha de um fornecedor tais como princípios constitucionais do tratamento privilegiado a pequenas empresas, existência de componente inovativo[136] ou, como referido, a redução de desigualdades regionais e sociais. O Estado também pode preferir, em suas licitações, empresas que cumpram com maior rigor normas ambientais ou, por exemplo, aquelas que cumpram determinados padrões de governança corporativa do Novo Mercado acionário àquelas que, simplesmente, ofereçam menor preço por seus produtos ou serviços. A realidade é que a eficiência (em sentido estrito e usual) nem sempre é promotora de resultados desejáveis ou contemplados pelo ordenamento. Nesse sentido, Shapiro assevera:

> no mundo real, pão e vinho não são as únicas mercadorias.[137] As pessoas que possuem uma grande quantidade daquilo de que outras pessoas necessitam podem induzi-las a concordar 'voluntariamente' em se tornar prostitutas, em trabalhar por salários de fome, em vender a si próprias como servos sem registro, ou mesmo, em alguns casos, como escravos (2006: 70).

Em suma, somente uma análise antitruste ativa e permanente poderia superar o *trade off* existente entre eficiência estática e dinâmica que a análise típica atual já não poderia mais equacionar. A distinção entre eficiência estática e dinâmica, no fundo, é apenas "evolucionária" na medida em que a primeira é como uma fotografia de um momento e a segunda o filme do movimento do mercado no tempo em direção a inovações disruptivas que reduzam custos, promovam melhorias de qualidade e diversidade de produtos. Para captar o movimento do mercado, é preciso ir além da tradicional análise focada em critérios estacionários. Mas não apenas os critérios é que devem ser repensados. É a própria análise que necessitaria ser reordenada de tal maneira a

---

136 Nesse particular, a Lei 12.349/2010 alterou a Lei de Licitações (Lei nº 8.666/1993) ao prever a possibilidade de preferências em compras públicas que levem em consideração o **desenvolvimento e inovação tecnológica realizados no País** (art. 3o., § 6o., III da Lei 8.666/93).

137 O problema da eficiência de Pareto não está apenas em não prever padrões de preferência entre o vinho e o pão. Mas a derivação proposta pela argumentação microeconômica que tem permitido a substituição entre produtos em um mesmo padrão unificador de eficiência, um exercício, no fundo, bastante subjetivo e, por vezes, arbitrário. Como se sabe, um bom advogado sempre encontrará argumentos, até empíricos, que busquem comprovar ser possível a substituição entre produtos ao mesmo tempo em que poderá dizer que o produto da adquirente não concorre com o da adquirida por se tratar de um segmento diferenciado: um premium e o outro popular. No âmbito argumentativo, muitos caminhos são possíveis.

que também seja contínua, pois só, assim, seria possível captar o dinamismo dos mercados.[138]

2.4. A Definição de Mercado Relevante e a *Competition Advocacy*

A delimitação do mercado relevante é o mecanismo que, por excelência, permite identificar o poder de mercado de um agente econômico que, por sua vez, é objeto primordial da preocupação antitruste.

Como se sabe, o mercado relevante seria, justamente, a menor parcela de mercado na qual uma firma poderia exercer uma posição dominante ou na clássica definição do SBDC: o menor grupo de produtos e a menor área geográfica necessários para que um suposto monopolista esteja em condições de impor um 'pequeno, porém significativo e não transitório' aumento de preços (GUIA H e antiga Portaria Conjunta SEAE/SDE 50 de 1º de agosto de 2001). Trata-se de uma transposição do mesmo mecanismo a partir de diretrizes fixadas no antitruste norte-americano.[139]

Uma primeira questão interessante sobre o tema se refere ao paradoxo trazido pela necessidade de definição de mercado relevante. Como já afirmamos, a teoria microeconômica foi edificada sob o referencial da *concorrência perfeita*. O modelo de concorrência perfeita tem, justamente, como um de seus pressupostos *produtos homogêneos* (idênticos em características e funcionalidades). Além disso, este padrão de concorrência se funda na noção de que nenhuma empresa aumentaria seus preços, pois este aumento promoveria queda no seu lucro. Daí se dizer que as firmas são "tomadoras de preço" (*price takers*), isto é, sem poder para, diretamente, influenciarem na fixação dos preços praticados no mercado (não são *price makers*). Portanto, a concorrência perfeita pressupõe: i. inexistência de qualquer desequilíbrio na substituição entre produtos (que seriam homogêneos) e fornecedores (qualquer concorrente estaria apto a suprir a demanda do mesmo produto); ii. equilíbrio de preço (equivalente ao custo marginal e praticado nesse nível por todos os concorrentes); e iii. que os consumidores saibam disso (inexistência de assimetria informacional e uniformidade comportamental entre todos os atores do mercado).

---

138 Tema que será retomado quando tratarmos de mercados dinâmicos.

139 Conforme as Merger Guidilines de 1982 editadas pelo DOJ: "market is defined as a product or group of products and a geographic area in which it is produced or sold such that a hypothetical profit-maximizing firm, not subject to price regulation, that was the only present and future producer or seller of those products in that area likely would impose at least a "small but significant and nontransitory" increase in price, assuming the terms of sale of all other products are held constant." *Small but significant and non-transitory increase in price* (SSNIP).

Entretanto, a teoria antitruste que tem como referencial a teoria microeconômica (erigida sob o pressuposto da concorrência perfeita) promove uma *adaptação* do referencial de concorrência perfeita, por meio, justamente, da técnica de definição de mercado relevante. Esta técnica já não pressupõe que os produtos sejam homogêneos nem que exista um equilíbrio perfeito de preços nos mercados. Por meio da delimitação de mercado relevante, permite-se a substituição de produtos em mercados diferenciados, o que seria impensável no paradigma inicial da concorrência perfeita. Contudo, o paradoxo está em que, de uma maneira geral, tudo isto é feito para tornar "menos imperfeita" a concorrência, mas, contraditoriamente, não como um mecanismo de análise crítica dos mercados, e sim como um instrumento que permite, no mais das vezes, diluir o poder de mercado e, desta forma, evitar uma análise rigorosa no âmbito do antitruste.

Curioso que, nesse contexto, se a defesa da concorrência fosse sinônimo de defesa da "concorrência perfeita", teríamos critérios muito mais rígidos de análise de operações, condutas e de promoção da concorrência. O mercado relevante, dessa forma, é um instrumento que, ao mesmo tempo em que rechaça critérios de concorrência perfeita (com a "reinterpretação" dos critérios), sob o prisma finalístico, entretanto, aplica a mesma ideia (da pressuposição de mercados "perfeitos"), o que seria, no mínimo, contraditório.[140] Porém, o faz de modo "transfigurado" ao agregar produtos diferenciados em um mesmo mercado, pressupondo, assim, a perfeição em mercados assimétricos. Se a teoria microeconômica fosse levada a ferro e fogo, jamais uma redefinição de mercado seria admissível no âmbito concorrencial.[141]

Sendo a diversidade um padrão também a ser prestigiado pela tutela concorrencial, deve-se tomar com cautela o potencial efeito aniquilador de diferenças (entre firmas e produtos) provocado pela definição de mercado

---

140 Assim, por exemplo, ao mesmo tempo em que se permite a substitutibilidade entre produtos, em princípio, distintos (isto é, que não seriam substitutos perfeitos), considera-se, com base na análise teórica de mercados, que a entrada seria fácil e tempestiva, de modo a contestar eventual exercício de poder de mercado pelo operador dominante. Entretanto, é a própria conduta do operador dominante que, por vezes, determinará o grau de dificuldade e tempestividade da entrada de novos players. Quanto mais concentrada uma dada estrutura de mercado maiores as chances de que as condutas dos agentes dominantes resultem em práticas exclusionárias. Padrões de rivalidade não podem ser pressupostos. Somente mediante acompanhamento de mercados seria possível identificar padrões estruturais defectivos sob o prisma competitivo, o que a análise reativa própria das funções convencionais do antitruste já não conseguiria equacionar.

141 O CADE, por exemplo, não poderia considerar que dado produto não seria essencial para minimizar poder de mercado da firma dominante como já o fez (AC 08000.020.471/97-70).

relevante. Se o antitruste prestigia, de fato, a eficiência dinâmica, como poderia uma análise ser, exclusivamente, focada em testes de elasticidade da demanda a partir de agregação de mercados, em princípio, distintos? A depender da forma como feita a análise, seria possível incluir até mesmo esponja de aço ("bombril") como substituto de antena, óleo de soja como alternativa ao azeite de oliva ou bicicleta como produto substituto de veículo automotor (por mais interessante que pareça esta última ideia do ponto de vista ambiental). A despeito de exemplos, em alguma medida, extremos, sabemos que o dia a dia antitruste é repleto de pitorescas tentativas de ampliação de mercados. Além disso, a utilização de critérios de proximidade de uso e percepção do consumidor para definir a substitutibilidade pode distorcer a análise. No fundo, o teste da elasticidade de preço cruzada, que mede a variação no consumo de um produto vis a vis um possível aumento de preço, apresenta um potencial vício de origem que é, justamente, influenciar uma decisão (pela substituição) que não seria tomada pelo consumidor caso não tivesse uma redução inicial de bem-estar já provocada pela operação ou conduta em análise.

Ciente dessas dificuldades, o Departamento de Estudos Econômicos (DEE) do CADE alerta para os riscos de que a delimitação de mercados muito amplos com a inclusão de produtos e empresas que não exercem pressão competitiva sobre as empresas envolvidas em determinada operação pode acarretar conclusões equivocadas (2010: 13). Já a definição de mercados relevantes muito restritos pode acarretar cuidado exagerado em casos que não deveriam ser objeto de maiores preocupações (CADE, 2010:13). Para o DEE/CADE, a "delimitação do mercado relevante, nos guias de análise mais recentes, é visto em perspectiva, não substituindo outros fatos que permitam concluir sobre a possibilidade e probabilidade de tal exercício de poder de mercado" (2010:13). Nesse mesmo sentido, o GUIA H prevê que:

> A delimitação de mercado é uma ferramenta útil, entretanto, não é um fim em si mesmo. A identificação dos possíveis efeitos competitivos envolve avaliar condicionantes que, por vezes, estão fora do mercado relevante pré-definido. Assim, a delimitação do MR não vincula o Cade, seja porque é um mero instrumento de análise, seja porque o mercado é dinâmico (2016:13).

Dessa forma, a definição de mercado relevante não é, exatamente, o elemento definidor, por si só, do poder de mercado. O método é aperfeiçoado por avaliações adicionais. Ao menos em tese, deve-se olhar com cuidado para diferenças absolutas de preços (FAGUNDES *et al.*, 2010). Seria mais eficaz focar na lucratividade, quantidade de competidores remanescentes no mercado e aumento de preços hipotéticos do que, simplesmente, definir mercados ou calcular índices de concentração (FAGUNDES *et al.*, 2010 e FAGUNDES, 1998). Isto é, olhar para a (re)configuração estrutural do mercado propriamente dita do que para as condições *dadas* pela própria operação. Uma operação que, em princípio, acarrete eficiências produtivas via economias de escala poderia, contudo, acarretar substanciais ineficiências do ponto de vista dinâmico (FAGUNDES, 1998: 2). Este fator é pouco considerado na análise antitruste atual.

Nesse sentido, Kaplow considera a definição de mercado relevante, em qualquer caso, não só impossível como contraproducente, já que não existiria um meio válido de inferir o poder de mercado a partir do *market share* resultante em mercados redefinidos (não homogêneos), bem como seria impossível determinar qual das definições de mercado seria a melhor sem antes formular a melhor estimativa de poder de mercado, tornando o exercício inútil (2013: 361).

Além disso, outro problema com a definição de mercado relevante que já mencionamos anteriormente é que essa análise, assim como qualquer tradicional análise concorrencial, será falha se mirar apenas o passado, até porque a realidade dos mercados se reconstrói no tempo e as decisões antitruste influenciam esta realidade. A questão é que não se pode olvidar que as funções típicas do antitruste fornecem apenas "respostas pontuais" para os problemas da realidade e são tomadas em ambientes de incerteza. Há prazos e o dever de decidir. Isto é, a análise não se prolonga no tempo, o que permitiria avaliar, dinamicamente, o mercado. Retomando o citado *princípio da incerteza*, não é possível saber se as informações serão comprovadas no tempo sem saber o resultado da própria intervenção (ou não intervenção) estatal. Não é possível saber se a "resposta pontual" dada pelo CADE foi, de fato, a melhor resposta e nem mesmo se fatores aleatórios (como mudanças tecnológicas) alterariam até mesmo os pressupostos fáticos da decisão.

Nessa linha, a OCDE tem entendido que os instrumentos de análise concorrencial como a definição de mercado relevante são insuficientes para alcançar, completamente, características de mercados digitais e mercados com a presença de "preço zero" (2016, 14), pois, nesses mercados, usuários não precisariam pagar, diretamente, pela fruição de serviços (navegação pela internet em geral, TV aberta etc). Nesses casos, "ferramentas como teste do monopolista hipotético (SSNIP) e a maioria das ferramentas de análise de concentração falham em captar características específicas desses mercados" (OCDE, 2016: 14).[142] A OCDE propõe uma análise cuidadosa caso a caso nesses

142 Nesse sentido, Posner (2000: 9) demonstra a dificuldade em se avaliar, com base nos mecanismos tradicionais do antitruste, se um monopólio é ou não eficiente. "Suppose a firm has 100 percent of some new-economy product market and charges a price for it that is greatly

mercados com base nas ferramentas formuladas em seu mais recente estudo sobre o tema (OCDE, 2016). O mesmo problema é enfrentado em mercados tecnológicos, nos quais a definição de mercado relevante é bastante problemática, pois características e funcionalidades mudam, rapidamente, no tempo (SCHMALENSEE, 2000: 193). Para Zingales, o Google seria um exemplo de que preços competitivos (ou, supostamente, "zero") nem sempre superariam os malefícios advindos da excessiva concentração de mercado (THE CHICAGO MAROON, 2017). No fundo, esses mercados só seriam, em princípio, gratuitos, pois esconderiam um alto custo alternativo decorrente da não existência de alternativas competitivas (THE CHICAGO MAROON, 2017).[143]

Como veremos, a análise de mercado no setor bancário também tem se revelado insuficiente na medida em que índices de concentração não revelam, por si só, poder de mercado, pois existe um componente adicional de *locked-in*

---

in excess of marginal cost. Suppose also that the product is one that involves economies of scale in consumption (that is, it is a network market) and the demand for it is growing very rapidly. This is a common new-economy scenario. Does the firm have a monopoly in an economically relevant sense? The ratio of price to marginal cost is meaningless, since pricing intellectual property at marginal cost is nonremunerative and leads to bankruptcy. What about the market share? But one characteristic of intellectual property is its durability, and the more durable a product is, the fewer repeat sales the manufacturer will have. (It is different if the firm leases rather than sells its product.) New-economy firms that don't lease get around this problem with frequent upgrades, but the installed base acts as a drag on the price that can be charged for an upgrade, since the prospective customer for the upgrade has the option of sticking with the existing product. If demand is growing rapidly, moreover, the firm in deciding on a price must trade off current against future profits, since a higher price today will slow the growth in demand. And by the assumption that it is a network market, the firm will have a strong incentive to charge a very low price in order to increase usage because that will enable it to charge a much higher price in the future—unless rapidity of innovation makes the future wholly uncertain, in which event it may abandon the hope of a network monopoly and charge a high price now. Still another factor is that a vertically integrated firm competes against itself: a firm that owns a network but also sells value-added services may want to keep the price of network access low to increase sales of those services. This is the other side of the tying coin: holding down the price of the tied product will keep up the demand for the tying product. The result may be that a firm has a monopoly market share only because it is not charging a monopoly price. And while *it is possible to argue that monopoly can have other bad effects besides the limitation of output over the competitive level that monopoly pricing brings about, namely a reduction in the rate or distortion in the direction of innovation, economic theory and empirical evidence have yet to generate a consensus on whether monopoly is on balance good or bad for innovation.* The possible effect of network externalities in discouraging subsequent innovation (the "path dependence" problem) not only is speculative, but is operative even if the monopolist is passive, in which event there would be no arguable antitrust violation".

143 O tema será retomado posteriormente.

(aprisionamento de clientes) nesse segmento que reforça posições dominantes e que, portanto, não poderia ser desprezado na análise.

Não obstante a análise crítica aqui empreendida, o fato da definição de mercado relevante ser, em essência, um método, potencialmente, incompleto para avaliar, com precisão, poder de mercado, não significa que deva ser abandonada. A verdade é que esta ferramenta desempenha um papel de facilitação institucional, isto é, contribui para redução de incertezas por meio de um critério estável de análise pelos órgãos concorrenciais ainda que se apresente como um meio, invariavelmente, tautológico e insuficiente para mensuração de uma posição dominante. Na prática, é um fator de redução de custos de transação na medida em que permite uma relativa previsibilidade de processos e investigações.

Se a fixação de critérios de análise fosse feita caso a caso ou mesmo se as diretrizes fossem alteradas com frequência, teríamos insustentável insegurança jurídica e ineficiência generalizada. Foi este método que, entre outros fatores, permitiu uma implementação "menos traumática" do antitruste em nações não acostumadas com a cultura concorrencial. Nada impediria, entretanto, e seria, altamente, recomendável a revisão de pressupostos de análise no futuro, de modo a aperfeiçoar o controle antitruste e, principalmente, a discussão teórica sobre o tema, especialmente, no âmbito microeconômico. A análise deveria incorporar uma dimensão qualitativa e dinâmica, mas isto depende também de uma compreensão mais profunda do setor investigado que só pode ser alcançada por meio de monitoramento de mercados. Mercados, economicamente, mais estratégicos mereceriam estudos diuturnos que vão muito além da análise pontual e casuística como veremos a seguir.

2.4.1. A Análise de Mercado por meio da Competition Advocacy - A Incorporação do Critério Dinâmico;

Como a *competition advocacy* objetiva atuar, justamente, sobre as estruturas dos mercados e tem como um de seus princípios basilares a *eficiência dinâmica*, a análise não se preocuparia, exatamente, com a definição de mercado relevante, habitualmente, direcionada a avaliar uma específica operação societária ou conduta de agentes econômicos, mas sim com o *ambiente institucional* e estrutural desses setores, isto é, sua estrutura competitiva, conjunto de regras e incentivos.

A definição do mercado por meio das funções típicas do antitruste se restringe aos agentes e produtos envolvidos enquanto a promoção da concorrência analisa questões estruturais e institucionais de forma mais ampla tais como políticas setoriais e regulatórias com impactos na concorrência, bem como mercados com desníveis competitivos. Assim, em termos de *advocacy*, importa avaliar a existência de concorrência insuficiente[144] e a existência de fatores institucionais que incrementam custos de transação (oportunismo e incerteza) provocados, direta ou indiretamente, por regras em sentido amplo (leis, políticas públicas, atos decisórios, regulatórios etc) e que, portanto, criam obstáculos à competição ou facilitam comportamentos anticompetitivos.

Dessa forma, a análise em termos de *promoção da concorrência*, de um modo geral, preocupa-se, mais amplamente, com o bem-estar em mercados afetados por estas políticas públicas ou regulatórias. Além disso, a análise de mercado deve ser realizada de modo prospectivo, de modo a contemplar o dinamismo dos setores considerados. Por fim, enquanto, via de regra, as funções tradicionais do antitruste são mais *reativas*, a *advocacy* consubstancia-se em uma função *pró-ativa* que não se esgota na análise de um ato de concentração ou conduta anticompetitiva, já que pressupõe o monitoramento permanente de mercados selecionados.

Nesse aspecto, a análise de mercado efetuada por meio de mecanismos de promoção da concorrência distingue-se da análise efetuada em matéria de defesa da concorrência (condutas e atos de concentração). Por ser efetuada em momento distinto dos mecanismos típicos de defesa da concorrência, a análise concorrencial, nesta dimensão, apresenta diferente amplitude e profundidade. Com efeito, enquanto os conhecidos mecanismos de *defesa da concorrência* pressupõem uma atuação minimalista (adjudicatória) e *reativa*, a promoção da concorrência atua sobre as estruturas de um dado mercado e nem sempre sobre operações ou condutas dos agentes econômicos.

Além disso, a promoção da concorrência, por sua própria natureza e momento de intervenção, contempla outros fins que, dificilmente, seriam passíveis de consideração pela análise antitruste convencional. Isto porque os trabalhos de construção normativa (ou revisão normativa) e de instituição de incentivos próprios da promoção da concorrência implicam, necessariamente, valorar princípios, especificidades e dados econômicos do setor analisado.

---

144 Não seria apropriado falar-se em concorrência "imperfeita" se a concorrência perfeita existe apenas nos manuais de microeconomia. Daí falarmos em concorrência insuficiente e deficiente para o que, usualmente, se denomina concorrência imperfeita e concorrência possível (workable competition) para situações de otimalidade concorrencial, tendo em vista a inexistência fática da concorrência perfeita. O tema será retomado mais adiante.

No controle de condutas e de atos de concentração, o espectro de análise, em princípio, é mais limitado, isto é, adstrito às especificidades do caso em questão e das partes envolvidas. Poderes são mais delimitados e instrumentalizados para resolver um determinado caso concreto (julgar a licitude de uma conduta, aprovar ou não aprovar uma dada concentração entre empresas). Já por meio da promoção da concorrência, o que se tem, por vezes, é análise de regras (atos normativos e incentivos gerais), elaboração de estudos concorrenciais sobre setores e a elaboração de atos normativos objetivando incentivar a concorrência. Como veremos, esta separação é apenas didática, pois a promoção da concorrência é uma função transversal que pode ser operacionalizada pelos próprios mecanismos de *enforcement*, além de introduzir um deslocamento do enfoque das próprias funções tradicionais do antitruste: do enfoque estático-reativo para uma perspectiva dinâmico-preventiva.

Portanto, distintas, também, são as ferramentas econômicas e jurídicas próprias da promoção da concorrência. Nas funções típicas da defesa da concorrência, via de regra, a análise importa a definição de um dado mercado relevante. Já na promoção da concorrência a definição do mercado relevante por meio de testes econômicos como do *monopolista hipotético* não tem o mesmo peso. Isso por uma razão bastante simples: a promoção da concorrência atua no momento de construção e reconstrução de regras que determinam uma dada estrutura de incentivos. Portanto, não importa tanto a substitutibilidade de produtos embora seja possível que a promoção atue no sentido de fomentar novas alternativas de produtos e serviços (estimular a competitividade). Na promoção da concorrência, barreiras artificiais importam mais que barreiras naturais, pois, muitas vezes, são as próprias regras (atos estatais, semi-estatais ou voluntários) que elevam, ainda que indiretamente, barreiras no mercado (incrementam custos de transação).

A análise de preços e lucros tem peso maior na promoção da concorrência. Não apenas nas situações de preços regulados como no caso dos monopólios naturais. Mas, como veremos, na identificação de preços excessivos puros (pouco competitivos), já que o Estado poderia, por meio da *advocacy*, atuar para incentivar a concorrência em determinados setores ou até mesmo para incentivar a concentração quando esta alternativa se revelar mais benéfica ou eficiente. Portanto, acompanhar *mark ups*, níveis de rivalidade e realizar estudos empíricos para monitorar a eficiência dos mercados são mecanismos peculiares da *competition advocacy*.

No contexto da avaliação efetuada em termos de concentração de estruturas de mercado, uma análise dinâmica via *advocacy* deve transcender a simples verificação de índices de concentração, esforço típico do controle de atos de concentração, para prevenir o risco de bloqueio a movimentos inovativos e disruptivos decorrentes destas operações. Isto por uma razão muito simples: há um perigoso pressuposto de eficiência em determinadas operações que decorrem de critérios fixados no Guia H do CADE (2016) e de uma controvertida previsão legal de isenção antitruste para concentrações, aparentemente, inofensivas. No primeiro caso, o Guia, reproduzindo experiências anteriores (internacionais e do próprio SBDC), prevê como, em princípio, inofensivas aquelas operações que resultem em HHI inferiores a 100 pontos verificadas em mercados com HHI menor que 1500 pontos ou mesmo se já concentrado o mercado no momento da operação (i.e., que apresente índices superiores a 1500 ou até a 2500 pontos). A isenção legal, por sua vez, decorre de expressa previsão na LDC (art. 88, II) que exclui da apreciação do CADE operações em que o outro grupo envolvido tenha registrado, no último balanço, faturamento bruto anual ou volume de negócios total no País, no ano anterior à operação, inferior a R$ 30.000.000,00 (trinta milhões de reais). Este valor mínimo, entretanto, foi elevado para R$ 75 milhões pela Portaria Interministerial nº 994 de 30 de maio de 2012, tornando ainda maior a isenção mencionada.

No primeiro caso (critério do Guia H), há uma arriscada presunção de eficiência em operações que, no futuro, podem resultar em efeito contrário. O foco em um critério quantitativo (índice de concentração) e casuístico (com foco em uma específica operação e não no mercado) impede a verificação intertemporal da produção de eficiências tanto no que se refere ao componente inovativo como também no que concerne a uma necessária avaliação da eficiência produtiva e alocativa sob o prisma evolucionário. Além disso, esta análise caso a caso não permite captar o movimento do mercado de forma mais ampla, de tal sorte que operações sucessivas, algumas sequer submetidas, podem, na realidade, se traduzir em um movimento de bloqueio à inovação e ao dinamismo em dado segmento ou até mesmo de integrações diagonais que não seriam notadas pelo SBDC. O próprio Guia H ressalva estas possibilidades, mas importa ressaltar que o faz apenas de modo residual (CADE: 2016). Dessa forma, é inegável que o funcionamento do sistema atual é, em regra, pautado em uma pressuposta eficiência que, por vezes, pode não ser verificada na prática (mais adiante exemplificamos com um caso hipotético). Esta análise, portanto, apresenta o risco de ignorar uma avaliação pautada de em elementos intertemporais e inovativos.

No segundo caso citado, a LDC (art. 88, II) reforça este "pressuposto de eficiência" ao conferir uma dada "isenção antitruste" para operações realizadas, *inter alia*, com empresas nascentes, *startups*, regionais ou com foco em nichos de mercado (produtos *premium* ou diferenciados), quando tais empresas não atinjam faturamento anual de R$ 30.000.000,00 (trinta milhões de reais). Assim uma quase-monopolista pode adquirir empresas do gênero que detém, no entanto, inexpressiva parcela de mercado, sem que o SBDC seja sequer notificado. Em poucos anos, uma firma dominante poderia aniquilar qualquer tentativa de surgimento de novos *players* e produtos diferenciados, bloqueando movimentos disruptivos que poderiam se revelar saudáveis ao mercado.

Um caso interessante que, de certa forma, "denuncia" este perigoso modo de funcionamento do sistema antitruste é o movimento recente de aquisição das principais cervejarias artesanais brasileiras[145] e americanas pelo grupo AMBEV (Anheuser-Busch InBev), verificado, justamente, após rápido crescimento deste segmento em solo americano.[146] Curiosamente, as aquisições das "start-ups da cevada" sequer foram apresentadas ao CADE em virtude da polêmica isenção conferida pela LDC (art. 88, II), já referida acima. Nos EUA, entretanto, as operações têm gerado críticas em virtude do risco de eliminação das chamadas "craft beers" e do possível bloqueio à inovação e diferenciação no mercado (WASHINGTON POST, 2015). O DOJ, após investigação instaurada em face do grupo, impôs à AMBEV proibição de, por ora, adquirir novos distribuidores, fábricas de cerveja e, especialmente, novas cervejarias artesanais, bem como a vedação a programas que dificultem a operação de distribuidores independentes de cerveja, incluindo "craft beers" e cervejas importadas (DOJ, 2016). O DOJ ainda obrigou a AMBEV a franquear às cervejarias menores o acesso a importantes redes de distribuição, de modo a promover a variedade de rótulos e proibiu qualquer programa que desencoraje a comercialização de cervejas rivais (DOJ, 2016). Com foco apenas em índices de concentração, análises pontuais ou mesmo em virtude de "isenções antitruste" conferidas pelo art. 88, II da LDC, jamais o CADE alcançará determinadas ações dos grandes *players* no sentido de inibir movimentos disruptivos nascentes. Este "ponto cego" do antitruste acaba por comprometer a inovação dos mercados, podendo colocar em risco o dinamismo da economia.

---

145 No Brasil, as cervejarias Colorado e Wäls, conhecidas por seus rótulos "premium" e cervejas especiais, foram adquiridas pela AMBEV e as cervejarias Baden Baden, Eisenbahn, Devassa e Wälls pela Brasil Kirin (EXAME, 2016).

146 Estima-se que enquanto as vendas de cervejas convencionais subiram 0,5% em 2014, as vendas de cervejas artesanais haviam aumentado 17,6%, chegando a alcançar 11% do mercado americano (WASHINGTON POST, 2015).

Tais movimentos disruptivos deveriam, em verdade, ser encorajados pelo próprio Estado, como, aliás, já referido anteriormente. Entretanto, por vezes, presencia-se o contrário, isto é, uma atuação disseminada via bancos de fomentos e órgãos públicos no sentido de proteger grandes *players* de agentes econômicos inovadores e *mavericks*.[147] Por certo, sem a tempestiva atuação do antitruste norte-americano no sentido de inibir abusos da Microsoft, jamais ex-startups como Google, Facebook ou Amazon teriam se tornado gigantes nos seus segmentos ou sequer teriam avançado na criação de novos mercados. Mas o que tem sido feito para conter abusos destas mesmas firmas que, uma vez beneficiadas por um sistema de defesa da concorrência mais ativo, agora se beneficiariam, justamente, de um controle antitruste mais permissivo? Esta é uma pergunta que mereceria resposta das autoridades concorrenciais.

Um caso curioso que, de certa forma, constitui-se em indicativo de que a não-incorporação de startups por firmas dominantes apresentaria efeitos benéficos para a economia, foi a conhecida decisão dos executivos da Blockbuster, companhia então dominante no segmento de locação de filmes, em não adquirir a então startup Netflix no ano 2000 por apenas U$ 50 milhões, o que culminou no surgimento de um segmento totalmente renovado e na ruptura do modelo anterior de locação de filmes por meio de lojas físicas, rapidamente, substituído pelo sistema de vendas *on line* criado pela firma nascente (BUSINESS INSIDER, 2015). Sem entrar no mérito da decisão "estratégica" da Blockbuster, que entendia inviável o modelo de negócios da Netflix, a realidade é que eventual aquisição da Netflix poderia ter freado o movimento disruptivo presenciado nesse segmento.[148] Com base nos critérios atuais de análise, é possível que casos semelhantes sequer despertariam a preocupação das autoridades concorrenciais e, no caso brasileiro, talvez sequer passariam pelo crivo do sistema, tendo em vista a referida isenção prevista no art. 88, inciso II da LDC.

A análise estrutural, portanto, deveria ser renovada com base em um monitoramento permanente do movimento dos mercados, de modo a incorporar aspectos relativos à inovação e competitividade, o que o controle convencional, de caráter estático e pontual,[149] já não contemplaria atualmente.

147 Tema já tratado anteriormente.

148 Outros casos são citados como oportunidades perdidas na aquisição de startups que remodelariam seus segmentos, entre elas, a decisão do Yahoo em não adquirir Google e Facebook (BUSINESS INSIDER, 2015).

149 Focado em operações apresentadas pelos próprios agentes econômicos ou na análise de condutas ilícitas específicas e não, portanto, na análise de setores e segmentos.

Nesse sentido, a promoção da concorrência surge como importante referencial para concretização de um controle dinâmico.

2.5. As ideias de *Workable Competition* e *Second Best Theory*: as Fronteiras entre Regulação e Promoção da Concorrência[150]

Um conceito mais "realista" de concorrência é aquele que foi desenvolvido, especialmente, em consideração à especificidade de mercados com imperfeições estruturais e regulados, mas que deveria valer como um conceito geral de concorrência em um sentido mais *dinâmico e relativo* do processo competitivo. Todos os mercados são específicos e, naturalmente, imperfeitos. A imperfeição é a regra, não a perfeição (o modelo de concorrência perfeita é apenas um modelo ideal em relação ao qual poucos segmentos se aproximam).

Nesse sentido, não apenas mercados são específicos a ponto de não ser possível estabelecer-se uma "métrica" perfeita de análise, mas o ponto de partida de análise também varia em diversos aspectos, o que, por si só, introduz um elemento subjetivo e valorativo nos critérios de concorrência perfeita. Se a concorrência fosse, de fato, perfeita, a tutela antitruste seria desnecessária. Órgãos de defesa da concorrência só existem mundo afora em razão de problemas e imperfeições nos mercados.

Sabe-se que determinados setores comportam maior ou menor competição, outros sequer a comportam. Caso se trate, e.g., do mercado de telefonia fixa, a análise concorrencial pode-se dar das mais variadas formas. Por meio de promoção da concorrência, a introdução da competição ou uma política regulatória para o setor seriam analisadas sob uma dada forma e em dado momento (na década de 80, por exemplo, era impensável a rivalidade da telefonia fixa com a telefonia móvel, o uso da banda larda e da tecnológica *voice over IP - VOIP*). Já por meio do controle de condutas, teríamos uma análise distinta do mesmo mercado, mas muito dependente da *natureza da conduta* ilícita praticada. Na análise dos atos de concentração, a análise irá variar também por uma série de fatores que vão do fato de se tratar de uma integração

150 Uma observação quanto à proposta da segunda parte do tópico deve ser feita. Os limites entre regulação e concorrência é tema muito mais amplo do que o que ora se propõe. A abordagem aqui em relação às "fronteiras entre regulação e promoção da concorrência" objetiva questionar a própria utilidade da regulação *vis a vis* mecanismos concorrenciais promocionais (indutivos ou regulativos). Não estamos tratando, portanto, de questões de articulação entre regulação e concorrência ou sobre eventuais conflitos entre regulação e mecanismos convencionais do antitruste.

horizontal, vertical, do tipo do acordo, das partes envolvidas etc. Não há uma fórmula de concorrência perfeita aplicável a todos os casos, mas, quando muito, exercícios de aproximação. Ainda assim, toda essa análise deverá levar em consideração especificidades estruturais dos mercados, sua natureza regulada, exceções concorrenciais e, entre outros, aspectos tecnológicos. Uma análise feita hoje já não poderá ter préstimo em futuro próximo. Ou seja, falar-se em padrões *a priori* de concorrência perfeita seria, comprovadamente, impossível.

O que a *competition advocacy* propõe, nesse sentido, é que a concorrência tal como posta na realidade esteja sujeita à constante (re)análise sob um prisma de *workable compeition*, como demonstramos a seguir, respeitadas, obviamente, especificidades de tempo, lugar e características do serviço (setoriais, técnicas e jurídicas). Esta análise deve levar em consideração uma análise mais ampla em termos de eficiência, de modo a conjugar a cláusula democrática com aspectos de *eficiência dinâmica*, uma vez que pode ser viável e desejável um nível maior de rivalidade em dados setores. Entretanto, em outros setores, a prestação do serviço ou comercialização de determinado bem por reduzido número de competidores ou até sob regime de monopólio pode até se mostrar preferível ao regime competitivo. É possível em determinados casos simular padrões de *otimalidade concorrencial* nesses serviços. Essa tarefa também incumbe à função de promoção da concorrência e, por vezes, é exercida por órgãos reguladores e pela atual Secretaria de Promoção da Produtividade e Advocacia da Concorrência (SEPRAC)[151] no exercício consultivo de *advocacy*.

Conforme definição da OCDE, elaborada por Khemani e Shapiro, *workable competition* pode ser entendida como:

> *Workable competition* é uma noção que decorre da observação de que, uma vez que a competição perfeita não existe, teorias baseadas nesse conceito (de concorrência perfeita) não proveem diretrizes confiáveis para a política concorrencial. A ideia foi, primeiramente, enunciada por J. M. Clark em 1940. Este economista defendeu que o objetivo da política antitruste deve ser realizar a concorrência possível e não necessariamente perfeita. Clark propôs critérios para avaliar se a concorrência é possível, e isso provocou uma série de revisões e contrapropostas. Os critérios propostos eram amplos e previam que o número de firmas deveria ser amplo tanto quanto economias de escala permitissem; as despesas com publicidade não poderiam ser excessivas e a publicidade deveria ser informativa. Não houve consenso sobre o que poderia caracterizar a *workable competition*,

151 Sucessora da extinta SEAE.

mas os órgãos de defesa da concorrência passaram, desde então, a adotar conceitos similares ao apresentado por Clark (1993: 85-86).

O critério criado por Clark foi criticado por uma certa generalidade e em virtude da dificuldade da fixação de *standards* prévios para situações que poderiam variar caso a caso (SCHERER E ROSS, 1990:54).[152] A realidade é que, como demonstram Scherer e Ross, mais importante que o critério, em si, foi o fato de que a ideia de Clark funcionou como um fator que motivou reflexões sobre o então dominante modelo de concorrência perfeita (1990: 53). Após a publicação do artigo seminal, houve uma proliferação de artigos sobre o tema e a ideia de concorrência perfeita passaria a ser, cada vez mais, contestada (1990: 53). A proposta de *workable competition* representou, portanto, um importante divisor de águas na teoria antitruste.

Com efeito, outra teoria também conhecida, justamente, por esta tentativa de adaptar o modelo de equilíbrio competitivo perfeito é a "*second best theory*" de Kelvin Lancaster and Richard G. Lipsey apresentada no consagrado artigo "*The General Theory of Second Best*" de 1956 (SCHERER; ROSS; 1990:33-38). Dois exemplos clássicos ilustram a teoria. Um deles é o do caso do monopolista cuja produção apresenta severo impacto ambiental. Implementar concorrência nesse caso poderia parecer benéfico em princípio, entretanto, implicaria aumentar a produção e, consequentemente, a poluição. Desse modo, seria preferível manter o monopolista, ainda que temporariamente, a introduzir concorrência, pois a maior competição, em um primeiro momento, apenas agravaria o impacto ambiental. O segundo exemplo é o do monopólio do setor manufatureiro em que a única forma de fazer frente a este poder de mercado seria incentivar um monopólio compensatório dos produtores rurais para aumentar o poder de barganha destes face à posição dominante da indústria manufatureira. Isto é, nos dois casos, abre-se mão da análise com base em um modelo de equilíbrio competitivo para uma hipótese alternativa que seria, portanto, a "segunda melhor opção" (SCHERER; ROSS; 1990:33-38).

Teorias críticas a "*second best theory*", por sua vez, buscam soluções em um "parcial" equilíbrio competitivo e em uma "*third best theory*" (SCHERER;

152 Sobre o tema Gaban e Domingues asseveram que "economistas chegavam à conclusão de que rupturas do modelo perfeito de concorrência eram normais, na verdade inevitáveis, mesmo em indústrias competitivas. Esse fato levou os economistas a articularem um critério vago para definir se um mercado era "praticamente competitivo", isto é, de concorrência praticável ou 'concorrência efetiva'" (2016: 75).

ROSS; 37-38). Na realidade, estas teorias apenas comprovam que nem sempre as soluções baseadas em eficiência produtiva e alocativa são sinônimos de produção de bem-estar. No fundo, as teorias que objetivaram "corrigir" a fórmula de concorrência perfeita consubstanciam-se em um esforço valorativo para reposicionar a eficiência com base em uma noção de bem-estar que também é valorativa e bastante relativa.

Da mesma forma que a *workable competition* ou teorias correlatas como a *second best* propõem o sopesamento do grau de concorrência para atender dado padrão de otimalidade concorrencial, especialmente, em mercados com peculiaridades estruturais, seria possível vislumbrar casos em que *introduzir* ou *fomentar maior concorrência* seria importante para um dado setor. Porém, este último exercício, raramente, é levado a cabo em razão de uma espécie de "dogma libertário" de que, uma vez erigido o poder de mercado, este já não poderia ser cindido ou reduzido por meio do Estado, até porque as funções típicas do antitruste não alcançariam este tipo de intervenção. O tema é polêmico. Entretanto, há uma clara contradição em utilizar o modelo de concorrência perfeita para permitir maiores concentrações, mas, por outro lado, afastar um modelo ideal de concorrência em determinados mercados que já se encontram, excessivamente, concentrados e que, portanto, mereceriam uma intervenção estrutural do Estado. Este pressuposto de não intervenção reproduz uma lógica *nozickiana* (libertária) aplicável apenas quando se trata de salvaguardar direitos individuais de propriedade independente dos custos sociais e da ineficiência de estruturas excessivamente concentradas. Esta lógica não considera também o contexto histórico-institucional no qual a excessiva concentração foi erigida, isto é, nem sempre o domínio econômico derivaria de eficiências internas das firmas. Não raro, a excessiva concentração de mercado decorre de incentivos ou omissões do próprio Estado por meio da influência de setores produtivos, financeiros e agentes políticos. Esta análise, raramente, é realizada.

Dessa forma, mercados, excessivamente, concentrados também passariam sob a mesma lógica da teoria antitruste e regulatória, a apresentar uma "imperfeição estrutural" (ausência de efetiva concorrência e contestabilidade). A promoção da concorrência surgiria, exatamente, como uma alternativa de intervenção quando o interesse da coletividade estivesse em risco, justamente, em razão da inexistência de rivalidade nos mercados. Muitos poderiam afirmar que a imperfeição estrutural foi erigida legitimamente por meio de maior eficiência, diferentemente, de outros casos em que tal imperfeição já existiria naturalmente. Mas o fato é que, criada natural ou artificialmente, há uma imperfeição estrutural a legitimar, no mínimo, uma intervenção via regulação do serviço (aliás, este é um dos fundamentos para intervenção regulatória). E, nessa hipótese, também estar-se-á diante de um caso de simulação de modelos competitivos ainda que inexistam competidores. A promoção da concorrência situar-se-ia, entretanto, entre uma solução *hard core* de intervenção regulatória e/ou uma solução, meramente, reativa que seria representada pelos mecanismos adjudicatórios de defesa da concorrência (repressão de condutas e análise de atos de concentração).

Com efeito, o problema seria ainda mais grave quando, não obstante a constatação de problemas estruturais em determinados mercados decorrentes de excessiva concentração, a análise antitruste convencional se vê incapaz de interferir em questões relacionadas a "preços",[153] até porque as ferramentas disponíveis seriam inaptas à resolução do problema. Casos potenciais de preços predatórios e preços excessivos, raramente, alcançáveis pelo controle antitruste típico, são, por vezes, sintomas de problemas estruturais prévios que somente poderiam ser, efetivamente, atacados por ferramentas de *advocacy*. Esta simulação de modelos competitivos em mercados com concorrência insuficiente[154] é, normalmente, feita via análise de custos do serviço por meio de controle tarifário (caso da energia elétrica no Brasil), tarifação com base em custo marginal e *price cap*, mecanismos de *yardstick competition* (SHLEIFER, 1985): fixação de padrões de eficiência com base em uma empresa hipotética (empresa "sombra" que simula padrões de eficiência e concorrência). Quando há espaço para liberação de novas outorgas, o controle concorrencial é viabilizado por incremento da rivalidade, normalmente, via licitações nesses serviços (a chamada concorrência *pelo mercado*[155]).

---

153 Mais adiante retornaremos ao tema, propondo soluções com base em mecanismos de promoção da concorrência.

154 Concorrência deficiente ou insuficiente pode ser compreendida, de modo abrangente, como a competição entre agentes em mercados com *racionalidade limitada*, assimetria informacional e rivalidade reduzida de modo a dificultar a prática de preços competitivos e/ou movimentos inovativos.

155 Nesse sentido, "em primeiro lugar, sobre a concorrência PELO acesso ao mercado, há uma série de variáveis que podem moldar as características deste modelo regulatório, com potenciais virtudes, capazes de simular o ambiente concorrencial em algumas situações, mas também com problemas inerentes, em especial no que se refere a setores com assimetrias de informação e complexidade na prestação dos serviços. A segunda questão abordada se refere ao problema dos ganhos inesperados (windfall profits) derivados do fato de os investimentos em infraestrutura exigirem muito tempo para sua maturação. Essa característica faz com que os contratos de delegação também sejam de longo prazo, criando, por sua vez, um ambiente de incertezas e de racionalidade limitada que exige uma regulação

No fundo, o que legitima a regulação de um serviço que possui, naturalmente, imperfeições estruturais, mas não a de um serviço que possui imperfeições estruturais "artificiais", erigidas pelos próprios prestadores ou, indiretamente, por incentivos ou omissão do próprio Estado,[156] é apenas uma perspectiva "argumentativa" criada com base em um dogma libertário de defesa irrestrita de direitos de propriedade, pois, tanto do prisma econômico como jurídico (constitucional), haveria uma razão preponderante a legitimar a intervenção do Estado. Como veremos, essa lógica de preservação de um suposto direito individual à "não concorrência", pressuposta na tradição "civilista", não é assim tão clara nos EUA, país considerado o berço do antitruste como já mencionamos anteriormente. Se podemos afirmar que inúmeros mercados, na vida real, distanciam-se do modelo de concorrência perfeita e mercados com imperfeições estruturais são, justamente, aqueles que se distanciam do padrão de concorrência perfeita (por isso, imperfeitos), o que sobraria para aqueles mercados que estão no limbo, isto é, longe de ter concorrência perfeita, mas ao mesmo tempo não-regulados? O que, do ponto de vista jurídico (e até econômico), justificaria buscar a otimalidade em um mercado regulado, e não buscar este mesmo padrão em um mercado não-regulado, mas que apresentaria sérias deficiências competitivas?

Nesse aspecto, não se pode ignorar que o Poder Público é, de certa forma, uma espécie de "superfirma" capaz de influenciar os fatores de produção por meio de suas decisões (COASE, 2016: 117). Pode-se dizer que o governo é capaz de influenciar o mercado não apenas por suas decisões comissivas, mas por suas omissões, isto é, por não agir quando verificada uma dada distorção estrutural. Assim, distorções podem haver tanto decorrentes de decisões políticas e administrativas que interfiram, negativamente, na concorrência, como também por outros meios não, diretamente, governamentais. Aparentemente, a *competition advocacy* no Brasil tem-se preocupado mais com decisões governamentais e regulatórias do que com distorções no mercado

constante. A essa configuração, que torna a presença de um órgão regulador quase imprescindível, Demsetz se contrapõe afirmando que, no mercado, os contratos de longo prazo são realizados sem o auxílio de nenhuma agência reguladora, de modo que a questão se resume em apenas selecionar o melhor tipo de contrato" (CARVALHO e CASTRO, 2009)

156 A situação de concorrência imperfeita é tida como aquela em que há um ou poucos vendedores e muitos compradores para determinado produto. Este modo de concorrência imperfeita ocorre porque o comprador ou vendedor teria um poder de mercado capaz de influenciar o preço de mercado. Comumente neste tipo de mercado, a quantidade vendida será menor, e o preço unitário será maior do que praticado no mercado competitivo (VARIAN, 2012).

que poderiam demandar o acompanhamento do Poder Público, até em razão de uma dificuldade operacional do sistema, limitação orçamentária e alcance das ferramentas atualmente disponíveis. Contudo, a realidade é que, por um lado, o Estado pode, por ato próprio, acabar provocando um indesejável desvio concorrencial, mas também, por omissão, "permitir" que o mesmo desvio seja ocasionado por fatores estruturais específicos dos mercados.

Como demonstra Coase, nem sempre as soluções de mercado são as mais eficientes assim como nem sempre a regulação estatal é eficiente, mas é preciso admitir que o controle do mercado pelo Estado pode promover a eficiência econômica (2016: 116-117). Os dois casos (soluções de mercado e soluções regulatórias) deveriam motivar preocupações concorrenciais. Verificar em que ponto os custos das regulações estatais ultrapassariam seus ganhos é um dos desafios das ferramentas de *advocacy*, mas também seria necessário investigar em que ponto os custos da omissão em mercados não-regulados não poderiam até incrementar distorções competitivas estruturais, comprometendo o funcionamento desses mercados. Setores, em princípio, "livres" de regulação, mas com imperfeições estruturais demandariam renovada preocupação concorrencial.

Nessa esteira, regulações existentes já oferecem elevado risco à ordem econômica e não podem passar incólumes ao controle concorrencial. Além disso, a *competition advocacy* não representaria "mais regulação", mas o controle da eficiência da regulação e dos mercados. Dito de outro modo: esta função pode até recomendar, em determinados casos, "menos regulação" ou uma intervenção que não oblitere canais competitivos. É até provável que isto ocorra com frequência dada a suspeição quanto à efetividade de padrões regulatórios e de políticas de desenvolvimento adotadas nos últimos tempos. Aliás, se houvesse uma aceitação maior por um controle concorrencial permanente das estruturas do mercado, para além das fronteiras das funções típicas do antitruste, a regulação setorial, em muitos casos, poderia até ter seu espectro bastante reduzido e ser substituída, ainda que parcialmente, por mecanismos mais indiretos e autorregulativos. O que a ausência de estudos sobre o tema permite inferir é que pode estar "sobrando" regulação em determinados setores ao mesmo tempo em que, em outros segmentos, haveria uma demanda por maior atenção do poder público, especialmente, no que concerne à correção de deficiências competitivas nesses mercados. Da mesma forma, se a ideia é prevenir, o próprio controle antitruste reativo poderia ser, invariavelmente, substituído por uma atuação precaucionaria.[157]

---

157 Como veremos no próximo capítulo.

Com efeito, não há razão para supor que a regulação será sempre necessária quando dado problema não é solucionado pelo próprio mercado (COASE, 2016: 118). Entretanto, não há razão para supor que o Estado não possa controlar aspectos concorrenciais de estruturas de mercados ineficientes, até porque o poder público, não o setor privado, é quem detém a exclusividade no uso da força e de instrumentos regulatórios, não o mercado. É compreensível que exista o temor de uma tutela ultrapassada e protetiva do tipo "controle da economia popular", utilizada no passado, mas a realidade é que o aparato técnico do Estado e a teoria econômica encontram-se em estágio de maior amadurecimento institucional, de modo a que seja possível encontrar uma "terceira via" interventiva que não consistiria em pura e simples "regulação" ou em um controle concorrencial, meramente, reativo e, no mais das vezes, pouco efetivo.

Pode-se dizer que soluções ineficientes ocorrem, por vezes, quando intervenções do Estado se sobrepõem à lógica concorrencial. Nesse sentido, verificam-se irrazoáveis restrições ao livre mercado quando o Estado intervém na economia além do que deveria, mas se ignora que, por vezes, também não há livre mercado quando determinadas firmas dominantes são capazes de manipular as "leis" e incentivos econômicos. Este poder de influenciar no mercado se dá, não raro, em razão da inexistência de mínima rivalidade ou sequer de potencial rivalidade.

O Estado, nessa linha, possuiria maior capacidade para, de forma heteronômica, coordenar, excepcionalmente, ações de controle econômico, até porque a omissão pública poderia induzir efeitos, socialmente, indesejáveis. A negativa do exercício dessa prerrogativa pelo Estado advém, portanto, muito mais de um sentimento de desconfiança do que de um fundamento, estritamente, econômico ou jurídico. Nesse particular, Coase critica a postura reducionista de muitos economistas no sentido de que a "crença" na ineficácia da regulação estatal não vai além de sugerir que a intervenção deva ser reduzida ou eliminada (2016: 119). Coase argumenta que esta postura não diz onde devem ser traçados os limites (da intervenção estatal), assunto que os economistas deveriam estudar mais profundamente (2016: 119). Isto se deve, em grande parte, ao déficit de estudos empíricos no campo concorrencial e regulatório, o que constituiria uma tarefa, essencialmente, da *competition advocacy* (SOKOL, 2010). A insuficiência de enfrentamento destas questões, de certa forma, já prenunciaria que há, de fato, um *trade off* entre regulação e antitruste de difícil solução e, além disso, que os instrumentos disponíveis para fazer valer o princípio concorrencial são, claramente, insuficientes.

Além disso, o olhar do órgão regulador nem sempre está voltado para a eficiência competitiva. No geral, os órgãos setoriais sequer possuem *expertise* na matéria concorrencial. Há sempre o risco de a autoridade reguladora deixar de lado o vetor concorrencial para prestigiar interesses setoriais nem sempre justificáveis. Como sabemos, há grande risco de *captura* do órgão e a criação de exceções à concorrência devido à pressão dos próprios agentes econômicos. Em alguns casos, verifica-se, até mesmo, forte resistência à aplicação do próprio sistema de defesa da concorrência em determinados setores. A *promoção da concorrência* serviria muito bem como contrapeso às decisões setoriais e até como meio de controle da captura.

Sobre a calibragem regulatória, regulação parcial e eliminação da regulação, Possas et al. afirmam que há uma "zona cinzenta" entre a regulação e a tradição das políticas antitruste que desafiam a construção de ambientes competitivos (2001:107). Para estes autores, mais do que a mera submissão destes setores a tutela antitruste, seria necessária uma estratégia de controle ao longo do processo de aprendizado institucional com políticas de assimetria regulatória, restrições prévias a determinadas práticas pelas firmas dominantes e, se for o caso, controle parcial de preços (2001: 99-119). Em uma palavra: promoção da concorrência.

Com efeito, a *advocacy* cumpre o importante papel de atuar, preventivamente, sobre atos do poder público que apresentem algum potencial anticompetitivo em geral e de entes privados com poder de interferência na concorrência. Um dos principais focos é, justamente, avaliar impactos da regulação na ordem econômica.[158] Nesse sentido, a *advocacy* pressupõe que, de certa forma, a regulação poderia gerar distorções competitivas, ou seja, distorções estruturais, portanto. Ocorre que o pressuposto da regulação e o que, de certa forma a legitima são, exatamente, as imperfeições do mercado. Ora, se o que justifica a regulação são imperfeições estruturais e o que legitima a promoção da concorrência nesses setores também são estas imperfeições (mais restritas à temática antitruste), como tratar também das deficiências concorrenciais em setores não-regulados?[159] No fundo, a mesma premissa que justifica a intervenção regulatória deveria justificar outras intervenções

158 É importante pontuar que a promoção da concorrência tem sido utilizada, especialmente, como um meio para avaliar o impacto concorrencial de decisões tomadas em setores regulados (não apenas, setores regulados, mas políticas públicas, projetos de lei e setores em que entidades privadas possuem poder para, de alguma forma, influenciar na concorrência).

159 Dito de outro modo, mercados não regulados com problemas estruturais seriam "corrigidos" por quem?

com base na livre concorrência, um princípio transversal que perpassa toda a economia. Na realidade, setores não regulados não são, assim, tão "perfeitos" ou "irrelevantes" a ponto de não merecerem um olhar mais atento do Estado em termos de eficiência e concorrência. Por outro lado, a "imperfeição" em setores regulados pode desaparecer, gradativamente, de modo a sequer justificar a regulação.[160] Por conseguinte, vislumbra-se a necessidade de revisão do próprio alcance deste controle para análise de mercados não regulados nos quais a concorrência é inefetiva. Não se trata de restringir liberdades, mas, antes, de ampliar a livre concorrência e a livre iniciativa em sua dimensão coletiva por meio, se necessário, da redução de barreiras ao livre empreendimento. O que importa frisar, nesse ponto, é que a *advocacy* propõe analisar barreiras estruturais ao desenvolvimento da concorrência não apenas como *dadas* pelo mercado, diferentemente, portanto, da tradicional análise empreendida, de certa forma, no controle de condutas e estruturas. Importa saber *como* foram construídas as barreiras estruturais e, portanto, como seria possível propor novas definições de mercado (ou como encorajar a competição nos mercados).

A verdade é que os mercados não são nem totalmente livres nem totalmente competitivos.[161] Não existe uma "fórmula mágica" capaz de predizer quais mercados são essenciais ou quais mercados possuem "imperfeições estruturais" capazes de justificar a intervenção estatal por meio da regulação. Os mercados de bares e restaurantes que poderiam parecer, em um primeiro momento, totalmente, livres, devem obedecer a uma série de posturas municipais, alvarás de funcionamento, cumprir normas de vigilância sanitária, restrições referentes a zonas comerciais e não comerciais, e, em determinados casos, horários de funcionamento. Até mesmo o ato de, pura e simplesmente, *empreender* comporta uma série de requisitos que vão desde abertura de pessoa jurídica até uma série de entraves burocráticos, cartorários, pagamentos de taxas e tributos para dar início e seguimento à operação. Por outro lado, com o avanço tecnológico, um mercado como o de telecomunicações, sempre

160 Neste particular, a própria regulação do setor de telecomunicações passa por uma "crise existencial" que é a incapacidade de alcançar a realidade e aqui me refiro à concorrência imposta por voz sobre IP e que são exemplos WhatsApp, Viber e, entre outros, Skype. Aparentemente, o exemplo da Anatel demonstra que, por vezes, a regulação se coloca em um beco sem saída e já não consegue acompanhar a realidade, rapidamente, mutável. Com a convergência tecnológica, serviços de diferentes setores se entrecruzam, como no exemplo dado (voz, dados e serviços de valor adicionado), e isto cria barreiras à própria regulação. Mas isto não seria, facilmente, resolvido por meio de um órgão responsável pela promoção da concorrência?

161 Reconheço que esta afirmação pode até parecer óbvia para muitos, mas deveria ser repetida como um "mantra".

sujeito à intensa regulação, talvez, no futuro, já não dependa tanto assim de um controle especializado que poderia passar a ser mais restrito a aspectos concorrenciais gerais.

A concorrência, até mesmo nos mercados mais competitivos, é permeada por uma série de peculiaridades institucionais, comportamentais, históricas e culturais que aniquilam qualquer tentativa de aproximação a um modelo de *concorrência perfeita*. É conhecido o caso do cartel de postos de combustível do Distrito Federal[162]: um mercado, *hipoteticamente*, competitivo, no qual, entretanto, uma Lei Complementar Distrital (LC 294/2000) limitava a abertura dos postos em determinadas áreas.[163] A concorrência era, obviamente, dificultada por esta restrição geográfica que, por sua vez, facilitava o conluio entre os poucos concorrentes. Em um mercado no qual a teoria econômica diria que a entrada poderia ser *fácil* e *tempestiva*, a realidade é que, além de barreiras institucionais, o cartel entre os concorrentes tornava quase impossível a existência da competição. Poder-se-ia pensar que bastaria punir o cartel para resolver o problema, mas a verdade é que a concorrência jamais seria estabelecida sem medidas de promoção da concorrência capazes de mitigar os desequilíbrios concorrenciais, previamente, erigidos. Nesse sentido, o governo do DF sancionou uma lei liberando a instalação de postos de combustíveis em comércio como uma medida para estimular a competição[164], uma clara medida de *promoção da concorrência* que, conjugada à punição do cartel, tem logrado êxito no fomento à concorrência naquele segmento, até porque, após a intervenção do CADE e aprovação da referida lei, os preços passaram a níveis competitivos. O segmento de postos de combustíveis demonstra como mercados que, na teoria, não apresentariam *imperfeições estruturais* que inviabilizassem à concorrência, podem, contudo, estar configurados de uma tal forma que a entrada ou permanência de um competidor seja difícil ou até inviável. A verdade é que, como no caso dos postos do DF, tais barreiras podem ser erigidas, em parte, pelo Estado e, em parte, pelos agentes privados. Dito de outra maneira: o *ambiente institucional* desse mercado foi construído de uma maneira muito peculiar, a partir de regras públicas e "semipúblicas"[165] que o distanciam de qualquer modelo de concorrência perfeita.

162 Processo nº 08012.008859/2009-86.

163 O artigo 2º da Lei Complementar 294/2000 proibia a construção de postos de gasolina nos estacionamentos de supermercados, hipermercados, teatros, cinemas, shopping centers, escolas e hospitais públicos no Distrito Federal.

164 Lei Complementar nº 911, de 31 de março de 2016.

165 Incentivos, contratos e múltiplas relações institucionais.

A questão que se coloca é: conseguiria o CADE atuar de forma contundente em todos os demais casos similares Brasil afora? Se já é difícil enfrentar a questão, especificamente, sob o prisma do controle comportamental, imagine-se identificar todas as restrições de índole institucional que, eventualmente, criem desníveis competitivos estruturais ou estimulem comportamentos contrários à concorrência.

Por outro lado, poder-se-ia questionar a razão pela qual o próprio Judiciário não poderia ter afastado a lei complementar que dificultava a competição no setor, justamente, por ferir a livre concorrência. A verdade é que, realmente, poderia. Entretanto, não o fez. O próprio Supremo Tribunal Federal entendeu ser a lei compatível com a Constituição, o que revelou uma dificuldade em assimilar o princípio da livre concorrência como um importante argumento para afastar a restrição legal.[166] Aqui, também um problema típico de *advocacy*, em sua dimensão cultural e educativa, conforme abordaremos adiante, na medida em que, infelizmente, segmentos do Judiciário, Ministério Público e da advocacia pública, órgãos fundamentais à promoção e defesa da concorrência, ainda não despertaram, como deveriam, para a relevância do tema.

2.6. Assimetria Informacional e *Advocacy*

É pressuposto na teoria econômica neoclássica que todas as pessoas, agentes econômicos, consumidores e Poder Público têm acesso, no mesmo nível, a todas as informações do mercado, de modo a presumir uma atuação, racionalmente, dirigida a fins "naturais" e pré-determinados. O primeiro grande equívoco dessa assunção é o de que seria notório que há forte assimetria informacional entre pessoas, consumidores e agentes econômicos. Em grande parte, é a própria assimetria informacional que viabiliza um ganho marginal

166 Em seu voto, o ministro Celso de Mello destacou, de forma bastante abrangente, que "o estatuto constitucional das franquias individuais e liberdades públicas, ao delinear o regime jurídico a que estas estão sujeitas e considerado o substrato ético que as informa , permite que sobre elas incidam limitações de ordem jurídica (RTJ 173/807-808), destinadas, de um lado, a proteger a integridade do interesse social e, de outro, a assegurar a coexistência harmoniosa das liberdades, pois nenhum direito ou garantia pode ser exercido em detrimento da ordem pública ou com desrespeito aos direitos e garantias de terceiros. A regulação estatal no domínio econômico, por isso mesmo, seja no plano normativo, seja no âmbito administrativo, traduz competência constitucionalmente assegurada ao Poder Público, cuja atuação - destinada a fazer prevalecer os vetores condicionantes da atividade econômica (CF, art. 170) - é justificada e ditada por razões de interesse público, especialmente aquelas que visam a preservar a segurança da coletividade. " (STF: RE 597165).

pelo agente econômico. Normalmente, é o agente econômico que detém a vantagem em termos de acesso às informações do mercado, custos, margens e preferências dos consumidores. Aliás, nem mesmo entre concorrentes de um mesmo mercado existiria equivalência de custos e nem, em princípio, um preciso conhecimento recíproco destes custos. Aliás, a concorrência pressupõe, justamente, esta assimetria informacional entre os concorrentes que buscarão superar seus rivais com soluções inovadoras e melhoria da qualidade de produtos e serviços.

A verdade é que o detentor de posição dominante tem não só informações privilegiadas como é capaz, muitas vezes, de determinar, previamente, as próprias informações do mercado, isto é, capaz de influenciar as próprias estruturas do mercado de tal sorte que o consumidor ou concorrentes sejam apenas "tomadores de informação" (*information takers*) ao passo que aqueles que detêm posição dominante são "geradores de informação" (*information makers*). Se uma empresa é capaz de "regular", ainda que parcialmente, o próprio mercado em que atua, é também capaz de manipular informações desse mercado. Por vezes, as informações não são *dadas*, mas *construídas* pelos próprios detentores de posição dominante. Isto ocorre de diversas maneiras, seja na criação de novos produtos, diferenciações nos existentes, indução comportamental de novas necessidades aos consumidores etc. Assim, por exemplo, uma empresa pode desenvolver subprodutos (ou submercados) de produtos pré-existentes oferecendo um aspecto diferencial em relação ao produto original (como no caso de segmentos "premium"). A empresa, detentora, originalmente, do conhecimento sobre a veracidade desta informação passará a explorar o lucro, justamente, da deficiência informacional presente no mercado. Isto demonstra que, invariavelmente, a informação não é apenas uma vantagem que poucos detém, mas também um fator que pode ser não apenas criado como manipulado. De um modo geral, são os desníveis informacionais que potencializam o poder de mercado. Quanto maior o poder de mercado de um *player* maior sua "capacidade informacional", até porque pode contratar as melhores empresas em matéria de publicidade e marketing, fazer pesquisas de mercado, comprar espaços publicitários e fazer alianças estratégicas com outras empresas dominantes de outros setores de mercados relacionados (como de mídia e publicidade).

Mas não apenas isso, uma grande corporação econômica possui, justamente por sua capacidade financeira, um direito não extensível aos demais atores do processo econômico: a possibilidade de investir no melhor assessoramento técnico-econômico disponível no mercado. Se as informações estivessem, assim, tão acessíveis a todos os agentes econômicos, provavelmente, não contratariam os melhores economistas da atualidade.[167] Posner realça a dificuldade das autoridades antitruste em contratar os melhores técnicos, tendo em vista, especialmente, os salários de economistas e engenheiros no setor privado (Posner, 2000: 10)[168]. A realidade é que mercados parecem funcionar perfeitamente somente para aqueles que titularizam informações estratégicas. Em suma, é inegável que as informações não estão disponíveis, isonomicamente, entre as pessoas em geral.

Além disso, quando há custos de transação significativos, as instituições do mercado resultantes serão projetadas para induzir os atores a adquirir a informação essencial que os levará a reprogramar os seus modelos de acordo com este sistema de incentivos (NORTH, 1997). Nesse sentido, "indivíduos geralmente agem com informações incompletas e com modelos subjetivamente derivados que são freqüentemente errôneos e o feedback da informação institucional é tipicamente insuficiente para corrigir esses modelos subjetivos" (NORTH, 1997). Tanto a omissão das autoridades públicas no sentido de mitigar assimetrias informacionais como a existência de fatores institucionais indutores de problemas informacionais corroboram para a ineficiência dos mercados.

Hayek já criticava o pressuposto da teoria da concorrência perfeita de que todas as pessoas teriam completo conhecimento do mercado em que se encontram (HAYEK, 1946). Critica semelhante à de North, portanto. No fundo, a teoria da concorrência perfeita ampara todo raciocínio antitruste ao longo dos anos com o posterior refinamento e detalhamento dos conceitos econômicos (HAYEK, 1946: 95). Conceitos básicos de concorrência perfeita mereceriam ser revisitados, a saber, produtos homogêneos e com "alto grau" de substitubilidade, inúmeros competidores incapazes de influenciar preços (tomadores de preço - price takers), barreiras à entrada, no geral, reduzidas

167 O Google, por exemplo, não teria contratado como seu economista chefe Hal R. Varian, um dos maiores especialistas em microeconomia cujo consagrado manual, citado neste trabalho, talvez seja uma das referências mais utilizadas nos cursos de economia mundo afora. Robert S. Pindyck, outra grande referência em microeconomia, não seria professor contratado pelo Banco de Tokyo-Mitsubishi e assim por diante.

168 Para Posner (2000:8): "There aren't that many competent experts, and almost all of them are employed by or have other financial ties to firms involved in or potentially affected by antitrust litigation in this sector. The Antitrust Division does not employ any computer scientists or electrical engineers, but is wholly dependent on consultants, as are also, I believe, all the state antitrust offices; and, as I say, it is difficult to find a consultant in the new economy who is both competent and disinterested."

ou até inexistentes e completo conhecimento por parte de todos os atores dos fatores relevantes desse mercado (inexistência de assimetrias informacionais). A teoria microeconômica "adaptada" para o antitruste, a partir desse "recorte epistemológico", cuidaria de criar as ferramentas para medir a partir de que momento a concorrência deixaria de ser perfeita: o teste do monopolista hipotético, cálculos de índices de concentração, testes de substitutibilidade, contestabilidade e o próprio conceito de mercado relevante.[169] Estes conceitos, porém, seriam, como já afirmamos, depuradores da "imperfeição" dos mercados, de tal forma que a tutela antitruste, na prática, não se apresente como um controle tão rigoroso caso a teoria da concorrência perfeita fosse levada a ferro e fogo. Ausentes estas ferramentas (como técnicas de substitutibilidade), participações de mercado seriam muito maiores, potencializando o poder de mercado e, assim, aumentando as chances de análises mais rigorosas no âmbito antitruste. A verdade é que tais aspectos são assumidos, implicitamente, como dados da realidade e nem seria autorizado perguntar, nesse estágio, a razão de ser dessas condicionantes (HAYEK, 1946: 96). Seria irracional pensar de modo diverso ou propor um regresso ao infinito em uma teoria, puramente, lógica e racional (supostamente, atemporal e universal).

Para Calixto Salomão Filho, muitos destes problemas decorrem dos próprios pressupostos da concorrência perfeita que se encontram, deveras, ultrapassados, merecendo, portanto, passar por uma ampla revisão (2015: 223). Nas palavras de Calixto:

> Pode-se dizer que hoje há consenso no meio econômico no sentido de que ao menos duas das premissas básicas desse modelo – a homogeneidade dos produtos e a informação completa dos agentes – são inexistentes e irrealizáveis. Ora, negadas as premissas, porque inexistentes na realidade, o modelo passa a ter utilidade apenas como critério de determinação de relações causais em matéria econômica, mas não como forma de orientação de condutas. Trata-se, portanto, de uma teoria com valor analítico, no máximo, mas não preceptivo. O modelo neoclássivo oferece, portanto, um conveniente exemplo dos riscos da fixação de objetivos legais com base em dados puramente econômicos (2015: 223-224).

Com efeito, a promoção da concorrência objetiva, justamente, suprimir essa assimetria informacional de variadas formas: pelo estudo e

169 Tais conceitos foram construídos a partir de um modelo teórico baseado em pressupostos que fundamentam e tem como ponto de partida o modelo de concorrência perfeita que, ao que parece, só existiria idealmente.

acompanhamento permanente dos mercados com recomendações de intervenções estruturais, pela identificação de práticas de diferenciação e, entre outros, pela supressão de falhas informacionais no *ambiente institucional* por meio da difusão da concorrência. Nesse particular, a contribuição de R. Thaler que, como referido, foi ganhador do Nobel em economia em 2017, é crucial para se repensar o antitruste na medida em que ressalta a importância da influência do *contexto*[170] na tomada de decisões das pessoas, bem como, nessa linha, como políticas públicas poderiam ser formuladas para guiar ou estruturar *novos contextos* indutores de comportamentos tais como redução de gastos com benefícios assistenciais por meio da conscientização da população quanto à adoção de hábitos saudáveis (THE ECONOMIST: 2017b). No campo concorrencial, poder-se-ia pensar, justamente, na atuação preventiva por meio de *advocacy*, justamente, para guiar comportamentos pró-competitivos de agentes, Poder Público e população em geral, e, sobretudo, objetivando a redução da assimetria informacional aqui tratada. No fundo, trata-se de mais uma demonstração de que decisões ou omissões do Poder Público no campo concorrencial importam, até porque estruturam e influenciam a realidade.

2.6.1. Diferenciação Competitiva: como a Advocacy pode Contribuir para Mitigar Desníveis Informacionais

Considerando que a concorrência não se dá somente via preços, mas, essencialmente, via *diferenciação competitiva*, é necessário compreender como se dá esta diferenciação.

Diferenciais competitivos podem ser buscados, principalmente, via diferenciação nas caraterísticas do produto ou serviço: quantidade, qualidade, apresentação, reputação, segurança etc. Como, obviamente, a diferenciação é captada pelos sentidos pode-se dizer que a diferenciação não se dá apenas no produto, propriamente, dito, mas na *ideia* que se tem sobre o produto. Os sentidos captam não apenas as qualidades intrínsecas do produto propriamente ditas, mas extrínsecas também: a reputação de uma marca, por exemplo. Nesse sentido, a publicidade e o marketing dos produtos e serviços passam a ser uma ferramenta bastante efetiva de diferenciação e incremento da competitividade. Buscam induzir este fator comportamental das preferências dos consumidores. Também por este motivo o antitruste tem-se preocupado com a diferenciação via marcas na medida em que, por meio desta técnica, erigem-se barreiras

170 Inegável a aproximação do termo "contexto" utilizado por Thaler com os conceitos de "ambiente institucional" e "ecossistema" referidos anteriormente.

imateriais à entrada difíceis de serem captadas, pois compõem um elemento imaterial do produto ou serviço. Simultaneamente, a partir de diferenciações, até mesmo novos produtos são desenvolvidos, mercados são segmentados e novos nichos são criados.

Nesse ponto, a questão da utilidade marginal que justificaria preços maiores entre produtos passaria a ser posta em questão. É conhecido o paradoxo da água e do diamante frequentemente citado para explicar a teoria da utilidade marginal (ARNOLD: 2004). Existe um componente imaterial na busca pelo diamante que o faz valer muito mais do que a água que vai além da sua utilidade inicial, uma utilidade adicional (marginal). Mas a questão que tem preocupado o antitruste são aqueles casos em que agentes econômicos com poder de mercado ao comercializarem produtos, em princípio, substitutos (ou até homogêneos) estabelecem um padrão de diferenciação do produto por meio de grandes investimentos em marketing. Com isso, conseguem criar uma reputação do produto que, por vezes, não corresponde, nem de perto, ao nível de utilidade intrínseca do produto propagandeado. No fundo, trata-se da utilização de poder econômico para influenciar padrões comportamentais dos consumidores sem, entretanto, o correspondente incremento de eficiência ou garantia de efetiva vantagem na aquisição do produto. A opção pela simples redução de preços poderia importar uma alteração permanente dos patamares de precificação para níveis abaixo daqueles, habitualmente, praticados, comprometendo a lucratividade da empresa. A diferenciação surge, assim, como um meio de potencializar lucros e passa a ser utilizada até mesmo em mercados de produtos, em princípio, homogêneos, como commodities, carnes, óleos, combustíveis, algodão, água e sal[171]. Alterações genéticas em produtos também permitem uma diferenciação que nem sempre serviria ao incremento da qualidade e produtividade, mas ao fortalecimento de uma dada posição dominante já estabelecida ou, até mesmo, o fechamento do mercado com o bloqueio à entrada de novos competidores como poderia ocorrer em organismos geneticamente modificados, medicamentos e *softwares*.[172] Além disso, há sempre o risco de, a partir da segmentação de mercado, provocada pela diferenciação, o operador dominante passar também a dominar o mercado verticalmente relacionado como no caso de desenvolver uma semente transgênica e, ao mesmo tempo, o único agrotóxico eficaz para o controle de

171 Algodão orgânico, colorido, etc que se destacam do padrão da commodity.

172 O tema é aprofundado no artigo "Regulação Concorrencial dos Organismos Geneticamente Modificados" (QUEIROZ, 2005: 228).

pragas sobre cultivos daquela mesma variedade (QUEIROZ, 2005: 228). Isto porque detém, desde o desenvolvimento da semente, acesso a informações não disponíveis a seus concorrentes.

Nesse aspecto, a grande dificuldade seria como atuar sobre estes comportamentos com base nos mecanismos tradicionais do direito da concorrência, sempre muito reativos e não-precaucionarios.[173] É até possível vislumbrar o controle comportamental incidindo sobre casos extremos tais como *trademark bullying* que são aqueles casos de exposição vexatória de um concorrente ou entrante, objetivando, ao invés de agregar valor à própria marca, reduzir a do concorrente. Nesse sentido, merece ser relembrada histórica inserção publicitária bastante ostensiva da Coca-Cola na década de 90 para combater marcas entrantes no mercado de refrigerantes em que o operador dominante denominava seu concorrente de "refrigereco". A Coca-Cola, detentora de um quase monopólio à época, via sua participação de mercado ser, rapidamente, reduzida em razão da substancial redução do custo de comercialização ocasionado pela introdução das garrafas "pets" e surgimento de novos competidores.[174] As propagandas, excessivamente, apelativas chegavam a simular que o refrigerante do concorrente causava náuseas ou forte rejeição nas pessoas que o consumissem.[175] É difícil imaginar uma propaganda com tamanha agressividade nos dias atuais. Essa abordagem, por certo, seria realizada, atualmente, de modo muito mais sutil, mas talvez não menos efetiva. E não apenas via marketing "puro". Mas, por meio de uma diferenciação prévia nas características do produto, de modo a que este venha apresentar uma suposta superioridade sobre um produto similar como temos visto no caso de combustíveis, medicamentos e até alimentos "premium"[176]. O marketing sobre esta suposta qualidade superior do (quase) mesmo produto incrementa poder de mercado do agente econômico com uma contrapartida ao consumidor, deveras, duvidosa. Nas palavras de WALLER (2003: 120),

173 Aqui mais um exemplo de que sanções negativas não seriam capazes de lidar com o fenômeno econômico, sendo necessário recorrer à função promocional do direito (BOBBIO, 2007).

174 Curioso notar que foi a inovação no mercado de embalagens o fator de incremento na competição no mercado de refrigerantes.

175 Em uma delas, pessoas de uma família ao comprarem o "refrigereco" faziam "Ahhh" em tom de rejeição e náusea (https://www.youtube.com/watch?v=Wx1bql2elJQ). Em outra inserção, o filho contava para seus pais que a "samambaia" havia "tomado" o "refrigereco" (https://www.youtube.com/watch?v=DwLAVUR1TqY).

176 Hoje, há alimentos com qualificação "premium" que seriam impensáveis tempos atrás, como feijão, arroz, ovos, sal (sal rosa do Himalaia, sal vermelho do mar e, entre outros, sal gema azul da pérsia) e água mineral.

> A pobreza da teoria de preços baseada em mercados onde o preço e a produção são as únicas variáveis consideradas essenciais para a competição é ilustrada na sabedoria irrisória da maioria dos textos de marketing e gestão de marcas que 'qualquer tolo pode cortar o preço'. Em vez disso, o maior triunfo para um comerciante é ter um produto do tipo de uma commodity transformado em uma marca bem-sucedida com preços *premium*, isolado da concorrência via preços de rivais. A literatura especializada em marketing está repleta de exemplos de sucesso desta estratégia, como Starbucks, Perrier (água com gás), Perdue chiken, Chiquita Bananas, Nutrasweet (adoçante artificial) e Gillete

Nesse sentido, Peritz (2003: 117) propõe ampliar o âmbito de aplicação do antitruste para situações que, a despeito de, em princípio, não-proibidas, causariam prejuízos aos consumidores tais como as relacionadas à intensa diferenciação de marca (*strong brand differentiation*) e *lock-in* (aprisionamento de consumidores). A dúvida seria se esta ampliação de atuação seria, de fato, possível com base nos mecanismos tradicionais do antitruste.

Estas estratégias são também muito utilizadas em mercados mais dinâmicos e de alta tecnologia, mas de modo muito mais indireto. O mercado de refrigerantes não teria muito mais a oferecer além da *diferenciação* de marcas e sabor, mas quem se sujeitaria a experimentar um "refrigereco" para saber se, de fato, seria agradável ao paladar? A verdade é que diferenciações erigem barreiras artificiais à concorrência que extravasam o estrito âmbito da qualidade do produto por meio da influência em aspectos comportamentais do consumidor, por vezes, relacionados até mesmo a "status" econômico e social. Tais barreiras remodelam as estruturas de mercado, isto é, alteram os mecanismos institucionais de incentivos desses segmentos. *Ultima ratio*, é como se o poder econômico detivesse um poder "quase-regulatório" sobre as estruturas de mercado sem qualquer possibilidade de reequilíbrio por parte do Estado, pelo menos, com base nas funções típicas do antitruste. No caso, trata-se de mais um exemplo em que o padrão de concorrência perfeita não passaria de um *dogma* ou de um modelo abstrato que merece ser relativizado. O papel da promoção da concorrência seria, justamente, não permitir que diferenciais competitivos irrazoáveis sirvam à manipulação dessas estruturas. Nesse particular, há clara aproximação entre a defesa do consumidor e o antitruste,[177] revelando, mais uma vez, o aspecto transversal da livre concorrência.

---

177 Sobre a relação entre a temática consumerista e concorrencial, deve-se mencionar, novamente, o brilhante trabalho de Roberto Pfeiffer (2010).

2.7. A Problemática Análise de Preços no Antitruste e a Abordagem Alternativa por meio da *Competitiion Advocacy*

2.7.1. Promoção da Concorrência e Preços Predatórios;

Há quem afirme que preços predatórios são o "buraco negro" do antitruste (VISCUSI, HARRINGTON, VERNON, 2005:309). Como veremos, brevemente, preços predatórios, provavelmente, *não* são o buraco negro do antitruste, a teoria concorrencial é que pode ter se colocado nele a partir dos já referidos pressupostos da concorrência perfeita.

É conhecida a afirmação de que, praticamente, inexistem casos de preços predatórios[178] como conduta primária[179] condenados pelo antitruste, de tal forma que encontrar práticas de preços predatórios seria tão raro como encontrar unicórnios (GOMEZ, GOEREE e HOLT, 1999: 1). Por outro lado, especula-se que, entre 1940 e 1982, de 40 casos analisados nos EUA, a conduta de preços predatórios estaria presente em 27 deles (VISCUSI, HARRINGTON, VERNON, 2005:309).

Preços predatórios assim como preços excessivos expõem a grande dificuldade do antitruste em lidar com a temática relativa a *preços*. Mas deveria o antitruste contemplar esses problemas apenas a partir de uma dimensão comportamental? Como tentaremos demonstrar, a análise deveria se deslocar para outro "momento" da intervenção antitruste: o da promoção da concorrência.

No exercício de uma das tarefas da *competition advocacy* consubstanciada em orientar e esclarecer o público sobre condutas contrárias à concorrência, em dezembro de 2002, a Secretaria de Acompanhamento Econômico editou o Guia de Análise da Prática de Preços Predatórios (Portaria 70 de 12/12/2002). O pressuposto de dano desta conduta, tal como considerado pela extinta SEAE, seria a expulsão do mercado dos rivais da firma dominante provocada por preços inferiores ao custo variável médio ou, consideradas algumas condições, a prática de preços inferiores ao custo médio total, embora superior ao custo variável médio.[180] Tais hipóteses, entretanto, são de rara, para não dizer impossível, detecção no controle comportamental.

---

178 Assim como de preços abusivos.

179 Independente de uma conduta principal.

180 Segundo o Guia: "A firma dominante deve manter seus preços baixos por um período de tempo suficientemente longo para que seus rivais sejam expulsos do mercado" (Portaria 70 de 12/12/2002).

O foco na análise do preço praticado seria, no mínimo, uma perda de tempo, se o que está por traz da conduta é uma prática de predação e se existem condições estruturais de mercado que permitem ou até favorecem este tipo de prática. Preços abaixo do custo quase sempre são bem-vindos, mas a predação, no mais das vezes, deve ser rechaçada quando executada por uma firma dominante. Em outros termos, não é o preço abaixo do custo em si que importa, mas as caraterísticas da conduta praticada e seu potencial lesivo à concorrência em um ambiente institucional de racionalidade limitada. Tanto isto é verdade que diversas condutas são consideradas anticompetitivas sem que a firma dominante tenha que ter formulado uma sofisticada estratégia de preços predatórios (um claro exemplo são práticas de fidelização, muito mais tênues e indiretas do que estratégias agressivas em preço).

Uma das grandes dificuldades do tema é que preços baixos são, em princípio, benéficos não apenas para consumidores, mas, inicialmente, para a própria concorrência, de tal sorte que seria difícil encontrar uma racionalidade em uma conduta do gênero. Além disso, a análise de preços é sempre um desafio para as autoridades de defesa da concorrência e analisar custos é uma tarefa, igualmente, complexa na medida em que nem sempre os custos são simétricos entre os agentes. Entretanto, talvez as autoridades, em casos do gênero, devessem se preocupar menos com a análise de preços e custos, propriamente, dita, e mais com aspectos estruturais do mercado e com condutas associadas à prática, estas sim mais, facilmente, censuráveis. Isto porque, por trás de uma conduta predatória, haverá certamente aspectos estruturais que viabilizam esse tipo de prática ou mesmo outras condutas associadas como, até mesmo, a seletividade da predação que objetivaria "passar a mensagem" para os demais rivais que o predador estaria disposto a sofrer grandes perdas para excluir demais competidores do mercado (LESLIE, 2013:1733). Assim, uma análise focada em preços poderia deixar de fora um aspecto determinante para a exclusão de um concorrente que é o poder de influência de uma conduta de *trademark bullying* para que empresas menores não se arrisquem em um mercado com uma firma dominante agressiva e disposta a fazer o possível para excluir potenciais concorrentes.[181] Portanto, não seria tanto a prática em si o fator de maior preocupação concorrencial, mas sim os fatores estruturais e institucionais do mercado que permitiriam esta prática, bem como o grau de dominância do agente. Nada impediria que o CADE, por

181 Reputação como método de *recoupment* foi, primeiramente, reconhecido em 1996 no caso *Advo, Inc. v. Philadelphia Newspaper, Inc* (VISCUSI, HARRINGTON, VERNON, 2005:309).

exemplo, entendesse que não houve preço predatório, mas uma potencial conduta predatória e sugerir uma solução estrutural no âmbito de *advocacy*. Obviamente, que isto dependerá dos instrumentos, juridicamente, disponíveis em termos de promoção da concorrência.[182]

Demais disso, atualmente, é muito mais fácil um operador dominante partir para uma estratégia de diferenciação para reforçar seu poder de mercado do que, propriamente, praticar preços predatórios. Mais vale à firma dominante reinar sozinha no "novo" mercado criado via diferenciação do que partir para uma estratégia arriscada de redução de preços sem qualquer garantia de recuperação do prejuízo, suportado temporariamente, na fase de *recoupment*. Outra hipótese, é o operador dominante criar uma marca de combate (*fighting brand*) e continuar a cobrar o preço mais elevado em seu produto principal (LESLIE, 2013:1733). Aqui também não estaria configurada, propriamente, uma prática de preços predatórios, mas uma prática predatória passível de censura pelo CADE. Uma terceira e última hipótese, adotada nos casos Standard Oil e American Tobacco Company's seria a utilização de firmas interpostas ("de faixada") para a prática ilícita até que os concorrentes sejam eliminados e a firma dominante reine sozinha (LESLIE, 2013:1734).[183]

No fundo, a decisão do CADE no famoso caso *Tô Contigo* com aplicação de multa recorde contra AMBEV por realizar um programa de fidelização com pontos de venda (PA 08012.003805/2004-10) revela um pouco dessa mentalidade. Embora não se trate de uma prática de preços predatórios, mas uma prática predatória que induziria à exclusividade dos pontos de revenda, pouco importaria, no caso, se os descontos progressivos praticados e prêmios oferecidos poderiam levar a preços de exclusão, mas sim que a prática em si, efetivada por uma firma com posição dominante, apresentava grande potencial anticompetitivo. É preciso sublinhar que de forma distinta da conduta de preço predatório, dificilmente, a AMBEV conseguiria "expulsar o concorrente", como exigido no Guia da SEAE, mas a fidelização geraria dificuldades efetivas à competição e à entrada de novos *players* no mercado. Ninguém se perguntaria se uma prática como esta seria irracional ou se o *recoupment*,

182 Esta análise será retomada no próximo capítulo.

183 "In sum, a predatory firm need not cut prices across its product line to all of its customers. It can target its cuts, while purchasing a reputation for prédation. It can develop a fighting brand. Alternatively, it can con ceal its price prédation behind a bogus shell company. Predatory firms have employed all of these tactics, which reduce the losses associated with predatory pricing and, thus, increase the likelihood of recoupment." (LESLIE, 2013:1734)

posteriormente, seria improvável, mas sim que há elementos suficientes para redução de bem-estar ainda que, eventualmente, em um dado período de tempo. Talvez o grande equívoco da tradicional análise de preço predatório tenha sido confundir a lógica econômica de uma conduta com seu possível dano (jurídico), ainda que temporário (tanto para consumidores como para concorrentes). A análise da racionalidade da conduta está muito mais ligada ao fato da conduta ser ou não lucrativa e isto não faz da conduta lícita ou ilícita sob o prisma concorrencial, até porque uma conduta como esta seria, em qualquer caso, ineficiente (LESLIE, 2013: 1765). Certamente, haverá, de toda forma, prejudicados que pagarão preços acima do mercado na etapa pós-predação ou, em algum momento, uma potencial ou efetiva redução da variedade de produtos em razão da inibição à concorrência ocasionada pela prática. A mensuração do dano, portanto, não se dá pela racionalidade (objetiva) da conduta e nem, necessariamente, pela viabilidade do *recoupment*. Uma grande empresa que agisse como um "homem-bomba" poderia, irracionalmente, causar um grande estrago para si e para outrem. Christopher Leslie descreve, *ex professo*, esta situação:

> A lei antitruste não se importa se os monopolistas são ou não rentáveis; importa se as empresas dominantes adquirem ou não o seu poder de monopólio através de um comportamento anticoncorrencial não relacionado, no mérito, com a eficiência ou a concorrência. Prever a probabilidade de *recoupment* (recuperação) não tem relação com os objetivos do antitruste; ao contrário, prever a probabilidade de monopolização é importante porque isto irá determinar se os Tribunais precisam intervir e impedir a criação de monopólio antes que seja tarde demais (2013:1749) [184]

Não seria difícil imaginar também, no já citado caso do cartel dos postos de combustíveis do DF, que os maiores operadores do mercado pudessem como estratégia do cartel praticar preços reduzidos (acima do custo variável médio, mas próximos ao custo total médio), não necessariamente predatórios, por período suficiente para, justamente, criar uma reputação agressiva de dominância do mercado e, assim, afastar eventuais entrantes. Poderíamos até concluir, com base na teoria econômica, que jamais restaria configurada

---

184 No original: "Antitrust law does not care whether or not monopolists are profitable; it cares whether or not dominant firms are acquiring their monopoly power through anticompetitive conduct unrelated to efficiency or competition on the merits. Predicting the probability of recoupment does not advance the goals of antitrust; in contrast, predicting the probability of monopolization is important because that will determine whether courts need to step in and prevent the creation of monopoly before it is too late." (2013:1749).

uma prática de preço predatório, mas o CADE poderia vislumbrar aspectos estruturais do mercado, além da conduta propriamente dita do cartel sancionada anteriormente, que facilitariam este tipo de conduta (como a vedação legal de abertura de postos em áreas comerciais) e, com base nessa análise, além de condenar a conduta, propor soluções estruturais para incrementar a competição em um mercado de comprovada concorrência deficiente.[185]

Portanto, o tamanho dos agentes e as características do mercado importam[186] substancialmente nessa análise, mais do que a possibilidade de *recoupment* ou do que a investigação, em si, de preços abaixo do custo.[187] O mesmo programa de fidelidade ou preço predatório quando praticado por um agente com menor poder de mercado, provavelmente, não teria o mesmo risco de exclusão de concorrentes com exceção de situações excepcionais em que o agente é suportado por grupos detentores de grande poder financeiro. Assim, preços predatórios poderiam ser incluídos em uma espécie mais geral de práticas predatórias e o Guia da SEAE, ainda hoje seguido pelo CADE, poderia ser revisto para melhor cumprir a dimensão educativa da *competition advocacy.*

2.7.2. Promoção da Concorrência e Preços Excessivos

Assim como a prática de preços predatórios, *preços excessivos* como conduta autônoma[188], praticada, diretamente, em detrimento de consumidores, são como "cabeças de bacalhau",[189] desconhecidas e, raramente, encontradas

185 Coincidentemente, após a conclusão deste tópico, o CADE acabou por impor um programa de desinvestimento por meio de TCC celebrado com a Cascol Combustíveis Ltda, não com base no exemplo hipotético aqui referido, mas com base na prática de cartel, propriamente dita. Esta solução estrutural que, sublinhe-se, é de caráter excepcional, apenas reforça a sinergia entre funções de *enforcement* e promoção da concorrência como veremos no próximo capítulo (Inquérito Administrativo 08012.008859/2009-86).

186 O fato de se exigir que uma conduta com elevado potencial lesivo seja racional (não cause prejuízo ao agente) é o mesmo que dar a chance a que um potencial homicida execute quase todos os atos aptos a matar uma pessoa, mas, simplesmente, erre o alvo e, assim, seja inocentado. A preocupação maior deveria ser com o real potencial lesivo de uma conduta, verificadas uma série de condições do mercado, e não, exatamente, se a conduta foi irracional (não-lucrativa).

187 No âmbito concorrencial, uma firma com elevado poder de mercado pode provocar muito mais estragos do que uma outra com inexpressiva participação.

188 Preços excessivos como condutas acessórias de outras condutas seriam mais, facilmente, constatáveis, associadas a casos de cartel, fixação de preço de revenda, discriminação de preços etc.

189 No caso dos preços predatórios, a analogia é feita com "unicórnios", mas a ideia é a mesma: rara ou impossível constatação de condutas do gênero.

(SANTACRUZ, 1998). No fundo, o problema é o mesmo: ausência de racionalidade na manipulação de preços pela firma dominante, só que agora em níveis supracompetitivos.

A ocorrência da conduta de preços abusivos é um tema controverso tanto na teoria econômica como na prática antitruste e não é difícil entender o porquê deste fato. O tema expõe, exatamente, a dificuldade dos mecanismos tradicionais do antitruste em fazer frente a situações já consolidadas em determinados mercados que, em princípio, não estariam sujeitos à regulação, mas que, nem por este motivo, deixariam de apresentar determinadas deficiências estruturais.

Como recriminar uma elevação de preços em um mercado "livre" uma vez presentes condições estruturais e institucionais que favoreçam tal conduta? Aqui, na realidade, ocorreria o mesmo problema já analisado anteriormente consubstanciado no *gap* em termos de controle estrutural existente entre mercados regulados e não regulados, isto é, especificamente, aqueles mercados em que a concorrência não seria significativa a ponto de frear preços excessivos ou outras condutas abusivas e predatórias. Caso o mercado fosse regulado, soluções de índole normativa seriam mais, facilmente, acionadas. Não sendo regulado, as funções típicas do antitruste (controle de condutas e de atos de concentração) talvez já não seriam suficientes para lidar com o fenômeno.[190] Como vimos, mercados que se encontram no "limbo" são um desafio para o antitruste.

Ruy Santacruz (1998) defende que aumentos sistemáticos de preços, pela firma dominante, sem a contrapartida em custos ou sem a influência das condições de oferta e procura caracterizariam aumento arbitrário de lucros. Para Santacruz: "uma primeira aproximação poderia considerar como referência a rentabilidade média histórica da própria firma e/ou do setor, nas vendas do produto em questão." (1998). Entretanto, entendemos que uma análise desse tipo, em sede de controle comportamental, seria problemática. O grande desafio de uma avaliação da excessividade de preços praticados por uma firma dominante em sede de controle de condutas anticompetitivas é que, em tese, poderia redundar em um típico *tabelamento de preços*, especialmente, porque não se estaria diante de uma decisão apta a propor soluções estruturais que, por sua vez, demandariam acompanhamento permanente por meio de um sistema mais adequado de promoção da concorrência. Nesse

190 Remetemos o leitor para o item que trata da *workable competition*.

cenário, talvez mais efetivo que, simplesmente, condenar uma firma dominante pela prática de preços excessivos ou impor um controle puro e simples de preços seria atuar sobre as estruturas de mercado, buscando incentivar a concorrência e desencorajar práticas abusivas pelo operador dominante. Isso pode ser buscado por meio de incremento da competição via abertura do mercado (v.g.: reduções tarifárias), tributação extrafiscal, alteração de leis para facilitar a entrada de novos competidores ou, muito excepcionalmente, remédios estruturais.[191] A hipótese de controle de preços, ainda que pela via indireta da repressão ao aumento arbitrário de lucros, seria apenas um último recurso a ser buscado, especialmente, em razão das características de determinados mercados (v.g.: o setor de medicamentos que já é objeto, entretanto, de regulação específica[192]). Nesse caso, a definição de um preço "justo" não deixaria de lado os mecanismos de eficiência e concorrência. Ao contrário, demandaria ainda mais estudos e simulações sobre preços, hipoteticamente, competitivos como nos casos de tarifação com base em custo marginal, *price cap*, simulação de padrões de eficiência-concorrência, concorrência pelo mercado (quando aplicável) e mecanismos de *yardstick competition*[193] (SHLEIFER, 1985).[194]

A *tributação extrafiscal* seria uma das soluções possíveis para enfrentamento do problema. Entretanto, trata-se de ferramenta ainda pouco utilizada. A tributação poderia ser *assimétrica* como veremos, isto é, diferenciada entre o detentor de poder de mercado e competidores menores ou entrantes.[195] Pode também ser instrumentalizada por meio de mecanismos extrafiscais tais como a *isenção de impostos* para novos entrantes ou concorrentes que preencham determinadas condições por um período de tempo. Já uma *tributação padrão* da firma dominante buscaria captar o excedente

191 Como veremos mais detidamente, o CADE vem adotando soluções de desinvestimento por meio de controle comportamental. É o caso do acima citado cartel de revenda de combustíveis do DF (Inquérito Administrativo 08012.008859/2009-86).

192 A Câmara de Regulação do Mercado de Medicamentos (CMED) é o órgão interministerial responsável por regular o mercado e estabelecer critérios para definição e ajuste de preços de medicamentos.

193 Fixação de padrões de eficiência com base em uma empresa hipotética (empresa *sombra* que simula padrões de eficiência e concorrência).

194 Ruy Santacruz considera que "(...)aumentos sistemáticos de preços, por parte de firma detentora de poder de mercado, desacompanhados de variações de custos ou de alterações nas condições de oferta e da demanda (ou de outras pressões legítimas de mercado) seriam entendidos como aumentos arbitrários de lucros" (SANTACRUZ, 1998).

195 O princípio da assimetria regulatória, que embasa intervenções do gênero, é detalhado mais adiante.

de preço ou sobrepreço. Porém, funcionaria melhor nos casos em que o monopolista se depara com uma curva de demanda linear, pois o aumento do preço ocasionado pelo preço do tributo seria limitado pela redução da demanda sensível ao aumento. Nos casos em que a demanda é inelástica (ou também pouco elástica[196]), a tributação, *em princípio*,[197] não seria eficiente e apenas tornaria ainda mais caro o produto ou serviço adicionando o valor do tributo integralmente ao preço. Por outro lado, no caso em que a demanda é elástica, o preço, após a tributação, irá subir apenas até o ponto em que não afete a demanda (salvo se o vendedor não agir de modo "inteligente" e queira cobrar o preço adicionado do valor do tributo integralmente, caso em que poderá perder parcela do mercado). Isto é, nos casos de demanda elástica seria bastante útil recorrer à tributação como meio de promoção da concorrência, uma vez que seria possível reduzir o *mark up* do detentor de poder de mercado, "punindo-o" ainda que de modo bastante indireto (via *função promocional*) pela prática de preços acima dos que seriam praticados em mercados competitivos.

Este mesmo raciocínio valeria para uma tributação *ex post*, ou seja, não sobre o preço do produto, mas sobre o lucro do agente econômico. Esta hipótese seria uma alternativa para impedir os efeitos negativos da tributação sobre o consumo como aumento do preço do produto e criação de um "peso morto" da tributação com perda da eficiência dos mercados. O problema é que nem sempre é fácil captar a renda do agente econômico.

Embora seja fácil intuir a situação narrada acima, demonstramos, graficamente, abaixo como seria possível tributar um monopolista com base no pressuposto de que a demanda é elástica. Pressupõe-se também que existam produtos homogêneos ou, pelo menos, passíveis de substituição e custos marginais constantes.[198]

---

196 Obviamente, as demandas também não são, no geral, perfeitamente, inelásticas ou elásticas. Trata-se muito mais de um exercício teórico para demonstrar que a maioria dos casos se situa entre os dois extremos. O preço poderá influenciar a decisão de compra e a renda também é um fator que poderá influenciar, bem como preferências individuais, culturais e regionais. O que é elástico/inelástico para um consumidor pode não ser para outro.

197 Como veremos, essa constatação nem sempre é verdadeira.

198 Aqui a ressalva de que o recurso à padrões de concorrência perfeita serviria, exatamente, para exercícios teóricos de aproximação e argumentação, mas não como métrica, perfeitamente, aplicável a distintos setores. Cada realidade deve ser avaliada, concretamente, considerando questões institucionais, regulatórias e específicas do mercado considerado.

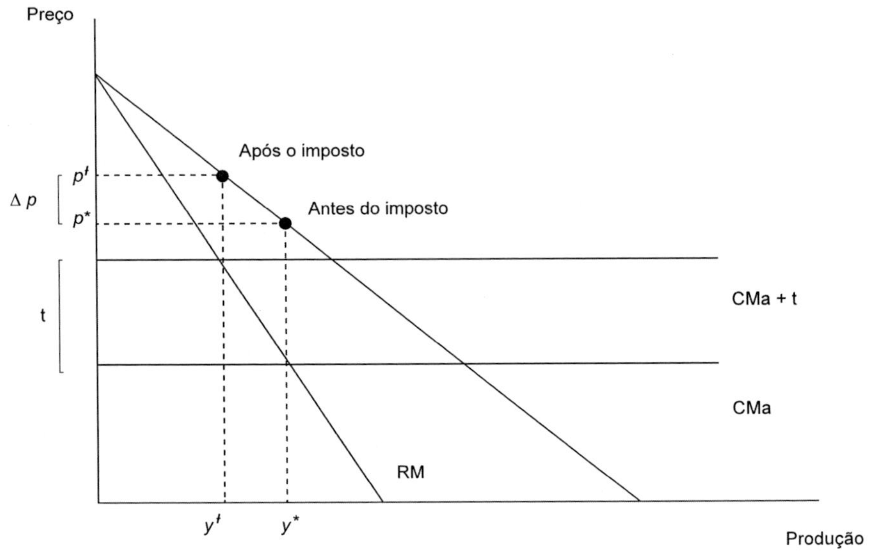

A demanda linear e os impostos. *A imposição de um imposto ao monopolista que se depara com uma curva de demanda linear.*

Fonte: Varian (2000: 449)

Pode-se observar que, no gráfico, o preço aumenta em metade da quantia do imposto. Portanto, a tributação em relação a mercados com essas características seria uma opção interessante de *promoção da concorrência* para limitar posições dominantes dos agentes econômicos, bem como preços excessivos.[199]

Poder-se-ia vislumbrar também ainda a utilização da *tributação linear* (simétrica), conforme tratamos acima, seguida de um subsídio cruzado via incentivos àqueles operadores ou entrantes que não conseguem contestar o poder de mercado do monopolista ou do competidor com posição dominante. O inconveniente desta opção, especificamente, para mercados com demanda inelástica, é a de que, no curto prazo, a intervenção poderia provocar *sobrepreço* com a absorção integral do valor do tributo no preço, mas não

199 Importante sublinhar que as soluções aqui apresentadas serviriam não apenas para hipóteses de preços potencialmente excessivos, mas, de um modo geral, para demais casos de deficiências competitivas nos mercados.

poderia ser descartada como opção extrafiscal de controle concorrencial.[200] Este tipo de intervenção faz todo sentido com base no princípio básico em economia de que é preferível tributar algo nocivo (gerador de externalidades negativas) a algo produtivo (STIGLITZ, 2013: 266). Assim, é melhor tributar a poluição ou o monopólio a tributar uma atividade econômica que não polui e é competitiva.

Pegando carona na ideia de Stiglitz, bastaria tributar um mercado, altamente, concentrado ou monopolizado, mas, ao mesmo tempo, em contrapartida, reduzir tributos de um mercado competitivo essencial como, por exemplo, dos alimentos que compõem a cesta básica. Ou seja, tributar um mercado, sabidamente, monopolizado ou oligopolizado e subsidiar um mercado essencial desde que competitivo também não poderia ser descartado. E isto já ocorreria de certa forma com base em critérios tributários de seletividade e essencialidade não, exatamente, para equilibrar desníveis concorrenciais, mas com base em outras finalidades (como tributar mais produtos que façam mal a saúde como cigarros). De qualquer forma, tais critérios seriam, por si só, autorizadores de uma tributação com base em parâmetros próprios do direito da concorrência.[201]

Com efeito, o argumento de que a tributação seria nociva, pois criaria um *peso morto*, além de, em boa medida, inconsistente, uma vez que pressupõe, obrigatoriamente, a existência de uma dinâmica competitiva de efetiva rivalidade nem sempre presente ou nem mesmo idêntica em todos os setores.[202] O raciocínio pressupõe que quanto maior a tributação maior a ineficiência dos mercados, porquanto o dinheiro apropriado pelo Estado via tributação reduziria bem-estar total na medida em que os consumidores pagariam preços maiores pelos produtos do que aqueles que seriam praticados caso inexistente a tributação. Entretanto, para o argumento fazer sentido, o mercado em questão deveria ser competitivo a ponto de, caso ausente a tributação, o excedente não-tributado não ser apropriado pelo próprio agente econômico via lucros maiores. Como estamos, especialmente, diante de mercados não-competitivos, a tributação extrafiscal não só seria possível como racional, curiosamente,

200 Ressaltamos que, somente, em concreto, seria possível aferir a viabilidade da extrafiscalidade concorrencial como no exemplo do mercado de transporte individual de passageiros que citaremos a seguir.

201 Retomaremos o tema no capítulo seguinte.

202 Baseia-se também em um discutível padrão de concorrência perfeita.

com base no próprio argumento "anti-pigouviano"[203] que buscaria rechaçar uma tributação deste tipo (i.e.: faria mais sentido, em nome da coletividade, tributar um monopolista que está provocando uma redução de bem-estar total por meio de apropriação privada de parcela dos potenciais benefícios que adviriam da concorrência do que deixar de tributá-lo). A tributação, nesse caso, objetivaria maximizar bem-estar no mercado e não o contrário.

O suposto *peso morto* irá variar também com base na mesma lógica dependente do quão elástica é a relação preço e demanda, mas isso, por si só, jamais justificou a inexistência pura e simples da tributação não obstante reiteradas críticas da AED sobre os efeitos negativos dos tributos, especialmente, sobre o consumo. Não por acaso, diversos economistas têm defendido a utilização extrafiscal ou taxas pigouvianas para determinados segmentos.[204]

Outra opção de *promoção da concorrência* para tentar frear a concorrência deficiente em determinados setores é a abertura, ainda que temporária do mercado, via redução de tarifas de importação como ocorreu recentemente no curioso caso do feijão brasileiro. Em virtude do elevado preço do produto no mercado nacional, o governo decidiu zerar as tarifas de importação, antes inexistente para membros do MERCOSUL, em relação também a todos os demais países: um instrumento, portanto, característico de promoção da concorrência.[205] Porém, esta política só funcionaria no caso de o preço interno do produto ou serviço praticado ser superior ao valor internalizado do produto mais custos de importação e, obviamente, se existente margem para redução da tarifa.

---

203 A "taxa pigouviana" foi proposta por Arthur Cecil Pigou em seu livro "The Economics of Welfare" de 1912 e tinha como ideia básica que a indústria buscaria maximizar seu próprio interesse independente de externalidades negativas, porventura, provocadas, que, portanto, deveriam ser taxadas. O objetivo declarado de Pigou era, justamente, o de que a economia produzisse bem-estar para sociedade. A taxa de Pigou objetivaria, nessa linha, influenciar o comportamento dos agentes econômicos de tal forma a reduzir ou neutralizar externalidades negativas de empreendimentos privados por meio de uma cobrança que contabilizasse o custo social desta atuação. Dessa forma, o agente econômico teria incentivo a, em razão da taxação, buscar o nível socialmente ótimo e, ao mesmo tempo, seria desencorajado a incrementar custos sociais. Uma empresa que polui, por exemplo, teria incentivos a buscar energias limpas no que seria recompensada pela menor taxação (Pigou: 1932).

204 Nesse sentido, o economista N. Gregory Mankiw criou o "Pigou Club" que conta com notáveis apoiadores e cujo lema é "an elite group of economists and pundits with the good sense to have publicly advocated higher Pigovian taxes, such as gasoline taxes or carbon taxes." (MANKIW: 2006).

205 http://www.brasil.gov.br/economia-e-emprego/2016/06/governo-zera-imposto-de-importacao-do-feijao

Os conceitos manejados pela *competition advocacy*, na análise de potenciais preços excessivos, passariam pela análise de *mark up*[206] das empresas, simulações de rivalidade, estudos de medidas para facilitar entrada de novos competidores etc. Como veremos, talvez um dos temas mais importantes do ponto de vista de *advocacy* que teria sido, porém, relegado a segundo plano no antitruste é a problemática da tributação. Tributos influenciam a formação de preços e, portanto, influenciam a concorrência nos setores seja no nível do próprio mercado considerado ou, verticalmente, nos demais setores. O Estado poderia, previamente, avaliar o impacto concorrencial de políticas tributárias ou, ao menos, identificar, na tributação tal como posta, se existem situações que criam desníveis concorrenciais ou utilizar a tributação para estimular a concorrência, o que raramente é feito.[207]

Obviamente que um agente econômico poderia fazer o possível para comprovar que não detém posição dominante, como, de resto, tem-se mostrado comum nas análises efetuadas por meio das funções típicas do antitruste. Mas, nesse caso, caberia um grau de flexibilidade e discricionariedade técnica às autoridades concorrenciais em aproximações, até porque, como vimos, a completa perfeição só existe em modelos, puramente, teóricos e questões institucionais do mercado devem ser levadas em consideração de modo a identificar outros fatores que impõem óbices à concorrência.

Em artigo sobre o tema, Andreia Saad defende, justamente, que a abordagem da prática de preços excessivos "puros"[208] seja baseada na advocacia da concorrência, pois as sanções previstas na LDC seriam ineficientes e incapazes de sanar o problema, contribuindo apenas para incrementar externalidades negativas com desestímulo à inovação e ao investimento (2012: 268). Resumidamente, Saad defende estratégias que acarretem: i. a redução dos custos de entrada no mercado; ii. a redução dos custos de portabilidade; iii. a criação de medidas que facilitem a comparação de preços pelos consumidores; iv. abordagem junto ao Legislativo para alteração de normas que possam estar bloqueando a competição no mercado em questão; v. eventual quebra de patentes conforme art. 38, IV da LDF;[209] vi. regulação de monopólios naturais

206 *Mark up* é o acréscimo realizado, pelo agente econômico, ao preço de custo na fixação do preço de venda (VARIAN, 2000: 447).

207 O tema será retomado mais adiante.

208 Preços excessivos como conduta principal, i.e., não acessória de outras condutas anticompetitivas.

209 Nesse sentido, R. Cueva assevera: "Apesar de compreender poucos casos, quase todos relativos a direitos de propriedade intelectual na área de biotecnologia (sementes transgênicas),

ainda não, devidamente, regulados ou, em caso de regulação insuficiente, auxílio ao órgão regulador (2012: 269-271). A autora ainda propõe a edição de uma resolução sobre o tema, bem como a realização de convênios com órgãos reguladores e governos (2012: 272).

O ideal seria que uma mudança de paradigma desta magnitude ocorra via alteração legislativa com maior discussão com a sociedade e governo, além da maior articulação com órgãos setoriais como iremos propor no capítulo derradeiro. Seria prematuro que o CADE[210] de um dia para o outro passasse a exercer de forma mais ativa a promoção da concorrência, embora a realidade aponte para uma gradual, mas necessária adaptação do antitruste nessa direção.

De qualquer forma, deve-se reconhecer que, por mais árido que seja o tema, o CADE não poderia se abster de julgar casos de preços excessivos. Nessa senda, frisamos a crítica de Coase em relação à postura reducionista de economistas que, ao se depararem com a possível ineficácia da regulação estatal, não vão além de sugerir que a intervenção seja eliminada (2016: 119). Isto é, justificam a dificuldade em sanar uma patologia, representada pela concorrência deficiente, com base em outra patologia (deficiência da regulação estatal). Coase ressalta que esta postura não diz onde devem ser traçados os limites da intervenção estatal, tema que deveria ser objeto de maior investigação e aprofundamento (2016: 119).

Em interessante artigo sobre o tema, Carlos Ragazzo critica o desperdício de recursos do SBDC para investigar alegações de preços abusivos que, dificilmente, seriam condenadas pelo CADE (2011: 42-43). No fundo, o excesso de denúncias de preços abusivos talvez seja um indicativo, justamente, da precária concorrência praticada nos mais variados setores da economia, fator que ensejaria a prática de preços muito acima daqueles que seriam observados em mercados competitivos. Este fato, por certo, gera uma constante procura pelo CADE por aqueles que veem no órgão a possibilidade de, justamente, "promover" a concorrência. Entretanto, o papel típico do CADE não é, exatamente, *promover* a concorrência, mas reprimir condutas contrárias à ordem econômica e analisar atos de concentração. Como sabemos, a promoção da

além deum caso atinente à tecnologia para a produção de cartões de segurança e outros dois sobre software, a jurisprudência do CADE concernente aos efeitos dos licenciamentos de patentes no ambiente competitivo é significativa, por seu apego à regra da razão, e consistente, por procurar evitar danos à concorrência mediante o emprego de remédios fundados no princípio da proporcionalidade, com intensidade mínima necessária a se atingirem os fins colimados." (2009, 134)

210 Sobrepondo-se, portanto, à SEAE.

concorrência ainda não é uma função, devidamente, articulada com as funções de *enforcement*[211] embora o CADE tenha feito valer diversas soluções promocionais por meio destes mecanismos, o que é salutar e, altamente, recomendável, até porque, como veremos, *competition advocacy* e funções de *enforcement* são interdependentes.[212]

Posner, por sua vez, nos fornece outra "pista" sobre como o problema poderia ser enfocado. Para ele, se preços supracompetitivos são praticados em mercados monopolizados ou oligopolizados, o melhor a se fazer seria procurar intervir com base na presunção da ocorrência de colusões tácitas (1976: 47-77. *Apud* BORK, 1993: 174). Como demonstra Bork, entretanto, talvez esta não seja a melhor forma de enfrentar o problema, tendo em vista dificuldades relacionadas aos elementos probatórios dessa prática (1993: 174). Porém, é certo que, no fundo, o que Posner está a sugerir é que o antitruste deveria ir além de suas ferramentas típicas para tentar desencorajar práticas, comprovadamente, ineficientes. Presumir colusões tácitas em mercados concentrados, convenhamos, seria o mesmo que encontrar uma razão (ou seria um pretexto?) para fazer valer a eficiência a qualquer custo, isto é, independentemente da existência de uma razão de ordem deontológica a legitimar a intervenção. Trata-se, como já referido, de uma perspectiva eficientista própria do pensamento posneriano. O que propõe Posner, ainda que indiretamente, é a reorganização de mercados ineficientes.

Com efeito, a procura pela cabeça de bacalhau[213] não irá cessar até que o antitruste passe, de fato, a investigar *as verdadeiras causas* que acarretam preços potencialmente excessivos. Preços elevados são sintomas de pouca competição. Mas dificilmente serão alcançados pelos mecanismos típicos do antitruste salvo se associados a outras condutas antecedentes. Somente uma investigação das estruturas de mercado com soluções que sirvam para encorajar a competição no mercado afetado poderá resolver, de modo mais satisfatório, o problema. Ocorre que esta análise, como veremos, possui natureza distinta das análises empreendidas em sede de controle de condutas e de atos de concentração. Não seria adequado ao CADE a fixação pura e simples de preços via controle comportamental. Alegações de preços abusivos serviriam muito mais para justificar investigações setoriais sobre eventuais distorções estruturais na concorrência do que, propriamente, para gerar condenações.

211 Conforme demonstraremos no próximo capítulo.

212 No caso da SEAE, como veremos, este exercício é apenas consultivo, o que não diminui, entretanto, a relevância da sua atuação.

213 Ou por unicórnios (no caso de preços predatórios).

O SBDC não poderia, em sua configuração atual, apresentar-se como remediador constante de deficiências regulatórias por meio de suas tradicionais funções. Entretanto, ao mesmo tempo, não poderia se escusar de cumprir o princípio constitucional da livre concorrência (art. 170, IV) e nem tampouco de buscar soluções para fazer cumprir o dispositivo presente na Constituição Federal que prevê que a lei reprimirá o abuso de poder econômico que vise ao aumento arbitrário de lucros (art. 173, § 4º.).

Como veremos no decorrer do trabalho, talvez estejamos diante de uma incapacidade operacional do antitruste em lidar com o fenômeno concorrencial de modo mais amplo e efetivo. Os casos citados até aqui, de certa forma, já expõem essa incompletude do sistema e a *competition advocacy* surgiria como um importante instrumento de renovação e aperfeiçoamento institucional.

2.8. Promoção da Concorrência e Macroeconomia

Talvez muito pouco se estude sobre a relação entre defesa da concorrência e macroeconomia. Autores chegam a citar que o antitruste apresentaria efeitos de índole macroeconômica,[214] mas pouco ou quase nada se descreve "como" isto se daria. Este é um tema, particularmente, relevante para *advocacy* como veremos a seguir.

É certo que a *concorrência* tem efeitos sobre aspectos macroeconômicos e isso não pode ser desprezado. A verdade é que microeconomia e macroeconomia não são realidades estanques, mas integrantes de um mesmo universo econômico.[215] Nesse sentido, a concorrência desempenha um papel fundamental para que a análise macroeconômica surta efeito. Mecanismos macroeconômicos só funcionam com base na ideia pressuposta de concorrência perfeita ou, pelo menos, de uma mais efetiva concorrência. Sem ela, não é possível prever, minimamente, o efeito sobre a demanda de políticas de crédito, de juros ou de controle da inflação. Ocorre que seria, realmente, difícil vislumbrar o efetivo impacto macroeconômico de uma tutela antitruste focada no controle de ilícitos concorrenciais ou de atos de concentração dos agentes econômicos. A mesma dificuldade já não é verificada quando pensamos em termos de promoção da concorrência.

---

214 Nesse sentido, GABAN e DOMINGUES (2012: 55), afirmam que "a tutela antitruste ainda que de forma indireta traz benefícios inclusive de ordem macroeconômica, a finalidade da legislação, nos dizeres da Escola de Chicago (Neoclássica), consiste na redução de preços em razão de eficiência econômica, em prol do bem-estar do consumidor".

215 Há quem defenda que a divisão micro e macro deveria ser abandonada para formulação de uma só corrente teórica: a "microfundamentação da macro" (LIMA, 2005:3).

Por um lado, pode-se vislumbrar o impacto da inexistência de concorrência efetiva em períodos recessivos, o que contribuiria para uma acomodação produtiva (redução do volume de produção) conjugada com elevação de preços que não ocorreriam em um cenário de maior rivalidade entre empresas. Por outro, a concorrência funcionaria como um limitador inflacionário na medida em que, em tese, devido à competição (e, portanto, quanto maior a busca por inovação e pela redução de custos), a tendência seria de práticas de menores preços. Calixto Salomão Filho (2002: 55) esclarece que:

> Em épocas de recessão, por exemplo, diminuindo as vantagens de escala (por diminuição da demanda e consequentemente da produção), o custo médio dos produtos tende a subir. Os monopólios, que têm, ao contrário das empresas em concorrência, capacidade de influenciar os preços do mercado, tendem a fazer esses preços subirem (ao invés de caírem), para se protegerem contra a perda de receita decorrente dos custos crescentes. Assim, monopólios e oligopólios são mais resistentes a medidas governamentais recessivas objetivando reduzir a inflação. Têm, portanto, importante influência na ocorrência da chamada 'estagflação' (estagnação ou mesmo recessão econômica acompanhada de inflação)

Dessa forma, mercados não-competitivos limitariam a efetividade de políticas anti-inflacionárias, ao menos, no curto prazo. Nessa linha, de nada adiantaria também uma política macroeconômica de estimulo ao crédito e à liquidez no mercado, via juros baixos por exemplo, se, quando analisado o cenário econômico "de perto", constatar-se que, devido à inexistência de um ambiente competitivo, os agentes tendem a aproveitar a maior demanda provocada por esta política para elevar seus preços e, assim, apropriarem-se dos benefícios econômicos desse estímulo que, em princípio, deveriam ser socializados. Um ambiente de maior competitividade serviria como "freio" a condutas oportunistas e, de certa forma, aperfeiçoaria a implementação de políticas macroeconômicas.

Assim, uma política fiscal que objetive "aquecer" a economia via estimulo ao crédito e liquidez no mercado deve ser coordenada com a análise microeconômica de setores que, *ultima ratio*, condicionam essa política.[216] O contrário também é verdadeiro, isto é, políticas macroeconômicas aperfeiçoam medidas

216 O economista Gesner de Oliveira, quando Presidente do CADE, também já reconhecia a contribuição da livre concorrência para o cenário macroeconômico. Para ele, "a ação antitruste é funcional do ponto de vista macroeconômico ao inibir a ação coordenada de concorrentes e, dessa forma, remover do sistema qualquer rigidez que possa impedir a variação de preços relativos. " (OLIVEIRA, 1999: 25)

microeconômicas. Juros menores e maior disponibilização de capital são pressupostos para o desenvolvimento da competição mais efetiva nos mercados.

Conclusão interessante quanto ao tema foi a do Prêmio Nobel de Economia em 2015, Angus Deaton (T.R.S.A.S, 2015) que procurou demonstrar, justamente, que políticas macroeconômicas dependem de comportamentos e preferências dos consumidores e agentes econômicos. Deaton coloca em evidência a relação entre as opções individuais no ambiente microeconômico e seus efeitos no conjunto da economia.[217] Uma análise isolada da macroeconomia ignora a realidade integrada do universo econômico e pode, na prática, levar a erros de cálculo nos processos de tomada de decisões e equívocos na análise dos efeitos dessas medidas. Daí porque, cada vez mais, a macroeconomia tem-se afastado de exercícios teóricos para focar em pesquisas empíricas de mercados como apoio as suas decisões.

Com efeito, o caso do mercado de feijão aqui já relatado é paradigmático. Como referido, uma das possibilidades de instrumentalizar a *competition advocacy* é reduzir tarifas de importação para aumentar a concorrência em mercados nos quais se verifique uma excessiva elevação de preços. No caso do feijão, houve, por um dado período, um aumento expressivo de preços que impactou, sensivelmente, a inflação como um todo. Isto é, um único produto foi capaz de causar um desequilíbrio na taxa de inflação que, justamente, é tomada como referência para políticas macroeconômicas como a calibragem da taxa de juros. Sabemos que o único instrumento disponível para o BACEN, no caso, seria elevar a taxa de juros, já que o órgão não poderia adotar, diretamente, uma política de promoção da concorrência objetivando reduzir o preço da leguminosa e, assim, combater a inflação. A única resposta possível, no caso, seria uma elevação de juros, o que, entretanto, não resolveria o problema, pois se trata de um produto essencial cuja demanda é pouco elástica. Somente por meio da redução das tarifas de importação[218] foi possível enfrentar o problema.[219] Casos como este demonstram que a atuação macroeconômica do BACEN jamais irá funcionar sem que exista um pressuposto competitivo[220]

217 DEATON demonstrou que determinados grupos sociais são mais penalizados com políticas de austeridade. (T.R.S.A.S., 2015)

218 http://www.brasil.gov.br/economia-e-emprego/2016/06/governo-zera-imposto-de-importacao-do-feijao

219 Como já alertamos anteriormente, esta política só irá funcionar no caso de o preço interno do produto ou serviço praticado ser superior ao valor internalizado do produto mais custos de importação e, obviamente, se existir margem para redução da tarifa.

220 No caso, o pressuposto seria, justamente, um sistema antitruste muito mais hígido capaz de reduzir a ineficiência econômica causada pela insuficiência de rivalidade nos mercados.

e, portanto, uma atuação complementar sobre as estruturas de mercado, o que somente pode ser alcançado pela promoção e defesa da concorrência.

Outro ponto de destaque é o de que distorções em políticas de subsídios e juros impactam, direta e indiretamente, a concorrência, seja porque criam desníveis concorrenciais ou porque impõem uma prática de compensação de juros subsidiados via juros maiores pelo BACEN como vimos anteriormente. Sabemos que, em economia, não existe "almoço grátis" (FRIEDMAN, 1975). O custo de oportunidade de escolhas econômicas como subsidiar uma campeã nacional deve ser de alguma forma compensado via tributação e juros maiores para o público em geral, uma vez que o montante global de dinheiro disponível será sempre o mesmo. E se o dinheiro for "multiplicado" via política fiscal expansionista, os juros deverão ser elevados da mesma forma, pois a política em questão provocará, inexoravelmente, inflação. Trata-se de uma distorção econômica nem sempre mensurada, até porque o BACEN fica de mãos atadas diante de uma política desse tipo, não lhe restando outra alternativa senão a elevação pura e simples de juros. Nesse ponto, a promoção da concorrência cumpriria o relevante papel de identificar possíveis distorções na concorrência, não apenas no âmbito setorial, mas para a economia como um todo, decorrentes de políticas de disponibilização de capital e juros subsidiados para determinados grupos econômicos.

Objetivando tornar mais clara esta relação entre concorrência e macroeconomia, a OCDE editou um estudo denominado "Facsheet on How Competition Policy Affects Macro-economic Outcomes" (OCDE, 2014). Neste relatório, é detalhado como a política concorrencial influencia resultados macroeconômicos. O estudo da OCDE é repleto de evidências empíricas de que a promoção da concorrência incrementa o nível de emprego, induz movimentos inovativos, resulta em redução de custos, menores preços, igualdade de oportunidades, crescimento econômico e até no aumento do nível de felicidade da população em geral (OCDE, 2014).

Nos EUA, a *competition advocacy* passa, justamente, a ser utilizada mais amplamente como contrapartida a "estagflação" vivenciada na década de 70, de modo a introduzir mais eficiência e concorrência em determinados setores que impactavam, diretamente, no crescimento econômico (ZYWICKI, et al., 2005: 1).

Nesse sentido, a UNCTAD sublinha o papel da *competition advocacy* para controlar exceções concorrenciais injustificáveis em períodos de crise, chamando atenção para a dificuldade de atuação do CADE no setor financeiro e constantes conflitos com o BACEN (2010: 11-14). Para a UNCTAD, os fatos recentes têm demonstrado que as intervenções que precedem as crises são destituídas de análise concorrencial com injeções indevidas de recursos em instituições financeiras e fusões induzidas (2010: 15). A inexistência da devida regulação bancária seria, assim, um dos principais fatores que conduziriam às recessões. A UNCTAD propõe, para tanto, um fortalecimento da promoção da concorrência para fazer frente a estes problemas e, assim, prevenir novas crises (2010: 15-16).

2.9. Promoção da Concorrência e Mercados Dinâmicos

2.9.1. A Internet das Coisas e a Tendência ao Custo Marginal Zero

Talvez não seja apropriado falar-se, nos dias atuais, em mercados dinâmicos, diferenciando-os da economia convencional. Se o conceito antes fazia algum sentido em razão de novos produtos e tecnologias, atualmente, esta divisão talvez já não seja tão útil, nomeadamente, em razão da integração cada vez maior entre a economia digital e a economia real naquilo que se convencionou chamar "internet das coisas". Mercados digitais, de organismos geneticamente modificados, de softwares, de novos medicamentos são, normalmente, utilizados como exemplos de dinamismo e de frequente sujeição a movimentos disruptivos. Mas a realidade é que, como vimos, até mesmo mercados "tradicionais" (como de commodities ou combustíveis) tem passado por rápida transformação e por processos inusitados de diferenciação (como os já citados casos do algodão colorido ou dos combustíveis especiais). A "velha" economia encontra-se também em processo de irreversível integração com plataformas virtuais. Para Rifkin, a "internet das coisas" se consubstanciaria em um processo de integração dos segmentos da internet da comunicação, dos mercados virtuais de energia e da logística digital por meio de uma infraestrutura inteligente que estaria alterando, definitivamente, paradigmas econômicos a ponto de criar uma Terceira Revolução Industrial (2016: 15-20) ou, para outra vertente, a chamada Indústria 4.0 [221] (ou Quarta Revolução).[222]

221 Nas palavras de Brettel, Friederichsen, Keller e Rosenberg, "The three industrial revolutions of the past were all triggered by technical innovations: the introduction of water- and steam-powered mechanical manufacturing at the end of the 18th century, the division of labor at the beginning of the 20th century and introduction of programmable logic controllers (PLC) for automation purposes in manufacturing in the 1970s. According to experts from industry and research, the upcoming industrial revolution will be triggered by the Internet, which allows communication between humans as well as machines in Cyber-Physical-Systems (CPS) throughout large networks." (2014).

222 Embora Rifkin fale em uma Terceira Revolução Industrial, tem sido comum a referência a uma Quarta Revolução (ou Indústria 4.0). Entretanto, trata-se apenas de uma distinção nominal, já que, no fundo, está-se tratando do mesmo fenômeno. É que determinados autores

O autor trabalha com alguns conceitos que são verdadeiros indícios de que as relações de concorrência mudarão profundamente, o que demandará uma profunda revisão dos mecanismos tradicionais do antitruste tais como o de *custo marginal zero*, de *internet das coisas*, acima referido, e, entre outros, o de *prosumers* (consumidores-produtores). [223]

Com efeito, RIFKIN evidencia a tendência do surgimento de mercados com custo marginal[224] próximo a zero (2016). Esses mercados seriam caracterizados pela drástica redução nos custos de produção e pela descentralização produtiva provocada, principalmente, pela internet das coisas. A economia colaborativa com trocas gratuitas ou quase-gratuitas irá, segundo este economista, provocar um "eclipse no capitalismo"[225] com movimentos disruptivos e novos padrões de produção (2016).[226]

No fundo, a redução do custo marginal é provocada por uma significativa redução dos custos de produção acompanhada da redução dos custos

---

consideram que a Segunda Revolução não teria existido por ter sido uma continuidade da Primeira ou que a Terceira só estaria se concretizando nos dias atuais. No fundo, pouco importa se estamos na Terceira ou Quarta Revolução, pois é certo que tal classificação é, meramente, didática para compreensão do fenômeno histórico.

223 O conceito de "prosumers" (consumidores produtores) deriva da tendência a custos marginais zero e são aqueles consumidores capazes de produzir aquilo que necessitam para consumo próprio, como gerar sua própria eletricidade a custos reduzidos, mas também para compartilhar e comercializar o excedente por meio de uma rede de compartilhamento comum de custos reduzidos ("collaborative commons", 2016:12).

224 Custo marginal é o custo adicional para produção de uma nova unidade de um produto após a amortização dos custos fixos pela firma.

225 Nas palavras de Rifkin: "The plummeting of marginal costs is spawning a hybrid economy—part capitalist market and part Collaborative Commons—with far reaching implications for society, according to Rifkin. Hundreds of millions of people are already transferring parts of their economic lives to the global Collaborative Commons. Prosumers are plugging into the fledgling IoT and making and sharing their own information, entertainment, green energy, and 3D-printed products at near zero marginal cost. They are also sharing cars, homes, clothes and other items via social media sites, rentals, redistribution clubs, and cooperatives at low or near zero marginal cost. Meanwhile, students are enrolling in free massive open online courses (MOOCs) that operate at near zero marginal cost. Social entrepreneurs are even bypassing the banking establishment and using crowdfunding to finance startup businesses as well as creating alternative currencies in the fledgling sharing economy. In this new world, social capital is as important as financial capital, access trumps ownership, sustainability supersedes consumerism, cooperation ousts competition, and 'exchange value' in the capitalist marketplace is increasingly replaced by 'sharable value' on the Collaborative Commons" (2016).

226 As transformações vão desde modelos integrados representados pela internet das coisas como compartilhamentos de serviços, caronas, autogeração de energia, democratização do crédito, proliferação de impressoras 3D, estabelecimentos comerciais móveis (como "food trucks"), m-learn, e-learn, livros digitais compartilhados e gratuitos (ou com custo reduzido) etc.

de transação. Um exemplo de redução do custo aproximando-se de um custo marginal zero consistiria em uma integração vertical entre a atividade financeira e a atividade produtiva, de tal forma que se tenha uma crescente redução de custos de transação derivada, justamente, da eliminação de intermediadores, unificando-se o lucro da atividade financeira ao da atividade produtiva. Outro claro exemplo são mercados em que há devolução de parte dos gastos ao consumidor, de tal forma que o produto passaria a ser vendido em preço próximo ao seu custo ou programas de pontuação. Esta é uma forma, ainda que indireta, de integrar os dois elos da cadeia produtiva.

Como vimos, a redução do custo marginal pode-se dar também pela tendência à descentralização produtiva ou por meio de economia compartilhada, de tal forma que o consumidor já não dependa dos tradicionais produtores, passando ele próprio a produzir o produto para autoconsumo, compartilhamento e comercialização do excedente (o referido conceito de "prosumer" – consumidor-produtor). Aqui também, no fundo, tratar-se-ia de uma redução dos custos de transação atrelada a uma redução dos custos de produção.

Caberia à promoção da concorrência identificar nichos de mercado em que seria possível implementar uma política de incentivos a padrões de custo marginal zero de tal forma a, simultaneamente, propiciar inovação tecnológica e contrastar posições dominantes de firmas estabelecidas (*inter alia,* incentivar autogeração de energia limpa, incentivar microcervejarias no interior de estabelecimentos comerciais – restaurantes ou supermercados, incentivar a produção de carros elétricos por Universidades etc). Obviamente, ainda há forte resistência a este modelo produtivo, mas sua implementação ocorrerá em economias que privilegiem a eficiência dinâmica e destruição criativa. O risco da não adesão a este processo é, mais uma vez, ficar a reboque das nações mais favorecidas e ter que aceitar que os proprietários dessas plataformas serão os próprios países líderes como, aliás, a realidade vem comprovando em casos como Google, AirbnB, Uber, Tesla Motors, NetFlix e, entre outros, Facebook (grupo que inclui WhatsApp e Instagram).

A tendência crescente à redução do custo marginal e o aumento progressivo da produtividade poderá levar a uma situação curiosa, ao menos hipoteticamente, de "transcendência da escassez", colocando em risco um dos pilares da própria economia capitalista, edificada, exatamente, sob esta lógica (de escassez).[227] Se é realmente verdade que Marx estaria equivocado ao

227 A economia é conhecida como a *ciência da escassez*, justamente, por ter seu foco na tentativa de administração e aproveitamento eficiente de *recursos escassos* tendo em vista a

pressupor que o avanço tecnológico seria capaz de se sobrepor às necessidades humanas[228] (SHAPIRO, 2006: 130 e PIKETTY, 2014: 14-20), a realidade é que a redução drástica do nível de emprego em razão do aumento da produtividade, do uso de novas tecnologias[229] e da crescente desindustrialização são, no mínimo, indicativos de que, se não há um dramático aumento das necessidades, elas estão a se reposicionar. Entretanto, ainda que esta situação (de eventual superação da escassez) se afigure, idealmente, possível, a realidade é que haveria uma tendência a que o poder econômico se organizasse de modo a perpetuar o déficit de recursos[230] ou para recriar "desejos" por meio de mecanismos de diferenciação e criação de novos produtos. Nesse cenário, portanto, haveria duas estratégias: perpetuar a escassez pela criação destes novos "desejos" de consumo,[231] o que, como vimos, a "economia da diferenciação" tem intentado fazer com certo êxito ou, noutro extremo, perpetuar necessidades.[232]

Com efeito, talvez exista um ponto de esgotamento na "criação de desejos" (diferenciação e/ou novos produtos), o que forçaria tornar perenes necessidades mais básicas, um pressuposto de desigualdade do capitalismo moderno expresso na já referida fórmula de Piketty (*r>g*).[233] Nessa linha, a demanda por recursos necessários é, sem dúvida, proporcionalmente, menos elástica que a demanda por "desejos". Se há uma tendência em direção a custos decrescentes, mas, por outro lado, lucros cada vez maiores[234], o aumento

---

premissa de que as *necessidades humanas seriam, por outro lado, ilimitadas*. A economia se desenvolve em um momento de plena escassez agravada pela explosão demográfica. Entretanto, é possível antever um futuro de relativa abundância decorrente da crescente produtividade e estabilização demográfica.

228 Tese da superação da escassez.

229 Em estudo sobre o tema, a OCDE demonstra que o "desemprego tecnológico" não é apenas uma questão conjuntural, mas estrutural. Para a organização, "The idea of 'technological unemployment' was already highlighted by Keynes (1931). Some experts (e.g. Brynjolfsson and McAfee, 2014), suggest that the technological change we are experiencing in this 'second machine age' not only risks displacing some specific types of jobs, but could lead to a decline in overall employment. Not only will routine tasks continue to be automated but cognitive tasks that until recently were considered non-automatable are now at risk, for example, writing standard reports on stockmarket changes (OECD, 2015c). Some estimates based on the characteristic tasks of each occupation suggest that almost half of all jobs in the United States and other advanced countries are at risk of being substituted by computers or algorithms within the next 10 to 20 years" (OCDE, 2016: 2).

230 Há uma lógica "política" e autônoma no advérbio "dominação" que independe de resultados eficientes ou de uma qualificação, precisa ou exclusivamente, econômica.

231 Com base na premissa (econômica) de que os desejos seriam ilimitados.

232 E por que não as duas estratégias simultaneamente?

233 O déficit de recursos tão caro à formação do pensamento econômico.

234 Estudo recente demonstrou que metade dos lucros acima da média de mercado está concentrado em empresas de tecnologia, sendo que as cinco maiores firmas detentoras

da desigualdade "auxiliaria" nessa tarefa com a redução do nível de emprego, do poder de compra e de consumo. Se a economia sempre foi uma ciência direcionada a lidar com a escassez, a verdade é que somente uma "escassez" artificialmente criada por meio de diferenciações, desejos e perpetuação de necessidades seria capaz de se contrapor a tendência à abundância decorrente de custos cada vez menores, fato este que, por si só, estaria a ameaçar a dominação econômica (e política).[235] A perenização do domínio econômico em um contexto de custos decrescentes pressupõe, portanto, uma lógica cruel de aumento da desigualdade, decrescente eficiência econômica e controle de recursos, em princípio, abundantes, por grandes grupos.[236]

Veja-se o curioso caso do petróleo cuja produção e preço, historicamente, têm sido controlados, justamente, por um cartel (cartel da OPEP) aceito e até legitimado pelas nações desenvolvidas. Obviamente que, se é preciso um cartel para controlar a produção de uma das principais fontes de energia do mundo, isto se deve muito mais a possível perda de poder estratégico que derivaria da *abundância* do que à *escassez* propriamente dita. Dito de outro modo, o controle da produção do petróleo objetivaria muito mais manter o poderio econômico e geopolítico de determinados grupos e nações do que "regular" a produção de um bem, supostamente, escasso, agora, aliás, ameaçado por novas fontes de energia. Não por acaso, as compras de petróleo somente podem ser feitas, justamente, em dólar, senão a posicionar, ao menos, a fortalecer a moeda como padrão cambial de referência, servindo como âncora de confiança e estabilidade político-econômica e hegemônica norte-americana.

É o que se vê, de certa forma, também na tentativa de grandes corporações em dominar a economia "cooperativa" e tecnológica por meio de plataformas únicas (os "new monopolists"),[237] moedas virtuais criptografadas sem prévia e adequada regulação[238], estratégias agressivas de diferenciação e

---

de plataformas, Alphabet, Amazon, Apple, Facebook e Microsoft faturaram, sozinhas, espantosos US$ 93 bilhões em 2016, além de possuírem elevadas participações de mercado e terem adquirido 519 empresas nascentes (The Economist, 2017).

235 Nesse sentido, estudo realizado pelo BIS (Bank for International Settlements) evidencia o incremento de 30% na produtividade do trabalho tanto no setor industrial como no de serviços, a expansão da automação e da robotização, excesso da oferta de mão de obra que conduzirão à estabilização provável ou até queda da inflação global nos próximos anos (2017).

236 Ou o controle do progresso.

237 Foi Tim Wu quem cunhou o termo "new monoplists" por meio do artigo "In the Grip of the New Monopolists" publicado no The Wall Street Journal (2010). Nas palavras de Wu: "google 'owns' search; Facebook, social networking; eBay rules auction; Apple dominates online content delivery; Amazon, retail; and so on".

238 As criptomoedas e sistemas de fidelidade ao romperem, informalmente, com o monopólio dos Estados na emissão da moeda, apresentam inúmeros riscos, pois, a despeito da publicidade

segregação de mercados, o que, não raro, é corroborado por obstáculos institucionais, regulatórios, omissão ou atuação tardia das autoridades reguladoras e concorrenciais.[239]

Para Rifkin, estas empresas estão, na realidade, se apropriando dos *commons* para fins, exclusivamente, comerciais (2016: 156).[240] Para se ter uma ideia, o eBay detém sozinho 99% do Mercado de leilões online nos EUA, Facebook detém 72,4% de sites de relacionamento, Google detém 93% por cento dos mecanismos de busca na Alemanha, 95% na França, 89% no Reino Unido e 67% nos EUA (RIFKIN, 2016). No fundo, a internet, ao mesmo tempo em que serviu à criação de um mercado global independente do fator territorial, passou a ser veículo de plataformas quase-monopolistas. As mesmas empresas, antes consideradas *startups*, passam agora a estender seu poder de mercado para a economia real por meio da internet das coisas. Tal fato, por um lado, poderá gerar economias de escala e redução de custos de transação, mas também criar obstáculos à livre concorrência.

Isso apenas confirma o raciocínio de Habermas de que o excedente tecnológico não conduziria, em si, a uma "vida boa", até em razão do controle de eventuais vantagens daí decorrentes pelo aparato repressivo dominante, o que a regulação estatal tem tido dificuldade em fazer frente (2014: 107-108). Isto é, embora o excedente tecnológico possa conduzir a uma melhora do aparato econômico-industrial, não seria suficiente para provocar uma transformação institucional com consequências emancipatórias, o que, na verdade, decorreria não do mero esgotamento das possibilidades e potencialidades, mas de uma *escolha consciente* que dependeria, por sua vez, de um agir comunicativo sem restrições sobre os fins da prática (2014: 107-108).

Assim, o poder de disposição sobre os processos naturais e o desenvolvimento tecnológico não conduziriam necessariamente a um melhor funcionamento dos processos sociais, mas, por outro lado, dotaria os membros da

---

das operações do sistema "blockchain", preserva-se o sigilo das partes, o que dificultaria a identificação de potenciais ilícitos no âmbito econômico, tributário e societário. Vale notar que a moeda virtual não se confunde com "moeda eletrônica" prevista na Lei nº 12.865, de 9 de outubro de 2013.

239 Nas palavras de Rifkin: "Global energy companies and power and utility companies are, in some cases, blocking the creation of an Energy Internet altogether. In other instances, they are attempting to force a centralized architecture on the smart grid, to enable the commercial enclosure of the new energies." (2016:239).

240 Nesse sentido "While the Internet is a common, the applications on the Web are a hybrid of nonprofit organizations, generally operated as Commons, and commercial enterprises with an eye to the market. Wikipedia and Linux line up in the first category and Google and Facebook in the second category." (RIFKIN, 2016: 156).

sociedade de uma oportunidade emancipatória mais ampla (HABERMAS, 2014: 107-108). Em uma palavra, abundância não é, necessariamente, sinônimo de bem-estar se aqueles que estão no controle dos meios criam obstáculos ao acesso destes recursos, mas se consubstanciaria em uma oportunidade para o acesso mais amplo, pelos cidadãos, dos possíveis ganhos decorrentes do avanço tecnológico e da maior produtividade.[241]

Curiosamente, a previsão de Marx de que o capitalismo passaria a ser cada vez menos competitivo estaria, nesse contexto, a se confirmar não fosse um fato que tem auxiliado na manutenção de um capitalismo equilibrado: a existência de sistemas de defesa da concorrência. Nesse sentido, Shapiro afirma que:

> Marx acreditava também que o capitalismo se tornaria cada vez menos competitivo. A tendência da competição seria elimar os competidores, simplesmente porque os custos de entrada para os novos competidores teriam de subir em razão de a natureza da produção ter se tornado cada vez mais intensiva em capital. Marx ignorou, mais uma vez, aquilo que os governos podiam fazer, neste caso, por meio de uma legislação antitruste (2006: 122).

Com efeito, uma tutela antitruste renovada deveria atuar *ex ante* para possibilitar a abertura de canais competitivos, facilitar a entrada de novos *players*, incentivar a cultura inovativa e prevenir obstáculos institucionais. Do contrário, a profecia marxista poderá se confirmar não, exatamente, em virtude de supostas razões tecnológicas ou produtivas decorrentes da crise do modo de produção capitalista, mas no paradoxo moderno de tendência à abundância, por um lado, mas crescente desigualdade e perpetuação da escassez, por outro. A ciência econômica antes preocupada em administrar eficientemente recursos escassos passaria a ser instrumento da perenização do controle dos meios de produção por meio do fortalecimento e da manutenção de posições dominantes. A eficiência pressuposta (mas não comprovada) em atos de concentração, os incentivos regulatórios e fiscais (de eficácia duvidosa) a grandes *players* e uma certa incapacidade operacional do Estado e de suas estruturas jurídicas em desafiar monopólios contribuiriam para que este cenário de aniquilamento da concorrência, cedo ou tarde, venha a se concretizar.

Mas será mesmo o antitruste capaz de fazer frente ao enorme desafio consistente na redução do impacto das políticas governamentais que incentivaram

241 Daí que a racionalização operada pelo Estado Moderno seria incapaz de, por si só, produzir estes resultados.

a criação deste modelo de capital intensivo concentrado em poucos grupos? Será o antitruste capaz de reestruturar mercados e acompanhar o dinamismo da economia digital (agora não mais apenas digital, mas digital-real)? Parece impensável que a estrutura antitruste minimalista dos tempos presentes seja capaz de fazer frente a estes enormes desafios. É difícil dimensionar se Estados e pessoas serão capazes de fazer valer a vontade democrática de suas escolhas, até porque o endividamento crescente tanto público como privado tem levado a uma situação de sucateamento das atividades do poder público e pressão por maior arrecadação para fazer frente a compromissos fiscais, de tal sorte que a autonomia do destino político das nações parece ter sido "sequestrada" pelos mercados (STREECK, 2012).

Nesse ponto, "as expectativas políticas ora apresentadas aos Estados democráticos [...] podem ser impossíveis de satisfazer. Os mercados e as instituições intenacionais exigem que não só os governos como também os cidadãos se comprometam credulamente com a consolidação fiscal" (STREECK, 2012: 55). Nesse contexto, sobraria pouco espaço para pensar uma tutela concorrencial mais ampla e efetiva. A realidade é que uma renovada abordagem concorrencial dependeria, em grande medida, de um esforço conjunto no âmbito global, constatação semelhante a que chegara Piketty no que tange ao combate à crescente desigualdade mundial (2014: 480-561).

De toda forma, não há motivo para pessimismo, pois, como já demonstramos, é crescente a demanda por um controle antitruste muito mais amplo em diversos países. Países como EUA, Reino Unido, México, Canadá, Austrália etc tem adotado profundas reformas estruturais pautadas em *competitin advocacy*. Nessa senda, ainda são grandes os obstáculos para alcançar tal desiderato, nomeadamente, aqueles erigidos por interesses políticos e econômicos dominantes, não obstante o esforço e eventual boa vontade de autoridades e de futuros governantes.

2.9.2. O Tempo do Direito e o Tempo Econômico

Outro problema a desafiar a tutela concorrencial é o do descompasso entre o tempo do direito e o tempo real da nova economia. Posner sugere que somente uma análise dinâmica e intertemporal permitiria ao direito "alcançar" o fenômeno concorrencial (2000: 9). Como demonstra, entretanto, este já seria um problema, inclusive, da "velha economia" que o antitruste precisava ter equacionado (POSNER, 2000:9). [242] Nas palavras de Posner:

242 No original: "Antitrust litigation moves very slowly relative to the new economy. Law time is not real time. The law is committed to principles of due process that limit the scope for

> O controle antitruste avança muito lentamente em relação à nova economia. O 'tempo legal' não é o mesmo do tempo real. A lei está comprometida com princípios de devido processo que limitam procedimentos céleres, e o fato de que o litígio é conduzido perante os Tribunais por advogados, que não são tecnicamente treinados ou experimentados, inevitavelmente retarda o processo. O desajuste entre o tempo legal e o tempo real da nova economia é preocupante em dois aspectos. Primeiramente porque um caso antitruste envolvendo uma empresa da nova economia pode durar por tanto tempo a ponto de tornarem irrelevantes e ineficazes ferramentas concorrenciais, tendo em vista as rápidas transformações da indústria. Mas este é um problema também da velha economia. Recorda-se, por exemplo, que, quando o processo de monopolização contra a Alcoa completou sua jornada pelos tribunais, a Alcoa perdeu seu monopólio por razões não relacionadas ao litígio; como resultado, a decisão contrária a Alcoa surtiu efeito bastante reduzido (a alienação da subsidiária canadense da Alcoa). Esse tipo de problema provavelmente será mais frequente na nova economia. Em segundo lugar, mesmo que o caso não seja obsoleto pela passagem do tempo, a sua pendência poderá prejudicar as partes afetadas pelo litígio, tornando o investimento mais arriscado e comprometendo o planejamento de negócios (2000: 9).

Este problema é incrementado pela dificuldade de antecipação dos fenômenos e pela incapacidade de controlar todos os riscos das decisões concorrenciais tomadas no presente. Somente um sistema participativo que acompanhe, de modo permanente os mercados, poderia alcançar, de modo dinâmico, os fenômenos da realidade. Como demonstra Posner, este não é um problema restrito, entretanto, à nova economia, já que estas dificuldades são maximizadas pela "combinação de questões complexas de propriedade intelectual, externalidades de rede e crescimento rápido na demanda do consumidor que envolveriam a verificação e mensuração de monopólios" (2000:9).[243]

---

summary proceedings, and the fact that litigation is conducted by lawyers before tribunals that are not technically trained or experienced inevitably slows the process. The mismatch between law time and new-economy real time is troubling in two respects. First, an antitrust case involving a new-economy firm may drag on for so long relative to the changing conditions of the industry as to become irrelevant, ineffectual. That was a problem even in the old economy. One recalls for example that by the time the monopolization case against Alcoa completed its journey through the courts, Alcoa had lost its monopoly for reasons unrelated to the litigation; as a result, the decree finally entered against Alcoa offered little more than nominal relief (the divestiture of Alcoa's Canadian subsidiary). This type of problem is likely to be more frequent in the new economy. Second, even if the case is not obsoleted by passage of time, its pendency may cast a pall over parties to and affected by the litigation, making investment riskier and complicating business planning." (POSNER, 2000: 9).

243 No original: "The difficult factual questions presented by new-economy antitrust cases are not limited to technical areas, unfortunately. The combination of intellectual property,

Outro problema, como já referido anteriormente, é a definição de mercado e do poder de mercado em setores tecnológicos (incluída a internet das coisas), até porque as clássicas definições de custos e economias de escala já não se aplicariam do mesmo modo, podendo até mesmo significar o contrário do que habitualmente se supõe, como seria o caso da mensuração de economias de escala que, nem sempre, podem ser relevantes (POSNER, 2000:2).[244]

Com efeito, em razão do dinamismo dos mercados, a efetividade das intervenções depende, essencialmente, de soluções de promoção da concorrência. Nesse sentido, um exemplo de abordagem renovada com foco em mercados dinâmicos foi a edição do Decreto 56.981/16 do Município de São Paulo-SP que regulamentou a atividade de transporte individual de passageiros via aplicativos, como é o caso do Uber. O regulamento em questão cria o chamado "créditos por quilômetros"[245] que impõe o pagamento por quilômetro rodado pelos prestadores. A medida significa, no fundo, a utilização de meios extrafiscais para equilibrar a concorrência entre firmas que não pagaram por outorgas na prestação do serviço e aquelas que haviam

---

network externalities, and rapid growth in consumer demand creates difficult questions involving the ascertainment and measurement of monopoly." (2000:9).

244 Nesse sentido, Posner esclarece que: "These industries differ markedly from most of the industries in which modern antitrust doctrine emerged, and particularly from industries that manufacture traditional physical goods such as steel, automobiles, pipe, wire, aluminum, railroad cars, roadbuilding materials, and cigarettes. The traditional industries are characterized by multiplant and multifirm production (indicating that economies of scale are limited at both the plant level and the firm level, or in other words that average total costs are rising at relatively modest output levels), stable markets, heavy capital investment, modest rates of innovation, and slow and infrequent entry and exit. The new-economy industries that I'll be discussing tend to lack these features. They are characterized instead by falling average costs (on a product, not firm, basis) over a broad range of output, modest capital requirements relative to what is available for new enterprises from the modern capital market, very high rates of innovation, quick and frequent entry and exit, and economies of scale in consumption (also known as "network externalities"), the realization of which may require either monopoly or interfirm cooperation in standards setting. And while vertical integration is a common feature of the old economy, it tends to be even more common in the new one, precipitating an unusually large number of firms into customer or supplier relations with other firms that are also its competitors." (2000:2).

245 Conforme art. 8º do Decreto 56.981: "A exploração intensiva da malha viária pelos serviços de transporte individual remunerado de utilidade pública é condicionada à utilização de créditos de quilômetros pelas OTTCs.

§ 1º A utilização de créditos de quilômetros pelas OTTCs implicará em outorga onerosa e pagamento de preço público como contrapartida do direito de uso intensivo do viário urbano.

§ 2º Os créditos de quilômetros serão contabilizados de acordo com a distância percorrida na prestação dos serviços pelos veículos cadastrados pela OTTC"

pago (taxis). Ao mesmo tempo, a cobrança do preço público em questão cria uma modalidade inteligente de arrecadação por quilômetro rodado. Proibir, simplesmente, o serviço ou optar pela sua total liberalização não eram opções adequadas do ponto de vista concorrencial, de tal forma que, somente por meio da promoção da concorrência, seria possível equacionar o problema. Nessa senda, Grandino Rodas afirma que o Uber, minimamente, regulamentado favoreceria a concorrência (2015). Para Rodas:

> No âmbito econômico, o transporte de passageiros nos limites de uma localidade implica a questão conhecida como assimetria de informação: os passageiros desconhecem os trajetos ideais, enquanto que os motoristas não possuem informações sobre seus clientes. Essa assimetria, de um lado, e as externalidades negativas que podem ser geradas pela ausência de controle (falta de segurança, poluição demasiada etc.), de outro, justificam a necessidade de regulação por parte da autoridade competente, no caso do Brasil, o município. Essa regulação, que deve ser mínima e em favor da concorrência, tem o condão de diminuir os custos de transação e minimizar a assimetria de informação (2015)

A realidade é que, se por um lado, há clara insuficiência do antitruste para mitigar riscos concorrenciais advindos do dinamismo econômico, nada impede que soluções concorrenciais transversais sejam adotadas por outros órgãos ou entes da federação. O caso da regulamentação do UBER é um claro exemplo de que a concorrência pode ser instrumentalizada por outros meios e entes, isto é, não dependeria apenas dos órgãos, atualmente, integrantes do SBDC.

Já em 2005, antevia-se a insuficiência do antitruste para mercados tecnológicos (QUEIROZ, 2005). Até então, não havia a previsão de mecanismos de análise prévia dos impactos anticompetitivos de novas tecnologias ou novas políticas públicas.[246] Além disso, não havia talvez uma compreensão mais ampla de que questões como estas poderiam ser equacionadas por meio da *competition advocacy* (promoção da concorrência). Os debates e reflexões do antitruste giravam em torno, essencialmente, do controle de condutas anticompetitivas e de atos de concentração, restando apenas um papel secundário

246 Nesse sentido, "apesar da notável evolução dos diplomas normativos e da jurisprudência antitruste verificada nos últimos tempos no Brasil, os mecanismos de defesa da concorrência legalmente previstos não são suficientes para mitigar os riscos concorrenciais do advento de novos produtos desenvolvidos a partir de novas tecnologias (engenharia genética, biotecnologia, software, internet etc) [...] A comercialização de OGM pode resultar em monopólios, elevar as barreiras à entrada, reduzir drasticamente as opções do consumidor e, entre outros, alavancar o poder econômico do agente criador do OGM nos mercados verticalmente relacionados" (QUEIROZ, 2005: 228).

e, por demais, simbólico para a "advocacia da concorrência". O momento atual, entretanto, tem revelado o contrário: o amadurecimento institucional da defesa da concorrência com a publicação da LDC, a previsão de mecanismos de *advocacy* e a aplicação progressiva da promoção da concorrência por órgãos e entes da federação não, diretamente, ligados ao SBDC. Entretanto, ainda faltam ferramentas e um sistema articulado para fazer frente a uma realidade, rapidamente, mutável.

Nesse sentido, a eficiência estática e modelos de concorrência perfeita só funcionariam para cálculos ideais e estatísticos, não serviriam para captar o movimento do mercado, rápidas transformações tecnológicas e elementos institucionais de mercados mais dinâmicos. A questão é que a análise antitruste, formatada com base em modelo "reativo", tem que lidar com todos estes aspectos em exame pontual e, no geral, limitado a análise de condutas e operações específicas dos agentes. Há um pressuposto de certeza em meio à incerteza. Se, entretanto, conforme o referido postulado de Heisenberg, não é possível saber o resultado da decisão em ambientes de incerteza,[247] como seria possível saber se os pressupostos fáticos ensejadores da decisão antitruste não irão se alterar com o tempo (ou como irão alterar) ou se o objetivo da intervenção foi, de fato, alcançado. Nesse aspecto, Williamson afirma que:

> Dentro de um mesmo ambiente institucional estático, talvez seja possível se estabelecer uma única resposta eficiente, mas o mesmo não ocorre quando se consideram as possibilidades de ambientes institucionais dinâmicos e contingentes, que sempre poderão se plasmar em arranjos alternativos, como preconizado pela NEI. O ótimo, então, cede espaço ao 'bom o suficiente' (WILLIAMSON, 2005, p. 21).

A eficiência dinâmica, no controle atual, pode ser, no máximo, "pressuposta". A realidade é que somente um acompanhamento permanente do mercado com novos meios de intervenção permitiria reduzir o descompasso entre o tempo do direito e o da realidade.

2.10. *Advocacy* e Concorrência Bancária

O sistema financeiro é nuclear para a *competition advocacy* não apenas sob a perspectiva da competição em si entre instituições financeiras, mas também em relação aos efeitos laterais da atuação dos bancos para o mercado como um todo. A higidez da economia depende de um sistema financeiro eficiente e a competitividade das empresas é influenciada pelas relações

247 Conforme o experimento que relatamos anteriormente.

travadas neste setor. Como demonstram Barth, Caprio e Levine, a ausência de concorrência efetiva no segmento bancário é, comprovadamente, um fator que incrementa barreiras à entrada no restante da economia, de tal sorte que os bancos podem ser, na prática, uma garantia de que o restante da economia permanecerá imune à concorrência (2006: 50-51). Segundo estes autores, esta lógica está relacionada a um processo mais amplo de manutenção do poder político e de recíprocas contrapartidas sistêmicas (2006: 50).

O controle das autoridades concorrenciais deveria ser redobrado nessa esfera, pois a inexistência de concorrência no setor pode estabelecer uma relação de extrema dependência em relação a firmas dominantes, expondo, assim, a grande risco os demais segmentos da economia e usuários dos serviços bancários. Se na recente crise financeira mundial, os sistemas concorrenciais agissem da mesma forma que em relação a outros segmentos econômicos, muitos riscos não teriam sido percebidos inicialmente, o que teria agravado seus efeitos (OCDE, 2013).

A lógica do controle prudencial exercido pelo BACEN, certamente, não contabiliza os riscos da inexistência de eficiência dinâmica para o setor e para a economia como um todo, até porque não é este o papel da autoridade bancária e nem o assunto de sua especialidade. Além disso, órgãos setoriais tendem a premiar empresas sob sua supervisão, auxiliando-as a extrair rendas para manterem boa saúde financeira e, em contrapartida, fortalecerem seu *status* político dentro do governo e perante outras autoridades públicas (BARTH, CAPRIO E LEVINE, 2006:50).

Estudos conduzidos por Berger, Humphrey, Claessens, Klingebiel e Swammy nos EUA sugerem que a concorrência bancária é fundamental tanto em termos de eficiência estática como dinâmica (BARTH, CAPRIO E LEVINE, 2006:50). Os autores demonstraram que, nos Estados em que o lucro bancário era maior, as barreiras à entrada também eram maiores (BARTH, CAPRIO E LEVINE, 2006:50).

Haber, por sua vez, em estudo comparado sobre a concorrência bancária nos EUA e México, concluiu que a cultura disseminada da concorrência americana é atribuída em grande medida à existência de efetiva concorrência entre os bancos, o que contribuiu para a facilidade no acesso ao crédito e, por outro lado, a ausência de concorrência mexicana deveu-se, justamente, à excessiva concentração bancária e distribuição do crédito em condições não-isonômicas (BARTH, CAPRIO E LEVINE, 2006:50).

Outros estudos de Shaffer, Jarayaratne e Strahan conseguiram demonstrar que os Estados americanos que incentivaram a concorrência bancária lograram obter maiores taxas de crescimento econômico, crescimento mais acelerado do mercado de construção civil por meio da melhoria do acesso ao crédito e da qualidade dos financiamentos bancários (BARTH, CAPRIO E LEVINE, 2006:50-51). Cetorelli e Strahan demonstraram que o aumento do número de empresas e a maior quantidade de empresas de menor porte estão, fortemente, associados ao grau de concorrência bancária (BARTH, CAPRIO E LEVINE, 2006:51). Por fim, Zingales, Guiso e Sapienza evidenciaram que a ausência de concorrência bancária na Itália era um fator que dificultava a abertura de startups por jovens empreendedores.[248]

A realidade é que grandes grupos econômicos têm mais facilidade de acesso ao crédito internacionalmente ou via subsídios diferenciados do governo. Não raro, as instituições financeiras são também financiadoras de grandes empreendimentos, de tal sorte que, naturalmente, irão apoiar firmas já dominantes.

Uma primeira proposta para o setor seria identificar barreiras à portabilidade bancária. Há uma grande dificuldade prática para que um correntista possa levar seus investimentos e financiamentos para outras instituições financeiras. Mudar de banco não é tão simples como mudar de operadora de telefonia, adquirir um veículo de uma montadora concorrente ou optar por comprar um produto em um supermercado e não em outro.

Com efeito, a Resolução nº 3.402/06, alterada pela Resolução nº. 3.424, de 21 de dezembro de 2006, ambas do Conselho Monetário Nacional (CMN), preveem a *obrigatoriedade* de transferência de saldo de conta-salário para conta corrente e a *possibilidade* de transferência de saldo devedor para outra instituição bancária, mas não elimina, na realidade, as barreiras à portabilidade. Embora exista a possibilidade de transferência do saldo devedor, nenhum banco é obrigado a aceitá-la, o que, praticamente, inviabiliza a concorrência mais efetiva no setor. A dificuldade estaria nas diferentes taxas de empréstimo e financiamento. Nesse caso, poderia haver uma espécie de "seguro portabilidade" para estimular a concorrência creditícia em que a seguradora arcaria com eventual diferença do empréstimo, obviamente, limitada a um dado percentual da taxa de empréstimo tomada originalmente.

A tributação do imposto de renda sobre investimentos, por exemplo, é outro fator que dificulta a portabilidade, pois impõe uma regressividade no

248 Muitos outros estudos são citados por Barth, Caprio e Levine (2006) para demonstrar a correlação entre a ausência de concorrência bancária e a ausência de competição nos demais setores econômicos.

montante cobrado conforme o correntista deixe seu investimento por mais tempo aplicado.[249] Na prática, estimula o correntista a permanecer por pelo menos 720 dias no mesmo banco até que seja beneficiado pela tributação mínima. Trata-se de uma fidelização bancária promovida, ainda que indiretamente, pelo próprio Estado. O objetivo da regressividade seria, na realidade, evitar investimentos especulativos com o saque prematuro de quantias depositadas. Entretanto, cria, de modo inegável, uma externalidade negativa no âmbito concorrencial. Este fato reforça a necessidade de tratamento transversal da concorrência, já que somente um controle geral dos incentivos institucionais do setor financeiro permitiria vislumbrar todas as barreiras à concorrência. Como já vimos, a tributação é um dos aspectos que mais influenciam a concorrência e que, por este mesmo motivo, poderia ser usada para fomentar a competição. No caso tributário, poderia até existir incentivos para estimular a concorrência no setor.

Outros fatores são barreiras erigidas artificialmente como exigência de recebimento de salário no banco como condição para que clientes obtenham benefícios como taxas menores de financiamentos ou isenção de tarifas bancárias, o que acaba fazendo com que usuários do serviço permaneçam fidelizados, pois, não poderiam transferir também seus financiamentos sem perder o benefício. Os chamados *switching costs* (custos de transferências) provocam uma fidelização forçada e é algo marcante no setor financeiro (NAKANE, 2003: 9).

Outro fator apontado como determinante para inexistência de concorrência no setor bancário é a vantagem informacional de um banco com posição dominante sobre seus concorrentes e, principalmente, sobre potenciais entrantes, o que se traduz em um *acréscimo de poder de mercado* após a "captura" do usuário do serviço (NAKANE, 2003: 9).Nakane esclarece que modalidades de crédito, cheque especial e, entre outros, conta garantida para pessoas jurídicas criam situações de "locked in", isto é, aprisionamento de clientes, em razão da barreira erigida para transferência (2003:10). Por fim, deve-se pontuar que o fenômeno de *locked in* cria um poder "quase regulatório" dos bancos sobre seus clientes, pois estes podem, com dada frequência, alterar condições tarifárias inicialmente pactuadas sem a necessária transparência ou repactuação com usuários do serviço. Clientes são, diuturnamente, surpreendidos com novas cobranças em contas correntes e cartões de crédito que, não raro, são lançadas em meio aos seus débitos ordinários.

249 Até 180 dias: 22,5%; de 181 até 360 dias: 20%, de 361 até 720 dias: 17,5% e acima de 720 dias: 15%.

O caso do setor bancário comprova que uma avaliação focada, unicamente, no poder de mercado, derivada da tradicional análise de mercado relevante e participações de mercado, a despeito da elevada concentração já constatada, deixaria de lado fatores institucionais peculiares do setor que demonstram que as firmas dominantes possuem amplos poderes sobre seus clientes. Uma leitura qualitativa dos fatores institucionais do setor permitiria concluir que existe uma substantiva rigidez à migração bancária que precisaria ser enfrentada pelas autoridades de defesa da concorrência, assim como pelo próprio BACEN. No caso, os mecanismos de *advocacy* permitiriam uma análise transversal destes desníves concorrenciais, bem como a adoção de medidas de promoção da concorrência para eliminar custos de transferência e reduzir a assimetria informacional, o que contribuiria, portanto, para a maior concorrência na economia como um todo.

2.11. Fechamento do Capítulo: a Transversalização da Tutela Antitruste proporcionada pela Promoção da Concorrência

As relações entre democracia, políticas de desenvolvimento e a temática antitruste, bem como a interface entre estratégias de combate à corrupção e de promoção da concorrência, impõem uma renovada abordagem da política concorrencial, muito mais ampla e dinâmica. Esta abordagem partiria, essencialmente, de uma noção transversal do antitruste. A transversalidade pressupõe, justamente, a

> Atuação interdepartamental e criação de fóruns horizontais de diálogo e tomada de decisão, em que conhecimentos, recursos e técnicas acumuladas em cada espaço institucional possam atuar em sinergia. Quando aplicado a políticas para grupos populacionais específicos, por exemplo, o conceito compreende ações que, tendo por objetivo lidar com determinada situação enfrentada por um ou mais destes grupos, articulam diversos órgãos setoriais, níveis da Federação ou mesmo setores da sociedade na sua formulação e/ou execução (IPEA, 2009, p. 780).[250]

Não se trata apenas de combater excessos do poder econômico para defender a concorrência no âmbito especializado, mas impedir, ainda que por via *obliqua*, que estes mesmos excessos venham a suprimir direitos nos mais

250 Para o IPEA, políticas transversais têm sido implementadas pelo Governo em outras áreas mediante estratégias de *advocacy* intragovernamental (sentido geral do termo), mas por meio de um trabalho de "acompanhamento, monitoramento e 'pressão' dos Ministérios envolvidos" (2009:794).

variados níveis, bem como prevenir medidas anticompetitivas originadas por atores, meios e setores que, em princípio, não estariam ao alcance da típica tutela antitruste. Se, comprovadamente, a concorrência é crucial à democracia e ao desenvolvimento, além de se consubstanciar em imperativo constitucional, somente uma atuação transversal poderia superar a insuficiência dos mecanismos atuais para combater desvios competitivos provocados por meios nada convencionais.

O poder econômico desmedido pode gerar pressões ilícitas em diferentes setores como, aliás, a realidade tem comprovado. Uma tutela antitruste minimalista e setorizada, tal como posta, seria incapaz de mitigar riscos da dominação econômica por estes meios não-triviais.[251] Grandes grupos frigoríficos poderiam usar deste poder para dissuadir fiscais a flexibilizarem normas sanitárias objetivando maiores lucros; empresas que oligopolizam o setor aéreo poderiam pressionar o órgão regulador do setor a alterar as regras de franquia de bagagens de um modo que lhes seja mais favorável; grandes construtoras poderiam oferecer propinas para diretores de empresas públicas para obterem favorecimentos em licitações; uma gigante do setor de mineração poderia economizar com o descumprimento de normas de segurança de barragens de modo a incrementar riscos de contaminação de leitos de rios; instituições financeiras com grande poderio econômico e financeiro poderiam convencer o governo de que juros altos compensam e que a concorrência é um risco prudencial à higidez sistêmica do setor financeiro (o conhecido *too big too fail*[252]); empresas ineficientes do setor de telecomunicações poderiam ir à

251 Nesse sentido, o IPEA demonstra as vantagens de uma renovada abordagem multisetorial: “Os temas que sempre estiveram no centro das discussões sobre o crescimento econômico ganham novos enfoques, demandando que sejam atualizados em seus termos e frente às demais dimensões cruciais do desenvolvimento. Os vários desafios ligados às esferas da produção (primária, secundária e terciária), da inovação e competitividade das empresas e do país constituem, assim, o segundo conjunto de questões relevantes que o debate sobre o desenvolvimento provoca. Claramente, não se trata mais de priorizar estratégias ou políticas que representem ganhos de produtividade com vista apenas – ou primordialmente – à apropriação e à acumulação empresarial, seja de controle privado, seja estatal, no nível particular ou setorial das empresas. Ao contrário, tem-se já compreensão de que ganhos sistêmicos e dinâmicos de produtividade só podem ser obtidos e fazem sentido em termos do desenvolvimento se as respectivas políticas ou estratégias de produção, inovação e competitividade estiverem concebidas e relacionadas à satisfação também das condições postas pelas dimensões da soberania externa, da coerência macroeconômica, da regulação pública, da sustentabilidade ambiental, da convergência regional, do equilíbrio campo – cidade e da inclusão e sustentação humana e social.” (2009: XXI).

252 Como demonstra B. Orbach, o argumento “*too big to fail*” surge com a grande depressão nos EUA (2012). Porém, não haveria mínimo fundamento teórico ou racionalidade na afirmação a margem de períodos de crise extrema.

bancarrota, mas continuar operando com auxílio estatal em razão da inexistência de concorrentes e da necessidade de continuidade do serviço; montadoras de automóveis poderiam ameaçar fechar unidades caso direitos trabalhistas não fossem flexibilizados; as "campeãs nacionais" poderiam forçar o BNDES a subsidiar setores, comprovadamente, ineficientes; a bolsa de valores poderia ficar, excessivamente, dependente e vulnerável em relação a poucos *players* com capacidade de influenciar e acarretar reações em cadeia no mercado acionário e, entre outros, grandes grupos econômicos poderiam pressionar o governo a aprovar medidas provisórias para obtenção de benefícios fiscais.[253]

Deve-se observar que, em todos os casos citados, há em comum a constante busca por lucros maiores do que aqueles que seriam obtidos pelas vias "regulares" ou por eficiência interna da empresa. Além disso, também é um elemento comum que o lucro, no caso, seja obtido por expedientes cuja legalidade seria, no mínimo, duvidosa e por meio da utilização de uma dada *posição privilegiada* de mercado. Esta posição impõe, por si só, uma relação de dependência e interdependência (no caso de contrapartidas político-eleitorais) e/ou vulnerabilidade de uma das partes (consumidores, empregados, e até do poder público a depender do caso).[254]

Tais potenciais lesões não se dão apenas no âmbito do direito concorrencial posto, mas, por vezes, nos próprios subsistemas afetados, não obstante potencializadas pelo excessivo poder de mercado de uma das partes. Isto não significa que todos estes problemas sejam causados, exclusivamente, por excessos do poder econômico e nem que empresas com menor poder econômico não poderiam praticar lesões parecidas nestes microssistemas, mas a verdade é que o poder econômico quando, excessivamente, concentrado potencializa o risco destas infrações pela própria instrumentalização dessa posição hegemônica para fins nem sempre lícitos. Isto é, o poder econômico pode exercer uma força *quase normativa*[255] tão poderosa como uma "coação irresistível" a forçar e influenciar mecanismos e pessoas à seguirem a vontade do detentor da posição dominante. Nesse contexto, política e direito não resistiriam à "força normativa" do campo econômico. Mas o que fundamentaria uma *preocupação prévia*, ainda que mediata, com os efeitos desse poder econômico é, justamente, a característica transversal da livre concorrência. Nesse sentido,

253 Exemplos hipotéticos, porém, "inspirados" em fatos públicos recentes, muitos ainda sob investigação e, portanto, não necessariamente confirmados pela realidade.

254 Este tema será retomado a seguir no próximo capítulo.

255 Ou maior que a normativa. Basta imaginar por quantas vezes o Estado teve que se curvar ao mercado na adoção de determinadas políticas econômicas.

a concorrência assumiria o papel de uma espécie de metaprincípio da ordem econômica a entrecruzar, dada sua natureza transversal, todos os demais (defesa do meio ambiente, defesa do consumidor, propriedade privada etc).

Portanto, a livre concorrência deve ser considerada, a um só tempo, pressuposto de eficiência e cláusula democrática de mitigação dos excessos do poder econômico. Porém, como o direito subsidiaria uma intervenção estatal nesses casos? Como se trata de um princípio com natureza transversal e institucional que não se restringe, pois, às funções típicas do SBDC, as atuações do Estado seriam instrumentalizadas por meio de ações de *competition advocacy* tais como ações educativas, controles prévios do impacto de políticas públicas setoriais (e.g.: avaliação de impacto regulatório) e avaliação de condições em que o excessivo poder de mercado poderia influenciar, negativamente, decisões no âmbito político-normativo. A *competition advocacy* funcionaria como um meio de prevenção de decisões que poderiam excepcionar a concorrência, ou excepcionar direitos dos consumidores por meio de duvidosas e indesejáveis tutelas regulatórias protetivas dos interesses de operadores setoriais ou, entre outros, como um meio para evitar fraudes concorrenciais em processos licitatórios.

A transversalidade objetivaria, assim, fazer frente a uma realidade muito mais ampla e complexa que os instrumentos tradicionais já não conseguiriam equacionar. Nas palavras de Serra:

> La transversalidad intenta dar respuestas organizativas a la necesidad de incorporar temas, visiones, enfoques, problemas públicos, objetivos, etc., y a las tareas de la organización que no encajan en una sola de las estructuras organizativas verticales. Asimismo, intenta que esas estructuras verticales compartan sinérgicamente la consecución de un objetivo común, que no es específico de cada una de ellas. [...] [e acrescenta] Precisamente, lo que es específico de la transversalidad es la introducción de líneas de trabajo no asignadas ni asignables verticalmente. (2005: 3-4).

Como veremos no próximo capítulo, a proposta de transversalidade do direito concorrencial requer, entretanto, não apenas a ampliação da preocupação antitruste de modo a trespassar diferentes órgãos e políticas setoriais, mas a própria mudança de enfoque da tutela concorrencial tal como, atualmente, concebida. Nesse sentido, a transversalidade deve ser compreendida não apenas quanto ao alcance do direito da concorrência como um todo, mas também em relação a uma revisão mais profunda dos mecanismos atuais, de modo a incorporar uma perspectiva dinâmica e intertemporal.[256]

---

256 Nesse sentido "A adoção da gestão transversal então poderia abarcar, para sua operacionalização, instrumentos de coordenação horizontal no seu escopo de atuação, mas não se

restringe a eles. A partir dessas referências, compreende-se então transversalidade como um instrumento de intervenção social que visa incorporar à gestão aspectos selecionados da realidade que são determinantes para atendimento a um problema ou situação específica e que necessitam de abordagem multidimensional e integrada para enfrentamento eficaz, atravessando vários campos de análise e atuação e ressignificando suas respectivas atividades. Há que se ponderar que essa adoção transversal de uma perspectiva não se dá de forma homogênea, quer pela natureza das atividades setoriais, quer pelo nível de aprofundamento desse viés na política setorial. Destarte, pode-se considerar a incorporação da transversalidade como um *continuum*, em que a perspectiva transversal pode ser introduzida com diferentes níveis de aproximação em relação a um tipo-ideal." (SILVA, 2011:4).

CAPÍTULO 3

O CONTEÚDO JURÍDICO DA *COMPETITION ADVOCACY*

A estatueta sobre a minha mesa, embora imóvel, se apresenta a mim de maneiras diversas: ela muda de aspecto conforme o ângulo pelo qual eu examino, conforme a distância que a separa de mim, conforme a altura em que se acha da minha cabeça, conforme a luz do meu quarto. (TELLES JÚNIOR, 2006: 228)

3.1. Introdução

O objetivo deste capítulo é elaborar uma proposta inicial de definição e de sistematização da função de promoção da concorrência (*competition advocacy*). O pressuposto de enfrentamento dessas questões, como vimos no capítulo anterior, é o de que os mecanismos atuais do antitruste, nomeadamente, o controle de atos de concentração (fusões, aquisições, *joint ventures* etc) e o controle de condutas anticompetitivas (cartéis, preços predatórios, contratos de exclusividade etc), a despeito de fundamentais para o desenvolvimento, têm-se revelado insuficientes para a disseminação mais ampla da livre concorrência. E não exatamente por problemas de efetividade no exercício dessas funções, já que o sistema de defesa da concorrência no Brasil tem tido importantes avanços especialmente após a aprovação da LDC de 2011.[1]

1 A LDC de 2011 contribuiu, em muitos pontos, para a consolidação do antitruste no país e trouxe entre suas principais mudanças a introdução de um sistema de análise prévia de atos de concentração, a criação do "Super CADE" com a incorporação das funções dos três guichês do antitruste (SDE/MJ, SEAE/MF e CADE), criação do Tribunal Administrativo de Defesa Econômica, da Superintendência-Geral (com atribuições semelhantes às do antigo DPDE/SDE), do Departamento de Estudos Econômicos e com a delegação à SEAE/MF de parte das funções de promoção da concorrência e intersecção entre regulação e SBDC. O "gun jumping" representou um marco das alterações e motivou a estruturação do "Super Cade", dando mais poderes para a Superintendencia Geral (DOMINGUES, GABAN, 2016). O *gun jumping* é a consumação da atos que levem a transferência de ativos e qualquer tipo de influência de uma parte sobre a outra, troca de informações vedadas antes da decisão final da autoridade antitruste sobre atos de concentração. Estas condutas são proibidas pelo artigo 88, § 3º da LDC e prevê penas pecuniárias de R$ 60.000,00 a R$ 60.000.000,00. O Guia de *Gun Jumping* prevê o estabelecimento de *clean teams* (times limpos) e *parlor*

Há, na verdade, situações que não se encontram, totalmente, alcançadas pelo sistema de defesa da concorrência tais como distorções ocasionadas ou incentivadas pelo próprio Estado por meio de leis, regulamentações, subsídios, incentivos legais e tributários, ou originadas de entes privados com poder de influenciar na concorrência tais como associações (SINMETRO, ABNT, CONAR, órgãos de classe, cooperativas médicas etc), e, não menos importante, a própria dificuldade na difusão da cultura concorrencial, bem como do reconhecimento do valor social da concorrência para o desenvolvimento seja entre o público em geral e até mesmo no meio jurídico e acadêmico.

Como vimos também, outro aspecto central é o de que o modo de funcionamento típico do antitruste já não responderia à necessidade de uma compreensão intertemporal das questões concorrenciais, nomeadamente, em razão da insuficiente consideração da eficiência dinâmica na análise concorrencial. Os mecanismos de promoção da concorrência seriam mais adequados para fazer frente a esta realidade como tentamos demonstrar no capítulo anterior. Nesse diapasão, é a própria lógica antitruste que está a merecer renovada abordagem de modo a incorporar uma atuação apta a alcançar, de modo mais efetivo, o fenômeno concorrencial; uma lógica não mais minimalista e departamentalizada, mas transversal e geral; não mais estática e pontual, mas dinâmica e permanente; menos reativa e repressiva, mas pró-ativa, preventiva e indutora de comportamentos.

Nesse sentido, cumpre, de um lado, investigar os limites do antitruste e, de outro, apontar caminhos para uma abordagem mais ampla dos meios de concretização da política de concorrência para além do mero controle de ações dos agentes econômicos (condutas e atos de concentração). O desafio é o de, a partir de uma visão principiológica da livre concorrência, olhar para as estruturas de mercado como um todo: leis, regras e incentivos em geral. A função de promoção da concorrência (*competition advocacy*), objeto deste trabalho, teria como desiderato suprir essa lacuna, permitindo, assim, uma aplicação mais efetiva do princípio da livre concorrência.

3.2. A Inserção Legal da *Competition Advocacy* no Direito Positivo

Como já referido, o SBDC está centrado, essencialmente, em ações de *enforcement* consubstanciadas em duas funções, legalmente, bem definidas:

---

rooms salas de conversa que são ambientes para troca de informações legitimados pelas autoridades de defesa da concorrência, uma vez que compostos por membros independentes em reuniões monitoradas e registradas.

o controle de atos de concentração (função preventiva) e a repressão de condutas anticompetitivas (função repressiva), prevendo, *residualmente*, uma terceira função: a promoção ou advocacia da concorrência (RAGAZZO, 2007: 2). [2] Parte desta função de *competition advocacy* deve ser desempenhada pela Secretaria de Promoção da Produtividade e Advocacia da Concorrência (SEPRAC), sucessora da SEAE, e, como já vimos, pelo próprio CADE.[3]

A "advocacia da concorrência", expressão que se popularizou para referir a função de promoção da concorrência, ainda é pouco difundida no meio jurídico e até mesmo no meio acadêmico em geral. Este desconhecimento deve-se a vários fatores, cabendo destacar como prováveis: i. a ausência de compreensão e, portanto, valorização do princípio da livre concorrência como central ao desenvolvimento econômico e social e à própria democracia; ii. a tradição ou pensamento publicista[4] nas economias dos países da *civil law* em oposição a tradição "liberal-concorrencial" dos países da *common law* que contribui para a não difusão da cultura da concorrência nos primeiros; iii. aspectos relacionados ao "insulamento técnico" do direito antitruste - disciplina que trata da matéria, mas que é pouco difundida no meio jurídico, ficando a cargo de especialistas, distanciada do "grande público" do direito e com forte conteúdo econômico; iv. dificuldade por parte da doutrina em detalhar o campo material de incidência do princípio da livre concorrência, restringindo sua aplicação às típicas funções previstas na Lei de Defesa da Concorrência e, portanto, contribuindo ainda mais para o insulamento dessa matéria; v. o fato de a introdução dos atuais mecanismos de defesa da concorrência no Brasil ter ocorrido, essencialmente, a partir de um modelo *top-down* (centro-periferia), vale dizer, a partir da transposição de institutos do direito estrangeiro e não como um movimento natural decorrente de uma demanda social propriamente dita. A dimensão cultural propriamente dita da *advocacy* será retomada no último capítulo.

2 Refletiremos sobre esta definição posteriormente.

3 Vamos revisitar este ponto posteriormente, mas cumpre referir que, nos termos do art. 19 da LDC, compete a SEAE um papel mais consultivo e de acompanhamento de mercados por meio da *competition advocacy*. Entretanto, até mesmo esta competência tem sido exercida, por meios variados, pelo próprio CADE que, além disso, detém ferramentas mais amplas para articular *advocacy* e *enforcement*.

4 Que pressupõe, em um extremo, a intervenção do Estado como controlador de preços ou como agente empresarial e, em outro extremo, a não interferência em atividades tidas como "privadas".

3.3. O Princípio da Livre Concorrência como Pressuposto Legitimador da *Advocacy*

Como é cediço, a livre concorrência é um princípio geral da ordem econômica previsto na Constituição em seu art. 170, inciso IV. Entende-se, de um modo geral, que a livre concorrência tem como seu núcleo de significação[5] a preservação ou incentivo à competição entre os agentes econômicos como um *meio* para garantir a eficiente alocação de recursos em uma economia, promovendo, assim, ganhos em benefício de toda a sociedade. Entende-se, portanto, que estes benefícios geram bem-estar econômico e social[6] e que, por esta razão, devem ser considerados centrais ao desenvolvimento, como aliás já demonstramos anteriormente.[7] A *contrario sensu*, a concentração excessiva de mercado, os monopólios ou a inexistência de concorrência efetiva ou potencial são fatores de redução do bem-estar econômico e social na medida em que acarretam maiores preços, menos e/ou piores opções de produtos e serviços aos consumidores, colocando-os em posição de maior *vulnerabilidade* perante os agentes com poder de mercado. Importante pontuar que não apenas consumidores são afetados, mas os demais agentes econômicos que concorrem no mesmo mercado, potenciais competidores, fornecedores e compradores em geral que, em muitos casos, podem ser os próprios órgãos do Estado por meio de compras públicas.[8]

Dessa forma, a concentração de poder econômico cria condições para inúmeros abusos que não se restringem ao campo concorrencial. Não é difícil demonstrar que empresas com excessivo poder de mercado, além de potenciais condutas contrárias à concorrência, são mais propensas a cometerem ilícitos de índole contratual, no âmbito consumerista, ambiental, relacionados à corrupção e à sonegação, o que decorre, justamente, dessa posição de hegemonia no mercado e desigualdade na relação de forças não apenas em relação

---

5 Trata-se apenas de uma despretensiosa *redução conceitual* do princípio para os fins do presente trabalho, já que sobre o tema "concorrência" há, como vimos, vasta discussão quanto ao seu significado e alcance. Nesse aspecto, cumpre ressaltar que "todo fato, todo fenômeno tem um sentido, tem um feixe ou um núcleo de significações que constitui a fonte de todos os seus predicados necessários. A fenomenologia procura atingir esse núcleo de significação necessária, ou seja, a essência do fenômeno" (CARMO, 1974: 28).

6 Sobre os pressupostos e finalidades do antitruste, tratamos com mais profundidade nos capítulos anteriores.

7 Não se pretende aqui aprofundar sobre os distintos pontos de vista das principais teorias econômicas. Sobre o embate entre as Escolas de Chicago, Harvard e Freiburg, consultar GABAN e DOMINGUES (2012: 78-83).

8 Compras Públicas respondem por 15% do PIB dos membros da OCDE. (OCDE, 2009: 1).

aos demais agentes privados e consumidores, mas até mesmo em relação ao Estado,[9] seus agentes políticos, processos eleitorais e servidores públicos em geral que, por vezes, estão sujeitos a pressões de todo o gênero. [10]

Nessa linha, Zingales considera que a elevada concentração de mercado pode influenciar, até mesmo, questões de privacidade e, "uma vez que exista uma firma com tamanha fatia de mercado, é muito provável que a firma dominante tenha uma influência indevida na regulamentação" (THE CHICAGO MAROON, 2017). Essa constatação permite vislumbrar a livre concorrência em sua dimensão transversal, não apenas, portanto, como ferramenta geradora de eficiências ou apenas como instrumento específico de um microssistema antitruste.

Nesse mesmo sentido, Calixto Salomão Filho afirma que:

> o controle do poder econômico serve, também, como garantia do Estado contra a ordem econômica privada. O poder econômico no mercado, quando excessivo, tende a criação de verdadeiros centros políticos de poder paralelo, com interesse próprio e que procuram (e frequentemente conseguem) influenciar o centro estatal de decisões políticas. A ameaça à ordem democrática é evidente. Já Thomas Jefferson entrevia esse perigo ao colocar o controle dos monopólios como questão central para a preservação das liberdades democráticas dos indivíduos (2002, p. 53)

---

9 Para se ter uma ideia desse risco, em operação deflagrada em maio de 2017, a Polícia Federal buscou investigar suposta influência da empresa JBS em assuntos concorrenciais e nomeações do CADE. A empresa já é investigada em diversas operações e por acesso a recursos do BNDES de forma ilícita segundo auditoria do TCU, tendo seu Chairman, Joesley Batista assinado acordo de leniência no valor de R$ 10,3 bilhões com o Poder Público. O acordo alcança as operações Greenfield, Sépsis, Cui Bono, Bullish e Carne Fraca nas quais a empresa está envolvida. As operações, entretanto, não apresentam indícios de qualquer atuação do CADE em favor da empresa, mas apenas supostas tentativas de influenciar a atuação do órgão.

10 Nesse sentido, SALOMÃO FILHO (2002, p. 54) afirma: "Entre vários efeitos do poder econômico nos mercados sobre os centros decisórios estatais vale mencionar dois (...). O primeiro deles consiste na forte influência do poder econômico, quando exageradamente concentrado, sobre a atividade normativa do Estado, principalmente em matéria de regulação da atividade econômica. Muitas vezes consegue-se ou procura-se conseguir, através de agências governamentais, regulamentação setorial ou ao menos aprovação de acordos que criem ou legitimem verdadeiros cartéis entre produtores. Com isso procura-se obter imunidade governamental à aplicação da lei antitruste. Uma legislação antitruste coerente deve dar resposta a esses abusos. O segundo problema é a conhecida maior capacidade de resistência dos monopólios às tentativas de implementação de medidas macroeconômicas por parte das autoridades governamentais."

Nesse ponto, retomamos a noção desenvolvida no capítulo anterior no sentido de que a concorrência é vista não apenas como geradora de eficiências e, portanto, promotora de desenvolvimento econômico, mas como meio de democratização de instituições.[11] Curiosamente, a característica democrática da concorrência é o que qualifica este desenvolvimento e o condiciona, pois sem que exista concorrência, os ganhos decorrentes do crescimento econômico não são, socialmente, incorporados de modo sustentável. A concorrência é, portanto, um pressuposto democrático, mas ela própria é promotora de valores democráticos por meio da mitigação de abusos de poder político e econômico. A promoção e defesa da concorrência são, portanto, centrais para o desenvolvimento e para a democracia. O princípio da livre concorrência, assim, reflete esta compreensão e se constitui em vetor de atuação do Estado em todos os setores, incluído o de compras públicas e demais intervenções estatais, agências reguladoras e entes federados.

Com efeito, a livre concorrência deve ser considerada um pré-requisito para edificação de instituições democráticas e inclusivas[12] na medida em que funciona como um autêntico limitador da influência política exercida por agentes dotados de poder econômico. O estímulo à concorrência ou o combate à excessiva concentração do poder econômico é tido, portanto, como meio de democratização de instituições políticas e econômicas e, dessa forma, como garantia a uma distribuição mais equitativa e eficiente de recursos, permitindo o surgimento de instituições pluralistas pautadas em valores democráticos que incentivam a participação e maior inclusão dos cidadãos no processo político e econômico. Pode-se dizer que este seria o conteúdo jurídico mínimo do princípio da livre concorrência.

Considerando, portanto, essa compreensão da livre concorrência, somente uma atuação renovada da tutela concorrencial permitiria alcançar a efetiva satisfação do princípio. Nesse aspecto, a maior promoção da concorrência funcionaria, justamente, como autêntico meio de contenção de pressões e abusos advindos de atos de agentes dotados de excessivo poder de mercado. Estruturas que facilitam a concentração econômica são, por outro

11 Como vimos, como defendem John Rawls, Douglass North e, entre tantos outros, D. Acemoglu e J. Robinson.

12 Como vimos, *Instituições inclusivas* são aquelas que possibilitam e estimulam a participação da grande massa da população em atividades econômicas, quebrando privilégios de grupos dominantes, garantem a segurança da propriedade privada, garantem o acesso a serviços públicos em condições igualitárias, estimulam a destruição criativa e geram *feedbacks* positivos, um círculo virtuoso (ACEMOGLU E ROBINSON, 2012).

lado, sinônimos de reforço da desigualdade, manutenção e perpetuação de estruturas de poder econômico. Somente por meio de *competition advocacy* seria possível fazer frente a este domínio, alcançando-se o desiderato constitucional.

É, por isso, que, em essência, o princípio da livre concorrência representa um contraponto à livre iniciativa individual dos agentes com poder de mercado. Nesse aspecto, vale ressaltar que o princípio da livre concorrência funciona, a um só tempo, como um meio de mitigação da livre iniciativa dos agentes individualmente considerados, mas também como um meio de maximização da livre iniciativa coletiva entendida como a garantia de livre empreendimento (entrada e permanência) no mercado dos agentes e dos potenciais competidores em geral. Isto é, o princípio objetiva garantir a expectativa de concorrência por meio de uma garantia coletiva de empreendimento e de permanência no mercado. Portanto, mais importante que a concorrência em si é, justamente, a *expectativa de concorrência* garantida pela possibilidade de entrada e exercício da atividade econômica em condições isonômicas.[13] Esta igualdade de oportunidades derivaria, assim, da própria noção expressa pelo princípio da isonomia que pressupõe, nesse particular, uma atuação do Estado como garantidor de meios para que exista uma simetria entre os agentes econômicos como pré-requisito para o exercício das liberdades econômicas.

Este esboço geral e principiológico da livre concorrência não alcança todas as situações e exceções ao princípio, o que, como vimos no capítulo anterior, depende de inúmeros fatores. Mas é preciso ter em mente que nem sempre a concorrência constitui um *meio*, economicamente, eficaz para produção de bem-estar social. Outras finalidades sociais permitiriam reduzir a concorrência no mercado seja por uma justificativa econômica propriamente dita (mais eficiência) ou mesmo pela necessidade de priorização de outras finalidades constitucionais quando estas entrem em conflito com a concorrência. Nesse sentido, exceções ao princípio da livre concorrência são excepcionais e ocorrem em casos nos quais se busca a produção de finalidades outras nem sempre compatíveis com o vetor competitivo (universalização de serviços de interesse coletivo, fixação de padrões de qualidade nos serviços, defesa do meio ambiente, razões de segurança nacional, redução de desigualdade regionais e sociais etc). Da mesma forma, como já vimos, nem sempre soluções

13 Falar-se em princípio constitucional da livre iniciativa só faz sentido em uma dimensão coletiva e definida por essa expectativa de concorrência e não como uma garantia individual de livre iniciativa irrestrita.

mitigadoras da concorrência, apenas porque mais eficientes, devem prevalecer. Isto porque concorrência não significa apenas *competição via preços*. No geral, há muitos outros aspectos que são considerados na análise concorrencial tais como multiplicidade e qualidade de produtos e serviços oferecidos. Além disso, outros fatores e escolhas sustentáveis podem justificar soluções "menos eficientes" do ponto de vista produtivo. Benefícios constitucionais e legais a empresas de pequeno porte (art. 170, IX da CF) ou intervenções estatais para redução de desigualdades regionais e sociais (art. 170, VII da CF), como o caso da Zona Franca de Manaus,[14] são claros exemplos de mecanismos que buscam a realização de outros fins sociais independentemente da justificativa estritamente econômica de tais intervenções.[15]

É certo, entretanto, que a análise da *proporcionalidade* das exceções ao princípio da livre concorrência não constituiria tarefa simples (QUEIROZ, 2005: 12-14). O que importa, nessa etapa, é apenas compreender que o caráter geral da livre concorrência comporta determinadas exceções que, entretanto, devem ser mensuradas com base em uma análise de ponderação entre princípios, eventualmente, em conflito. É a própria *competition advocacy* o instrumento apto a identificar se exceções concorrenciais estariam a cumprir o papel a que, inicialmente, se propuseram ou se estariam, na prática, a reduzir bem-estar. A questão é que esta avaliação pode ser, empiricamente, estendida até mesmo em relação aos meios convencionais de defesa da concorrência, isto é, se estes estariam a realizar, satisfatoriamente, a missão de ampla difusão da concorrência.

3.4. O Princípio da Livre Concorrência não se resume ao SBDC

A compreensão do significado do princípio da livre concorrência pressupõe desmistificar a ideia de que seu conteúdo se limitaria às conhecidas funções do SBDC. Vale dizer, é necessário compreender que o princípio, além de apresentar alcance material mais amplo do que aquele que, habitualmente, se supõe, é concretizado por mecanismos, funções, estruturas e órgãos não, necessariamente, restritos às convencionais funções do antitruste. Afinal, quais estruturas jurídicas materializam o princípio constitucional da livre concorrência? Quais são os órgãos responsáveis pela sua aplicação?

14 Abordagem semelhante é realizada por Domingues e Lochagin ao refletirem sobre a compatibilidade das políticas industriais da ZFM, especificamente os PPBs, dentro de um contexto de comércio global no qual não pode ser esquecido o ambiente desigual entre os players, em diferentes estágios de desenvolvimento econômico e social (2017).

15 E aqui, portanto, uma comprovação de que o direito deve "governar" esse campo.

Sem dúvida, a LDC representa o documento primordial e nuclear de atuação do Estado na defesa da concorrência. Porém, o princípio da livre concorrência irradia efeitos sobre outras áreas, perpassa inúmeras atuações estatais e orienta a atuação de agentes privados não apenas no estrito âmbito antitruste. Dessa forma, o princípio tem, repise-se, natureza transversal, pois, além de aplicável a economia como um todo, deve orientar a atuação do Estado em todas as esferas, e também servir ao controle de atuação dos agentes econômicos. Portanto, a identificação "automática" e, de certa forma, até "exclusiva" da livre concorrência com as hipóteses normativas previstas na LDC não é correta.

Com efeito, por ser um princípio constitucional de natureza geral e transversal, a livre concorrência não é apenas um princípio de observância entre agentes econômicos, mas orientador de condutas estatais ou privadas que tenham poder de influenciar de alguma forma na configuração das atividades econômicas. Estruturas legais e regulamentares devem ser criadas (ou repensadas) em consonância com este princípio constitucional, o que, obviamente, não implica um padrão único de escolha, até porque a livre concorrência é um conceito bastante amplo e, no mais das vezes, dependente de instrumental técnico e econômico para concretização. Esta constatação não impede uma conscientização mais abrangente quanto à importância do processo competitivo para o bem-estar social. Aliás, a efetividade da livre concorrência depende, essencialmente, de uma cultura geral de incentivo à competição que deve ser incorporada socialmente por meio de incentivos institucionais e educativos.

Dessa forma, a LDC materializa apenas parte desse espectro de incidência possível do princípio da livre concorrência, algo, raramente, mencionado. As funções compreendidas na LDC delimitam apenas formas específicas de tutela deste princípio, o que se dá, principalmente, mas não apenas, por meio das chamadas *funções de enforcement*, isto é, pelos tradicionais mecanismos de controle de atos de concentração e de repressão a condutas ilícitas.[16] Estas funções não esgotam, entretanto, o âmbito de aplicação possível do princípio. Há incidência da livre concorrência ou operacionalização do princípio em muitas outras áreas: no direito constitucional (fornece todos os parâmetros principiológicos para definição da livre concorrência), no direito penal (Lei

16 Como se verá adiante, é um equívoco, entretanto, acreditar que a *promoção da concorrência* não envolveria funções de *enforcement*. Na verdade, o exercício ativo da promoção da concorrência, certamente, envolverá a instrumentalização de determinadas ferramentas coercitivas.

8.137/90 alterada pela LDC), no direito tributário[17] (art. 146-A, art. 150, II), no direito contratual (contratos devem ser compatibilizados com o sistema concorrencial), no direito empresarial (fornece todo o instrumental para fusões, aquisições, *joint ventures*, contratos de todos os gêneros), no direito internacional (questões de livre concorrência são recorrentes no âmbito multilateral, regional etc), no direito processual coletivo (tutela da concorrência via ação civil pública envolve aplicação do princípio), na regulação econômica (a atuação das agências deve ser pautada pelo princípio da livre concorrência[18]), no direito do trabalho (cláusulas de contratos empregatícios devem obedecer a livre concorrência, especialmente, com a proibição de cláusulas de não-concorrência desproporcionais ou arbitrárias) e, principalmente, o direito administrativo, já que todas estas funções e estruturas que dão vida ao princípio decorrem desse ramo do direito e, especialmente, as compras públicas devem ter a livre concorrência como diretriz primordial.[19]

Da mesma forma, os órgãos do SBDC não são os únicos responsáveis pela aplicação do princípio da livre concorrência. A livre concorrência também é instrumentalizada pelo Poder Judiciário, pelo Ministério Público e, entre outros, pela Advocacia-Geral da União.[20] Até mesmo, Estados e Municípios devem atuar na defesa e, principalmente, *promoção* da livre concorrência, pois legislam concorrentemente com a União sobre direito econômico (art. 24, I, da CF).[21]

17 Como veremos, nos últimos anos, tem sido recorrente a discussão quanto à aplicação do princípio da livre concorrência na seara tributária, especialmente, após a promulgação da Emenda 42 que instituiu o art. 146-A que prevê que "Lei complementar poderá estabelecer critérios especiais de tributação, com o objetivo de prevenir desequilíbrios da concorrência, sem prejuízo da competência de a União, por lei, estabelecer normas de igual objetivo".

18 O princípio da livre concorrência é referido em diversas leis setoriais, nos artigos 5º e 7º da LGT (Lei 9.472/97), art. 28, II da Lei da ANTT e ANTAQ (Lei 10233/2001), arts. 1º e 40 da Lei da ANP (Lei 9.478/97) art. 3º da Lei da ANEEL (Lei 9.427/96) etc

19 Além disso, pode-se dizer que o direito legislativo e o direito educacional (no que se refere ao currículo jurídico) também devem considerar como central o princípio da livre concorrência. O direito legislativo, pois as propostas de leis e políticas públicas devem-se compatibilizar com a livre concorrência. No caso do direito educacional, as Diretrizes Curriculares Nacionais deveriam considerar o princípio da livre concorrência na formação dos chamados Eixos pedagógicos como veremos no capítulo derradeiro.

20 Nesse mesmo sentido, há um quadro com classificação, deveras, esclarecedora elaborado por Thiago Marrara (2015:69) no qual o autor divisa as esferas de atuação do antitruste em atividades repressivas administrativa, criminal e civil e atividades preventivas geral e específica.

21 O citado caso da regulamentação do Uber pelo Município de São Paulo é um típico exemplo da atuação pró-competitiva no âmbito municipal. Licitações também ocorrem, a todo momento, nos mais diversos órgãos públicos, razão pela qual o princípio é de observância contínua por todos órgãos públicos.

Os demais entes federativos, frequentemente, são responsáveis pela regulação de serviços locais, definindo a competição nesses setores. Além disso, as licitações, em todas as esferas e órgãos públicos, devem obediência à LDC. São frequentes os casos de burla à competição nos processos licitatórios por meio de condutas recriminadas pela LDC. Para se ter ideia do alcance da livre concorrência, até mesmo o TCU vem adotando a livre concorrência como parâmetro decisório. Recentemente, o órgão entendeu que a exigência em editais da prestação de serviços terrestres por meio exclusivo de táxi restringiria indevidamente à livre concorrência (TC 025.964/2016-0, Relator Ministro Benjamin Zymler).

Outra importante constatação é a de que, considerando que a promoção da concorrência envolve a difusão do conhecimento e da cultura da concorrência, deve-se questionar qual o papel das Instituições Jurídicas de Ensino Superior na formação dos profissionais que, direta ou indiretamente, irão lidar com essa matéria, tendo em vista, especialmente, o elevado valor social, econômico e jurídico da livre concorrência. Como veremos, estruturas curriculares dependem de normas jurídicas definidoras de eixos pedagógicos cuja observância pelas instituições de ensino é obrigatória. É de se questionar, portanto, qual seria o papel também dos órgãos que regulam o ensino superior na consideração da livre concorrência em diretrizes curriculares, especialmente, em relação ao ensino jurídico.[22]

3.5. Momentos de Aplicação da Livre Concorrência: Repressão, Prevenção e Precaução – a Efetividade como Parâmetro de Atuação Antitruste

As conhecidas *funções de enforcement*: controle de atos de concentração e repressão a condutas ilícitas, compreendidas na LDC, são de índole, essencialmente, *reativas*. Ainda que se compreenda, tradicionalmente, o controle prévio de atos de concentração pelo CADE como uma função "preventiva", a verdade é que este controle não se dá, exatamente, sobre a configuração prévia das estruturas de mercado, mas sobre os efeitos do ato de concentração para a configuração futura dessas estruturas. Dito de outro modo, a atuação do CADE é preventiva apenas no sentido de que esta intervenção funciona como um meio de controle da maior concentração do mercado que a operação acarretará e, portanto, do acréscimo de poder de mercado decorrente dessa operação. Isto é, o controle de atos de concentração não objetiva, exatamente, organizar ou reorganizar estruturas de mercado que se encontrariam, do ponto

22 Retomaremos nesse tema no capítulo derradeiro.

de vista concorrencial, deficientes, mas, no máximo, impedir o agravamento jurídico-econômico que a concentração acarretaria para a livre concorrência.[23] Portanto, este controle se dá, de um lado, com vistas a evitar o risco de exercício anticompetitivo decorrente do acréscimo do poder de mercado que a operação geraria e, de outro, para evitar eventual redução de bem-estar social dessa mesma concentração.

O controle de atos de concentração não objetivaria, dessa forma, aperfeiçoar estruturas de mercado, mas impedir que se tornem menos competitivas ou ineficientes. Ou seja, tanto o controle de atos de concentração como o controle de condutas anticompetitivas incidem sobre ações ou decisões já tomadas pelos agentes econômicos ainda que, especificamente, no caso dos atos de concentração, a aprovação dependa da análise prévia do CADE.

Nessa perspectiva, o CADE, por meio de suas típicas funções, não atuaria, previamente, *sobre* a configuração das estruturas de um dado mercado e nem mesmo para "repensar" incentivos anticoncorrenciais gerados por determinadas estruturas. Para entender essa lógica, basta lembrar que a defesa da concorrência no Brasil foi, em parte,[24] baseada nas teorias de Organização Industrial que preveem o modelo de ECD - Estrutura-Conduta-Desempenho (HAWKER, 2003: 79).[25] Este modelo foi pensado pela chamada Escola de Harvard e supõe, basicamente, que as *condutas* das empresas são condicionadas pela *estrutura* e servem para determinar o *desempenho* de dado mercado. Nesse sentido, Gaban e Domingues esclarecem que

> A Escola de Harvard, também denominada escola estruturalista, posiciona-se contra a concentração de poder de mercado. Para essa escola, é importante evitar as excessivas concentrações de poder no mercado, porque podem gerar disfunções prejudiciais ao próprio fluxo das relações econômicas. Busca-se, desse modo, um modelo de *workable competition*. Assim, o modelo recomendado por essa escola defende a manutenção e o aumento do número de agentes econômicos no mercado, mantendo-se

23 Como regra.

24 Como contraponto ao modelo ECD, a Escola de Chicago demonstra que nem sempre a concentração de mercado é indicativa de perda de bem-estar, porque pode estar relacionada, justamente, ao aumento de eficiências. Nesse sentido: "a concentração industrial é uma condição necessária para a acumulação assimétrica de poder de mercado, e por consequência para a possibilidade de seu exercício de forma anticompetitiva; mas de modo algum é condição suficiente" (POSSAS, 1996: 21).

25 Para Hawker, "the structure-conduct-performance concepts remain alive and well in most strategic management text books" (Hawker, 2003: 79).

a estrutura pulverizada. Acredita-se que assim as disfunções no mercado serão evitadas (2012: 65).

Dessa forma, o controle preventivo (de atos de concentração) atuaria de modo a impedir o "reforço" dessas estruturas potencialmente anticompetitivas.[26] Em suma, pode-se dizer que os controles de estruturas e condutas objetivam, essencialmente, *defender* a concorrência.

Com efeito, as funções "tradicionais" do antitruste não foram pensadas para lidar com situações que envolvam a configuração concorrencial de mercados ou os *incentivos* provocados por atos de entes estatais ou privados com poder de influenciar, estrutural e institucionalmente, a concorrência. A *competition advocacy* objetivaria justamente suprir essa lacuna. Em outros termos, a *advocacy* busca fazer aquilo que o controle de estruturas e condutas não fariam em princípio:[27] *promover* a concorrência. [28]

Cumpre, nessa etapa, compreender que o controle de condutas e de atos de concentração são "reações" do Estado a situações "tentadas", consolidadas, continuadas ou "pré-acordadas"[29]. Já a *competition advocacy* atua, essencialmente, em momento prévio a que estas situações se consolidem ou para corrigir uma situação de mercado, por vezes, provocada por falhas ou omissões do próprio Estado (ainda que induzidas, em determinados casos, por agentes privados).

Nesse contexto, Bork entende que as autoridades antitruste devem agir não apenas como órgãos de litigância, mas auxiliar na revisão de atos normativos (legais e regulatórios) e na formulação de novas normas que apresentem potencial impacto na concorrência (1993: 407). Para o autor, os órgãos de defesa da concorrência deveriam manifestar-se em relação a medidas anticompetitivas e, se for o caso, litigar objetivando eliminá-las do universo jurídico (1993: 407). Bork chama a atenção também para a importância de

---

26 Ou "ineficientes" considerando o contraponto da Escola de Chicago também incorporado pela LDC.

27 Como veremos, entretanto, muito tem sido feito em termos de promoção da concorrência por meio das funções típicas.

28 Nas palavras dos juristas portugueses HENRIQUES e CUNHA (2013; p. 16) : "É de salientar, ademais, a vertente dinâmica do enunciado dos objetivos da legislação, que apontam para uma promoção activa da concorrência, designadamente através da 'competition advocacy', e não apenas para sua 'defesa' meramente reactiva".

29 Nesse particular, como situações pré-acordadas, consideramos atos de concentração submetidos à apreciação do SBDC, ainda não concretizados, porque dependentes de aprovação pelo CADE.

uma propagação da tutela antitruste entre diversas localidades, justamente, para combater uma predação concorrencial organizada que se daria por meio do mau uso de órgãos públicos e órgãos privados com poder de influenciar na concorrência ("private quasi-governmental groups") com a "benção governamental".[30] Assim, a promoção da concorrência representaria um passo adiante na tutela concorrencial e introduziria uma nova forma de pensar e aplicar o antitruste que, como vimos, passaria de uma noção estática para uma compreensão pró-ativa de controle.[31]

Para se compreender a diferença entre os *momentos* de intervenção estatal objetivando a tutela (*defesa* e *promoção*) da *livre concorrência*, basta imaginar dois elementos simbólicos: o "jogo" e as "regras do jogo". As funções destinadas ao controle de atos de concentração e de condutas ocorrem, essencialmente, após a definição das "regras do jogo". [32] A *advocacy* atua, essencialmente, no momento de *definição* e no momento de *reformulação* dessas regras.[33] Além disso, a *advocacy* atua como meio de reforço institucional do vetor competitivo, de modo a que a concorrência seja, de fato, incorporada[34] por agentes econômicos e consumidores.

A realidade é que esta diferença do "momento interventivo" entre ferramentas promocionais e convencionais do antitruste influencia até mesmo o espectro de interesses passíveis de tutela concorrencial. Se, por um lado, as funções típicas do antitruste apresentam caráter pontual e minimalista, promover concorrência envolve, por certo, repensar incentivos de modo mais amplo.

Nesse sentido, a UNCTAD, em estudo sobre o tema, defende, justamente, que a *competition advocacy* poderia ser usada para promover outros fins do

30 Para Bork, "there is extremely importante task of bringging the original and still valid antitruste philosophy of free entry, open markets, and vigorous competition to those áreas where anticompetitive behavior now occurs with governamental blessing" (1993: 407).

31 É bem verdade que determinadas estruturas normativas já previstas na LDC objetivam, até mesmo, prevenir condutas anticoncorrenciais. Mas ainda aqui, estes incentivos ou desincentivos decorrem de um desenho institucional previamente fixado que objetiva, justamente, induzir comportamentos. *Ultima ratio*, constituem também hipóteses de advocacy (VERÍSSIMO e AZEVEDO, 2014).

32 Em determinados casos, a função de promoção pode, até mesmo, se confundir com as regras do jogo se considerarmos como uma espécie de advocacy a "regulação concorrencial" (regulação que objetiva introduzir, fomentar ou estabelecer regras de concorrência em setores regulados). Mas mesmo nesse caso, um dos instrumentos da advocacy, qual seja, a função de análise dos atos normativos, poderá incidir prévia ou posteriormente à fixação dessas regras concorrenciais pela regulação.

33 Regras, como vimos, entendidas do modo amplo (incentivos).

34 Não apenas culturalmente, mas institucionalmente.

antitruste que não poderiam ser buscados pelas suas funções típicas, entre eles, defesa do consumidor, questões de propriedade industrial, comércio internacional, investimento e licenciamento (2009). Como vimos, a persecução destes fins, entretanto, deve ser efetivada com cautela, pois a *competition advocacy* deve ter como principal referência a busca por maior eficiência dinâmica na qual se insere a própria efetividade dos meios já disponíveis da tutela antitruste, bem como a redução dos custos de transação por meio da eliminação de barreiras institucionais à concorrência que adviria de uma tutela antitruste renovada e com foco promocional.[35]

A realidade é que o mesmo modelo de ECD (Estrutura, Conduta e Desempenho) que influenciou a criação do controle de atos de concentração influenciaria esse modo de intervenção via *competition advocacy*. Atuar sobre estruturas de mercado é um meio para se buscar maior *desempenho competitivo* ou mesmo para identificar estruturas que não são eficientes ou que incentivariam, indevidamente, a concentração no mercado. Daí porque a *advocacy* atuaria, em essência, sobre a *configuração das estruturas de mercado* objetivando *fomentar* ou *difundir* a concorrência e a eficiência, bem como, portanto, *inibir* ou *corrigir* distorções concorrenciais, nomeadamente, de índole institucional. Como a promoção da concorrência objetiva atuar sobre as "regras do jogo", pode-se dizer que se trata de uma função, essencialmente, *preventiva*. Ainda que envolva corrigir distorções de mercado ou, em alguns casos, incentivar ou encorajar a adoção de determinadas posturas dos agentes econômicos (como no caso das políticas de *compliance* e de difusão da cultura concorrencial), a *promoção da concorrência* tem como parâmetro atuar, essencialmente, em momento prévio à formação das decisões dos agentes econômicos (na formulação ou reformulação de regras e incentivos para os agentes privados, incluídos os acordos realizados pelo CADE por meio de suas funções típicas). Por isso, pode-se dizer que a promoção da concorrência tem como parâmetro o *princípio da precaução* na medida em que o Estado deve atuar para afastar *riscos* de dano à livre concorrência. Nessa linha, Freitas Martins nos ensina que: "o princípio da precaução transcende a passagem do modelo clássico `reaja e corrija' para

35 A verdade é que o termo "advocacy" não é exclusivo do antitruste e pode ser usado para atividades correlatas em outros campos, especialmente, naqueles que envolveriam uma atuação transversal, *e.g.*, direitos humanos, direitos das mulheres e minorias. Entretanto, para os fins do presente trabalho, não seria adequado transformar a *competition advocacy* em uma função com múltiplas finalidades. Incrementar a concorrência e eficiência nos mercados já proporcionaria ganhos sociais inestimáveis.

o modelo `preveja e previna' inaugurado pelo princípio da prevenção em sentido estrito" (2002; 20-21).[36]

Assim, a promoção da concorrência atua nem sempre, diretamente, sobre as ações dos agentes econômicos, mas sobre os *incentivos* que estruturam estas ações. E, nesse ponto, é nítido seu caráter preventivo, precaucionario, indutor e, em certa medida, até regulativo.[37] A "gramática" para lidar, de modo mais eficiente, com incentivos econômicos e políticos consistiria, justamente, em métodos promocionais indutivos de comportamentos. Isto é, como contrapartida a incentivos econômicos, seria necessário recorrer a incentivos jurídicos consubstanciados em sanções positivas e mecanismos preventivos.[38] O recurso a métodos repressivos e coercitivos, entretanto, continuam sendo, em boa medida, necessários até como apoio à lógica promocional conforme veremos. Mas, sem dúvida, um sistema que privilegie a prevenção deixará, gradativamente, de depender de ferramentas repressivas, até porque problemas concorrenciais passariam a ser resolvidos antes da concretização de atos nocivos à competição.

Nessa linha, a UNCTAD defende que sistemas de *competition advocacy* são um passo além nos mecanismos tradicionais do antitruste na medida em que preveem ferramentas para antecipar situações que possam restringir escolhas ao consumidor e também porque possibilitam, portanto, a criação de um sistema preventivo (2000: 18). A efetividade de um sistema concorrencial passa pela necessária reorganização do direito para antecipar riscos que, no futuro, seriam de difícil ou impossível reparação. A noção de "sociedade de risco"[39] deve orientar atuações estatais mais inteligentes e estratégicas,[40]

36 Sobre o princípio da precaução, consultar amplamente FREITAS DE OLIVEIRA (2010).

37 Nesse aspecto, PIERI, Simone; BAGNOLI, Vicente & KOZAK, Malgorzata (2014) defendem que o combate a ineficiências seja antecipado por uma atuação *ex ante* e não apenas pelo *enforcement* (*ex post*), valorizando-se uma atuação preventiva e mais eficaz.

38 Mais uma vez, remetemos à primorosa obra de Bobbio em que realça a importância das sanções positivas, prêmios e incentivos como meio mais efetivo para lidar com certos fenômenos da realidade e que caracterizariam a função promocional do direito (BOBBIO, 2007). Um direito menos repressivo representaria um movimento evolutivo rumo a uma ordenação mais inteligente da realidade.

39 Para Beck, "la sociedad industrial (además de la capitalista también la `socialista') produce sistemáticamente su propia amenaza y su propia debilidad estructural a través de la potenciación y la explotación económica de los riesgos." (1998:64).

40 Sobre o tema da *smart regulation*, Gunningham e Sinclair afirmam: "We have argued that successful regulatory design depends crucially upon adhering to a number of regulatory design principles which have hitherto not featured prominently on the policy agenda. In particular, we counselled policymakers not only to prefer combinations of instruments

até porque estruturas de mercado já sedimentadas e erigidas por meio de incentivos públicos, por vezes, indevidos, seriam de difícil remoção por mecanismos repressivos. A utilização de mecanismos promocionais segue, portanto, a lógica precaucionaria de prevenir riscos de danos permanentes à economia e à sociedade. [41]

A própria *difusão* da cultura concorrencial por meios educativos e/ou educacionais ou por meio de esclarecimentos aos agentes econômicos (guias, cartilhas, eventos etc) constitui-se em uma tentativa de incorporação dos valores concorrenciais pelos atores privados ou pelos cidadãos em geral, de modo a prevenir atuações anticompetitivas e, assim, encorajar atuações pró-competitivas.[42]Atitudes estas também, essencialmente, antecipatórias e indutoras, levadas a cabo, muitas vezes, por modernos mecanismos de *soft law*[43] que, a despeito de não-vinculantes, apresentam-se como as soluções viáveis para determinados casos, especialmente, quando se trate de incentivar melhores práticas[44] (DOMINGUES, GABAN: 2016: 263-264). Nesse

---

to "stand alone" instrument strategies, but stressed the importance of preferring the least interventionist measures that will work. We also introduced the heuristic device of a three dimensional pyramid, as a means of escalating regulatory responses, and consistent with the pursuit of pluralistic regulatory policy, argued the importance of harnessing resources outside the public sector. We further addressed the extent to which it is possible to design environmental policy in such a way as to encourage and facilitate industry in going "beyond compliance" with existing regulatory requirements. Finally, we argued that, as not all regulatory instrument combinations are equal, it is incumbent upon policymakers, in seeking to introduce a broader range of regulatory solutions, to carefully select the most productive instrument combinations." (1999: 17).

41 A intensificação dos riscos e a possibilidade real de que promovam danos irreversíveis tornam impossível a aceitação daquilo que teóricos da sociedade de risco denominam 'experiências de segunda mão', isto é, a impossibilidade de que o conhecimento do risco seja pautado na sua experimentação. Assim, o saber teórico prévio ou especulativo deveria pautar o modo de agir cotidiano da sociedade e do Estado (QUEIROZ, 2005).

42 Podem ser citados o Guia de Compliance do CADE de 2016, o Guia de Gun Jumping de 2015, o Guia sobre Programa de Leniência, a Resolução nº 12, de 11 de março de 2015 que disciplina o procedimento de Consulta previsto nos §§ 4º e 5º do art. 9º da Lei n. 12.529/2011, no âmbito societário, as regras do Novo Mercado e, no âmbito da Lei Anticorrupção, o Decreto 8.420/2015.

43 Nas palavras de M. L. Bortolozzi: "o conceito da *soft law* está inserto em uma nova tendência que não mais enfatiza os processos formais de produção legal. É uma alternativa às formas mais duras (hard law) de regulação, possuindo vários enfoques, dentre os quais vale ressaltar a política simbólica, definidora de uma direção comum sem nenhum comprometimento formal e praticidade de soluções quando associada com instrumentos de políticas formais." (2006: 422-423).

44 Sobre a aplicação do tema na seara antitruste, D. Sokol assevera: "Soft law utilizes best practices across jurisdictions to set global benchmarks for appropriate antitrust systems. Best

particular, como veremos, o CADE tem atuado mais, ativamente, na difusão de informações em matéria de concorrência, até pela posição de protagonismo antitruste que ocupa.[45]

Portanto, é importante notar que o princípio da livre concorrência além da sua característica transversal, tem natureza multifária, isto é, se manifesta de diferentes modos[46] e em diferentes *momentos* (repressão, prevenção e precaução), *microssistemas* distintos (antitruste, penal, contratual etc) e por meio de *órgãos distintos* (SBDC, Agências Reguladoras, Judiciário, Ministério Público, Advocacias Públicas, TCU etc) que muitas vezes se comunicam e se inter-relacionam.

Um dos desafios para a aplicação do princípio da livre concorrência em diferentes "momentos interventivos" é, justamente, a "abertura conceitual" e, portanto, normativa do princípio. Essa dificuldade fica ainda mais nítida quando se considera que a atividade de promoção da concorrência é, essencialmente, destinada ao controle de atuações normativas ou na (re)formulação destes padrões normativos, aqui incluídos os incentivos institucionais ainda que indiretos.

---

practices allows for flexibility across agencies and countries to implement these practices based upon a country's unique social, legal, political, and economic background. Soft law antitrust institutions have changed many countries' antitrust systems toward internationally-accepted best practices. However, there are a series of tradeoffs in the decision-making process of soft law governance. These institutions do well in overcoming coordination problems. The OECD and the International Competition Network ("ICN") have developed distinct roles in coordination. It may be that the best institutional choice is not one or the other, but using each one in the area of its relative institutional strength. Both seem to do less well in overcoming substantive disagreements within antitrust as to conduct." (2010: 1095).

45 O caso dos guias editados pelo CADE são exemplos dessa tentativa de orientação dos agentes econômicos por meio de mecanismos indutores de conduta. Não se trata, com isto, de deixar de lado mecanismos de *hard law*, de natureza impositiva, até porque, por essas atuações, o CADE não está a substituir uma atuação pela outra, mas sim implementando *também* uma política preventiva e informativa. Por certo, entretanto, atuações do gênero redundarão em menos condenações e no aumento da segurança jurídica do sistema como um todo.

46 Como vimos, esta realidade multifária se relaciona ao fato de que a livre concorrência tem natureza dinâmica e, essencialmente, temporal na medida em que mercados sofrem mutações, barreiras de todo o gênero podem ser erigidas ou desaparecerem, produtos substitutos podem ser desenvolvidos, novos players podem ingressar no mercado, custos podem sofrer substanciais alterações, novas tecnologias podem reconfigurar mercados etc. Isto é bastante evidente em mercados de alta tecnologia, internet e, entre outros, produtos (alimentos, sementes, insumos etc) desenvolvidos a partir de organismos geneticamente modificados como, de resto, demonstramos anteriormente. Mas não apenas nesses mercados. O próprio modo de produção está passando por um processo de rápida transformação que, certamente, irá alterar, profundamente, o processo competitivo, custos e configurações mercadológicas. A análise jurídica não pode olvidar essa dinâmica própria dos mercados competitivos.

Uma decisão "cômoda" seria a de, simplesmente, considerar que esta atividade (normativa) não seria passível de ser controlada, já que, além da necessária observância ao princípio da separação de Poderes,[47] envolveria funções discricionárias desempenhadas por diferentes órgãos. Ocorre que, primeiramente, os próprios entes responsáveis pela elaboração de normas ou atos administrativos capazes de influenciar a concorrência devem observar o princípio constitucional da livre concorrência, isto é, o dever de observância ao vetor concorrencial independe de um órgão externo especializado que determine o que deve ou não ser feito. Da mesma forma que cidadãos devem ter a consciência de que devem cumprir leis e posturas administrativas tanto quanto o fazem em relação a princípios como o da igualdade, o mesmo pode se dizer em relação à livre concorrência. Desconhecimento ou pouca familiaridade com a matéria concorrencial não são motivos para afastar a aplicação de um imperativo constitucional. Do contrário, princípios constitucionais, simplesmente, não poderiam mais ser utilizados como parâmetro de atuação nos três Poderes ou como parâmetro do controle de constitucionalidade dos atos estatais.[48]

Nesse aspecto, parece-nos acertada a posição expressa por ÁVILA (2005, p. 22-23) no sentido de que nem sempre é possível ao Estado encontrar o melhor meio. Entretanto, o Estado tem o dever de escolher um meio que simplesmente promova o fim de forma satisfatória.[49] Deve-se, assim, reconhecer o *valor normativo* do princípio da livre concorrência como um parâmetro mínimo de atuação estatal e de controle, portanto, dessa atuação em todas as esferas.[50] Em uma palavra: o reconhecimento da força normativa do princípio da livre concorrência passa pela ampliação de seu espectro conceitual, de modo a que seus mecanismos correspondam, com efetividade, à finalidade proposta. Isto não significa que o princípio deva ser sempre satisfeito da melhor forma

47 Quando se tratar de lei em sentido formal.

48 Isto não significa, obviamente, que exista apenas uma solução possível ou que apenas a "melhor" delas é a que seria válida. Mas, como veremos, isto também não significa que escolhas não possam ser controladas, nomeadamente, quando extrapolem patamares de proporcionalidade e razoabilidade.

49 Nas palavras do Professor: "Quando a administração emprega um meio que, embora adequado à realização de um fim, não serve para atingi-lo minimamente em termos quantitativos, qualitativos e probabilísticos, o fim não é promovido satisfatoriamente. A instituição de fins a serem promovidos pela administração impede que ela escolha meios que não os promova de modo satisfatório. Essa exigência mínima de promoção dos fins atribuídos à administração é o próprio dever de eficiência administrativa". (ÁVILA, 2005, 23) Eficiência, no caso, entendida como "efetividade" (effectiveness).

50 O princípio da livre concorrência é "tão constitucional" e, portanto, necessário, quanto o princípio da legalidade. Por certo, nenhuma autoridade desconhece o valor normativo da legalidade. Já o mesmo não pode ser dito em relação à livre concorrência.

possível, mas que deva, no mínimo, ser promovido satisfatoriamente, o que pode ser avaliado por métodos empíricos, quantitativos, qualitativos ou até matemáticos (ÁVILA, 2005: 23).

Nessa linha, a UNCTAD defende que "se é verdade que o direito da concorrência deve ser aplicado com efetividade, deve-se ir além de, simplesmente, analisar atos de concentração ou da mera aplicação da lei concorrencial" (2010: 15). [51]

A promoção da concorrência consistiria, assim, em mecanismo cujo escopo seria, precisamente, aperfeiçoar a tutela antitruste, de modo a que esta, de fato, realize seu desiderato constitucional. Nesse particular, cumpre rememorar a lição de Bobbio quanto à função do direito na sociedade no sentido de que se constitua em um instrumento útil para atingir os mais variados fins (2007: 57).

3.6. O Conceito Jurídico de *Competition Advocacy*

Como afirma VIGOTSKI "O pensamento não se exprime na palavra, mas nela se realiza" (2001; 409). E se a palavra falha em definir o pensamento não há construção de sentido. Além disso, nem sempre as palavras exprimem com exatidão ideias ou conceitos. No caso do direito, esse desafio é bidirecional, já que, por um lado, palavras são positivadas para descrever ideias e, por outro, ideias são extraídas das palavras positivadas.[52]

Assim, invariavelmente, as definições sobre determinados institutos são incompletas, dissonantes ou imprecisas. Sói ocorrer também que as primeiras ideias lançadas sobre um determinado instituto, ainda desconhecido, tornam-se referências de sentido, mas, nem sempre, alcançam o real significado ou seu raio de alcance conceitual. Como veremos, isto é o que, em alguma medida, ocorre com a *competition advocacy* que passamos a definir e sistematizar a seguir.

3.6.1. A Evolução do Conceito

A tradução de *competition advocacy* para "advocacia da concorrência", como se popularizou especificamente no meio antitruste, é um típico exemplo

51 No original: "If competition law and policy is to be enforced effectively, competition advocacy must go beyond simply responding to merger applications and the application of competition law, but must advocate for greater access to the forums at which industrial policy decisions are made" (UNCTAD, 2010: 15).

52 Nesse particular, palavras positivadas incluiriam não apenas aquelas expressas em textos de lei, mas também institutos, princípios implícitos etc.

de que a construção de sentido de institutos jurídicos nem sempre segue uma lógica, exatamente, científica. A tradução não nos parece adequada, pois o termo "advocacia" não exprime com exatidão a ideia que se extrai do correspondente da língua inglesa "advocacy". A palavra "advocacia", na língua portuguesa, induziria, principalmente, à ideia de *atividade advocatícia* (ou atividade profissional de advocacia) e apenas, de modo secundário, à ideia de "promoção". Raramente, o termo "advocacia" é utilizado para se referir à "promoção de algo".[53]

Além disso, o uso do termo "*advocacy*" não se restringe apenas a atividades relacionadas ao antitruste, mas tem sido usado no exterior e agora no Brasil em outros campos e políticas (na defesa dos direitos de mulheres, minorias e povos). No Brasil, o termo *advocacy* tem sido utilizado por estes segmentos sem tradução, sendo identificado, genericamente, como o "lobby do bem" (ZEPPELINI: 2010). Nas palavras de Marcio Zeppelini:

> O termo *advocacy*, expressão inglesa que ainda não ganhou tradução literal para o português, se generalizou ao longo do tempo em função do acelerado crescimento do Terceiro Setor em todo o mundo. O *lobby* - ou o *advocacy* - é a utilização do poder e do status para se comunicar melhor e conquistar os objetivos pretendidos. Apesar de a palavra *lobby* ter sido usurpada por nossos malfadados governantes, o significado real dela é tão nobre quanto o objetivo do Terceiro Setor (...)
>
> O advocacy tem vários graus de desenvolvimento no mundo. Nos países ricos, como os Estados Unidos, é um valor moral e cultural, ensinado nas escolas. O relacionamento entre comunidade e ONGs é bem amarrado e surte resultados bem-sucedidos. (2010)

Se o termo fosse traduzido, nesses casos, para "advocacia das mulheres" ou "advocacia de minorias", por certo, haveria imediata identificação com o exercício da profissão de advogado nesses segmentos e não com o sentido original da *advocacy*. Assim, a tradução talvez mais apropriada para o termo "advocacy", no âmbito concorrencial, seja, realmente, "promoção", termo mais condizente com a ideia original que se pretende expressar.

Ainda sobre o conceito geral de *advocacy*, vale a pena conferir o que diz Gabriela de Breláz (2007: 1-2) acerca do tema:

> Mas o que exatamente significa *advocacy*? O conceito de advocacy é amplo e permite diversas interpretações. A maior parte dos estudos científicos

53 Diferentemente do verbo "advogar" que, de modo secundário, utilizamos com sentido de defender ou promover algo.

> nesta área são realizados nos Estados Unidos, país onde as organizações da sociedade civil possuem grande tradição em *advocacy* e *lobbying* (ANDREWS; EDWARDS, 2004). Estes dois conceitos, *advocacy* e *lobbying* muitas vezes são empregados como sinônimos, mas possuem diferenças significativas. Por *advocacy* entendemos o ato de *identificar, adotar e promover uma causa*. É um esforço para moldar a percepção pública ou conseguir alguma mudança seja através de mudanças na lei, mas não necessariamente. *Lobbying* é uma forma especifica de fazer *advocacy* e é focada em *influenciar a legislação* (AVNER, 2002). Sendo assim, *lobbying* pode ser entendido como parte da atividade de *advocacy*. No Brasil o significado destes conceitos está em fase de construção e possui diferenças em relação ao significado norte americano.

O mais adequado, portanto, seria restringir a tradução de *competition advocacy* para "promoção da concorrência", até porque o termo "defesa" já é utilizado pelo antitruste brasileiro para denominar a "defesa da concorrência", habitualmente, identificada com funções convencionais do direito concorrencial. A utilização do termo "advocacia da concorrência" pode, inclusive, ter contribuído para uma certa dificuldade na compreensão ou até resistência em relação a essa importante função dentro e fora do meio jurídico.

Vale dizer, a tradução para "advocacia da concorrência" provocou o efeito contrário a uma das finalidades do próprio instituto que seria o de difundir a concorrência e provocar maior conscientização quanto ao tema. O termo "advocacia da concorrência", muito usado na época da implantação da Lei 8.884/94 sob a influência do economista e então Presidente do CADE, Gesner de Oliveira, talvez não tenha contribuído para a difusão da cultura concorrencial e, de certa forma, apenas reforçou o insulamento técnico do tema no segmento antitruste. Assim, optamos pela mesma denominação adotada pela LDC em seu artigo 19 e também utilizada pela doutrina e jurisprudência europeia[54]: promoção da concorrência.

Além disso, a ausência de textos normativos com referências claras e diretas sobre essa atividade contribuiu para uma certa imprecisão conceitual da função de promoção da concorrência. Por outro lado, desde os primórdios da implantação das Leis 8.158/91 e 8.884/94, havia uma percepção de que a livre concorrência não seria satisfatoriamente concretizada pelos mecanismos "tradicionais" e que "algo mais" precisaria ser feito para difundir a matéria. A defesa da concorrência, que ainda avançava, era tida como relevante

54 Baseada na tradução portuguesa (HENRIQUES e CUNHA, 2013).

mecanismo para auxiliar a abertura econômica.[55] O direito comparado, por sua vez, alertava para a importância do tema, mas a ausência de conhecimento e, principalmente, vivência da experiência concorrencial no país, fizeram com que a relevância da *advocacy* fosse constatada de modo bastante tardio. Desconhece-se qualquer dissertação de mestrado, tese de doutoramento, de livre docência ou de titularidade que tenha tratado, especificamente, do tema.[56]

Portanto, além da tradução bastante perigosa do termo "*advocacy*", um dos problemas da definição da função promocional era, justamente, um certo desconhecimento de meios para sua operacionalização, problema este agravado pela ausência de estruturação legal da *competition advocacy* no Brasil, o que, de certa forma, foi, parcialmente, resolvido pela nova LDC.

Mas ainda assim, há uma clara indefinição quanto aos instrumentos de materialização da promoção da concorrência não obstante o reconhecimento de sua importância por grande parte da doutrina e daqueles que lidam com o antitruste. Essa fluidez quanto ao tema, demanda, portanto, um trabalho de construção de núcleos mínimos de significação antes de avançarmos para uma proposta de classificação dessa função. É preciso, por fim, questionar se as estruturas, atualmente, existentes são suficientes e quais seriam os meios eficazes para aperfeiçoar a função de promoção da concorrência.

O conceito prevalente e, por sinal, bastante abrangente de promoção da concorrência no Brasil é o de que tal função se destina a atividades educativas (noção difundida, principalmente, antes da Nova LDC) ou não-relacionadas às conhecidas atividades de *enforcement* (controle de condutas anticompetitvas e de atos de concentração). De um lado, a *advocacy* sempre foi identificada, de modo genérico, como uma função de "difusão da cultura concorrencial" e, de fato, este era o entendimento geral até entre os especialistas na matéria como abaixo se verá. De outro, o que não estava compreendido nas funções mais conhecidas (controle de condutas e estruturas), poderia ser considerado *advocacy* (e este seria um segundo significado mais "atual").

Um dos primeiros Presidentes do CADE da era pós-liberalização, o economista Gesner de Oliveira, ao discorrer sobre a revogada Lei 8.884/94

55 Como assinala Gesner de Oliveira, "de um lado, do ponto de vista da estabilização, exigiu-se das autoridades brasileiras papel centralizador no sentido de coordenar as expectativas em direção a uma taxa de inflação moderada (...). De outro lado, as reformas liberalizantes aceleradas durante a administração Collor indicavam a necessidade da adoção de regras típicas de defesa da concorrência" (2001: 3).

56 Como veremos, há, por outro lado, excelente estudo recente do IBRAC sobre o tema (2016).

(inciso XVIII), afiançou: "há dispositivos legais que realçam a importância da advocacia da concorrência. Com efeito, o legislador incluiu entre as atribuições do Plenário do CADE a de 'instruir o público sobre as formas de infração da ordem econômica" (1998: 15). Esta era, portanto, a noção difundida desde o desenvolvimento do antitruste no Brasil na década de 90 (o significado original da promoção da concorrência).[57] As funções do CADE em matéria de *advocacy* se concentravam em *instruir o público*, uma função, portanto, essencialmente, educativa.[58]

Interessante notar que o dispositivo em questão (inciso XVIII do artigo 7º da Lei 8.884/94) nada mais era que uma reprodução com pequenas modificações da alínea "r" do artigo 17 da Lei 4.137 de 1962[59] que previa como competência do CADE: "instruir o público sobre as formas de abuso de poder econômico". Essa noção também foi incorporada pela LDC (artigo 9º, inciso XIV, "d"). Portanto, observa-se que a promoção da concorrência era tida como um instrumento apenas "auxiliar" de difusão das tradicionais funções de *enforcement*.

Curioso que o mencionado artigo da Lei 4.137 de 1962 que foi, posteriormente, utilizado para "fundamentar" a promoção da concorrência na Lei 8.884/94 pouco tinha a ver, na verdade, com "promoção da concorrência" propriamente dita, já que, naquele momento, as infrações contra a ordem econômica tinham perfil, essencialmente, de defesa da economia popular e de controle de preços. Como é cediço, a defesa da concorrência somente passou a ser, efetivamente, implementada a partir da década de 90. Isso demonstra

57 "As Quatro Fases de Evolução Institucional A sugestão do consultor registrada no Quadro 3 contém uma seqüência de nove pontos distribuídos em quatro fases para um desenvolvimento equilibrado rumo à maturidade institucional. Fase I: em um primeiro momento, uma agência com relativo grau de independência deveria: 1) disseminar valores concorrenciais junto aos setores público e privado. Este papel de difusão da cultura da concorrência, freqüentemente denominado de "advocacia da concorrência", é particularmente importante em países recém-egressos de regimes estatistas como os da Europa do Leste e da América Latina" (OLIVEIRA, 1998).

58 Alguns outros dispositivos previam o exercício de funções de *advocacy* pela Secretaria de Direito Econômico do Ministério da Justiça (SDE/MJ).

59 Como sublinha Forgioni (1998, p. 131), "em seu período de vigência, sem embargo de alguns breves 'surtos' ou 'ondas' de aplicabilidade, a Lei Antitruste de 1962 não encontrou maior efetividade na realidade brasileira, não sendo possível identificar qualquer atuação linear e constante de uma política econômica que se tenha corporificado em uma política da concorrência". A defesa da concorrência só "decolou" no Brasil na década de 90 com a abertura econômica e edição das Leis 8.158/91 e da Lei 8.884/94 que passou a prever o controle de atos de concentração e transformou o CADE em autarquia, conferindo-lhe maior autonomia.

que, no início, pouco se sabia sobre como operacionalizar a promoção da concorrência, não obstante o claro reconhecimento de sua importância para a efetividade do sistema de defesa da concorrência. O quadro abaixo é revelador dessa mentalidade:

Nível \ FASES	I	II	III	Maturidade Institucional
Nacional	**1) Advocacia da Concorrência** + 2) Repressão a Acordos Horizontais + 3) Assistência Técnica	4) Controle de Atos de Concentração + 5) Acordos Verticais	6) Regulação + 7) Acordos de Cooperação Internacional	8) Acordos Internacionais de Segunda Geração + **9) Advocacia da Concorrência Pró-Ativa**
Blocos Regionais	Pauta de Harmonização	Acordos Comunitários e Transformação da Defesa Comercial em Defesa da Concorrência		
Internacional	Fixação de Princípios Básicos			

Evolução da defesa da concorrência na virada do milênio

Fonte: OLIVEIRA (1998)

Vê-se, com base no quadro acima, proposto pelo CADE[60] na década de 90, que a *competition advocacy* era uma das principais metas para concretização da defesa da concorrência no Brasil. Percebe-se, claramente, que não se sabia ao certo *como* e *o que* fazer para materializar a função promocional (restrita a "instruir o público sobre as formas de infração à ordem econômica"), mas, por outro lado, havia a consciência das autoridades quanto à relevância da *advocacy* ainda que essa "percepção" pudesse ser decorrente, eventualmente, apenas de uma transposição de argumentos de organismos internacionais. No caso, a função de promoção da concorrência era tida como primordial para a instauração da defesa da concorrência no país. E não só isso. Previa-se, em um momento de maior amadurecimento institucional, uma última fase

60 Por meio de seu Presidente à época, Gesner de Oliveira.

identificada com a consolidação da cultura concorrencial na qual se daria uma promoção da concorrência *pró-ativa*. Dito de outro modo, havia a clara noção de que a *competition advocacy* deveria ampliar o espectro de atuação do antitruste por meio de intervenções que não se restringissem a atuações passivas ou apenas "de apoio" às funções convencionais do antitruste (não apenas para difusão destas funções, portanto).

Nessa linha, a Fase IV denominada *maturidade institucional* do antitruste seria obtida quando, após a concretização dos objetivos previstos nas fases anteriores, fosse alcançado:

> no plano interno, *sedimentar a cultura da concorrência nas diferentes esferas de governo e da sociedade de sorte a permitir uma advocacia da concorrência mais pró-ativa e abrangente.* Analogamente àquilo que ocorre em vários países com a legislação ambiental, *a dimensão da defesa da concorrência tende a tornar-se mais importante nas economias maduras institucionalmente.* Isto pode se refletir, por exemplo, *pela previsão legal de análise da defesa da concorrência em um número crescente de legislações específicas e em níveis estaduais e municipais de governo* (OLIVEIRA, 1998). Destacou-se.

Sabia-se, portanto, que o antitruste deveria ampliar seu escopo para além das conhecidas funções de controle de condutas e de atos de concentração, mas também que deveria disseminar a cultura concorrencial no âmbito regional e no âmbito local. [61]

3.6.2. Competition Advocacy: em Busca de um Conceito Mais Atual

Como demonstramos, existem "pontos cegos" de aplicação do princípio da livre concorrência que as tradicionais funções do antitruste já não conseguiriam alcançar. Além disso, há uma clara necessidade de rearranjo da tutela concorrencial de modo a se adaptar a um conceito de eficiência dinâmica e intertemporal.[62]

61 "Fase IV: a maturidade institucional é obtida quando além das tarefas acima, logra-se: no plano interno, sedimentar a cultura da concorrência nas diferentes esferas de governo e da sociedade de sorte a permitir uma *advocacia da concorrência mais pró-ativa e abrangente.* Analogamente àquilo que ocorre em vários países com a legislação ambiental, a dimensão da defesa da concorrência tende a tornar-se mais importante nas economias maduras institucionalmente. *Isto pode se refletir, por exemplo, pela previsão legal de análise da defesa da concorrência em um número crescente de legislações específicas e em níveis estaduais e municipais de governo*" (OLIVEIRA, 1998). Destacou-se.

62 Nesse aspecto, "o desenvolvimento de novos produtos a partir das novas tecnologias (novos *softwares*, organismos geneticamente modificados etc), bem como a adoção de políticas

De modo a, aparentemente, atender a estes pressupostos, a promoção da concorrência passou por uma gradativa ampliação de sentido, incorporando a noção de que constituiria uma "função residual", vale dizer, tudo aquilo que não estaria compreendido nas tradicionais funções de *enforcement* seria considerado *advocacy*. Para Ragazzo (2007, p. 2): a *competition advocacy* seria "qualquer ação de promoção da concorrência que não esteja relacionada com o controle de concentração ou com a repressão de condutas anticompetitivas" (2007, p. 2). Essa definição "residual" é reproduzida e apresentada como ponto de partida, com pequena variação de sentido, pelas principais entidades internacionais e textos de referência no assunto: ICN,[63] OCDE,[64] UNCTAD[65] e Banco Mundial[66].

O fato de haver, praticamente, um consenso de que a *advocacy* se consubstanciaria em um conceito residual em relação às funções tradicionais do

regulatórias ou fiscais equivocadas podem ter como conseqüência a alteração profunda das estruturas de mercado consubstanciada na eliminação de concorrentes, elevação das barreiras à entrada de novas empresas, aumento do poder de mercado do agente criador do produto, dominação das demais etapas da cadeia produtiva relacionadas ao mercado considerado, elevação futura de preços, abuso de posição dominante e, entre outros, redução das opções do consumidor. Os mecanismos tradicionais previstos na Lei de Defesa da Concorrência (controle preventivo *stricto sensu* e repressivo) são insuficientes para prevenir tais riscos. Nesse sentido, a promoção da concorrência, um dos mecanismos de concretização *preventiva* do princípio constitucional da livre concorrência, ganha importância, uma vez que, direta ou indiretamente, as autoridades públicas podem influenciar e melhor conduzir a formulação de políticas públicas, de modo a estimular a concorrência ou evitar efeitos danosos ao mercado. A atuação do Estado deve ocorrer por meio da correção de falhas em estruturas regulatórias, em propostas de desonerações fiscais (incentivá-las ou não) e, entre outros, controle e investigação da introdução de novos produtos em mercados sensíveis (mercados de alta tecnologia, organismos geneticamente modificados etc)" (QUEIROZ, 2011: 51).

63 "Competition advocacy refers to those activities conducted by a competition authority related to the promotion of a competitive economic environment by means of non-enforcement mechanisms, mainly through its relationships with other governmental entities and by increasing public awareness of the benefits of competition". (ICN, 2002)

64 "A commonly accepted definition of competition advocacy is that it includes all activities of a competition agency that are intended to promote competition apart from those that involve enforcement of the competition law" (OCDE, 2004).

65 "Competition advocacy has been defined as "activities conducted by the competition authority related to the promotion of a competitive environment for economic activities by means of non-enforcement mechanisms, mainly through its relationships with other governmental entities and by increasing public awareness of the benefits of competition". (UNCTAD, 2010).

66 "Competition advocacy embraces all these activities conducted by a competition agency related to the promotion of a competitive environment by means of non-enforcement mechanisms, mainly through its relationships with other governmental agencies and by increasing public awareness of the benefits of competition" (Banco Mundial, 2016: 10).

direito da concorrência revela, no fundo, a compreensão de que o fenômeno concorrencial seria muito mais amplo do que, habitualmente, se propõe. Existem inúmeras outras intervenções, igualmente, relevantes e uma verdadeira crise de paradigma organizacional do sistema de defesa da concorrência (POSNER: 2000). Para Posner, o antitruste não estaria adaptado a lidar com o dinamismo econômico e e este problema seria de índole institucional, uma vez que "as autoridades de *enforcement* e as Cortes não teriam recursos técnicos adequados e não possuiriam a celeridade necessária para lidar, efetivamente, com uma série de setores econômicos complexos que mudam rapidamente" (POSNER, 2000:2). A realidade é que esta crise de paradigma não se restringe ao direito pátrio, até porque, como vimos, o questionamento quanto à necessidade de reforma do antitruste vem sendo feita mundo a fora.

Porém, a despeito de já ter representado um grande avanço em relação à noção bastante genérica difundida nos primórdios da defesa da concorrência no Brasil, certamente, a noção "residual" não é satisfatória e instaura alguma insegurança quanto ao tema. A definição não diz quais intervenções a *advocacy* alcançaria, mas tão somente aquilo que ela não seria, isto é, questões relacionadas a funções de *enforcement*. Mas afinal quais seriam os temas próprios da *competition advocacy*? A realidade é que a definição peca tanto pela ausência de delimitação do conteúdo da *advocacy* como por passar a ideia de que a promoção da concorrência não teria ligação com as funções de *enforcement*, afirmação que, como veremos, não parece correta. De mais a mais, definir a *competition advocacy* como correspondendo a tudo aquilo que não está relacionado às funções de *enforcement* seria o mesmo que afirmar que as funções de *enforcement* correspondem a tudo aquilo que não diz respeito à *advocacy*, portanto, uma definição imprecisa e que merece ser aclarada.

Para Irina (2013:281) o termo *advocacy* foi, primeiramente, proposto em 2002 por T. Murrisa, então Presidente da Federal Trade Comission.[67] Entretanto, esta afirmação também não parece ser correta, pois, como vimos, o termo era utilizado já na década de 90. O que ocorreu foi a transformação do próprio conceito de *advocacy* no decorrer do tempo que, inicialmente, identificado

---

67 A verdade é que a definição de Murrisa (2002) é, praticamente, a mesma da ICN e de Ragazzo (2007): "Advocacy of Competition is one of the activities of antitrust authorities, aimed at strengthening the competitive environment through mechanisms that do not envolve the use of coercive measures, and the use of active relationships with other government agencies and an increased understanding by the general public of the benefits of competition" (2002). Entretanto, a autora também peca por afirmar que a *advocacy* não envolveria funções de *enforcement*.

com a difusão da cultura concorrencial, propriamente dita, assumiu outros contornos. Nesse sentido, a UNCTAD[68] esclarece que:

> Durante os estágios de implantação de uma autoridade antitruste, a *competition advocacy* é instrumentalizada, principalmente, para informar as partes interessadas sobre a existência da lei e de uma política concorrencial, bem como obrigações e direitos correlatos. A medida em que o tempo avança, o papel da *competition advocacy* muda objetivando promover a concorrência em setores regulados, objeto de privatização e demais políticas públicas. Em tempo de crises econômicas, o papel da *competition advocacy* deve mudar e evoluir ainda mais (UNCTAD, 2010: 15).

Assim, seria possível identificar três fases do conceito da *competition advocacy*: a primeira delas identificada com uma ideia abrangente de difusão da cultura concorrencial (fase informativa); a segunda com a introdução da concorrência em setores liberalizados (fase de introdução da concorrência em mercados regulados) e a terceira fase identificada com um conceito residual em relação às funções típicas do antitruste, mas com mecanismos variados que incluem os dois primeiros (fase pró-ativa).

Trata-se, portanto, de uma visão muito semelhante àquela dos primórdios da implantação das leis de defesa da concorrência no cenário de liberalização econômica que demonstramos anteriormente. De um estágio inicial informativo, a *advocacy* passaria, gradativamente, a consubstanciar-se em um mecanismo mais *pró-ativo*.

A identificação do direito da concorrência com suas funções convencionais decorre, em grande medida, do fato da tutela antitruste ter sido introduzida a partir de um modelo padronizado, focado em controle de estruturas e condutas. A realidade é que o antitruste, tal como compreendido atualmente, decorre de um modelo *top-down* (centro-periferia), reflexo de exigências de organismos internacionais (ZOGHBI, 2009, p. 05). Tal modelo, chamado também padrão de *rule of law*[69], pode ter contribuído para a ausência

---

68 No original: "During the formative stages of a competition authority, competition advocacy is primarily used to inform stakeholders of the existence of the law and policy, and its associated obligations and rights. As time progresses, the role of competition advocacy changes, shifting towards generally advocating competition issues to government in the areas of privatization, sector regulation and other policies. During times of economic trouble, the role of competition advocacy must change and evolve further". (UNCTAD, 2010: 15)

69 Sobre as exigências de *rule of law* e seu significado atual, consultar amplamente Vieira; Dimoulis (2011).

da construção semântica e sistematização da função. Daí uma certa dificuldade na compreensão da importância ou dos meios de operacionalização da atividade promocional.

Com efeito, o sistema concorrencial brasileiro não foi edificado a partir de uma demanda sócio-política, mas a partir de "modelos prontos" transportados para a realidade brasileira. Como vimos, estruturas legais e organizacionais precederam a um autêntico movimento antitruste no Brasil, diferentemente, do *movimento concorrencial* nos EUA iniciado antes de uma produção legislativa e organizacional especializada.[70] O problema é que a introdução da defesa da concorrência no Brasil, até em razão da pouca vivência da realidade antitruste, acabou por reforçar uma atuação minimalista no âmbito concorrencial. As reformas legais que se seguiram avançaram em alguns aspectos, mas podem ter sido insuficientes para o enfrentamento do problema.

Ocorre que, conforme o sistema passou a operar, houve a percepção de que os padrões normativos fixados oferecem limites para uma concretização mais ampla da livre concorrência. Uma ideia mais adequada talvez seja a de que a *advocacy* não deveria ser identificada apenas com difusão da cultura da concorrência e nem como "residual" às tradicionais funções de *enforcement*. É preciso ir além, definir e sistematizar essas tarefas da *competition advocacy*.

A dificuldade de compreensão do alcance da promoção da concorrência teria a ver com a própria dificuldade em se dimensionar que o princípio da livre concorrência alcançaria, indistintamente, setores diversos tanto quanto princípios como o da igualdade e legalidade que incidem sobre diferentes subsistemas e pessoas. Daí que a oposição entre funções de *enforcement* e de *advocacy* não faria sentido, uma vez que se está, justamente, a confundir instrumentos formais de intervenção com funções do antitruste propriamente

70 Isso fica muito claro na afirmação do então Presidente do CADE, Gesner de Oliveira sobre a introdução do antitruste no Brasil: "Diferentemente do contexto histórico do Sherman Act, o surgimento da política de concorrência nos países desenvolvidos (sic), desde o final da década de 80, está associado à mudança do papel do Estado na direção de menor intervenção nos mercados. Esse, na verdade, tem sido o caso do Brasil, no qual a liberalização comercial, a desregulamentação e a privatização têm alterado a economia desde o início da década de 90. A defesa da concorrência é ao mesmo tempo um produto da reforma econômica e um catalisador da transformação recente. Trata-se de um produto da reforma econômica, porquanto a privatização, desregulamentação e liberalização comercial criam genuína demanda social para a repressão e a prevenção do abuso de poder econômico. Assim, a disseminação de leis de concorrência é, em princípio, positiva para o investimento direto. Bem implementadas, as legislações de concorrência podem ajudar a manter e aprofundar o processo de liberalização." (OLIVEIRA, 1998; 18).

ditas. A promoção da concorrência pode ser alcançada também com auxílio destes meios (de *enforcement*) assim como a defesa da concorrência, com caráter mais reativo, pode ser instrumentalizada por instrumentos judiciais, vale dizer, não apenas administrativos (MARRARA, 2015: 56-57). Assim, importa reconhecer um papel mais relevante à promoção da concorrência que não se restringiria a funções "passivas", até porque, eventualmente, é possível combiná-la com meios impositivos e coercitivos, não dissociada, portanto, das funções de *enforcement*. Nesse aspecto, os juristas portugueses Henriques e Cunha (2013; 16) asseveram:

> É de salientar, ademais, a vertente dinâmica do enunciado dos objetivos da legislação, que apontam para uma promoção activa da concorrência, designadamente através da '*competition advocacy*', e não apenas para sua 'defesa' meramente reactiva". Portanto, o conceito de promoção da concorrência deve incorporar essa necessidade de atuação ativa e dinâmica do Estado na realização da livre concorrência.

Talvez um equívoco tenha sido, justamente, um tratamento "secundário" dispensado à função de promoção da concorrência, o que a definição como atividade "residual" às demais funções poderia até sugerir. Esta noção foi reforçada com a ideia inicial da *advocacy* como uma atividade "simbólica" de difusão da cultura da concorrência pelo CADE. Mas a difusão é apenas uma dentre outras manifestações promocionais e, ainda assim, como já se ressaltou, merecedora de renovada abordagem.[71] Além disso, a ideia de que ações de *advocacy* são ações de *non-enforcement* talvez retire força normativa da promoção da concorrência. A verdade é que a promoção da concorrência possui, em princípio, campo material mais amplo e difuso que as funções tradicionais, isto porque, além de alcançar muitas outras situações deixadas de lado pelo antitruste atual, a *advocacy* é focada em uma atuação permanente (intertemporal) e precaucionária (preventiva). Em termos da intensidade da intervenção, como já referido, a promoção da concorrência situa-se entre a concepção tradicional de antitruste[72] (menos interventiva) e os padrões conhecidos de regulação setorial (mais interventivo), justamente porque incrementaria a atuação concorrencial, mas reduziria a necessidade de padrões

71 Como veremos no último capítulo.

72 Pode soar contraditório que uma função promocional revele-se, em um dado sentido, mais interventiva que uma função repressiva. Mas a verdade é que, por alcançar, um espectro normativo e indutivo geral e abstrato, a promoção da concorrência vai além da intervenção típica do Estado Liberal que seria aquela com natureza, meramente, passiva e repressiva. Nesse sentido, Bobbio (2007).

regulativos supressores da concorrência. Ademais, é de se ressaltar que a promoção da concorrência é, por vezes, efetivada até mesmo pelos instrumentos regulatórios das agências e daí falar-se em "regulação concorrencial" (QUEIROZ, 2001: 32-37).

A efetivação da *competition advocacy*, portanto, *não* dependeria apenas de ações de "boa vontade", meramente opinativas ou não-impositivas. O que se vê é, justamente, o fortalecimento crescente dos órgãos responsáveis por tal tarefa tanto no Brasil como no resto do mundo, como, aliás, comprovou a última reforma da LDC que incorporou a promoção da concorrência como mais uma função do sistema. Nessa linha, a atuação do DOJ e, especialmente, da FTC nos EUA, não raro, envolvem funções de *enforcement* como reforço à *advocacy* (ou até mesmo para criar "isenções antitrustes"), como veremos mais à frente. Vale dizer, a ocorrência de hipóteses contrárias à livre concorrência, não alcançáveis pelas vias tradicionais de controle de condutas ou de atos de concentração, podem, eventualmente, ser tutelados, judicializados ou até desencorajados por meio da promoção da concorrência.

Importante pontuar que a OCDE, em um dos primeiros estudos sobre o tema, já chamava a atenção para o fato de que as definições sobre *competition advocacy* disponíveis sugeririam que a promoção da concorrência seria buscada por meios distintos das funções de *enforcement*, mas que esta afirmação, em última análise, não seria correta.[73] Para a OCDE: "esta definição sugere que *advocacy* e *enforcement* se excluiriam, mas não é o que ocorre. Em várias maneiras, são interdependentes (OCDE, 2004: 9)"[74] A ICN, na mesma linha, afirma que *advocacy* e *enforcement* se complementariam (ICN, 2002: 8). A *advocacy* tornaria o *enforcement* mais efetivo enquanto as atividades de *enforcement*, uma vez bem-sucedidas, facilitariam a promoção da concorrência (ICN, 2002: 8).[75]

Assim, cumpre definir a *competition advocacy* como a função de natureza dinâmica e intertemporal que objetiva calibrar o grau de competição e

---

73 Referido estudo é de 2004, isto é, mais de 13 anos atrás (OCDE, 2004).

74 Para a OCDE: "Success in building a competition culture has obvious benefits for enforcement: businesses will more readily comply voluntarily with the competition law; businesses and the public will more willingly co-operate with enforcement actions, by providing evidence and the like; and policy makers will more enthusiastically support the mission of the competition agency, in particular by giving more resources to it." OCDE (2004: 9).

75 Segundo a ICN: "Advocacy and enforcement support each other in a remarkable way. Enforcement becomes more effective as knowledge of competition law and pol- icy disseminates as a result of the advocacy programs; meanwhile advocacy is facilitated as successful enforcement activities generate solid and consistent results that give prestige and prominence to competition agencies" (ICN, 2002: 8).

de eficiência nos mercados, bem como corrigir distorções concorrenciais[76] em setores econômicos por meio de mecanismos que podem ou não envolver as conhecidas funções de *enforcement* e que, devido a sua natureza transversal, pode ser implementada por diferentes órgãos,[77] entes da Federação e esferas de Poder, mas de acordo com suas competências originárias. Isto quer dizer que, na configuração do direito positivo atual, não caberia ao CADE editar regulamentos para estabelecer a regulação concorrencial do setor de telecomunicações, embora possa opinar sobre o tema e até, eventualmente, provocar o Judiciário ou a AGU, por suas Câmaras de Arbitragem, para resolver conflitos de atribuição ou até, se for o caso, para sustar atos normativos contrários à concorrência.[78] Da mesma forma, não seria cabível à Anatel exercer a promoção da concorrência no setor financeiro ou de energia elétrica. Caberia ao SBDC, até pela sua *expertise*, um papel no sentido de coordenar ações concorrenciais e de monitoramento da observância da concorrência pelos demais órgãos, acionando os entes competentes para fazer prevalecer o princípio concorrencial (Judiciário, TCU, Câmaras de Arbitragem da AGU, o próprio Legislativo etc).

Com efeito, a introdução da concorrência pode-se dar também por mecanismos normativos (propostas de leis, regulações, licitações etc). A indução ou fomento pode ser efetivada por mecanismos de estímulo à competição tais como redução de assimetria informacional, utilização de mecanismos extrafiscais pró-competitivos, a criação de um ambiente institucional de maior difusão da cultura concorrencial por meio de instrumentos educativos (divulgação da cultura da concorrência) e educacionais (pedagógicos e curriculares). A correção de distorções concorrenciais, por sua vez, pode-se

---

76 Nesse aspecto, nem sempre a maior concorrência será produtora de bem-estar. Sobre o tema Stucke (2013b) afirma: "antitrust officials should continue to advocate competition and challenge private and public anti-competitive restraints. But competition in a market economy, while often good, is not always good. The economic literature draws into question the competition official's traditional remedy of more competition. The literature should prompt officials to inquire when competition promotes behavioral exploitation, unethical behavior, and misery. Some may fear this weakens competition advocacy, as rent-seekers will use the exceptions described herein to restrict socially beneficial competition. But to effectively advocate competition, officials must understand when more competition is the problem, not the cure. In better understanding these instances when competition does more harm than good, antitrust officials can more effectively debunk claims of suboptimal competition. By undertaking this inquiry, antitrust officials become smarter and better advocates."

77 Obviamente que os órgãos do SBDC possuem expertise na matéria. Entretanto, como vimos, não exercem, com exclusividade, a função de promoção da concorrência.

78 O tema será retomado mais à frente.

dar por mecanismos judiciais ou próprios do antitruste tais como decisões de desinvestimento, contratos administrativos impositivos ou substitutivos de sanção,[79] ações judiciais objetivando rever atos normativos (leis e regulamentações) contrários ao princípio da livre concorrência e, entre outros, revisão de atos de concentração como veremos a seguir (art. 91, *caput* LDC).

Importante observar que a realização de estudos, análises empíricas e pesquisas são fundamentais, justamente, por auxiliarem nas tarefas de acompanhamento dinâmico dos mercados, isto é, são instrumentais à promoção da concorrência. Estudos contínuos são importantes, justamente, para permitir a atuação intertemporal e identificar hipóteses de distorções em termos de eficiência e concorrência. Pesquisas empíricas, por exemplo, são fundamentais para mensurar a efetividade da atuação concorrencial e para identificar o grau de concorrência nos mercados.[80] Justamente, por este motivo, tem-se verificado a tendência recente da comunidade antitruste internacional em focar na avaliação dos efeitos econômicos das decisões, especialmente, por meio de pesquisas quantitativas e qualitativas (Kovacic, 2009: 129).

3.6.3. Caráter Distintivo da Promoção da Concorrência

Diante desse quadro, poder-se-ia questionar se, já que a função de promoção da concorrência pode envolver funções *enforcement*, o que não estaria compreendido em referida função? Com base no que já se afirmou, todas as atuações, meramente, reativas ou que desconsiderem aspectos dinâmicos da concorrência e da eficiência não podem ser consideradas tarefas de promoção da concorrência, mas no máximo de defesa da ordem concorrencial. Aprovações de atos de concentração, mesmo com a imposição de restrições, no geral, consubstanciam-se em uma atuação de proteção da ordem competitiva e não de introdução ou indução de maior concorrência, próprias da promoção da concorrência. Mera condenação pecuniária de condutas contrárias à concorrência, não obstante o caráter preventivo-educativo (geral e especial) da sanção, no geral, tem pouco efeito indutor da concorrência, apresentando muito mais um aspecto "restaurador" da ordem concorrencial lesada (de defesa do bem jurídico tutelado, no caso) do que de promoção da concorrência propriamente dita.

---

79 Sobre o tema, deve ser mencionado o excelente trabalho da autora Juliana Bonacorsi de Palma (2015).

80 Nesse sentido, o CADE tem empreendido investigações para, *inter alia*, avaliar o impacto competitivo de medidas antidumping: http://www.cade.gov.br/noticias/dee-analisa-efeitos-de-medidas-antidumping-na-industria-brasileira

Nesse sentido, são precisas as palavras de Hoher (2012) de que a promoção da concorrência, quando bem-sucedida, por exemplo, por meio da remoção de barreiras artificiais à entrada ou demais distorções concorrenciais, "permitiria mudanças estruturais à dinâmica competitiva, deslocando incentivos de forma permanente e abrangente, em vez de se confiar, simplesmente, em um controle caso a caso das ameaças competitivas por meio das funções de *enforcement*" (HOHER, 2012).

A diferença básica em relação às funções típicas do antitruste, portanto, é que não se trata de uma função com natureza, meramente, adjudicatória, isto é, que objetive resolver, pontualmente, um problema concorrencial com a aplicação de multa ou com a aprovação de uma operação com base em um referencial estático-temporal. Daí porque a *competition advocacy* pressupõe mais que resolução de conflitos, mas a própria realização de um controle concorrencial do mercado de forma continua e não limitado à atuação formal dos órgãos do SBDC. Não existe, portanto, uma oposição entre a tutela concorrencial tradicional e a promoção da concorrência, mas, essencialmente, uma complementaridade na medida em que a *promoção* é mais ampla e difusa. Nesse contexto, pode-se dizer que a "*advocacy* é muito mais variada em seus métodos" (HOHER, 2012).[81]

Além disso, a promoção da concorrência impõe uma mudança de enfoque na própria aplicação do controle tradicional na medida em que promove uma valorização do conceito de eficiência dinâmica e pressupõe, por conseguinte, um questionamento sobre a efetividade da utilização dos atuais instrumentos de intervenção[82] para satisfação do princípio constitucional da livre concorrência. Como vimos, esta nova postura importa uma releitura até mesmo dos conceitos relacionados à análise de mercado relevante e, portanto, de poder de mercado. A promoção da concorrência tenta aproximar o tempo do direito ao tempo econômico contanto que o direito sirva a soluções mais efetivas do que as atualmente disponíveis. Somente uma análise que contemple a dimensão institucional e intertemporal dos mercados permitiria ao direito, de fato, "alcançar" o fenômeno concorrencial.[83]

81 No original, "advocacy is much more variable in its methods" (HOHER, 2012).

82 Entre os instrumentos convencionais, nomeadamente, a aplicação de multa pura e simples ou a mera imposição de condições à aprovação de uma operação.

83 Nesse particular, mais uma contribuição da obra de Bobbio, até porque somente a função promocional do direito permitiria ao direito ordenar comportamentos econômicos por meio de uma mesma linguagem "normativa" que se aproximaria da noção desenvolvida pelo autor de sanção positiva (BOBBIO, 2007).

Por meio da promoção da concorrência, é possível vislumbrar a aplicação do princípio da livre concorrência para além dos órgãos do SBDC. Isto, por uma razão muito simples, todos somos responsáveis pela observância do vetor concorrencial assim como devemos observar, diariamente, o princípio da legalidade ou da igualdade independentemente do uso da força ou do *enforcement* jurisdicional. Isto é, a livre concorrência não é um princípio restrito aos especialistas na matéria. Os órgãos do SBDC são órgãos oficiais, especialmente destacados para *reforço* da livre concorrência, princípio que, por imposição constitucional, deveria, entretanto, ser por todos observado.

A abordagem minimalista do antitruste, pressuposta na teoria tradicional, teve como efeito transformar, ainda que involuntariamente, a parte (microssistema) no todo (toda a realidade concorrencial), de tal sorte que a temática concorrencial acabou, de certa forma, insulada nos órgãos oficiais de controle. Por outro lado, o fato de um órgão público, p. e., ter de observar a livre concorrência não significa que o CADE e a SEPRAC (ex-SEAE) deverão participar de todos os atos que influenciem de alguma forma a concorrência ou muito menos que não deva ser observado o princípio constitucional pelo fato de, e.g., uma licitação não envolver, diretamente, a participação dos órgãos do SBDC. Assim, obviamente, um órgão público deve aplicar o princípio da livre concorrência em suas licitações independentemente da intervenção do CADE. Uma empresa deve evitar "conversas" com seus concorrentes independentemente da intervenção do SBDC.

Por fim, o MEC poderia (ou deveria) ter previsto nos eixos obrigatórios das diretrizes curriculares de cursos jurídicos, e talvez também nos cursos de administração e economia, a temática concorrencial.[84] Não é uma opção "disponível" às pessoas e ao Poder Público deixar de aplicar o princípio da livre concorrência como regra embora a realidade dos últimos anos demonstre o contrário, vale dizer, a dificuldade de observância do princípio em razão, justamente, de uma cultura concorrencial ainda insuficiente. O reforço da concorrência por meio de órgãos especialmente dedicados a este fim, portanto, não pode ser tomado como sinônimo de imunidade concorrencial onde não exista atuação direta do SBDC.

Assim, o que está por trás da importância crescente da *advocacy* é a necessidade de repensar os limites do antitruste, vale dizer, alcançar o que

---

84 Até com base na lei que instituiu o novo marco legal de inovação, ciência e tecnologia, Lei 13.243/2016 e que prevê, justamente, como princípios, entre outros, o estímulo à inovação e à promoção à competitividade empresarial nos mercados nacional e internacional (artigo 2º).

já não seria mais possível pelas intervenções atuais. O objetivo da promoção da concorrência é a busca por um "ambiente suficientemente competitivo" (POSSAS et al, 1995). O mérito dessa mudança de foco (ou correção de rota) seria, exatamente, integrar a preocupação concorrencial com mecanismos de estímulo pautados, verdadeiramente, em inovação e competitividade.

3.7. A Promoção da Concorrência pela extinta SEAE no contexto da Lei 8.884/94

Sob a égide da Lei 8.884/94, a função de promoção da concorrência já era desempenhada pela SEAE (agora SEPRAC)[85] e, como vimos, pelo CADE.[86] Entretanto, tal competência decorria muito mais em virtude da *expertise* econômica do órgão e de uma necessidade prática do que da previsão legal sobre a matéria, já que a Lei 8.884/94 não possuía maior detalhamento quanto ao tema. Além das competências previstas na Lei 8.884/94 de natureza informativa e educativa, conforme o art. 11 do Decreto n.º 6.102, de 30 de abril de 2007, cabia a SEAE, delinear, coordenar e executar as ações no tocante à gestão das políticas de regulação de concorrência e de defesa da ordem econômica; acompanhar a implantação dos modelos de regulação e gestão desenvolvidos pelas agências reguladoras, pelos ministérios setoriais e pelos demais órgãos afins, opinando, a seu juízo ou quando provocada, dentre outros aspectos, acerca dos reajustes e as revisões de tarifas de serviços públicos e de preços públicos, dos processos licitatórios que envolvam a privatização de empresas pertencentes à União, com o objetivo de garantir condições máximas de concorrência e da evolução dos mercados, especialmente no caso de serviços públicos sujeitos aos processos de privatização e de descentralização administrativa, para recomendar a adoção de medidas que estimulem a concorrência (QUEIROZ: 2010: 52).

Além disso, consoante o art. 11 do Decreto n.º 6.102/2007, a SEAE ainda possuía atribuição para editar medidas normativas sobre condições de concorrência para assegurar a livre concorrência na produção, comercialização e distribuição de bens e serviços, compatibilizar as práticas internas de defesa da concorrência e de defesa comercial com as práticas internacionais, visando à integração econômica e à consolidação dos blocos econômicos regionais; e

85 Como já referido, a SEAE foi sucedida pela Secretaria de Promoção da Produtividade e Advocacia da Concorrência (SEPRAC).

86 Para um panorama mais detalhado das atividades desempenhadas por SEAE e CADE nos últimos anos, recomenda-se a leitura do excelente estudo do IBRAC sobre advocacia da concorrência (2016).

avaliar e se manifestar expressamente acerca dos atos e instrumentos legais que afetem as condições de concorrência e eficiência na prestação de serviços regulados e de livre comercialização, produção e distribuição de bens e serviços (QUEIROZ: 2010: 52-53). Por fim, outra importante função da antiga SEAE, descrita naquele diploma, era a de formular representação perante o órgão competente, para que este, querendo, adotasse as medidas legais cabíveis, sempre que for identificada norma ilegal e/ou inconstitucional que tenha caráter anticompetitivo.

Dessa forma, mesmo antes da atual LDC, a Secretaria do Ministério da Fazenda já cumpria relevante papel de aplicação geral do princípio da livre concorrência não apenas nos estritos lindes da Lei 8.884/94. A SEAE, portanto, além de, anteriormente, atuar no controle de atos de concentração e repressão de práticas anticoncorrenciais, já era responsável pela promoção da concorrência por meio dos mecanismos sobreditos. É certo, entretanto, que tal se dava muito mais por meio de mecanismos regulamentares do que por ferramentas previstas, estritamente, em lei.

O CADE, por sua vez, sempre exerceu relevante atuação em matéria de *advocacy*, mas muito mais voltado a uma finalidade informacional[87] por meio de esclarecimentos sobre as leis de defesa da concorrência, sobre condutas reprováveis, conceitos aplicáveis na análise, publicação de guias e cartilhas.

3.8. A Sistematização da Função de Promoção da Concorrência (*Competition Advocacy*) a partir da Atual LDC e a criação da Secretaria de Promoção da Produtividade e Advocacia da Concorrência (SEPRAC)

Um avanço no sentido de valorização da função de promoção da concorrência na atual LDC foi representada pela atribuição à SEAE (atual SEPRAC) de atuação consultiva em matéria de *competition advocacy*. Trata-se de uma atribuição não-privativa e não-vinculante, mas que, dada a histórica especialidade econômica do órgão fazendário, funciona como importante contribuição para implementação da promoção da concorrência no Brasil.

A LDC faz referência expressa à Secretaria de Acompanhamento Econômico muito embora tal Secretaria já tenha sido transformada, pelo Decreto nº 9.266/2018, na atual Secretaria de Promoção da Produtividade e Advocacia da Concorrência (SEPRAC). Compete à Secretaria do Ministério da Fazenda: i. opinar, nos aspectos referentes à promoção da concorrência, sobre propostas

87 Como vimos, etapa inicial da *advocacy*.

de alterações de atos normativos de interesse geral dos agentes econômicos, de consumidores ou usuários dos serviços prestados submetidos a consulta pública pelas agências reguladoras e, quando entender pertinente, sobre os pedidos de revisão de tarifas e as minutas; ii. opinar, quando considerar pertinente, sobre minutas de atos normativos elaborados por qualquer entidade pública ou privada submetidos à consulta pública, nos aspectos referentes à promoção da concorrência; iii. opinar, quando considerar pertinente, sobre proposições legislativas em tramitação no Congresso Nacional, nos aspectos referentes à promoção da concorrência; iv. elaborar estudos avaliando a situação concorrencial de setores específicos da atividade econômica nacional, de ofício ou quando solicitada pelo CADE, pela Câmara de Comércio Exterior ou pelo Departamento de Proteção e Defesa do Consumidor do Ministério da Justiça ou órgão que vier a sucedê-lo; v. elaborar estudos setoriais que sirvam de insumo para a participação do Ministério da Fazenda na formulação de políticas públicas setoriais nos fóruns em que este Ministério tem assento; vi propor a revisão de leis, regulamentos e outros atos normativos da administração pública federal, estadual, municipal e do Distrito Federal que afetem ou possam afetar a concorrência nos diversos setores econômicos do País; vii. manifestar-se, de ofício ou quando solicitada, a respeito do impacto concorrencial de medidas em discussão no âmbito de fóruns negociadores relativos às atividades de alteração tarifária, ao acesso a mercados e à defesa comercial, ressalvadas as competências dos órgãos envolvidos; viii. encaminhar ao órgão competente representação para que este, a seu critério, adote as medidas legais cabíveis, sempre que for identificado ato normativo que tenha caráter anticompetitivo.

Em linha com uma perspectiva renovada da tutela concorrência e no contexto de valorização da *competition advocacy* no Brasil e no mundo, a SEAE foi, como referido, transformada na Secretaria de Promoção da Produtividade e Advocacia da Concorrência (SEPRAC) agora com competências mais amplas para, nos termos do Decreto 9.266/2018, promover o capitalismo inclusivo, a produtividade, competitividade, a inovação, o empreendedorismo e a atração de tecnologias de ponta de forma alinhada aos objetivos de desenvolvimento sustentável. A recente alteração, em compasso com as melhores práticas internacionais, amplia o foco da tutela concorrencial para incorporar a dimensão dinâmica e inovativa. Para tanto, referido Decreto cria uma Subsecretaria de Promoção da Produtividade, Concorrência e Inovação, justamente, para dar ênfase a esta nova dinâmica.

As funções desempenhadas pela SEPRAC são, essencialmente, *funções consultivas ou ações de análise concorrencial de atos normativos ou outros incentivos de origem estatal* (legais, infralegais, regulações, propostas de políticas públicas, propostas de AIR[88], financiamentos via bancos públicos, BNDES, subsídios, medidas de comércio internacional[89] etc) e de *análise concorrencial de atos normativos ou incentivos emanados por entes privados com poder de influenciar na concorrência* (normas técnicas do SINMETRO, ABNT, CONAR etc). A atuação da SEPRAC pode ocorrer, previamente, à edição desses atos normativos ou, posteriormente, por meio de estudos de mercado, propostas de aperfeiçoamento, de correção de distorções e sugestões de compatibilização do ato examinado à livre concorrência. Conforme a classificação do Professor Thiago Marrara (2015; 56-57), estas tarefas também são chamadas de *funções participativas* (no caso dos pareceres, notas técnicas e manifestações) e *funções científicas* (no caso de estudos técnicos) que também são realizados pelo CADE por meio de seu Departamento de Estudos Econômicos.

Além disso, a SEPRAC pode representar aos órgãos competentes para que estes adotem as medidas legais cabíveis para preservar a livre concorrência (*função pró-ativa*). No caso, entende-se que as representações podem ser encaminhadas tanto para a Advocacia-Geral da União como para o Ministério Público. A AGU poderá ingressar em juízo contra leis e regulamentações estaduais e municipais, bem como atos normativos de atores privados com poder de influenciar na concorrência objetivando compatibilizá-los com a livre concorrência. Da mesma forma, poderão SEPRAC e/ou o CADE, eventualmente, provocarem as Câmaras de Conciliação e Arbitragem da AGU para resolverem eventual conflito normativo interno no âmbito federal ou para conciliação com órgãos de outras unidades da Federação.[90] Por sua vez,

---

88 Análise de Impacto Regulatório.

89 Barreiras tarifárias, não tarifárias, direitos antidumping etc

90 O Decreto nº 7.392, de 13 de dezembro de 2010, dispõe sobre a competência, a estrutura e o funcionamento da Consultoria-Geral da União. No seu art. 18 estabelece:

"Art. 18. A Câmara de Conciliação e Arbitragem da Administração Federal compete:

I - Avaliar a admissibilidade dos pedidos de resolução de conflitos, por meio de conciliação, no âmbito da Advocacia-Geral da União;

II - requisitar aos órgãos e entidades da Administração Pública Federal informações para subsidiar sua atuação;

III - dirimir, por meio de conciliação, as controvérsias entre órgãos e entidades da Administração Pública Federal, bem como entre esses e a Administração Pública dos Estados, do Distrito Federal, e dos Municípios;

IV - buscar a solução de conflitos judicializados, nos casos remetidos pelos Ministros dos Tribunais Superiores e demais membros do Judiciário, ou por proposta dos órgãos de direção superior que atuam no contencioso judicial;

o MPF poderá ingressar em juízo em face de todos estes atos e em face de leis federais que, porventura, sejam contrárias ao princípio da livre concorrência.[91]

O CADE segue também com amplas funções em matéria de *advocacy* (art. 9º, XIV e 13, XIV e XV) e, a despeito de não ser um órgão dedicado, especificamente, à promoção da concorrência acaba atraindo para si, na prática, um papel de maior difusão da política concorrencial, até por instrumentalizar as tradicionais funções de *enforcement*. E este fato (titularidade das funções impositivas), além de possuir um efeito "gravitacional" em termos de exposição do órgão e de difusão da defesa da concorrência, viabiliza, em certos casos, até mesmo práticas de indução de comportamentos dos agentes privados, pelo CADE, para compatibilização à LDC. Poderá o CADE também recorrer a sua Procuradoria para que esta adote medidas judiciais objetivando garantir a implementação da livre concorrência. Além disso, os órgãos do SBDC poderão figurar como *Amicus Curiae* em ações judiciais que envolvam defesa e promoção da concorrência, como veremos, prática muito comum entre os órgãos de defesa da concorrência norte-americanos, DOJ e FTC. Na definição do Professor Marrara estas seriam as *funções corretivas* (2015; p. 56-57).

Para se ter ideia da relevância da atuação judicial no âmbito antitruste, somente na conhecida Operação Lava Jato, a AGU ajuizou ações para recuperar mais de R$ 11,3 bilhões em face dos envolvidos na prática de cartel em licitações.[92] Este valor corresponde a 22 vezes o valor arrecadado pelo próprio

---

V - Promover, quando couber, a celebração de Termo de Ajustamento de Conduta nos casos submetidos a procedimento conciliatório;

VI - Propor, quando couber, ao Consultor-Geral da União o arbitramento das controvérsias não solucionadas por conciliação; e

VII - orientar e supervisionar as atividades conciliatórias no âmbito das Consultorias Jurídicas nos Estados."A Portaria nº 1.281, de 27 de setembro de 2007, que dispõe sobre o deslinde, em sede administrativa, de controvérsias de natureza jurídica entre órgãos e entidades da Administração Federal, no âmbito da Advocacia-Geral da União, dispõe em seu art. 2º que: "Estabelecida controvérsia de natureza jurídica entre órgãos e entidades da Administração Federal, poderá ser solicitado seu deslinde por meio de conciliação a ser realizada:

I - Pela Câmara de Conciliação e Arbitragem da Administração Federal - CCAF; II - pelos Núcleos de Assessoramento Jurídico quando determinado pelo Consultor-Geral da União; III - por outros órgãos da Advocacia-Geral da União quando determinado pelo Advogado-Geral da União. Parágrafo único. Na hipótese dos incisos II e III do caput, as atividades conciliatórias serão supervisionadas pela CCAF."

91 A despeito de não ser recorrente o controle de constitucionalidade de leis com base, exclusivamente, na livre concorrência, nada impede que o Ministério Público acione o Judiciário para discutir essas questões até para provocar um maior debate jurídico sobre o tema.

92 Ação de Improbidade Administrativa 5017254-05.2017.4.04.7000.

CADE em 2015 (CADE, 2016).[93] Uma atuação do gênero em todos os Estados e Municípios redundaria em uma arrecadação e benefícios em termos de bem-estar econômico incomensuráveis.

Outras ações de promoção desempenhadas por meio da *advocacy* são a *educativa* e a *educacional*. Esta divisão busca separar as tarefas de propagação e difusão da cultura da concorrência para o público em geral (*função educativa*) das tarefas de aperfeiçoamento e de ensino do direito da concorrência (*função educacional*). A *função educativa* concretiza-se, especialmente, por meio de eventos, palestras, guias, cartilhas etc. Já a *função educacional* está ligada ao ensino do tema, bem como aperfeiçoamento técnico de autoridades responsáveis pela aplicação da livre concorrência tanto de servidores do SBDC, como membros da Advocacia- Geral da União, do Ministério Público e do Poder Judiciário[94]. Além destes, devem ser incluídas as Instituições Jurídicas de Ensino Superior responsáveis pela fixação do conteúdo curricular nessa matéria, bem como o próprio MEC, responsável pela fixação dos eixos pedagógicos por meio de Diretrizes Curriculares.[95]

Ainda sobre a atuação informativa dos órgãos de defesa da concorrência, o CADE tem desempenhado com mais vigor esta tarefa até pelo protagonismo do órgão na matéria antitruste. O Tribunal Administrativo de Defesa Econômica, conforme artigo 9º, inciso XIV, da LDC, tem o papel de instruir o público sobre as formas de infração da ordem econômica. O CADE tem tentado difundir a cultura da concorrência por meio de guias de análise, participação na International Competition Network (ICN) e por meio da atuação de seus órgãos especializados (CADE, 2016: 58). Nesse sentido, inúmeros são os instrumentos publicados para esclarecer o público e incentivar adoção de posturas de compatibilização legal por atores privados não apenas no âmbito antitruste, valendo mencionar, entre outros, o Guia de *Compliance* do CADE de 2016, o Guia de *Gun Jumping* de 2015, o Guia sobre Programa de Leniência, o Guia de Análise de Atos de Concentração Horizontal (Guia H), a Resolução nº 12, de 11 de março de 2015 que disciplina o procedimento de Consulta previsto nos §§ 4º e 5º do art. 9º da Lei n. 12.529/2011. A antiga SEAE, por sua vez, em 2016, editou a Cartilha de Promoção da Concorrência. Há também inúmeros guias e cartilhas importantes anteriores a LDC, mas

93 O CADE arrecadou R$ 524 milhões (CADE, 2016).

94 Os juízes nos Estados Unidos aplicam o direito antitruste e dispõem de estruturas e assessoria apropriadas. Em muitos casos, os magistrados são ou foram também professores universitários que se consagraram como doutrinadores, originalmente, no âmbito concorrencial como Robert Bork, Richard Posner ou Frank Easterbrook que atuaram nessa função.

95 O tema será retomado no capítulo derradeiro.

que ainda hoje são importantes referências, tais como a Cartilha da SDE de Combate a Carteis em Licitação, Guia da SEAE de Análise de Preços Predatórios e, entre outros, o Guia Prático do CADE.

Por fim, outras tarefas de promoção da concorrência apresentam natureza regulativa seja porque buscam *monitorar* (e controlar) setores, bem como acompanhar os efeitos de decisões de *enforcement* (atos de concentração e condenações) ou porque objetivam *induzir* a concorrência ou, por fim, *fomentar* maior concorrência no mercado. É o caso, por exemplo, do *compliance premiado* como veremos adiante.

Voltando, especificamente, ao âmbito de atuação do CADE, nessas hipóteses, o órgão atuaria, preventivamente, para *incentivar* condutas pró-competitivas dos agentes econômicos. Por ser o titular das funções de *enforcement,* o CADE pode encorajar práticas dos agentes privados convergentes com a livre concorrência.[96] Trata-se, portanto, de promoção da concorrência por meio de instrumentos de *indução da concorrência.* Outra tarefa é de *monitoramento* de mercado que poderá culminar em revisões de operações[97] (art. 91 da LDC) ou abertura de novos processos administrativos sancionatórios. Já no que diz respeito às práticas de fomento trata-se da "regulação concorrencial" propriamente dita, tarefa a ser desempenhada, especialmente, pelas agências reguladoras no sentido de fomentar maior concorrência por meio de atos regulamentares (mecanismos pautados em assimetria regulatória, concorrência *pelo mercado* em licitações e leilões, liberação de novas outorgas para novos prestadores etc).[98]

3.9. O exercício da Promoção da Concorrência por Meio das funções de *Enforcement*

Como já referido, há três possíveis equívocos sobre o tema da promoção da concorrência. Pode-se dizer que não seria correto afirmar: i. que

---

96 O que pode ser feito também por meio de Consultas dos agentes econômicos ao CADE sobre a licitude de determinadas práticas potencialmente colusivas. Nesse caso, isso pode demonstrar a boa-fé da empresa e permitir um acompanhamento do CADE sobre práticas e mercados sensíveis.

97 Função pouco efetivada pelo CADE e que envolve a realização de estudos empíricos de acompanhamento dos efeitos para o mercado de atos de concentração já examinados. Tal função poderia ser focalizada em setores mais sensíveis e com maior impacto na cadeia produtiva.

98 Não apenas por agências reguladoras. Como se viu, a regulamentação pró-competitiva do Uber partiu do Município de São Paulo, Secretaria de Transportes, Secretaria Municipal de Finanças e Desenvolvimento Econômico e Secretaria do Governo Municipal (Decreto nº 56.981/2016).

a promoção da concorrência se daria apenas pelos órgãos do SBDC; ii. que tarefas de advocacy não poderiam envolver medidas coercitivas; iii. ou que a promoção da concorrência não poderia envolver funções de *enforcement*. Como vimos, embora exista um órgão, especificamente, destacado para realização de tal função, a SEPRAC não o faz com exclusividade, pois o próprio CADE desempenha, por vezes até de modo mais contundente, funções promocionais.[99] Além disso, como já ressaltamos, a promoção da concorrência pode envolver, em um sentido amplo, medidas coercitivas, regulativas ou indutoras. Órgãos podem lançar mão de instrumentos normativos e até impositivos para promover concorrência: órgãos setoriais, TCU, Judiciário (por provocação, entre outros, do próprio CADE, do Ministério Público ou da Advocacia Pública), bem como entes federativos em suas esferas próprias de atribuição. É importante reiterar que a SEPRAC, entretanto, possui apenas competência opinativa e consultiva.[100] Por fim, a promoção da concorrência pode-se dar também por meio de funções de *enforcement*, como veremos neste tópico.

Sabe-se que a mera condenação de condutas anticompetitivas não garante que a prática será descontinuada ou, até mesmo, aperfeiçoada após a aplicação da sanção. Ao mesmo tempo, a análise de um ato de concentração no presente não garante que a operação em questão não irá ser nociva à concorrência no futuro. Isto é, somente o acompanhamento permanente do mercado permitiria saber como reagiriam as estruturas de mercado após uma dada concentração com potencial efeito anticompetitivo. Existe um vácuo na análise concorrencial que vem sendo suplantado por meio de acordos e técnicas indiretas de promoção da concorrência.

Com efeito, a despeito do esforço em sistematizar e conceituar a promoção da concorrência, a realidade é que esta é uma função, essencialmente, de índole material e, como vimos, com características transversais, isto é, não se restringe a um tipo específico de atuação formal e nem é titularizada, exclusivamente, por um órgão. Além disso, como também demonstramos, a promoção da concorrência depende, em grande medida, das funções de *enforcement* (OCDE, 2004: 9). Tanto isto é verdade que muito embora o CADE tenha como sua função primordial a defesa da concorrência e apenas residualmente a *advocacy*, é, entretanto, o órgão que, naturalmente, possui maior aptidão para promover concorrência.

99 Isto por uma razão muito simples. Não há exclusividade no cumprimento do princípio da livre concorrência, um princípio transversal.

100 Mesmo a função de *amicus curiae* é uma função opinativa, mas no âmbito judicial.

Nesse sentido, tem sido frequente, até em razão da ausência de instrumentos específicos suficientes, a utilização de mecanismos indiretos de promoção da concorrência por meio das funções típicas de defesa da concorrência. O primeiro deles é a celebração de TCCs pelo CADE não apenas para fazer cessar condutas, potencialmente, anticompetitivas, mas para estimular a concorrência em determinados setores. No fundo, os TCCs passariam a se constituir em autênticos instrumentos regulativos em substituição à mera aplicação de sanções. Na prática, seriam convertidos de instrumentos de defesa da concorrência em instrumentos de promoção da concorrência. Entretanto, trata-se muito mais de um "rearranjo" dos instrumentos disponíveis do que da utilização de ferramentas pensadas, especificamente, para promoção da concorrência, até em razão da ausência de mecanismos mais apropriados ao exercício da atividade promocional.

Um dos casos é o dos TCCs assinados em 2017 com Itaú Unibanco S/A e suas controladas, Rede S/A e Hipercard, para estimular a concorrência no mercado de meios de pagamentos eletrônicos (cartões de débito e crédito). No primeiro TCC,[101] o objetivo é o de tentar pôr fim à exclusividade então existente entre a bandeira Hipercard em relação à credenciadora Rede, do mesmo grupo econômico. Esta exclusividade estava inviabilizando a concorrência ao inviabilizar a utilização de todas as bandeiras de cartão de débito e crédito em um mesmo equipamento. Por meio dessa medida, o CADE objetivou, justamente, promover a concorrência nesse mercado com a possibilidade de que credenciadoras rivais tenham mais espaço para desenvolvimento e, ao mesmo tempo, permitir que os estabelecimentos tenham mais opções ao contratar uma credenciadora. O CADE entendeu que uma concorrência mais efetiva, nesse mercado, poderia permitir reduções de custos com taxas de desconto, crédito, pré-pagamento e com o aluguel de equipamentos. Esperar a conclusão de um processo desta importância poderia levar anos com danos inestimáveis ao mercado, sendo preferível a rápida solução por meio de uma intervenção pró-competitiva. Já o segundo TCC[102] foi celebrado pelo CADE com a Rede objetivando-se possibilitar a inserção de chaves criptográficas de credenciadoras concorrentes em seus equipamentos denominados Pinpad que seriam máquinas que capturam transações com cartões de débito e crédito no varejo. A Rede se comprometeu a dar acesso as demais credenciadoras, indiscriminadamente, desde que estas concedam a ela o mesmo tratamento em seus próprios equipamentos.

101 Inquérito Administrativo 08700.000018/2015-11.

102 Inquérito Administrativo 08700.001861/2016-03.

Outra hipótese de promoção da concorrência por meio das funções de *enforcement* é a adoção de soluções estruturais por meio de controle comportamental. É o exemplo do cartel de revenda de combustíveis do DF, desdobramento do caso já citado anteriormente. O CADE acabou por impor um programa de desivestimentos por meio de TCC celebrado, também em 2017, com a Cascol Combustíveis Ltda.[103] Esta solução estrutural apenas reforça a sinergia entre funções de *enforcement* e promoção da concorrência, demonstrando a maior utilidade da adoção de instrumentos promocionais *vis a vis*, meramente, reativos e pecuniários. Tem sido frequente também a imposição da obrigação de programas de *compliance* em TCCs. No caso do cartel de revenda de combustíveis do DF o TCC alcançou, inclusive, práticas de governança da própria empresa por meio da imposição da elaboração de um Código de Ética e do envolvimento da alta administração e demais funcionários com a finalidade de readequar a conduta da empresa para coibir futuras violações legais, a instituição de um Conselho de Administração e a dotação de controles internos mais rigorosos e maior profissionalismo na gestão.

3.10. O *Compliance* Premiado como Técnica de Promoção da Concorrência

Há tempos fala-se em *compliance* como estratégia preventiva no antitruste. Entretanto, somente a partir do movimento anticorrupção que mencionamos no capítulo anterior, o tema ganha força. Em termos de *advocacy*, o chamado *compliance premiado* é que, de certa forma, acabou por introduzir nova mentalidade quanto ao tema, até por apresentar, ao menos em tese, maiores chances de operar resultados efetivos em matéria de aplicação do princípio concorrencial por agentes econômicos.

Esta modalidade de *compliance* se distingue do *compliance empresarial* comum na medida em que há verdadeira indução normativa à adoção do *compliance* pelos agentes econômicos mediante a instrumentalização de direito premial. Vale dizer, o *compliance premiado* equivaleria a ações de compatibilização preventiva da atuação dos agentes privados em relação à LDC e poderão culminar em descontos nas multas desde que estes mesmos agentes tenham aderido às condições pré-estabelecidas como, e.g., facilitar inspeções pelas autoridades concorrenciais, demonstrar o cumprimento periódico de cláusulas e metas concorrenciais pré-acordadas, adotar novas práticas de governança etc. Obviamente que tais "descontos" só seriam possíveis para práticas futuras,

103 Inquérito Administrativo 08012.008859/2009-86.

isto é, práticas que não estão em curso no momento da adesão ao programa (até, por essa razão, que se trata de hipótese de *advocacy*).

Em artigo seminal sobre o tema, Damien Geradin afirma, nesse ponto, que "programas de *compliance* não são implementados para facilitar a aplicação das funções de *enforcement*, mas para garantir, mais amplamente, o cumprimento das normas concorrenciais" (2013:7). O incentivo aos agentes privados para adoção de sistemas de *compliance* constitui, portanto, tarefa de promoção da concorrência por excelência.

No âmbito concorrencial, a despeito de não haver expressa adoção de *compliance* premiado (com expressa previsão de redução de multa), o Guia do CADE sobre o tema, editado em 2016, dá a entender que a boa-fé do agente poderia conduzir à mitigação da pena pecuniária:

> Caso a organização mantenha os devidos registros de que orientações sólidas e específicas foram prestadas a determinado colaborador a respeito da proibição da coordenação de preços com concorrentes, poder-se-ia concluir, a depender das evidências coletadas, que eventual envolvimento daquele colaborador em uma conduta de coordenação de preços representaria um desvio individual de conduta distanciado da política corporativa, com o consequente reconhecimento de boa-fé que deve implicar diminuição da gravidade do ilícito e redução da penalidade a ser imposta. (p. 27)

E mais adiante:

> Apesar de, como visto, um programa de *compliance* não ser suficiente para afastar a possibilidade de imposição de penalidades pelo Cade, em algumas situações ele pode impactar favoravelmente a determinação dessas penalidades, afastando, por exemplo, certas proibições ou até mesmo reduzindo o valor da multa aplicável. Isso porque, ao aplicar as penalidades previstas na LDC, o Tribunal do Cade deve levar em consideração, segundo o art. 45, fatores como a boa-fé do infrator; o grau de lesão à livre concorrência, à economia nacional, aos consumidores ou a terceiros; os efeitos econômicos negativos produzidos no mercado; e a reincidência. (p. 42)

Dessa forma, não há uma previsão, pura e simples, de redução de multa em virtude da adesão ao programa de *compliance,* mas sim a possibilidade de que isto venha a ocorrer por meios indiretos, isto é, pelos mecanismos convencionais de dosimetria de pena, fatores como boa-fé, grau de lesão à concorrência etc.

Interessante pontuar que o mesmo Guia induz, também por via oblíqua, a adoção do *compliance* para aumentar as chances da assinatura de TCCs.

Nessa linha, "o compliance de forma alguma garante que um Termo venha a ser assinado, mas, assim como no caso do Acordo de Leniência, pode aumentar substancialmente as chances de que isso ocorra" (p. 41).

Já no âmbito do sistema anticorrupção, o Decreto 8.420/2015 adotou, expressamente, o *compliance premiado* em programas de integridade que, como esclarecem Domingues e Gaban, "se comprovado pela pessoa jurídica investigada a aplicação de programa de integridade [...] poderá a multa ser reduzida de 1% (um por cento) a 4% (quatro por cento) sobre o faturamento bruto da pessoa jurídica do último exercício anterior ao da instauração do Processo" (2016: 346).

Nesse aspecto, uma ideia interessante é a de que os arcabouços normativos do âmbito *societário*, *antitruste* e *anticorrupção* sejam, transversalmente, articulados, com a criação de exigências e normas indutoras relacionadas ao cumprimento das melhores práticas empresariais relacionadas aos três setores. Assim, por exemplo, o Novo Mercado[104] acionário poderia exigir, além das regras relacionadas à estrutura de governança e direitos dos acionistas, o cumprimento de *compliance* tanto no âmbito antitruste como anticorrupção. Estes sistemas, por sua vez, poderiam encorajar a adesão de empresas ao Novo Mercado por meio da previsão de incentivos premiais sancionatórios para os agentes econômicos que seguem normas mais rigorosas no mercado acionário.[105] O Poder Público, por sua vez, pode exigir como condição exigir

104 O Novo Mercado está previsto em Regulamento publicado pela BM&F e é considerado o padrão mais elevado de governança corporativa. As empresas listadas nesse segmento seguem uma série de exigências de transparência entre empresas que somente podem emitir ações ordinárias (ON) com direito de voto, democratização do controle com a previsão de 20% dos membros do Conselho de Administração independentes, previsão de *tag along* de 100% (todos os acionistas têm direito a vender suas ações pelo mesmo preço), em caso de deslistagem ou cancelamento do contrato com a BM&FBOVESPA, a empresa deverá fazer oferta pública de aquisição, para recomprar as ações de todos os acionistas pelo valor econômico, no mínimo e previsão de *free float*, isto é, a empresa também se compromete a manter, no mínimo, 25% das ações em circulação (free float), divulgação de dados financeiros mais completos, incluindo relatórios trimestrais com demonstração de fluxo de caixa e relatórios consolidados revisados por um auditor independente, a empresa deve disponibilizar relatórios financeiros anuais em um padrão internacionalmente aceito, necessária divulgação mensal das negociações com valores mobiliários da empresa pelos diretores, executivos e acionistas controladores etc (Comunicado BOVESPA 001/2017-DF).

105 O conhecimento do antitruste é essencial para órgãos como CVM, tendo em vista diversas manipulações possíveis do mercado acionário com possível impacto anticoncorrencial e para o mercado como um todo como no caso de manipulação do mercado futuro de dólar (como nas práticas de *spoofing* em que o investidor dá ordens de compra abaixo do preço

como condição para contratação acima de determinado valor que a empresa mantenha programas do gênero.[106] Sem dúvida, as chances de adesão a programas de *compliance* aumentariam.

Especificamente no que diz respeito ao *compliance* em contratações públicas, além da possibilidade de exigência como requisito para celebração de PPIs – Programas de Parcerias de Investimento em empreendimentos de infraestrutura e outras medidas de desestatização (art. 6º., inc. III da Lei 13.334/2016), há previsão da celebração de ajustes com o CADE e SEAE (agora SEPRAC) "para o recebimento de contribuições técnicas visando à adoção das melhores práticas nacionais e internacionais de promoção da ampla e justa competição na celebração das parcerias e na prestação dos serviços" art. 24-F da Lei no 10.683/2003.

A lógica por trás do incentivo pelo Estado a que agentes privados adotem programas de *compliance* e novas práticas de governança é a de que a própria cultura empresarial passe a considerar os custos sociais decorrentes de seus empreendimentos como custos internos da empresa. Nesse aspecto, já em 1950, W. Kapp, em obra clássica, defendia a internalização dos custos sociais decorrentes do processo produtivo. Nas palavras de Kapp: "O termo 'custo social' refere-se a todas as consequências nocivas e danos que terceiros ou a comunidade sustentam como resultado do processo produtivo e em relação aos quais agentes econômicos nem sempre são, devidamente, responsabilizados"[107]

Assim, tal conscientização teria o mérito de induzir decisões empresariais mais sustentáveis na medida em que estas passem a contabilizar e prevenir medidas contrárias à concorrência. Vantagens competitivas derivariam da criação legitima de diferenciais competitivos e não da utilização de instrumentos indiretos de influência de órgãos públicos ou do sistema político.

---

do mercado, mas depois as cancela com objetivo deliberado de induzir comportamentos dos demais investidores).

106 Nesse sentido, a Lei 13.334/2016, prevê: "Art. 6º Os órgãos, entidades e autoridades da administração pública da União com competências relacionadas aos empreendimentos do PPI formularão programas próprios visando à adoção, na regulação administrativa, independentemente de exigência legal, das práticas avançadas recomendadas pelas melhores experiências nacionais e internacionais, inclusive:

III - articulação com o Conselho Administrativo de Defesa Econômica - CADE, bem como com a Secretaria de Acompanhamento Econômico - SEAE do Ministério da Fazenda, para fins de compliance com a defesa da concorrência; e

107 No original: "the term social costs refers to all those harmful consequences and damages which third persons or the community sustain as a result of the productive process, and for which private entrepreneurs are not easily held accountable". (KAPP, 1950: 14).

3.11. A Atuação Consultiva em Matéria de *Advocacy* pelos Órgãos do SBDC

Além de uma tarefa mais geral e informativa da atividade concorrencial que se dá por meio dos já referidos guias, cartilhas e divulgação do antitruste,[108] os órgãos do SBDC também exercem função consultiva com intuito de avaliar o impacto concorrencial de políticas públicas e regulatórias, bem como para realização de estudos de mercado para identificar questões competitivas e de eficiência dos segmentos analisados.

Como vimos, a SEPRAC (ex-SEAE) é órgão dedicado, especificamente, à atividade consultiva em matéria concorrencial. Entretanto, o CADE, por meio do DEE, também desempenha relevante acompanhamento dos mercados e operações analisadas, não apenas para auxiliar nas suas funções típicas do órgão,[109] mas, sobretudo, para permitir a utilização de ferramentas promocionais seja por meio de *enforcement* ou até mesmo para aconselhamento de órgãos públicos, agências reguladoras e entes da federação sobre o impacto competitivo das medidas adotadas (CADE, 2016: 58). Conhecido exemplo de atuação concomitante do CADE e da extinta SEAE em termos de *advocacy* foi a realização de estudo sobre o impacto da entrada do UBER no mercado de transporte individual de passageiros, tanto pelo DEE/CADE ("Rivalidade após entrada: o impacto imediato do aplicativo Uber sobre as corridas de táxi porta-a-porta") como pela Secretaria do Ministério da Fazenda por meio da Nota Técnica n.º 06013/2016 ("Análise dos Impactos Concorrenciais da Introdução do Aplicativo Uber no Mercado Relevante de Transporte Individual de Passageiros"). Como veremos, o exercício simultâneo de atividades de *advocacy* tem sido frequente também nos EUA, por meio do DOJ e FTC.

A Secretaria tem atuado com frequência em casos com potencial anticompetitivo que se repetem Brasil afora, relacionados, entre outros, ao mercado de transporte individual de passageiros, estacionamentos rotativos, centro de formação de condutores, serviços funerários, emplacamento, questões referentes a riscos concorrenciais em processos relativos à normalização técnica levados a cabo por entes privados como ABNT etc. No que concerne aos pareceres em matéria regulatória, a SEPRAC tem avaliado o impacto de medidas tomadas por diversas agências reguladoras (ANATEL, ANEEL, ANA, ANCINE, ANTT etc).

---

108 A atividade informacional em termos de *advocacy*, como vimos, tem sido exercida de modo mais ativo pelo CADE.

109 Analisaremos, separadamente, o mecanismo de Consulta ao CADE.

A realidade é que a atividade consultiva de avaliação de impacto de medidas e decisões de órgãos, agências reguladoras e demais Entes Federativos tem sido cada vez mais valorizada nos EUA e no Reino Unido. Como veremos, no Reino Unido, há, inclusive, a orientação de que somente políticas públicas, previamente, aprovadas pelas autoridades de promoção da concorrência britânica poderiam seguir adiante. Nos EUA, esta atividade é realizada, diuturnamente, perante o Congresso norte-americano, de modo a desencorajar atos contrários à concorrência.

O ideal seria, em última análise, que órgãos públicos, entes da Federação, Ministério Público e demais Poderes dependessem menos dos pareceres de órgãos especialistas na matéria concorrencial e pudessem contar com seus próprios recursos internos. Tal fato dependeria, sobretudo, da implementação, de modo mais efetivo, de medidas educacionais na matéria concorrencial, de tal forma que estas entidades possam suprir a carência de conhecimento do antitruste. A realidade é que a tentativa de suprir lacunas no conhecimento da matéria por meio dos órgãos especializados, máxime, em uma federação do tamanho do Brasil, embora louvável, apenas reforça o insulamento técnico do antitruste. Como veremos no capítulo derradeiro, entretanto, é preciso transversalizar a matéria concorrencial, o que só seria possível por meio de instrumentos na área educacional e pedagógica, função esta também de promoção da concorrência.

3.12. A Atuação como *Amicus Curiae* pelos órgãos do SBDC

Um dos mecanismos possíveis de intervenção via *advocacy* é a participação como *Amicus Curiae* em processos judiciais que envolvam, ainda que reflexamente, a temática antitruste. Como veremos, esta prática é muito comum entre os órgãos de defesa da concorrência norte-americanos, DOJ e FTC. A SEAE, antes de transformada na SEPRAC, passou a atuar como *Amicus Curiae* em processos no Brasil. No primeiro caso, em março de 2017, a Secretaria ingressou como *amicus curiae*, em processo que analisa a necessidade de credenciamento para a exploração de comércio de alimentos e bebidas alcoólicas nas praias de Florianópolis. No parecer, a Secretaria expôs ao Tribunal de Contas de Santa Catarina que a livre concorrência estaria em risco pela imposição de oligopólios e monopólios na venda de bebidas nas praias da ilha catarinense. O risco de monopólio foi constatado na alienação de água e energético.[110]

110 Nota Técnica nº 12/2017-COGCR/GABIN/SEAE/MF.

A extinta SEAE também participou como *amicus curiae*, ainda em 2017, por solicitação da 3ª Vara Federal da Seção Judiciária do Distrito Federal, em caso envolvendo o setor de medicamentos. O risco concorrencial decorria de regulamentação da implantação do Sistema Nacional de Controle de Medicamentos pela Anvisa (RDC 54/2013 e Instrução Normativa nº 06/2014), porquanto os procedimentos para rastreamento de medicamentos na cadeia dos produtos farmacêuticos permitiriam o compartilhamento de informações comercialmente sensíveis entre concorrentes, além de facilitar a imposição e o monitoramento ao longo da cadeia de medicamentos por parte do laboratório. A Secretaria entendeu que a Anvisa não poderia expor, de forma, ilegal, informações sigilosas dos distribuidores e do setor varejista, ao exigir que os fatos ocorridos na cadeia produtiva de medicamentos fossem transmitidos em tempo real ao detentor do registro do produto e no momento em que registrado no banco de dados. A potencial redução da concorrência se daria pelo compartilhamento de informações sensíveis, além de permitir a fidelização por parte de fornecedores e distribuidores de medicamentos.

Embora o CADE já venha atuando como *amicus curiae* e assistente tanto em litígios individuais como coletivos, o ingresso da Secretaria nesta qualidade, indubitavelmente, incrementará a importância da função de *advocacy*, trazendo novas alternativas para que cidadãos, associações, entidades e advocacias públicas dos demais entes federativos também se socorram da *expertise* de órgãos especializados na matéria concorrencial.

A participação como *amicus curiae* foi facilitada pelas previsões do artigo 138 do CPC de 2015 e do artigo 118 da LDC. A vantagem do procedimento é que a intervenção seria possível, em princípio, em qualquer fase processual ou grau de jurisdição. Não há limite temporal ao ingresso do CADE e da Secretaria do Ministério da Fazenda em processos do gênero. A intervenção é cabível, entretanto, quando há "relevância da matéria, a especificidade do tema objeto da demanda ou a repercussão social da controvérsia" (art. 138, caput, do CPC/2015). Os poderes daquele que ingressar como "amigo da Corte", por sua vez, são definidos pelo próprio julgador (art. 138, § 2º, do CPC/2015). O *amicus curiae*, porém, não poderá recorrer das decisões salvo por meio de embargos de declaração, impugnação de decisões em causas e recursos repetitivos ou, eventualmente, mandado de segurança de determinadas decisões.

A participação como *amicus curiae* contribui para a promoção da concorrência, especialmente, em Estados e Municípios, que, por não contarem com órgãos dedicados especificamente à *advocacy*, poderão ser subsidiados pelo SBDC. Além disso, trata-se de relevante auxílio ao julgador que, por vezes, possui pouca familiaridade com a matéria antitruste.[111] Trata-se de típico exemplo de aplicação transversal do direito da concorrência, por meio de órgãos não-especializados, a margem da estrutura própria do SBDC.

3.13. Consultas ao CADE

Outro mecanismo com grande potencial para auxiliar a promoção da concorrência é a consulta quanto a condutas anticompetitivas, uma vez que permitiriam ao CADE atuar, preventivamente, em casos com potencial impacto anticompetitivo. Nesse sentido, o CADE editou a Resolução nº 12/2015 que regulamentou o procedimento de consulta. As Consultas regulamentadas pela Resolução podem versar sobre a interpretação da legislação ou da regulamentação do CADE atinentes ao controle de atos de concentração, em relação a certas operações ou situações de fato adequadamente definidas; a licitude de atos, contratos, estratégias empresariais ou condutas de qualquer tipo, já iniciadas pela parte consulente; ou a licitude de atos, contratos, estratégias empresariais ou condutas de qualquer tipo, já concebidas e planejadas, mas ainda não iniciadas pela parte consulente.

O resultado da consulta se circunscreve ao exame da questão proposta e é vinculante para o Tribunal e para as partes por até 5 (cinco) anos, mas poderá ser reconsiderada, pelo próprio Tribunal, caso em que será vedada a aplicação de penalidade retroativa.

Entretanto, o ideal seria que as decisões do CADE, nesses casos, fossem não vinculativas (nem ao órgão e nem aos agentes) e ainda assim apontando riscos potenciais da prática objeto da Consulta e não, propriamente, de que a prática seria lícita, até para evitar riscos de captura do órgão por interesses políticos e de grupos econômicos. No caso, seria importante também que fosse estabelecida uma taxa proporcional ao faturamento da empresa para impedir que o CADE sirva de mero órgão consultivo de agentes econômicos e também que a Consulta seja respondida pela Superintendência ou pelo DEE, não pelo Tribunal, de modo a manter a isenção nos julgamentos. Ao mesmo tempo, a Consulta serviria para oferecer alguma segurança jurídica sobre novas práticas de mercado, novos produtos e diferenciações. De qualquer forma, isto não garantiria certeza quanto à inofensibilidade da ação empresarial, pois, com base no já citado *princípio da incerteza*, não é possível saber se as informações

111 A realidade é que o fato da SEAE iniciar sua atuação como *amicus curiae* em 2017, após mais de 6 anos da aprovação da LDC, revela ainda uma certa “timidez” do órgão na atuação como promotor da concorrência.

serão comprovadas no tempo. Com efeito, a análise antitruste depende do contexto temporal e espacial. Isto é, as condições fáticas podem ser alteradas e a previsão de vinculação à consulta é uma blindagem desnecessária. Por fim, não seria possível garantir, previamente, a licitude de uma conduta, pois a LDC coíbe atos sob qualquer forma manifestados independentemente de culpa, bastando a verificação de potenciais efeitos anticompetitivos (art. 36).

Casagrande defende que o uso do instituto da consulta tal como ocorre nos EUA com o procedimento do *business review* "certamente será útil para diminuir o grau de incerteza das empresas quanto a arranjos colaborativos" (2014:258). Mas alerta para o risco de que o instrumento fique restrito a grandes empresas (2014:258). Nesse ponto, caberia ao CADE ampliar o escopo do instrumento para que alcance também uma finalidade social não apenas para garantir a segurança jurídica de *players*, mas que possa ser usado por pequenas empresas, associações e cidadãos na submissão de dúvidas sobre possíveis práticas anticompetitivas de grupos com poder de mercado.

3.14. O Mecanismo de Revisão de Atos de Concentração e a Promoção da Concorrência

Talvez um dos mecanismos mais importantes da LDC, raramente, utilizado, seja, justamente, a revisão de atos de concentração. Não obstante inserido como ferramenta do controle de atos de concentração (art. 91, *caput* da LDC)[112], trata-se de mecanismo que pode apresentar finalidade promocional, isto é, não apenas de análise do cumprimento de cláusulas contratuais relativas a operações aprovadas com restrições, até porque pode incidir, inclusive, sobre atos de concentração aprovados sem nenhuma restrição. Neste particular, bastaria que não fossem alcançados os benefícios visados na aprovação do ato mediante realização de acompanhamento de mercado pelo CADE (art. 91 da LDC).

Com efeito, esta função é representada pelo necessário acompanhamento permanente dos mercados com vistas a análise com enfoque estrutural e intertemporal. Um ato de concentração, por exemplo, pode ser aprovado, mas, em tese, estaria sujeito à revisão caso alteradas as condições iniciais em

112 Conforme art. 91 da LDC: "A aprovação de que trata o art. 88 desta Lei poderá ser revista pelo Tribunal, de ofício ou mediante provocação da Superintendência-Geral, se a decisão for baseada em informações falsas ou enganosas prestadas pelo interessado, se ocorrer o descumprimento de quaisquer das obrigações assumidas ou *não forem alcançados os benefícios visados*". Destacou-se.

que operou a aprovação ou não forem alcançados os objetivos visados. No fundo, é um exemplo de técnica de decisão baseada no *princípio da incerteza* referido anteriormente, pois os efeitos (e, portanto, a correição) de uma decisão só podem ser analisados após a decisão ter sido tomada (e não no exato momento em que tomada a decisão). A análise concorrencial só se aperfeiçoa com a análise permanente e dinâmica dos mercados assim como a eficiência só pode ser vislumbrada de um ponto de vista evolucionário. Não é possível ter certeza, no momento de tomada da decisão, se o amalgama "decisão + operação" irá produzir os efeitos desejados. Somente uma análise de índole permanente permitiria revisitar e confirmar pressupostos fáticos e decisórios.

A ausência de monitoramento empírico não é uma dificuldade restrita ao caso brasileiro. Trata-se de uma dificuldade enfrentada até mesmo por órgãos de defesa da concorrência nos EUA como apontam, entre outros, Sokol (2010)[113] e Kovacic (2009).

A verdade é que a eficiência, tomada como valor abstrato, a despeito de se consubstanciar em fator relevante e central à análise antitruste, quando, concretamente, contrastada com dados empíricos ou vista no detalhe intertemporal pode nem sempre se confirmar. A pesquisa empírica vem demonstrar que, na verdade, nem sempre determinadas assunções teóricas em termos de eficiência no momento da análise de uma operação irão se comprovar na prática. Esta comprovação é feita de forma ainda rasa por meio da obrigatoriedade da apresentação de relatórios pelas empresas que participaram de um dado ato de concentração aprovado com restrição e não por meio de uma atuação pró-ativa dos órgãos concorrenciais, em especial, em relação a mercados mais estratégicos. Esta é uma fragilidade da análise antitruste atual focada em instrumentos adjudicatórios, pois, ao contrário do que se supõe, diversas operações podem estar gerando ineficiências ao invés das esperadas eficiências. E como já vimos, esta é a conclusão de recente estudo empírico de Kwoka (2015) que tenta demonstrar que a maior parte das operações aprovadas no antitruste norte-americano não tem promovido as eficiências esperadas, acarretando preços maiores, perda de qualidade nos produtos e redução de competitividade. Como já referimos também, outros estudos

113 Nas palavras de Sokol: "More theoretical work on comparative institutional analysis in antitrust needs to be undertaken as well as more empirical work to test these assumptions. Complicating policy prescriptions further is that antitrust institutions are constantly adapting. What may work now may not work later. This suggests that comparative institutional analysis needs to be a continuing process. Based on the current institutional setup for merger control, a number of conclusions emerge." (2010, 84).

recentes demonstram que sucessivas ondas de concentração de empresas fizeram com que mais de dois terços da economia norte-americana se tornassem mais concentrados desde a década de 90 e houve, em diversos setores, uma elevação significativa de preços após as operações e lucros crescentes (THE ECONOMIST, 2017a).

Nesse aspecto, John Flynn é preciso ao afirmar que a identificação automática do antitruste com um conceito tautológico de eficiência tem por base a derivação dedutiva de hipóteses e conclusões abstratas da teoria neoclássica que, no entanto, podem não se confirmar na pratica (1990:893).[114] Entretanto, seria injusto estender aos eficientistas a crítica por esta ausência de base fática de suas hipóteses. Pareto era um dos maiores defensores da comprovação empírica das asserções. Para ele, devemos sempre comparar "fenômenos subjetivos, isto é, a teoria, com os fenômenos objetivos – isto é, com o fato empírico" (SHAPIRO, 2006:55). Posner, como já referimos, foi um dos precursores da utilização desse método no direito por meio da AED. Por que, então, a teoria antitruste teria abandonado a preocupação com a demonstração empírica dos pressupostos eficientistas?

É, no mínimo, curioso que um dos campos a primeiro promover a pesquisa empírica[115] no direito seja aquele que dela se distancie mediante a assunção automática de pressupostos teóricos de eficiência que, como demontrou Kwoka (2015), não têm sido comprovados na prática.[116]

A realidade é que instrumentos tecnológicos, a crescente demanda por transparência nos mercados acionários e o avanço dos métodos de investigação poderão colocar em "apuros" postulados teóricos de eficiência, uma vez que, se antes argumentos teóricos ou cálculos estatísticos-econométricos serviriam para fazer pressupor a eficiência em operações, agora em uma análise dinâmica, será necessário comprovar, empiricamente, estes pressupostos no decorrer do tempo. Como se sabe, a econometria trabalha com coeficientes estimados, inferência estatística e dados que se autocorrelacionam. É dizer,

114 Nesse aspecto, John Flynn afirma: "It's time that the concept of 'competition' be understood in a broader sense, and that it be used in a functional way to connect the normative goals underlying the law to the reality and circumstances of particular disputes, in light of the immediate and long-term social, political, and economomic consequences of the decisions being made" (1990: 893).

115 O antitruste é, justamente, um dos ramos precursores da pesquisa empírica no direito. A AED (Análise Econômica do Direito) nasce no antitruste (SALOMÂO FILHO, 2002: 30).

116 Não, por acaso, presencia-se um movimento, até mesmo entre teóricos de Chicago, no sentido de que a concorrência estaria sendo enfraquecida de modo significativo e preocupante (The Economist, 2017).

alterando-se as variáveis, todas as conclusões também se alteram. Daí porque somente por monitoramento e investigação será possível reavaliar dados estatísticos e econométricos.

Para Thomas Lery (2003: 9), há pouca evidência sobre o grau de efetividade do *enforcement* antitruste. Para o autor, "nós não sabemos muito sobre os efeitos das políticas antitruste para a economia como um todo e nem para as indústrias individualmente afetadas pela intervenção antitruste" (2003:9).[117] O CADE, porém, vem tentando superar dificuldades do tipo com a assinatura de Acordo de Cooperação Técnica - ACT com o IPEA que é um órgão que vem contribuindo, significativamente, para a promoção da concorrência e que possui pesquisadores especialistas em pesquisa empírica. O documento prevê, justamente, a elaboração de estudos sobre revisões de atos de concentração, condutas unilaterais, avaliações *ex-post*, detecção e identificação de cartéis em licitações.[118]

A realidade é que a redução do tempo trazido pelo mecanismo de aprovação prévia de atos de concentração impôs um desafio ao CADE no sentido de dar uma resposta célere para casos que poderiam demandar maior maturação na análise. Atos de concentração demandam hoje decisões "quase instantâneas" sobre a legalidade de operações que, em situações normais, poderiam levar meses ou anos para serem concluídas (OCDE, 2013). No fundo, a introdução do mecanismo de aprovação prévia, certamente, tornou mais importante a preocupação com a revisão e acompanhamento permanente dos mercados por meio de análises empíricas, pois somente por meio destas ferramentas será possível efetuar correções de rota e avaliar decisões já tomadas. De qualquer forma, o artigo 91 da LDC mereceria uma regulamentação com base nas melhores práticas internacionais para tornar mais claros critérios de revisão e oferecer maior segurança jurídica e transparência para agentes econômicos, investidores e consumidores.

3.15. Intervenções Estruturais por meio da Promoção da Concorrência

A imposição de remédios estruturais supervenientes[119] pelo antitruste não é tema pacífico, havendo ainda certa resistência a este tipo de controle

117 Peritz afirma que uma análise de perfil anti-empírico e ahistórico tem dominado o antitruste até os dias de atuais (1990: 789).

118 Acordo de Cooperação Técnica IPEA/CADE n º 04/2017.

119 Não nos referimos aqui a soluções estruturais em atos de concentração, mas à adoção de alternativas de desinvestimento por meio de mecanismos promocionais pela via regulatória ou comportamental da LDC.

no Brasil (SALOMÃO FILHO, 2013: 122-131).[120] Tal mecanismo é caracterizado por sua índole promocional na medida em que busca incrementar a concorrência em mercados por meio de soluções de desinvestimento ou desmonopolização. O instituto – de caráter excepcional, mas, eventualmente, necessário – situa-se entre os limites da regulação e da concorrência, podendo consubstanciar-se em alternativa a ser adotada tanto por órgãos setoriais como pelo CADE. No fundo, o recurso a soluções de desinvestimento decorre de problemas estruturais mais extremos dos mercados analisados que as técnicas convencionais já não seriam capazes de resolver.

Soluções como controle de preços ou facilitação à entrada de novos *players*, pela via regulatória, ou sanções pecuniárias e desaprovações de novas operações pela via antitruste não se revelariam aptos à dissolução de deficiências concorrenciais mais extremas. Nesse sentido, problemas estruturais em mercados não regulados tornariam a questão ainda mais intricada, uma vez que, nesses casos, as alternativas deveriam partir das autoridades concorrenciais cujos instrumentos disponíveis podem não ter o mesmo grau interventivo das soluções regulatórias.

Com efeito, o caso AT&T nos EUA é paradigmático e muito citado como um exemplo de intervenção antitruste para impor um remédio estrutural (BRENNAN, 2008:133-135).[121] A solução de desinvestimento foi adotada em 1982, especificamente, para o mercado de telefonia local no qual a AT&T foi obrigada a cindir seu monopólio com a alienação de 22 companhias de serviços locais (as *Baby Bells*) em benefício de operadores concorrentes (BRENNAN, 2008:133-135).

---

120 Para Calixto Salomão Filho, haveria dúvidas sobre a constitucionalidade de tal solução, até porque existem "outros meios para evitar que se formem estruturas de poder no mercado [...]. Por isso, é tradicional o duplo controle da formação do poder no mercado. De um lado, controla-se sua formação artificial através da concentração ou da cooperação entre empresas. De outro lado, sua constituição ilícita, através de técnicas tendentes a eliminar concorrentes ou impedir a entrada de novos [...]. Finalmente, o quadro se completa com um controle do abuso do poder econômico. Trata-se, no entanto, de controle comportamental, de atos determinados, e não de uma estrutura em si (SALOMÃO FILHO, 2013: 127).

121 Muitos outros casos podem ser citados, entretanto. Entre os mais conhecidos, vale mencionar o já referido caso Standard Oil (1911), Microsoft (2000), Paramount (1948), BAA (2011) etc. Outro caso lembrado pela doutrina antitruste ocorreu no antitruste canadense também no setor de telefonia. Nas palavras de Brennan: "An international example of that struggle is the recent proceeding in Canada in which the national government intervened to force the Canadian regulatory agency to set relatively favorable terms for the deregulation of local telephone service" (2008: 143)

Curiosamente, como demonstra Paulo Coutinho, a batalha do DOJ contra a dominação de mercado da AT&T havia se iniciado em 1949 quando o Departamento pleiteou, judicialmente, o desinvestimento da Western Eletric, sua subsidiária (2001:178). O processo resultou em um acordo que não resolveria, contudo, o problema, havendo nova tentativa de dissolução da posição dominante da operadora pelo DOJ em 1956 (2001:178). Somente em 1982, em plena ascensão da onda liberal que dominaria o cenário político[122] e a teoria concorrencial naquele período, constatou-se que a desmonopolização seria a única forma efetiva de implementação da concorrência. Foram necessários, portanto, mais de três décadas para se chegar a uma solução satisfatória.[123]

Uma questão interessante seria se a própria LDC já não permitiria uma atuação estrutural do CADE para promover a concorrência uma vez identificada uma situação mais extrema de ausência de contestabilidade, excessiva concentração, fechamento de mercado, bem como prática de preços supracompetitivos. Como se sabe, o artigo 36 *caput* da LDC prevê que constituem infrações à ordem econômica os atos "sob qualquer forma manifestados independentemente de culpa".[124] Como o CADE tem o dever de agir de ofício, a dúvida seria se existiria uma razão para a vedação de uma intervenção da autoridade antitruste para promover a concorrência com base no referido dispositivo em casos excepcionais. O artigo em questão seria, em princípio, aberto a este tipo de intervenção, pois já contém a previsão de que o controle concorrencial poderia incidir se o ato em questão tiver como um de seus efeitos, ainda que potenciais, prejudicar de qualquer forma a concorrência, dominar mercado relevante, aumentar arbitrariamente lucros ou, por fim, exercer abusivamente posição dominante (art. 36 da LDC). Isto é, o exercício abusivo de posição dominante seria apenas uma das possibilidades de intervenção, mas não a única. O prejuízo desproporcional à concorrência seria, ao menos sob o prisma legal, um motivo autorizador da intervenção antitruste,[125] até mesmo porque as condutas previstas na LDC são apenas exemplificativas (art. 36, §3º).

---

122 Ronald Reagan havia assumido a Presidência em 1981 e M. Thatcher como Primeira-ministra do Reino Unido em 1979.

123 Entretanto, a AT&T voltou à cena antitruste, recentemente, com a compra da Time Warner. Em Parecer recente, a ANCINE manifestou-se pela *reprovação* da operação por meio de excelente parecer de lavra do Procurador Federal Luiz Vicente Sanches Lopes (PARECER n. 00049/2017/CCAJ/PFEANCINE/PGF/AGU), comprovando a capacidade dos órgãos setoriais de atuarem, com qualidade, também na matéria antitruste.

124 Talvez se tenha olvidado um sentido mais original da norma em virtude de uma dada práxis já naturalizada no meio antitruste.

125 De caráter bastante excepcional.

Muitos poderiam dizer que o parágrafo primeiro do mesmo artigo 36 prevê que a conquista de mercado fundada em maior eficiência não poderia ser punida. Entretanto, o que está em questão não é a conquista de mercado eficiente e sim a ineficiência provocada por uma dada configuração de mercado que tem, justamente, o potencial de originar outras condutas ineficientes, bem como o fechamento de mercado, como no citado caso AT&T. Eventual conquista eficiente de parcela de mercado – fato, por si só de difícil comprovação – não poderia, em si, justificar a perpetuação de estruturas, excessivamente, ineficientes, máxime, quando a redução de custos no mercado ou a evolução tecnológica caminha, justamente, no sentido contrário, i.e., da viabilidade de ampla concorrência.

Para confirmar este fato, a própria LDC prevê como hipóteses de sanção: a cisão de sociedade, transferência de controle societário, venda de ativos ou cessação parcial de atividade (artigos 38, V e 61, § 2º.). Trata-se de apenas uma, dentre muitas, intervenções estruturais possíveis.[126]

Além disso, estruturas, demasiadamente, ineficientes em mercados estratégicos são, por si só, potencialmente, anticompetitivas e apresentam riscos para a economia como um todo. Não se trata de uma faculdade interventiva, portanto, mas, de um dever precaucionario que consistiria em evitar que o pior aconteça no futuro.

A verdade é que soluções de desinvestimento já vem sendo adotadas pelo CADE como no citado exemplo do cartel de revenda de combustíveis do DF em que, por meio de TCC, impôs-se um programa de desivestimentos à Cascol Combustíveis Ltda, obrigando-a a se desfazer de postos de combustíveis localizados em pontos estratégicos do Distrito Federal.[127]

Outro caso muito conhecido é o do cartel do cimento no qual empresas e associações foram condenadas pelo CADE à alienação de ativos como sanção pela prática ilícita, além da aplicação de multas que superaram R$ 3,1 bilhões. O CADE determinou a alienação de plantas de cimento e concreto com o intuito de reduzir barreiras à entrada de concorrentes e viabilizar a rivalidade nos mercados, uma vez que a integração entre cimenteiras e concreteiras teria sido estruturada pelo cartel para fechamento de mercado.[128]

Embora o SBDC tenha avançado na aplicação de soluções estruturais supervenientes, talvez ainda exista resistência a uma ação pró-ativa, não

---

126 Como referimos no item referente a preços abusivos, esta seria a mais extrema e excepcional intervenção, mas que não pode ser descartada.

127 Inquérito administrativo 08012.008859/2009-86.

128 Trata-se do P.A. 08012.011142/2006-79.

obstante prevista desde os primórdios como a terceira etapa de implementação do antitruste no Brasil (OLIVEIRA: 1998). Não há, porém, óbices a uma atuação do CADE nesse sentido tanto que, cada vez mais, a autoridade concorrencial tem alterado, qualitativamente, suas manifestações objetivando, justamente, promover a concorrência por meio de acordos substitutivos de sanção ou por meio de estímulo ou previsão nos próprios acordos da obrigatoriedade de *compliances* e novas práticas de governança, soluções não-recorrentes antes da atual LDC. Esta mesma ideia (de soluções estruturais), como vimos, tem sido defendida na análise de condutas como de preços excessivos puros (SAAD, 2012) ou práticas predatórias em geral.[129]

Talvez em virtude de uma tradição jurídica de índole libertária[130] ("civilista"), soluções de desinvestimento que objetivariam incrementar eficiência nos mercados foram deixadas de lado, contrariando até mesmo a lógica trazida pelos direitos difusos e coletivos no sentido de relativização das relações contratuais e privadas em nome do exercício da função social da propriedade. O movimento pós-contratualista, ao menos no campo concorrencial, talvez ainda não tenha recebido o impulso necessário para o reequilíbrio das relações e, especialmente, para mitigação dos excessos do poder econômico. Se a antiga noção de contrato demandou uma releitura para que este deixasse de ser um negócio jurídico isolado, estático e passasse a ser um "ente vivo de caráter dinâmico" (WALD, 2006: 129-148), o mesmo parece ainda não ter ocorrido no âmbito do direito concorrencial brasileiro.[131]

---

129 Remetemos ao tópico que tratamos do assunto no capítulo anterior.

130 Como descrevemos no capítulo anterior.

131 Nas palavras de WALD (2006: 129-148): "O que ocorre é que as alterações havidas na sociedade, nas últimas décadas, ligadas à crescente velocidade da evolução da tecnologia globalizada, exigem também a revitalização do contrato. A velha obrigação estática não mais responde aos anseios sociais. Não há mais dúvidas de que as relações obrigacionais são dinâmicas, devendo, portanto, a moldura contratual ser adequada à nova realidade. A resposta do Direito a essa necessidade não foi o declínio ou a morte do contrato, mas sua atualização e modernização, ou seja, a releitura e a reconstrução parcial de seus princípios. (...) o contrato deixou de ser um negócio jurídico isolado, uma relação jurídica estática, uma espécie de bolha ou ilha, para transformar-se num bloco de direitos e obrigações, verdadeiro ente vivo de caráter dinâmico, um vínculo que evolui de acordo com as circunstâncias, mas que mantém o equilíbrio inicialmente estabelecido entre os contratantes, tendo desaparecido o mundo de segurança, que alguns pensavam existir no fim do século XIX, com a eliminação das distâncias e a divulgação da informação em tempo real, entramos na 'era da incerteza', da descontinuidade e da constante mudança. Não é mais possível manter o contrato como existiu no passado. Ele, aliás, já havia evoluído nas diversas fases da história e nas várias civilizações que se sucederam desde o direito romano até agora. O novo contrato que surge, agora, no século XXI, não tem mais a rigidez característica de

Nesse particular, a diferença entre o sistema jurídico da *common law* e da *civil law* auxiliaria na compreensão do porquê de a defesa da concorrência no primeiro caso ser muito mais disseminada do que no caso brasileiro e, pelo mesmo motivo, soluções de desinvestimento serem mais comuns, desde o nascedouro do antitruste americano, como no já citado caso *Standard Oil* caracterizado por uma intervenção estrutural superveniente. No fundo, a tradição jurídica brasileira foi caracterizada por situar-se entre dois extremos: por um lado, uma intervenção mais extrema caracterizada pela absorção de determinadas atividades empresariais pelo Estado mas, por outro, no âmbito privado, uma intervenção concorrencial mais branda sobre a atuação de grupos econômicos dominantes, até como forma de preservação de interesses oligárquicos e de laços estratégicos.[132] O mesmo fenômeno é observado em Portugal, como demonstra L. D. Morais, em que a ausência da cultura da concorrência tem a ver com o histórico de preferência a intervenções diretas e o consectário tratamento residual a intervenções indiretas na economia, o que teria contribuído para o pouco desenvolvimento dessa modalidade interventiva (2009:161). Esta lógica "colonial" tende a perpetuar-se, até porque o modelo antitruste "importado" pelo Brasil apresenta índole, marcantemente, liberal e minimalista, tendo-se restringido a intervenções pontuais e de índole estática.

Nos EUA, ao contrário, a intervenção do Estado foi, predominantemente, indireta e por meio de mecanismos fundados na promoção da concorrência, da eficiência e defesa do bem-estar do consumidor. Mesmo aqueles considerados "liberais",[133] como Bork (1993) e Posner (2000), são defensores de posturas mais pró-ativas do antitruste em nome de maior eficiência e bem-estar nos mercados. Impérios econômicos como o de Rockfeller, mencionado no primeiro capítulo, foram confrontados no final do século XIX e início do século XX pelo antitruste norte-americano, sem que nem mesmo existissem estruturas dedicadas a esta finalidade, de modo que a propriedade pudesse, de fato, cumprir sua função social e econômica. Com efeito, até mesmo, Bork já admitia que, excepcionalmente, quando quatro ou poucas firmas detivessem, no total, mais de 70% de *market share*, seria possível uma intervenção para cindir um oligopólio ou monopólio. Mas alerta Bork: "só devemos invocar

---

outros tempos. Já se disse que ele era mais ou menos obrigatório; mais ou menos oponível a terceiros; mais ou menos aleatório e mais ou menos suscetível de ser revisto, podendo ser mais ou menos extensa a eventual nulidade de suas cláusulas".

132 Daí a forte resistência que caracterizou à implantação do antitruste anteriormente à década de 90.

133 Como já referido no primeiro capítulo, Bork e Posner, não seriam, exatamente, "liberais", mas sim eficientistas.

o poder do direito caso tenhamos razoável certeza de que os benefícios [em termos de eficiência] serão alcançados" (1993: 179). Para Bork, ofensivas contra estruturas de mercado concentradas só fazem sentido quando os ganhos em termos de eficiência superarem os custos da intervenção (1993: 177).[134]

Bork considera, ainda, que intervenções do tipo devem levar em consideração também as eficiências geradas, internamente, pela própria firma dominante, isto é a eficiência alcançada, sem colusão ou predação (1993:192). O correto, portanto, seria avaliar também, para efeitos de intervenção estrutural, se a posição dominante foi reforçada por incentivos públicos indevidos ou ineficientes, pelo não pagamento de tributos (isenções e evasões), compras de atos normativos para obter benefícios fiscais (como no caso de medidas provisórias), fraudes em licitação ou práticas de corrupção.[135] Todos estes aspectos deveriam ser contemplados dentro de um conceito mais amplo de *competitive effectiveness* elaborado por Stigler e adotado por Bork (1993: 192). Mas talvez somente uma avaliação mais ampla por meio de *advocacy* permitiria incluir questões institucionais do gênero.

Esta lógica, entretanto, parece ainda distante da realidade brasileira embora, em muitos casos, o poder de mercado tenha sido erigido por meio de concentrações de mercado, por vezes, precedidas por práticas de cartel, apoiadas em subsídios públicos duvidosos, dinheiro fruto de corrupção ou outros mecanismos institucionais facilitadores como reservas de mercado previstas em leis.[136]

3.16. A Regulação Concorrencial e A Avaliação de Impacto Regulatório

Uma das mais relevantes hipóteses de promoção da concorrência consistiria na própria utilização da regulação para introduzir ou fomentar a concorrência nos mercados.[137] A avaliação de impacto regulatório (AIR), por sua vez, seria o meio para, preventivamente, avaliar excessos regulatórios que possam comprometer a competitividade.

134 Esta afirmação de Bork corrobora para aquilo que dissemos no capítulo inaugural de que este autor não seria, exatamente, um "libertário" no sentido nozickiano como muitos poderiam pensar, mas sim um eficientista.

135 No caso brasileiro, talvez não seja difícil comprovar tais hipóteses, tendo em vista os fatos recentes.

136 Como no citado caso do cartel de postos de combustível do DF.

137 Não é objetivo do trabalho, entretanto, aprofundar no tema, mas apenas realçar a utilização dessa ferramenta promocional no âmbito regulatório. Há vasta discussão quanto ao tema não apenas em relação à interface entre concorrência e regulação, mas também a temática setorial.

A regulação concorrencial[138] pode-se dar, especialmente, por meio da chamada assimetria regulatória que busca privilegiar determinado entrante ou agentes econômicos destituídos de poder de mercado para que estes possam contestar o operador dominante (QUEIROZ, 2010: 112). O tratamento favorecido, adotado mediante uma justificativa legal que permita a diferenciação, pode ocorrer por meio da concessão de benefícios fiscais e econômicos ao operador menos favorecido ou, como no caso dos mercados regulados, na adoção, em relação aos novos prestadores, de um regime de prestação menos rígido que o adotado em relação ao operador dominante (QUEIROZ, 2010: 112).[139]

Por outro lado, a regulação concorrencial pode ter por intuito impedir uma concorrência predatória em casos em que o excesso de competidores possa se revelar ineficiente ou comprometer outras necessidades como a universalização do serviço. Nesse sentido, Calixto Salomão sustenta que "Se o mercado é dotado de uma 'imperfeição estrutural', é justificável a intervenção regulamentar do Estado para corrigir ou, pelo menos evitar os efeitos danosos (para os consumidores e concorrentes) dessa imperfeição" (2001: 205).

Uma proposta inovadora com base na ideia de assimetria regulatória é a de que conflitos entre agentes detentores de tecnologias disruptivas (como o caso do UBER, Whatsapp, Netflix) e prestadores de serviços públicos passem pela instituição de uma assimetria regulatória que "considere a regulação da variável regulatória estritamente necessária para evitar distorções concorrenciais" (A. MARQUES NETO; FREITAS, 2016: 81). Ideia muito semelhante, como vimos no capítulo anterior, foi adotada na regulação do Uber pelo Município de São Paulo defendida por Rodas (2015) como um meio de estimular a concorrência.

---

138 Nesse sentido, "a regulação concorrencial tem como objetivo organizar as condições de concorrência, ou seja, os standards mínimos a partir dos quais se desenvolverá a competição no setor, bem como corrigir eventuais imperfeições estruturais do mercado. Por tal razão, a regulação tem natureza prospectiva, sendo veiculada, especialmente, por regulamentos administrativos gerais e abstratos e não por atos administrativos individuais e concretos, como ocorre no controle repressivo de condutas." (QUEIROZ, 2005: 55).

139 Nesse sentido, o artigo 71 da Lei Geral de Telecomunicações -LGT determina que: "Visando a propiciar competição efetiva e a impedir a concentração econômica no mercado, a Agência poderá estabelecer restrições, limites ou condições a empresas ou grupo empresariais quanto à obtenção e transferência de concessões, permissões e autorizações". (grifos nossos). Nesse caso, para promover a competição, a Agência poderia adotar instrumentos baseados em assimetria regulatória. Outro exemplo está expresso no artigo 155 da LGT que prevê a possibilidade do compartilhamento de redes que dispõe que "Para desenvolver a competição, as empresas prestadoras de serviços de telecomunicações de interesse coletivo deverão, nos casos e condições fixados pela Agência, disponibilizar suas redes a outras prestadoras de serviços de telecomunicações de interesse coletivo".

O desafio tanto por parte da regulação concorrencial como da análise do impacto regulatório de medidas restritivas à competição é o de calibrar o grau de concorrência nesses setores. Esta tarefa depende de estudos empíricos e simulações de modelos competitivos próprios de *advocacy*. No caso da AIR, tem-se que os órgãos setoriais deveriam adotá-la como procedimento obrigatório padronizado de análise preventiva de impacto concorrencial. Como veremos, este procedimento tem sido encorajado tanto no Reino Unido como nos EUA por meio de *check-list* obrigatório a ser adotado por órgãos públicos para verificação do preenchimento de pré-requisitos de compatibilidade com a ordem concorrencial. A AIR pode ser aplicável também para casos de compras públicas por meio de procedimentos obrigatórios que deveriam ser seguidos por todos os entes públicos que promovam licitações (OCDE, 2009).

Conforme o importante estudo sobre *advocacy* realizado pelo IBRAC (2016:68),

> a ponderação de impactos concorrenciais integrada a uma análise de impacto regulatório é sugerida, internacionalmente, como a melhor forma de levar a cabo a avaliação de uma proposta legislativa. Embora em muitos países isso seja prática obrigatória, no Brasil ela é ainda incipiente

Nesse sentido, um grande avanço foi a referida criação da Secretaria de Promoção da Produtividade e Advocacia da Concorrência que tem como uma de suas atribuições, justamente, analisar o impacto regulatório de políticas públicas setoriais (art. 41-A, inc. III, do Decreto 9.266/2018) que, embora ainda não se consubstancie em prática obrigatória, já representa um passo importante para controle de atos normativos com possíveis impactos na concorrência.

3.17. Revisão de Atos Regulamentares e Administrativos Contrários à Concorrência

Tema crucial relacionado à promoção da concorrência refere-se ao alcance da revisão de atos regulamentares e administrativos pelo SBDC com base no princípio da livre concorrência. No direito antitruste norte-americano, em questões similares, Bork chegou a propor a intervenção em questões federais, estaduais e locais para fazer valer a tutela concorrencial da forma mais ampla possível, objetivando conter "expedientes regulatórios" que, a despeito de não inviabilizar, totalmente, a concorrência, facilitariam condutas anticompetitivas como cartéis ou conluios entre agentes econômicos (1993: 407).[140] Este

140 Aliás, como o citado exemplo do cartel de revenda de combustíveis do DF comprova.

controle serviria, assim, para demarcar limites entre questões concorrenciais e regulatórias (BORK: 1993:407). Como defendeu Bork, ao contrário do que se poderia supor, um controle como este teria como pressuposto ampliar a livre iniciativa, readequando intervenções estatais que se revelassem danosas à concorrência (BORK: 1993).

O tema já foi discutido, inúmeras vezes pelo SBDC, porém, no âmbito específico do exercício das funções típicas do antitruste (QUEIROZ, 2005). A dúvida, nesse caso, era em que medida o CADE por meio de casos concretos de controle de atos de concentração e condutas anticompetitivas poderia, ainda que reflexamente, rever atos administrativos e regulatórios com potencial impacto contrário à LDC. Trata-se de um tema polêmico, havendo posicionamentos favoráveis à intervenção do CADE (QUEIROZ, 2005) e posicionamentos contrários (JORDÃO, 2011). Mas a questão que aqui se coloca, distinta do conflito entre funções típicas e regulação, refere-se à possibilidade de revisão de medidas regulatórias, setoriais e dos demais entes da Federação por meio, especificamente, da promoção da concorrência. Esta hipótese apresenta contornos, deveras, diverso. Isto porque a LDC atribuiu, em princípio, apenas mecanismos consultivos para análise de atos dos demais entes pelo SBDC.[141]

Entretanto, como já foi dito, o CADE e a SEPRAC podem provocar sua Procuradoria ou, se for o caso, a AGU e o MPF com sugestões de providências judiciais para fazer valer o princípio concorrencial. No caso, conflitos entre órgãos federais podem, inclusive, ser levados para as Câmaras de Conciliação e Arbitragem da Administração Federal-CCAF da AGU (Decreto 7.392/2010). Há previsão até mesmo de resolução de conflitos pela CCAF por meio de conciliação entre órgãos federais e outros órgãos da Federação (Estados, DF e Municípios com mais de 200 mil habitantes). Este seria um canal propício para estimular a adoção do princípio concorrencial entre órgãos públicos não apenas federais, mas de outros Entes Federativos sem que seja necessário optar pela indesejável judicialização da matéria. Como nos esclarece Arnaldo Sampaio de Godoy

> O conciliador pode em qualquer fase do procedimento solicitar informações ou documentos, demandar a participação de representantes de outros órgãos ou entidades interessadas, bem como sugerir que a atividade conciliatória seja realizada por outros órgãos da AGU (2012:255).

---

141 Como vimos, apenas, indiretamente, instrumentos de *enforcement*.

Este é um expediente ainda pouco utilizado pelo SBDC, mas como demonstra Godoy, temas concorrenciais já passaram pela Câmara (2012: 286-287). A CCAF pode-se consubstanciar em alternativa, deveras, adequada para revisão consensual de medidas intra e intergovernamentais contrárias ao princípio da livre concorrência, cabendo ao SBDC e demais órgãos da AGU acionar com mais frequência as Câmaras de Conciliação.

3.18. A Utilização de Instrumentos Tributários para Promoção da Concorrência

Tema pouco tratado pelo antitruste,[142] mas de suma importância, refere-se à aplicação do princípio da livre concorrência na esfera tributária. Por outro lado, o tema tem merecido a atenção crescente por parte de tributaristas, especialmente, após a inclusão do artigo 146-A da CF pela Emenda Constitucional nº 42, de 19.12.2003,[143] que prevê a edição de lei complementar com o objetivo de prevenir desequilíbrios da concorrência.[144]

Com efeito, a atividade tributária influencia a formação de preços na economia e a competição entre os agentes econômicos, de tal sorte que vantagens tributárias conferidas a determinados agentes representam, da mesma forma, vantagens competitivas que interferem no nível de bem-estar econômico e social (QUEIROZ, 2016: 124).[145] O Estado, como garantidor dos princípios

---

142 No antitruste, o tema tem sido enfrentado muito mais sob a perspectiva de abusos tributários advindos dos agentes via obtenção de liminares ou sob a perspectiva da chamada "guerra fiscal" (CAMPILONGO, 2006). Nesse sentido, Calixto Salomão Filho afirma que "admitir empresas que concorrem com base em redução de custos derivados de ilegalidade tributárias ou ambientais é duplamente perverso [...] Assim a análise dos atos de concentração deve necessariamente incluir a compreensão do respeito, ou não, dos participantes às regras básicas do direito econômico. O mesmo deve-se dizer em relação às condutas" (2013: 120). O tema, entretanto, aparentemente, ainda não teria sido, devidamente, enfrentado sob a perspectiva da promoção da concorrência (QUEIROZ, 2016).

143 Para Humberto Ávila o artigo 146-A da Constituição Federal positivou o princípio da neutralidade concorrencial como uma forma de buscar que a tributação não gere situações de desequilíbrio, tais como um agente econômico pagar menos tributo, reduzir o valor de venda de seu produto ou serviço e, com isso, obter parcela significativa do mercado (2008: 23).

144 O artigo 146-A da Constituição Federal, incluído pela Emenda Constitucional nº 42, de 19.12.2003, ao prever a edição de lei complementar com o objetivo de prevenir desequilíbrios da concorrência, reforçou a importância da aplicação do princípio da livre concorrência no campo tributário.

145 Para Fritz Neumark: "O princípio de evitar as conseqüências involuntárias que os impostos ocasionam na concorrência requer que a política fiscal, no relativo à transferência coativa por ela originada dos recursos econômicos, ou da subtração à capacidade aquisitiva que representa, se abstenha de toda intervenção que prejudique o mecanismo competitivo do

da ordem econômica, deve evitar desníveis concorrenciais decorrentes da atividade tributária e promover a livre concorrência por meio dos instrumentos, legalmente, previstos, e, nomeadamente, com base no referencial normativo da livre concorrência.[146]

Nessa perspectiva, o Professor Humberto Ávila (2008) assevera que:

> O ente estatal, para corrigir ou diminuir desigualdades descritivas, concernentes à livre concorrência, e permitir a igualdade normativa referente a ela, deve atuar não de modo neutro, mas, em vez disso, de modo positivo por meio da tributação. Pode-se até mesmo dizer que, para garantir um estado de neutralidade marcado por igualdade de condições, o ente estatal deve deixar a sua neutralidade de lado e agir estimulando comportamentos dos contribuintes. Isso mostra, entre outras coisas, que a igualdade não serve apenas para desconhecer desigualdades descritivas, mas, também, para balanceá-las e compensá-las por meio de regras iguais ou diferentes. [...] a igualdade não se resume a obrigar o ente estatal a tratar igualmente os contribuintes. Ela também o obriga a tratá-los como iguais, isto é, como titulares de determinados direitos que não podendo ser exercidos na sua plenitude devido a distorções de fato, impõem sua correção para assegurar a igualdade de oportunidade. É obrigatoriedade do Poder Legislativo afastar, por meio de cláusulas de eqüidade, a eficácia da norma relativamente a grupos normalmente prejudicados no plano dos fatos (faktisch besonders benachteiligte Gruppen).[147]

---

mercado, a menos que a intervenção seja indispensável para corrigir resultados da concorrência perfeita, às que por razões de ordem superior se considerem necessárias, ou para suprimir ou atenuar determinadas imperfeições da concorrência"(FERRAZ, 2006: 75).

146 Nesse sentido, Ricardo Seibel Lima ressalta que: "o dever de neutralidade tributária não é somente um dever de manter a igualdade entre os concorrentes perante a lei ou na lei, é uma obrigação que perpassa todo o processo da relação obrigacional tributária, desde sua criação, com a incidência da norma, até sua extinção, com o recolhimento do tributo." A atuação do Estado para concretizar o princípio da livre concorrência, através do dever de neutralidade tributária, poderá apresentar diferentes funcionalidades em razão da situação concreta. "Nesse sentido, a neutralidade tributária aproxima-se, em um primeiro momento, de uma idéia de abstenção de outras medidas fiscais, quando houver a tributação igual para contribuintes em situação equivalente, segundo a capacidade contributiva – art. 150, II, e 145, § 1º. – e estiver resguardada a igualdade de condições competitivas. "Poderá, contudo, ser veiculada pelo estabelecimento, por lei, de critérios especiais de tributação, para prevenir desequilíbrios na livre concorrência – art. 146-A, ou ainda, pela intervenção disciplinadora na economia, como agente normativo e regulador, para reorganizar a ordem, promover seus princípios de funcionamento ou reprimir o abuso do poder econômico, na forma dos artigos 173, § 4º, e 174". (2005: 90)

147 Destacou-se.

Com efeito, a intervenção concorrencial na esfera tributária pode-se dar por meio do controle de atos tributários contrários à ordem econômica, por meio de prevenção de desequilíbrios concorrenciais e por meio de ações premiais para se estabelecer e estimular a concorrência. Para os fins de promoção da concorrência, importa ressaltar a possibilidade de utilização extrafiscal da tributação para perseguir finalidades concorrenciais, recurso poucas vezes cogitado.

Como vimos anteriormente, a extrafiscalidade tributária pode ser utilizada para incrementar a competição quando esta se revele insuficiente,[148] ou o contrário, para resguardar uma paridade de armas concorrenciais como no citado caso da regulação do UBER pelo Município de São Paulo. Além disso, atividades consultivas de *advocacy* podem ser utilizadas para sugestões de aperfeiçoamento de tributos que possam estar provocando desníveis concorrenciais como no caso também já citado da tributação sobre a renda em fundos de investimento que provocaria, ainda que indiretamente, uma indesejável fidelização de clientes, favorecendo mecanismos de *locked-in* (aprisionamento de clientes) dificultando a concorrência bancária.[149] Outro caso, também aqui citado, é a possibilidade de redução de tarifas de importação de produtos como mecanismo de contenção de abusos do operador dominante ou para incrementar a rivalidade nos mercados considerados.[150]

Há outros exemplos de possível utilização extrafiscal do tributo para favorecer determinados *players*, mas não, exatamente, com base na lógica estrita do antitruste, mas com base em fins previstos, expressamente, na Constituição, *e.g.*: o objetivo de redução da desigualdade regional e social (artigo 3º, III, artigo 43, artigo 165, § 7º e artigo 170, VII da CF) e da Zona Franca de Manaus mantida com suas características de área livre de comércio, de exportação e importação, e por meio de incentivos fiscais (artigo 40 do ADCT).

Tais mecanismos, deveras, são buscados por meio de políticas de recorte transversal, mas principalmente pela conscientização das autoridades responsáveis por interferir no processo de criação, interpretação, cobrança tributária, bem como estudos de modelos tributários, acompanhamento de

148 Conforme demonstramos no Capítulo 2 quando tratamos dos temas da "workable competition" e da prática de preços excessivos.

149 Tema discutido no tópico que tratamos da concorrência bancária no Capítulo 2.

150 A argumentação econômica quanto à efetividade da utilização extrafiscal do tributo para fins concorrenciais foi melhor desenvolvida no tópico do capítulo anterior em que trato de medidas tributárias para mitigar preços excessivos.

mercado e atividades consultivas típicas de *advocacy* que objetivem encorajar a concorrência nos mercados afetados, negativamente, pela tributação.

3.19. A Experiência Internacional em matéria de *Competition Advocacy*

EUA, Reino Unido e México têm sido considerados os três países com regimes de promoção da concorrência mais avançados no mundo (RAGAZZO, 2007:6-7). É certo, entretanto, que, como demonstramos no capítulo anterior, a Austrália foi uma das nações pioneiras na adoção de políticas de promoção da concorrência como estratégia central de desenvolvimento. Em 1993, o Hilmer Committee Report introduziu o conceito de *comprehensive competition policy* em solo australiano, propondo que a defesa da concorrência só seria efetiva quando fosse além dos instrumentos convencionais do antitruste, de modo a alcançar todas as decisões governamentais e regulatórias que regulassem o processo de competição (TAVARES JR., 2014: 313-323). Esta visão orientou a transformação da TPC (Australian Trade Practices Commission) na ACCC (Australian Competition and Consumer Commission) com poderes para influir, quando julgar pertinente, nas ações do governo com possível impacto na concorrência (TAVARES JR., 2014: 313-323).

O que veremos a seguir são esforços recentes que, de certa forma, aproximam-se da já referida experiência australiana. A análise em questão objetiva identificar como a promoção da concorrência tem sido corporificada por meio de órgãos e estruturas do próprio Estado. Isto é, como os sistemas concorrenciais tem-se reordenado para assimilar uma função antes dispersa materialmente. Nesse aspecto, os países citados têm tido experiências exitosas na matéria, nomeadamente, nos últimos anos, por meio de reformas legais e estruturais. Acrescentamos, por fim, o exemplo canadense como mais um caso bem-sucedido no aperfeiçoamento da *competition advocacy*.

3.19.1. A Competition Advocacy nos EUA

A FTC esteve envolvida em ações de *advocacy* desde sua fundação, mas o discurso de seu então Presidente em 1974 Lewis Engman's sobre a ineficiente regulação do transporte então vigente nos EUA marcou o início de uma atuação mais incisiva do órgão na promoção da concorrência (ZYWICKI, et al., 2005: 1).[151] Originalmente, entendia-se que o papel de *advocacy*

151 Para ZYWICKI et al: "Competition advocacy, broadly, is the use of FTC expertise in competition, economics, and consumer protection to persuade governmental actors at

consistia na disseminação de informações concorrenciais. Entretanto, a partir da década de 70, a FTC passa a atuar, de modo mais ativo, auxiliando o Congresso em relação ao impacto de medidas regulatórias e projetos de lei, tendo em vista a necessidade de aperfeiçoar o cenário macroeconômico com o combate à estagflação vivenciada no período por meio de redução de intervenções governamentais ineficientes e, dessa forma, promoção do crescimento da economia (ZYWICKI, et al., 2005:5). A promoção da concorrência passaria, em grande medida, a ser uma alternativa à intervenção mais ampla nos mercados.

Conhecida, inicialmente, como "programa de intervenção" da FTC, a *advocacy* focou, ao longo dos anos, em questões relacionadas a restrições ao comércio internacional (1975-1990), práticas comerciais e propagandas na área de saúde (1980-1993), restrições horizontais e barreiras à entrada erigidas por meio de leis (1980-2003), questões regulatórias em telecomunicações, radiodifusão e TV a cabo (1983-1995), regulação de informações nutricionais em anúncios e produtos (1987-1993, 2000-2003), reestruturação da geração, transmissão e distribuição de energia (1995-2003), temas relacionados à regulação do setor postal (1981-1989) e combate a propostas de leis originadas de grupos de interesse contrárias à eficiência e à concorrência tanto no âmbito federal como estadual e local economia (ZYWICKI, et al., 2005). A promoção da concorrência avança nos EUA com a constatação de que seguidas intervenções governamentais disfuncionais ao mercado precisavam ser corrigidas (ZYWICKI, et al., 2005:5). A partir da década de 80, o programa amplia seu espectro com a inclusão da promoção da concorrência no âmbito estadual (ZYWICKI, et al., 2005:6).

Na gestão de Robert Pitofsky na Presidência da FTC de 1995 a 2001, a *advocacy* passa a ser compartilhada com outros órgãos do governo: DOJ, FCC, FERC, DOT (ZYWICKI, et al., 2005:7). Mas é a partir de 2001 que o programa passa por uma renovação e a perpassar tópicos mais variados, não se restringindo a questões de origem governamental ou regulatória (ZYWICKI, et al., 2005:8).

Uma das maiores dificuldades apontadas para o exercício mais efetivo da *advocacy* é, justamente, a inexistência de fundamentos específicos nas competências da FTC (ZYWICKI, et al., 2005:2). Há um departamento específico no órgão responsável pelo planejamento de políticas concorrenciais (FTC's

all levels of the political system and in all branches of government to design policies that further competition and consumer choice." (2005:1).

Office of Policy Planning) e outro encarregado de estudos econômicos: Bureau of Economics – BE (ZYWICKI, et al., 2005:3).

Para ZYWICKI et al, a pesquisa empírica por parte da FTC é um dos mais poderosos instrumentos de convencimento para demonstrar que determinadas intervenções governamentais, legais ou regulatórias podem impactar negativamente a concorrência e trazer danos aos consumidores (2005:22). Para o autor, a *competition advocacy* tem-se revelado um meio mais efetivo para fazer frente às barreiras institucionais e à influência de grupos de interesse (lobby) do que a tradicional intervenção antitruste, até porque determinadas leis ou atos regulatórios, além de ineficientes, tem o condão de criar determinadas imunidades concorrenciais que dificultam e encarecem uma intervenção *ex post* das autoridades concorrenciais (2005:24).

Nesse sentido, a *advocacy* tem sido apontada como a única ferramenta para prevenir danos à concorrência e ao consumidor. Tais atos até poderiam ser contestados, judicialmente, mas a pequena monta de recursos demandada pela *advocacy* faz dela um veículo mais eficiente para enfrentar tais restrições à concorrência (ZYWICKI, et al., 2005:25). Os custos da *competition advocacy* são compensados não apenas pelos benefícios de uma atuação prévia, mas também pela possibilidade de que os dados e informações sejam aproveitados em casos semelhantes ao passo que atuações *ex post*, além de individualizadas, são mais caras e morosas (ZYWICKI, et al., 2005:25).

Embora a FTC venha titularizando a *competition advocacy*, o DOJ tem reivindicado sua parcela de contribuição na promoção da concorrência (DOJ, 2013). A realidade é que, como já referido, a promoção da concorrência é uma função de índole transversal, isto é, que, de alguma forma, deve ser observada por todos órgãos públicos e até mesmo por agentes privados, mas cujos instrumentos irão variar conforme a atividade principal destas entidades. Há, inclusive, uma compreensão geral de que não apenas as agências federais são responsáveis pela *competition advocacy*, mas os 50 Estados da Federação americana compartilham seus objetivos e podem ajudar a promover a competição e eliminar barreiras legais e regulamentares à concorrência (DOJ, 2013).

Uma vez que o DOJ compartilha determinadas funções na matéria concorrencial com a FTC[152] e possui suas próprias incumbências exclusivas,

152 Há, em muitos casos, verdadeira sobreposição entre a atuação do DOJ e da FTC e até, como era de se esperar, diferentes pontos de vista em alguns temas. Como demonstra Sokol: "The United States operates differently in terms of agency structure than most antitrust systems. There are two federal agencies: the DOJ and the FTC. The former is

também acaba desempenhando uma função relevante na promoção da concorrência. [153] A verdade é que o DOJ tem desenvolvido sua missão de *advocacy* naquelas matérias que, historicamente, vem atuando com mais vigor (agricultura, telecomunicações, energia, propriedade intelectual e saúde).[154] Para se compreender a diferença de atuação entre o DOJ e FTC, elaboramos o quadro a seguir:

Divisão de Atribuições entre as Autoridades de Defesa da Concorrência nos EUA		
ASSUNTO	DOJ	FTC
Controle de ACs.	Compartilhado. Foco em serviços financeiros, telecomunicações e Industria Agrícola.	Compartilhado. Foco nas Indústrias Farmacêutica, de Defesa e Varejo
Criminal	Titulariza a Persecução Criminal	Apenas Notifica Eventuais Crimes
Sherman Act §§ 1º e 2º, id. § 4º	Exclusividade. Tem atribuição para aplicar a lei.	Ações Civis

an executive agency, and the latter is an independent agency with both competition and consumer protection missions. There is much overlap and some differences between the two agencies. The FTC undertakes competition advocacy.' It also focuses enforcement on certain industries (e.g., supermarkets, oil and gas), whereas the DOJ has an antitrust cartel unit and focuses enforcement on other industries (e.g., airlines, banking)." Agency overlap has always been an issue in the United States. However, two recent developments have exacerbated tensions between the two agencies. These developments support a need for a comparative institutional analysis. The first issue relates to a divergence in practice for merger standards between Section 13(b) of the FTC Act and Section 7 of the Clayton Act. The second development is in the area of single-firm conduct and the differences between Section 2 of the Sherman Act and Section 5 of the FTC Act. The potential for divergence between the FTC and the DOJ on mergers has always existed." (SOKOL, 2010: 1076).

153 Nas palavras de ZYWICKI et al (2005); "The DOJ pushes cartel enforcement because it undertakes such enforcement, whereas the FTC does not undertake criminal cartel enforcement. Similarly, FTC officials tend to focus on the strength of competition advocacy, which they undertake, but DOJ does not".

154 Nada muito diferente, portanto, do que ocorre no Brasil em que a SEAE, em princípio, possuiria a *expertise* na matéria promocional, entretanto, o CADE acaba por exercer relevante e histórica atribuição na advocacia da concorrência.

Divisão de Atribuições entre as Autoridades de Defesa da Concorrência nos EUA		
ASSUNTO	DOJ	FTC
Controle sobre Práticas de Concorrência Desleal, injustas ou enganosas.		Competência geral da FTC
Matéria de Direito do Consumidor		Competência geral da FTC
Ações Coletivas em Geral	Compartilha com Atores Privados	Não possui competência.
Atuação Administrativa e Competition Advocacy	DOJ possui, essencialmente, atuação judicial. Entretanto, vem exercendo relevantes atribuições em matéria de *competition advocacy*, por meio de recomendações ao Congresso americano e demais órgãos federais e Estaduais. Tem atuado como *amicus curiae* por meio de *amicus briefs*.	Possui, essencialmente, atuação administrativa, mas em alguns casos tem atribuição judicial, inclusive, para fazer valer suas decisões ou para contestar supostas imunidades concorrenciais erigidas, especialmente, pelos Estados. Tem sido o órgão protagonista no exercício da *competition advocacy*. Também atua como *amicus curiae*.

Fonte: Elaboração própria.

O DOJ vem atuando na *competition advocacy* por meio de recomendações ao Congresso em relação a projetos de lei que influenciem na concorrência, auxílios e informações aos demais órgãos federais e estaduais na matéria antitruste, como *amicus curiae*, na difusão da cultura concorrencial através de cursos e palestras e trabalhando em conjunto com autoridades internacionais de defesa da concorrência para promover as melhores práticas na matéria e difundir a concorrência pelo mundo (DOJ, 2013).

Com efeito, o DOJ tem atuado em conjunto com a FTC em matéria de *advocacy* em temas relacionados, especialmente, à proteção patentária, objetivando desenhar políticas de patentes que, de fato, estimulem a competição e a inovação. Fruto desta atuação foi a recente edição do Guia Antitruste de Propriedade Intelectual, assinado em conjunto pelos dois órgãos que envolve uma mudança de postura dos dois órgãos rumo a uma política mais incisiva na promoção da concorrência (DOJ; FTC, 2017). O DOJ também tem auxiliado a FTC a derrubar supostas imunidades concorrenciais no setor de saúde erigidas por leis estaduais (DOJ, 2013). No setor energético, tem colaborado com a FERC objetivando ampliar a competição no setor, bem como identificar possíveis ineficiências na política regulatória energética (DOJ, 2017).

Recentemente, o DOJ expandiu sua atuação em matéria de *advocacy* e passou a atuar em assuntos relacionados a leis estaduais que regulam profissões regulamentadas e em relação a práticas de contratação corporativas, tendo, nesse caso, editado, em conjunto com a FTC, um guia específico que objetiva prevenir condutas com potencial anticompetitivo no mercado de trabalho tais como cláusulas de não-concorrência empregatícias, pactos de não agressão entre empresas e compromissos de lealdade (DOJ; FTC, 2016). [155]

O guia em questão poderia se consubstanciar em valorosa fonte de inspiração para que as autoridades de defesa da concorrência no Brasil olhassem com mais cuidado para alguns setores em que a dinâmica competitiva é muito influenciada pelas relações contratuais e institucionais.[156] Uma estratégia do

155 Práticas consideradas ilegais *per se*.

156 Não será possível aprofundar neste trabalho, mas um setor que, certamente, mereceria um olhar atento das autoridades concorrenciais, sob o prisma da *competition advocacy*, é o de planos de saúde. Como se sabe, além dos casos frequentes já condenados de unimilitância, as firmas dominantes influenciam, direta ou indiretamente, as regras desse mercado por meio de inúmeros mecanismos de *locked-in* (aprisionamento de clientela) que vão de inúmeros programas que induzem a fidelização de médicos a mecanismos contratuais nas relações hospitalares que geram fechamento de mercado para operadoras e médicos entrantes. Outra possível prática predatória ocorre quando operadoras, normalmente, controladas por médicos, dificultam o acesso, pelos usuários, aos demais serviços de saúde relacionados tais como serviços de fisioterapia, serviços de psicologia, terapia ocupacional, etc, promovendo, em boa medida, uma reserva de mercado da profissão médica. Restaria, por fim, identificar possíveis incentivos públicos e fiscais irrazoáveis aos planos de saúde que somente serviriam para aumentar as distorções concorrenciais no setor. Além disso, a regulação do setor é bastante problemática, havendo uma assimetria regulatória entre planos coletivos e individuais geradora de disfuncionalidades e ineficiências, bem como de injustificado tratamento diferenciado entre usuários. O setor mereceria uma investigação mais ampla por meio de instrumentos de *advocacy*. Nesse sentido, há um interessante posicionamento do então Conselheiro Ricardo Villas Boas Cueva no âmbito do controle comportamental, mas que teria grande contribuição também para promoção da concorrência. Cueva, com base nos critérios de configuração de *joint ventures* do direito antitruste norte-americano, questionara a legalidade da própria existência de cooperativas como forma de integração de médicos para fornecer serviços, pois tais entidades provocariam reservas de mercado e

DOJ tem sido alertar agentes econômicos e consumidores para práticas que seriam ilícitas *per se*, de modo a desencorajar, previamente, condutas do gênero. O mesmo poderia ser feito no Brasil para cartéis em licitações, exclusividades em planos de saúde, práticas contratuais anticompetitivas e, entre outros, tentativas de tabelamentos de preços por órgãos privados.

É tamanho o envolvimento das autoridades norte-americanas com a *competition advocacy* que o então Presidente Barack Obama editou uma Executive Order em 2016, especialmente, com o intuito de promover a concorrência no país. Denominada "Medidas para Aumentar a Competição e Melhor Informar Consumidores e Trabalhadores para Apoiarem, continuamente, o Crescimento da Economia Americana", o ato regulamentar demonstra a preocupação com a excessiva concentração de poder econômico e a redução do dinamismo da economia norte americana (White House, 2016). Um dos trechos do documento demonstra esta perspectiva:

> Em toda a nossa economia, muitos consumidores estão lidando com produtos inferiores ou com preço excessivo, muitos trabalhadores não estão recebendo o salário que mereceriam, muitos empresários e pequenas empresas estão sendo massacrados injustamente pelas firmas dominantes e, em geral, não estamos mais vivenciando o mesmo nível de inovação e crescimento que gostaríamos de ver. E isto se deve, em grande medida, ao comportamento anticompetitivo de empresas lesando seus concorrentes e seus trabalhadores. Temos que resolver este problema, fazendo tudo o que pudermos para que os consumidores, as famílias de classe média, os trabalhadores e os empreendedores vivenciem uma situação mais justa"[157] (White House, 2016).

Referido documento revela o engajamento da Presidência dos EUA com o tema concorrencial e a preocupação com o risco da excessiva concentração

---

dificultariam, sobremaneira, a concorrência em relação aos médicos não cooperados e entrantes independentemente da existência de cláusulas de excluvidade (CADE: 2015; Processo Administrativo nº 08012.007042/2001-3355). Trata-se, no caso, de típica barreira institucional erigida por uma organização particular. Sobre o padrão de financiamento público e incentivos governamentais a planos de saúde, consultar Ockés-Rei, Andreazzi e Silveira (2006).

157 No original: "Across our economy, too many consumers are dealing with inferior or overpriced products, too many workers are not getting the wage they deserve, too many entrepreneurs and small businesses are getting squeezed out unfairly by their bigger competitors, and overall we are not seeing the level of innovative growth we would like to see. And a big piece of why that happens is anti-competitive behavior – companies stacking the deck against their competitors and their workers. We've got to fix that, by doing everything we can to make that consumers, middle-class and working families, and entrepreneurs are getting a fair deal" (White House, 2016).

do poder econômico em solo americano. Conjuntamente à Executive Order, a Casa Branca divulgou um material educativo para demonstrar como a competição pode ser benéfica para a população em geral.[158] Este interesse das altas autoridades políticas do país não está restrito nem mesmo ao Chefe do Poder Executivo e atitudes como a de Obama, não seriam também, exatamente, uma total novidade. Como demonstra Rodas;

> A partir de 2002, foi implementada a Comissão de Modernização Antitruste, composta por membros nomeados pelo Presidente e pela Câmara dos Deputados, com objetivo de estudar a necessidade de modernização de legislação antitruste; solicitar interpretações relacionadas às operacionalidades dessa legislação, promover a elaboração de artigos, relatórios e pareceres para o Congresso e para o Poder Executivo. (2015b):

Como se viu, a atuação dos órgãos americanos na promoção da concorrência é intensa e envolve variados mecanismos de *advocacy* que se articulam com as funções de *enforcement* tanto na esfera administrativa como judicial, alcançando os demais entes da federação. Há, no Brasil, uma limitação do âmbito de atuação dos órgãos de defesa da concorrência diferentemente do que ocorre nos EUA. Esta limitação é tanto de índole material no sentido de que os órgãos norte-americanos encarregados da defesa da concorrência adotam medidas mais variadas na tutela da concorrência, revelando uma diferente *cultura* na própria aplicação do antitruste; de índole orçamentária, na medida em que o orçamento do SBDC é irrisório comparado ao dos órgãos americanos, o que impede uma atuação mais ampla das autoridades concorrenciais brasileiras; mas também de índole formal no sentido de que os órgãos brasileiros talvez ainda não estejam munidos de ferramentas suficientes à efetiva implementação da função de promoção da concorrência ou mesmo não contem com maior aceitação intragovernamental e política no que tange à ampliação de ferramentas ao exercício desta função.

A *competition advocacy* é uma das principais funções da Federal Trade Comission, mas o próprio DOJ vem incrementando, progressivamente, sua atuação na promoção da concorrência. Ainda assim, há a percepção de que não existem, até o momento, ferramentas suficientes para uma atuação ainda mais incisiva mesmo pelos órgãos americanos. A realidade demonstra que a *competition advocacy* é uma das preocupações centrais dos órgãos de

158 O material promocional foi denominado "Thinking Outside the Cable Box: How More Competition Gets You a Better Deal" (White House, 2016).

defesa da concorrência dos EUA, mas, ainda assim, há poderosos obstáculos ao seu exercício.

3.19.2. A Competition Advocacy no Reino Unido

Uma das autoridades antitruste mais atuantes na promoção da concorrência é a CMA (Competition & Markets Authority), órgão de defesa da concorrência do Reino Unido criado a partir da fusão entre a OFT (Office of Fair Trading) e a Competition Commission (CC). A partir da publicação do *White Paper* em 2001 e do *Enterprise Act* em 2002, a *competition advocacy* passou a ser um dos principais focos de atuação do órgão por meio da formação de uma equipe de especialistas vinculados à divisão chefiada pelo Economista-Chefe da agência (OFT, 2010: 13). A despeito de, inicialmente, concentrada nesse Departamento, a *advocacy* passou a ser desempenhada também por outras equipes da CMA e a envolver todas as atividades não-relacionadas às típicas funções de *enforcement* (OFT, 2010: 13). A CMA organiza seus trabalhos entre uma *advocacy* voltada para o mercado ou ao público em geral e outra voltada para os órgãos públicos por meio da qual se objetiva "mimizar impactos das intervenções governamentais na competição" (OFT, 2010: 13). Nesse particular, a autoridade antitruste britânica considera que existiriam quatro maneiras de o poder público interferir nos mecanismos concorrenciais, sendo duas delas diretas e duas indiretas. As diretas seriam aquelas situações em que o governo atua como comprador ou como fornecedor de bens, serviços e informações. As indiretas consistiriam em mecanismos fiscais (tributos e subsídios) e normativos (legislativos, regulatórios etc).

Uma reforma legislativa introduzida pelo Small Business, Enterprise and Employment Act de 2015 ampliou os poderes da CMA, de modo a que esta passasse a atuar, indistintamente, em qualquer mercado e pudesse se dirigir, com autonomia, diretamente, em relação a qualquer Ministério e órgãos da Coroa com recomendações sobre os potenciais efeitos anticompetitivos de novas propostas legislativas ou atos regulamentares (CMA, 2016). Para se ter uma ideia da importância da *competition advocacy* no Reino Unido, o governo britânico estabeleceu que todas as recomendações advindas da autoridade antitruste deverão ser aceitas com exceção apenas daqueles casos em que existam consistentes razões políticas para excepcionar a competição (CMA, 2016). A realidade é que a CMA passou a exercer uma espécie de controle concorrencial prévio de políticas públicas do governo britânico.

A CMA tem atuado, ativa e indistintamente, nos mais variados setores, cabendo mencionar o energético, bancário, setor imobiliário, de financiamentos e educacional. Recentemente, a CMA editou um guia para auxiliar formuladores de políticas públicas avaliarem o impacto de suas propostas terão na competição e como reavaliar essas políticas de forma a que sejam pró-competitivas (*Competition Impact Assessment*). O guia fornece uma série de etapas e "checklists" para avaliar o impacto anticompetitivo das propostas legislativas. A ideia seria muito bem-vinda no Brasil e serviria para parametrizar o impacto de medidas legais e regulamentares não apenas no âmbito federal, mas também nos demais entes federativos, funcionando como uma espécie de controle prévio do impacto anticoncorrencial destas medidas.

3.19.3. A Competition Advocacy no México

O México vem promovendo uma série de reformas no sistema de defesa da concorrência com foco em *competition advocacy*. Em 2014, a nova lei de defesa da concorrência mexicana (LFCE) inseriu, expressamente, como um de seus objetivos *promover a concorrência*, bem como *prevenir as barreiras à livre concorrência e demais restrições ao funcionamento eficiente dos mercados* (artigo 2º. da LFCE).[159] A LFCE passou a prever, entre as competências da CFC, órgão antitruste mexicano, manifestar-se sobre políticas públicas, leis, regulamentos, acordos, circulares, atos administrativos, tratados internacionais, licitações, concessões; realizar estudos para identificar problemas concorrenciais e atuar junto aos demais órgãos públicos para impedir distorções indevidas na competição (art. 12 da LFCE). Além disso, uma das principais alterações foi a introdução do artigo 57, IV que passou a prever uma competência geral da CFC para "adotar as medidas adequadas para prevenir e eliminar barreiras à livre concorrência". Os artigos 94 e 95 também inovaram ao prever que a CFC poderá iniciar um processo de investigação quando verifique existir "elementos que façam supor que não existem condições de concorrência efetiva em um mercado e com o fim de verificar a existência de barreiras à concorrência ou insumos essenciais que possam gerar efeitos anticompetitivos". A ideia é, justamente, introduzir um regime de maior competição e inovação por meio da promoção da concorrência.

159 A LFCE define expressamente em seu artigo 3º., IV: "Barreras a la Competencia y la Libre Concurrencia: Cualquier característica estructural del mercado, hecho o acto de los Agentes Económicos que tenga por objeto o efecto impedir el acceso de competidores o limitar su capacidad para competir en los mercados; que impidan o distorsionen el proceso de competencia y libre concurrencia, así como las disposiciones jurídicas emitidas por cualquier orden de gobierno que indebidamente impidan o distorsionen el proceso de competencia y libre concurrencia".

Com efeito, a OCDE estima que, no México, os mais pobres estejam arcando com 40% de preços acima do que seriam praticados caso houvesse maior concorrência, sendo que a *competition advocacy* cumpriria a importante missão de inclusão social por meio da promoção da competição nos mercados (OCDE, 2013). A CFC tem atuado, especialmente, em setores regulados e setores agrícolas objetivando mitigar efeitos anticompetitivos de leis especiais e regulamentações protecionistas.

A promoção da concorrência também foi utilizada no país como mecanismo de revisão da regulação do setor bancário. As reformas empreendidas objetivaram incrementar a concorrência e melhorar a performance do segmento, de modo a contribuir para recuperação econômica do país. Segundo a ICN, após a intervenção, o número de bancos mexicanos aumentou de 35 para 43; a concentração de mercado decresceu, sendo que o *share* dos dois maiores bancos do país passou de 48% para 41% em relação a depósitos, de 50% para 41% para empréstimos e 80% para 52% em cartões de crédito; e o volume financeiro aumentou depois da intervenção, sendo que os financiamentos em proporção ao PIB saltaram de 0,7% para 4,7% e as transações de cartão de crédito saltaram de 0,34% para 1,12% (2010: 21). Ainda assim, a competição bancária é considerada baixa no México, pois a proporção de empréstimos em relação ao produto interno bruto é considerada reduzida: de 25% no país, enquanto nos países da OCDE essa proporção é de 127%. (ICN, 2010: 21).

Em 2009, a CFC, órgão de defesa da concorrência mexicano, recomendou uma série de reformas para fomentar maior concorrência no setor, tais como: i. introdução de ferramentas tecnológicas para facilitar a portabilidade bancária; ii. supervisão das taxas e tarifas bancárias; iii. introdução de interconexão entre meios de pagamentos e máquinas de cartões de crédito para permitir a entrada de concorrentes; iv. autorização para que instituições não-bancárias prestem serviços financeiros tais como emissão de cartões para pagamento; v. incremento da transparência sobre informações bancárias, taxas de juros e outras cobranças; vi. introdução de cartões de crédito básicos padronizados.

Com a introdução de novos mecanismos de *competition advocacy* na lei de defesa da concorrência, portanto, o governo mexicano tem, de um modo geral, ampliado a competição em setores chaves para o crescimento econômico (OCDE, 2013).[160]

160 Nas palavras de Hoher, entretanto, "in spite of the past two decades' far-reaching economic liberalization, the Mexican economy still suffers under the legacy of the state-led, corporatist economic policy that held sway for at least sixty years before that, and which lingers in vast

3.19.4. *A Competition Advocacy no Canadá*

A experiência recente em termos de *advocacy* no Canadá é emblemática de como a política de inovação e estímulo à competitividade tem sido levada a sério naquele país. Nesse contexto, o Competition Bureau (CB), órgão antitruste daquele país,[161] passou a integrar o *Innovation, Science and Economic Development Canada Portfolio*, uma espécie de política central de governo canadense que objetiva melhorar as condições de investimento, o desempenho da inovação, aumentar a participação no comércio global e edificar um mercado justo, eficiente e competitivo (CANADÁ, 2016). Nesse sentido, um dos objetivos do CB é o de "promover a adoção contínua de uma hígida política de concorrência como pedra de toque da abordagem de desenvolvimento econômico do Canadá" (CANADÁ, 2016). [162]

Objetivando fortalecer a *competition advocacy*, o Canadá reformou seu sistema concorrencial em 2015 e concentrou as funções de promoção da concorrência em uma divisão do CB, especificamente dedicada a este fim: o Competition Promotion Branch (CPB). A reforma extinguiu o Economic Policy and Enforcement Branch, o Legislative and International Affairs Branch e o Public Affairs Branch, centralizando-os no CPB (CANADÁ, 2015).

O CPB passou a se constituir em um dos principais braços da atuação do Competition Bureau (CB), órgão de defesa da concorrência canadense. Uma das prioridades da criação do CPB foi, justamente, a de "aumentar os esforços de promoção da concorrência para fomentar uma cultura de conformidade e defesa da competição" [163] (CANADÁ, 2017).

---

pockets of anticompetitive regulation and all too frequent distrust of market mechanisms in Government, Congress, the Judiciary, and the general public. Second, these conditions tend to be concentrated in services that have a horizontal impact on the rest of the economy, such as telecommunications, transport, energy, and financial services." (HOHER, 2012).

161 O CB é uma agência independente responsável pela tutela antitruste no Canadá.

162 No original: "to promote the continued adoption of strong competition policy as a cornerstone of Canada's economic development approach." (CANADÁ, 2016).

163 No original: "Increase competition promotion efforts to advance a culture of compliance and competition advocacy. The Bureau will increase our competition promotion efforts through our advocacy, stakeholder outreach and communication functions. We will complete our ongoing market studies and will initiate at least two other market studies. For transparency purposes, these studies will be listed in the Advocacy portal of the Bureau's website. The Bureau will broaden awareness of and support for competition principles to benefit Canadian businesses and consumers, and increase the competition-related advice we offer to other government departments, as appropriate. Throughout the year, the Bureau will meet with consumers, business and legal associations, companies and government departments to address key matters. As part of our ongoing Action Plan on

A partir da reforma do sistema concorrencial de 2015, passou-se a adotar uma "abordagem tripartida com foco em defesa, promoção e difusão da concorrência" [164] (Competition Bureau, 2017b). A ampliação das atividades em *advocacy* decorreu da constatação de que os mecanismos usuais de defesa da concorrência não alcançavam, satisfatoriamente, os problemas concorrenciais, demandando a renovação do enfoque da tutela antitruste (CANADÁ, 2017c) Nos termos de relatório de avaliação das atividades do CB, a agência assim se manifestou:

> É amplamente aceito na literatura e, na prática, em todo o mundo, que as autoridades da concorrência precisam incrementar os esforços na aplicação e prevenção por meio de *competition advocacy* para que a tutela antitruste seja, verdadeiramente, efetiva" (CANADÁ, 2017c)[165]

Importante notar que a autoridade canadense diferencia atividades de *advocacy* proriamente ditas das atividades informativas de difusão da cultura concorrencial (*outreach activities*). As atividades de *advocacy* no Canadá são divididas em atividades de aconselhamento e convencimento de legisladores, dos formuladores de políticas públicas e dos demais órgãos reguladores; intervenções fomais, representações em face de órgãos nacionais e locais para fazer prevalecer a livre concorrência; realização de estudos de mercado; e, por fim, participações em fóruns internacionais (OCDE, ICN etc). Já as atividades de *outreach* (atividades informativas de difusão concorrencial) incluem informações gerais (por meio de website, discursos, orientações sobre práticas, consultas públicas, estratégias de prevenção), orientações formais (notas técnicas, apresentações, pareceres etc) e demais atividades de divulgação da cultura da concorrência por meio de veículos de informação (vídeos, publicações, anúncios etc). (CANADÁ, 2017c). As atividades de *compliance*, por sua vez, estão inseridas no rol das atividades de *enforcement* ainda que

---

Transparency, we will continue to consult on important issues and provide guidance on investigations and stakeholder communications through the release of our Transparency Bulletin. We will also continue to publicize enforcement outcomes, issue consumer advisories and position statements, and expand the Bureau's social media presence." (CANADÁ, 2017a).

164 No original: "To protect and promote competition for the benefit of consumers, businesses and the Canadian economy, the Competition Bureau employs a three-pronged approach of targeted enforcement, advocacy and outreach." (Competition Bureau, 2017b).

165 Conforme o orginal: "It is widely accepted in the literature and in practice around the world that competition authorities need to augment enforcement and deterrence efforts with competition advocacy in order to be truly effective." (https://www.ic.gc.ca/eic/site/ae-ve.nsf/eng/h_03856.html#function)

envolvam conteúdo educativo ou de dissuasão de práticas anticompetitivas pelos agentes econômicos (CANADÁ, 2017c).

Curiosamente, o tema da promoção da concorrência ganhou força a partir de 2014 com as discussões travadas em torno do surgimento da UBER no mercado canadense, o que provocou dilemas semelhantes aos enfrentados no Brasil e em outras partes do mundo, tendo a autoridade canadense se pronunciado a favor do modelo disruptivo e encaminhado opiniões legais para as autoridades locais por meio das quais advogou a importância da inovação tecnológica em questão (CANADÁ, 2017c). Nos últimos anos, o CB tem também reforçado sua atuação com atividades de promoção e difusão da cultura concorrencial por meio da formulação de planos anuais no âmbito concorrencial para dirigir a atuação do órgão, orientar a sociedade e demais órgãos estatais. O primeiro deles elaborado para o exercício de 2014/2015 foi focado em atividades de *compliance*, tendo sido denominado "Promovendo o Compliance para o Benefício dos Cidadãos Canadenses". Já para 2015/2016 o plano teve foco redobrado na promoção da concorrência propriamente dita e foi intitulado "Tutelando e Promovendo a Concorrência em Benefício de Todos os Canadenses". Mais recentemente, para o exercício de 2016/2017, como reflexo da importância crescente do tema da inovação, o plano atual foi chamado "Fortalecendo a Concorrência para Promover Inovação".[166]

Assim como nos exemplos já citados, o caso canadense vem reforçar que o antitruste não poderia se dissociar de um conceito dinâmico de eficiência. O meio encontrado para concretização dessa ideia foi justamente o desenvolvimento de ferramentas adicionais no antitruste por meio da *competition advocacy* e se aproxima, portanto, das experiências empreendidas nos demais países com pequenas variações quanto à classificação dessas funções em atividades de *advocacy* propriamente ditas, *outreach* (atividade de difusão de informações concorrenciais) e demais mecanismos preventivos relacionados a atividades de *compliance* inseridos no rol das funções típicas de *enforcement*.

166 Informações disponíveis no próprio site do Competition Bureau: http://www.competitionbureau.gc.ca

CAPÍTULO 4

A CULTURA DA CONCORRÊNCIA NO BRASIL

4.1. A Difusão Cultural da Concorrência

A difusão da cultura da concorrência é merecedora de renovada abordagem. A pergunta que deve ser feita é se "difundir concorrência" seria o mesmo que, simplesmente, "divulgar o antitruste", isto é, esclarecer cidadãos e empresas sobre a atuação do SBDC, ilícitos concorrenciais, critérios de análise ou decisões já tomadas pelas autoridades concorrenciais. A despeito do relevante papel desempenhado na divulgação do direito concorrencial, definitivamente, difundir, de modo mais efetivo, a cultura da concorrência passaria também pela adoção de diferentes posturas e estratégias educacionais e pedagógicas, não apenas, portanto, informar o público sobre aspectos concorrenciais.[1] Nesse sentido, não seria difícil compreender a razão pela qual a *competition advocacy* não tem recebido a atenção devida. Na verdade, como demonstram Rodriguez e Menon, pelos mesmos motivos que o sistema como um todo não possui a atenção devida (2010:160).

Para estabelecer uma cultura da concorrência não bastaria a divulgação de ideias sobre o tema, seria necessário promover uma efetiva *mudança institucional*. A mudança institucional só ocorre, entretanto, pela mudança efetiva das instituições, isto é, pela transformação do ambiente institucional.[2] Dessa forma, um sistema bem estruturado de defesa da concorrência já não seria suficiente, por si só, para promover essa mudança, pois ele próprio, também inserido nesse "ecossistema", padeceria de muitas das vicissitudes do próprio ambiente que pretenderia modificar. A mudança institucional, então, só ocorreria por mecanismos que promovam, efetivamente, mudanças comportamentais

1 Não se pretende, com isto, reduzir a importância da tarefa informativa, de resto, fundamental, mas sim ressaltar a importância de se ir além na difusão da cultura concorrencial.

2 Como, de resto, já se discutiu nos capítulos iniciais a partir do referencial teórico de Douglass North.

que, por sua vez, só ocorrerão mediante *aprendizado institucional.*[3] Somente por meio de um sistema educativo (e educacional) bem estruturado é que será possível transformar padrões institucionais em modelos mentais e, por um processo compartilhado de experiências, promover a retroalimentação ou feedback desse conhecimento com a realidade e, assim, produzir novas experiências, novos padrões e hábitos. Com base nas premissas teóricas assumidas no presente trabalho, para que isso ocorra, são pressupostos: o "desinsulamento" sistêmico do antitruste, políticas de reinversão, a reforma de padrões educacionais e das instituições.[4]

O desinsulamento do antitruste seria representado pela transversalização da experiência concorrencial para que esta não seja identificada apenas com seus atores formais ou órgãos especializados de controle. Tal solução permitiria a superação do padrão *top down* (centro-periferia) decorrente, em grande medida, do transplante institucional de modelos jurídicos estrangeiros que, impostos sem a devida vivência social prévia, ficaram restritos a especialistas e não alcançaram o público em geral.

Políticas de reinversão,[5] por sua vez, são aquelas que objetivariam transformar padrões estruturais de desenvolvimento baseados na "armadilha dos produtos básicos" (*staples theory*) que, como já mencionamos, influenciam toda a economia e a sociedade, dificultando a criação de uma cultura inovativa e pró-competitiva.

---

3 Nas palavras de North e Fogel: "Aprender implica desenvolver uma estrutura pela qual interpretar os sinais variados recebidos pelos sentidos. A arquitetura inicial da estrutura é genética, mas o passo subseqüente é um resultado das experiências do indivíduo. As experiências podem ser classificadas em dois tipos - os do ambiente físico e os do ambiente linguístico sociocultural. As estruturas consistem em categorias - classificações que evoluem gradualmente desde a primeira infância para organizar nossas percepções e manter o controle de nossa memória de resultados analíticos e experiências. Com base nessas classificações, formamos modelos mentais para explicar e interpretar o ambiente - normalmente em formas relevantes para algum objetivo. Tanto as categorias como os modelos mentais evoluirão, refletindo o feedback derivado de novas experiências: feedback que às vezes fortalece nossas categorias e modelos iniciais ou pode levar a modificações - em suma, aprendizado. Assim, os modelos mentais podem ser continuamente redefinidos com novas experiências, incluindo o contato com as idéias dos outros." (NORTH, FOGEL: 1997)

4 Os assuntos se interconectam de tal sorte que a divisão é, puramente, didática para que seja focada uma ou outra questão mais relevante. Assim, obviamente que reforma institucional também pressupõe revisão de padrões educativos; políticas de reinversão e desinsulamento pressupõem reforma das instituições e assim por diante.

5 Já também referidas anteriormente, mas no contexto da análise do componente dinâmico e competitivo do desenvolvimento.

A reforma de padrões educacionais é pressuposto não apenas para o necessário processo de transversalização do antitruste, mas para que a experiência concorrencial seja coletiva e não se restrinja a um sistema segmentado, isto é, restrito a órgãos de controle e agentes especializados.

Por fim, a reforma institucional (legal e organizacional) é pressuposto para realização de todas as outras propostas e, assim, para a criação de condições para que, de fato, a concorrência produza seus esperados efeitos na promoção do desenvolvimento e na democratização tanto de instituições políticas e econômicas.[6]

4.2. A Reforma de Padrões Educacionais

Conforme importante pesquisa empírica realiza por Leonardo Arquimino de Carvalho, chegou-se à conclusão de que apenas entre 3,08% a 3,89% das Instituições Jurídicas de Ensino Superior[7] ofertavam conteúdos essenciais sobre defesa e promoção da concorrência,[8] sendo apenas 1,59% a 2% como disciplinas obrigatórias (CARVALHO, 2008:233).[9] O estudo em questão comprova, cabalmente, a hipótese de que a temática concorrencial é pouco estudada nos cursos de graduação em direito no Brasil.

Já nos EUA, o antitruste, enquanto disciplina autônoma, nasce entre 1920 e 1930 nas Universidades americanas, mas mesmo antes deste período, escolas de administração já ofereciam o tema em cursos e disciplinas sobre contratos, direito comercial e corporativo (Waller, 2011: 842). Portanto, no país berço do antitruste, é inegável a maior preocupação com a difusão educacional da concorrência.

Outro fator a retirar importância da temática concorrencial é o de que as Diretrizes Curriculares Nacionais do MEC para o curso do Direito (Resolução

6 Como vimos, pressuposto defendido tanto por North como por um dos maiores expoentes da Filosofia Política da atualidade, J. Rawls.

7 Foram analisadas 1068 dentre as 1078 informadas pela OAB (CARVALHO, 2008:233).

8 Carvalho identifica as seguintes disciplinas relacionadas com o conteúdo da defesa da concorrência: "Introdução a Economia, Fundamentos de Economia, Economia Política, Economia Aplicada ao Direito, Direito Penal Econômico, Direito do Consumidor, Direito Econômico, Direito e Economia, Direito Econômico e Financeiro, Direito de Empresa, Direito Empresarial, Direito Comercial, Direito dos Negócios, Temas de Direito Empresarial, Direito Constitucional Econômico, Direito da Regulação, Direito Administrativo, além de outras" (2007:233).

9 Segundo Carvalho, o percentual é variável, pois 220 Instituições não responderam aos questionários.

do CNE nº 9 de 29 de setembro de 2004) não mencionam disciplinas como direito econômico ou direito concorrencial[10] nos seus eixos pedagógicos[11] e é, altamente, provável que esta regulação (ou omissão) do MEC tenha contribuído para que tão poucos cursos de Direito ofereçam a disciplina concorrencial. Considerado o elevado valor social da livre concorrência, deve-se questionar a razão pela qual o impacto desse processo nas escolas de graduação em direito tenha sido tão reduzido nas últimas décadas.

Deve-se considerar também que, no exame nacional da OAB, sequer há uma disciplina autônoma de direito da concorrência e nem mesmo de direito econômico, que seria ainda mais ampla. A ausência de uma disciplina antitruste no Exame de Ordem, sem dúvida, é um fator indutor para que estruturas curriculares das Faculdades de Direito não se voltem para a temática concorrencial ou que Professores e "cursinhos" não se preocupem com o ensino da matéria.

A realidade é que a própria tradição disciplinar do conhecimento impõe barreiras à integração entre temáticas que deveriam possuir tratamento transversal (transdisciplinar). Isto ocorreu até mesmo com o florescimento do moderno direito constitucional que encontrou forte resistência da tradição civilista e de "teses infraconstitucionais" que tentavam se contrapor aos novos parâmetros normativos e princípios trazidos pela Constituição Federal de 1988. A própria organização curricular no formato de grade contribui para a dificuldade na integração entre conteúdos essenciais do direito. O ideal seria que determinados temas possuíssem tratamento curricular em rede, isto é, fossem estudados de forma a perpassar diferentes disciplinas (SACRISTÁN, 2013: 23). Isto valeria não apenas para a livre concorrência, mas para princípios como proporcionalidade, isonomia, defesa de minorias e igualdade de gêneros. Nada impediria, e seria até recomendável, que a matéria concorrencial fosse associada de modo mais amplo à temática anticorrupção, de modo a agregar valor aos temas e permitir uma visão integrada de desvios sistêmicos que se correlacionam.

Reconhecida a importância da concorrência como central ao desenvolvimento e à própria democracia, deve-se questionar qual a razão para que o impacto desse processo nas escolas de graduação em direito tenha sido tão

10 Não mencionam nem mesmo os princípios da livre concorrência e da defesa do consumidor nos eixos pedagógicos.

11 Os chamados Nenhum deles, entretanto, menciona "direito da concorrência", "direito econômico", "direito do consumidor" e nem mesmo o "princípio da livre concorrência".

reduzido nas últimas décadas. Como superar esse *déficit* educacional no que concerne à difusão da cultura da concorrência, ao menos, entre profissionais do direito (tarefa educativa da promoção da concorrência)? Ao mesmo tempo, como adaptar o conteúdo do direito econômico ou do direito da concorrência para que contemple diferentes realidades (locais, regionais ect)? Estas são questões que merecem ser enfrentadas.

Uma ação pedagógica de enorme sucesso, no Brasil, consubstanciou-se no Programa de Intercâmbio estabelecido pelo CADE desde 1999.[12] Visto, de certa forma, como mais um programa de estágios, a realidade é que a ação empreendida pelo CADE foi responsável por suprir uma verdadeira lacuna do conhecimento existente nesta seara nas Faculdades de Direito e de Economia Brasil afora. No fundo, trata-se de uma ação educacional (e, portanto, curricular) e não, simplesmente, "profissionalizante", que foi capaz de multiplicar células de conhecimento para muito além das fronteiras dos gabinetes da capital federal, alcançando as 5 regiões do Brasil. Sem ela, certamente, o direito concorrencial não teria alcançado, ao menos no âmbito teórico, instituições de ensino e bacharéis com os mais variados interesses (não apenas específico no antitruste). Em que pese a iniciativa, a realidade é que um programa como este seria incapaz de revolucionar a cultura concorrencial e jurídica de forma mais ampla, mas, certamente, sem ele, o SBDC seria pouco conhecido.[13]

Como a questão curricular é um tema dependente do direito, até porque as diretrizes curriculares que definem os eixos disciplinares de diversos cursos superiores são objeto de regulamentação pelo MEC, a reforma desses padrões poderia alcançar eixos pedagógicos dos cursos de Administração e Economia, de modo a que estes, obrigatoriamente, incorporem a temática concorrencial. Ora, se o conteúdo curricular é, primeiramente, definido por atos normativos, deve-se questionar se as diretrizes curriculares estão em consonância com o princípio constitucional da livre concorrência que, como sabemos, é central ao desenvolvimento e à democracia, um imperativo constitucional não-disponível, portanto.

É uma tarefa de *advocacy* propor a compatibilização dos eixos temáticos das diretrizes curriculares com a matéria concorrencial. Não se trata apenas de

12 Programa, igualmente, adotado pela SDE até sua extinção e, certamente, com o mesmo grau de sucesso.

13 Certamente, disciplinas foram criadas ou o conhecimento "carreado" para a academia por alunos e ex-alunos após a realização do intercâmbio.

um dever decorrente do princípio geral da livre concorrência, mas da necessidade de cumprir o previsto no artigo 218 e parágrafos da CF e na própria lei que instituiu o novo marco legal da inovação no Brasil, Lei 13.243/2016, que impõem como dever do Estado, na pesquisa e capacitação científica, incentivar a inovação e a competitividade. Isto reforça a necessidade de adaptação curricular de modo que os eixos temáticos, também destes cursos, passem a contar com temas relacionados à defesa e promoção da concorrência.

É importante ressaltar que esta é uma demanda também no antitruste norte-americano. N. Hawker chega a mencionar que haveria um déficit na educação de grandes líderes em termos de compreensão integrada das dimensões antitruste e negocial (2003:85).[14] Waller, ao propor a abordagem integrada entre antitruste e governança corporativa, vislumbra novas possibilidade de colaboração em pesquisa e ensino entre escolas de negócios e faculdades de direito no campo concorrencial (2011: 886).[15] Albert Foer, por sua vez, chega a afirmar que, levando em consideração os recentes escândalos dos casos Enron, Global Crossing e Arthur Andersen, uma reforma curricular do gênero deve grande respeito às tradições do antitruste (2003:24).[16]

Um exemplo interessante de introdução da cultura concorrencial via reforma curricular se deu em Portugal. Para o jurista Luis Domingos Morais, em obra dedicada especificamente ao ensino do Direito da Concorrência em solo português, a temática antitruste passaria a ser, gradativamente, abordada nas Faculdades de Direito lusitanas com a integração de Portugal à então criada CEE e a adoção do direito da concorrência comunitário como modelo comum de controle dos mercados (2009:155-169). As Faculdades daquele país passariam a incorporar a matéria concorrencial em conteúdos renovados de disciplinas mais gerais de direito econômico que, antes focadas em questões

14 Nas palavras de Hawker: "The examination of the relationship between the strategic management curriculum and antitruste law reveals an appalling déficit in the education of business leaders" (HAWKER, 2003:85).

15 Segundo este autor "For the corporate governance community, this means increased attention to the role of competitive and anticompetitive outcomes in formulating duties and responsibilities for corporate actors. Combining the two fields suggests new possibilities of collaborative research and teaching across formerly separate law school subjects and between law school and business school faculty" (Waller, 2011: 886).

16 Para Foer: "the purpose of proposing business school curriculum reforms that will provide increased understanding of the principles and purposes of antitrust to our future business leaders. In the expected conter-revolution unleashed by the scandals at Enron, Global Crossing, Arthur Andersen, et al. any restructuring of business school curricula should not leave out instilling greater respect for the traditions of antitrust" (2003: 24).

relacionadas à intervenção direta do Estado, passariam a se ocupar também do tema nessa outra perspectiva (MORAIS, 2009:155-169). A partir de 1999, em razão da necessidade de adaptação de conteúdos curriculares às premissas do chamado "processo de Bolonha",[17] as Faculdades de Direito portuguesas tanto no âmbito da graduação como da pós-graduação (especializações, mestrados científicos e profissionalizantes) passariam a apresentar o direito concorrencial como disciplina autônoma e integrada entre os diferentes ciclos do ensino com base em uma visão transdisciplinar e integrada (2009:15-58). Mas é, especificamente, a partir de 2003, que o tema ganha impulso com as reformas verificadas no âmbito do direito comunitário da concorrência e no direito concorrencial português. Para Morais, foi a descentralização do direito concorrencial comunitário que incentivou esta preocupação com o tema nas faculdades de direito aliado ao fato da criação de uma Autoridade da Concorrência com reforçado grau de autonomia (2009:172-182).[18]

Com efeito,

> a descentralização do direito concorrencial comunitário impôs indiscutivelmente necessidades redobradas de conhecimento e compreensão hermenêutica desses normativos, envolvendo toda a comunidade jurídica, compreendendo os académicos, os apoios de consultadoria jurídica das empresas, mais frequentemente confrontadas com situações de aplicação efectiva ou potencial de normas de direito da concorrência, os juízes nacionais e os quadros da Autoridade da Concorrência e até de outras autoridades de regulação que com esta devem interagir (MORAIS, 2009:181).

O processo de descentralização portuguesa estaria a sugerir que foi a *mudança institucional* em questão que, de certa forma, promoveu o "desinsulamento" do antitruste que, antes centrado nas atividades comunitárias, passaria a ser objeto de preocupação local. Este movimento induziu um renovado *aprendizado institucional* da temática concorrencial em Portugal com impulso

17 O Processo de Bolonha decorre da Declaração de Bolonha, assinada em 19 de Junho de 1999, na cidade italiana, pelos ministros responsáveis pelo ensino superior de 29 países europeus, *inter alia*, Portugal. Consubstanciou-se em processo de reforma educacional no ambito europeu que se insere nos objetivos da Estratégia de Lisboa para concretizar o Espaço Europeu de Ensino Superior (2009:15-58).

18 Como demonstra L. D. Morais, "O impulso recente para um maior desenvolvimento dos estudos do direito da concorrência nas faculdades de direito nacionais se encontra relacionado com as novas condições gerais de aplicação quer do direito nacional da concorrência, quer do direito comunitário da concorrência após as profundas reformas introduzidas nestes dois ordenamentos em 2003" (2009:171).

para que a disciplina de direito da concorrência passasse a ser lecionada de forma autônoma nas faculdades de direito lusas. O exemplo português demonstra que, sem um antecedente processo de mudança institucional, seria difícil promover a cultura da concorrência naquele país.

Por fim, é importante destacar que, tendo a teoria econômica e os métodos de investigação empírica e estatística evoluído, seria preciso fazer a transição desse conhecimento para o direito, o que, como demonstramos, já vem sendo feito em alguma medida. Padrões econômicos ultrapassados, quando incorporados pelo direito e uma vez reiterados por práticas decisórias diuturnas, são de lenta e difícil remoção.[19] Nesse sentido, North e Fogel afirmam que seria necessário:

> Desmantelar o pressuposto de racionalidade subjacente à teoria econômica, a fim de abordar de forma construtiva a natureza da aprendizagem humana. A história demonstra que ideais, ideologias, mitos, dogmas e preconceitos são motivos de preocupação; e é preciso compreender como evoluem.[20]

Assim, difundir a concorrência também objetivaria atuar, preventivamente, *sobre* as estruturas que compõem o tecido social e econômico na exata medida em que se busca introduzir novos modos de atuação e de compreensão da realidade. Uma vez que lida com questões relacionadas ao funcionamento dos mercados, o antitruste tem uma influência, naturalmente, educativa no sentido de que o desiderato concorrencial seja incorporado e realizado pelas pessoas (BORK, 1993: 425). Sem um processo educacional mais amplo de difusão da cultura concorrencial, não será possível que cidadãos e agentes econômicos retroalimentem e redefinam o ambiente institucional (o "ecossistema"), de modo a que abandonem hábitos e práticas contrárias à noção

---

19 O modelo de concorrência perfeita começou a ser erigido ainda com base em padrão científico do século retrasado por influência de um conceito de ciência, como vimos, já bastante ultrapassado.

20 North, nesse ponto, chama atenção para a necessidade de valorização da dimensão cognitiva do "aprendizado institucional": "It is necessary to dismantle the rationality assumption underlying economic theory in order to approach constructively the nature of human learning. History demonstrates that ideas, ideologies, myths, dogmas, and prejudices matter; and an understanding of the way they evolve is necessary for further progress in developing a framework to understand societal change. The rational choice framework assumes that individuals know what is in their self-interest and act accordingly. That may be correct for individuals making choices in the highly developed markets of modern economies but it is patently false in making choices under conditions of uncertainty - the conditions that have characterized the political and economic choices that shaped (and continue to shape) historical change." (NORTH, FOGEL: 1997).

democrática e igualitária de concorrência. Por isso, a abordagem educacional da concorrência se constituiria em um dos meios para, genuinamente, promover a concorrência. A omissão do Estado, nesse particular, redundaria em potencial desconhecimento pelas pessoas e agentes econômicos quanto à necessidade de observar o vetor competitivo ou de serem rejeitadas práticas patrimonialistas que acarretem o favorecimento de determinadas pessoas em detrimento de outras. Portanto, somente é possível aperfeiçoar a difusão da cultura concorrencial pela mudança institucional, o que inclui não apenas alteração de leis e atos normativos, mas do ambiente institucional como um todo.

4.3. O Desinsulamento

A importância da concorrência parece ter sido subestimada e, de certa forma, as discussões sobre o tema acabaram insuladas no próprio sistema de defesa da concorrência, até em razão da forte incidência das teorias econômicas no antitruste, o que pode ter dificultado o diálogo com a sociedade e com o universo jurídico em geral (aqui incluídos importantes atores nesse processo: magistrados, membros do Ministério Público e advogados em geral).

Outro problema talvez seja o fato de que muitos identifiquem o tema da concorrência apenas com as funções desempenhadas pelos órgãos que compõem o SBDC. Ademais, como já foi referido, a livre concorrência deveria ser abordada não apenas como princípio do direito econômico e do antitruste, mas também de outras áreas tais como direito tributário, licitações e, entre outros, direito contratual. Sem dúvida, a deficiência educacional na matéria antitruste incrementa o *déficit* de atuação preventiva na matéria concorrencial por órgãos que não integram o SBDC. Além disso, esta carência educacional dificulta a identificação do argumento concorrencial pelo Judiciário, Ministério Público e Advocacia Pública.

O fato dos órgãos de defesa da concorrência integrarem a esfera federal, embora a competência em matéria de direito econômico seja concorrente (art. 24 da CF), reforça o insulamento, pois a matéria antitruste acaba restrita a análises efetuadas na capital federal. Nesse aspecto, a revogação pela LDC do critério que previa que todos aqueles atos de concentração que resultassem em mais de 20% de concentração deveriam ser apresentados ao CADE (§ 3 do art. 54 da Lei 8.884/94) representou considerável retrocesso que sinalizou, sob a perspectiva dos incentivos (ou do direito premial[21]), uma certa despreocupação

21 Ou das sanções positivas.

concorrencial com questões locais (DOMINGUES e GABAN, 2012). Trata-se, sem dúvida, de um obstáculo à difusão da cultura da concorrência e um fator que apenas reforça o insulamento do antitruste. [22]

Na medida em que a livre concorrência não se traduz em um princípio cuja implementação se restrinja às funções de controle de atos de concentração e de condutas ilícitas dos agentes econômicos, impõe-se, portanto, ao Estado o dever de atuar por outros meios e instrumentos, buscando maior efetividade na promoção e defesa da concorrência. Nesse sentido, um dos fundamentos dessa atuação é a chamada publicidade educativa que, segundo Marrara (2012: 285), "exige uma atuação proativa do Estado no sentido de difundir e divulgar os valores maiores protegidos pela Carta Constitucional, estimulando as autoridades públicas e os particulares em geral a perseguirem - senão minimamente respeitarem - esses valores".

4.4. As Políticas de Reinversão

Pamplona e Cacciamali, argumentam que países como Canadá, Austrália, Nova Zelândia, Noruega e Finlândia conseguiram reverter um padrão

22 Sobre o enfraquecimento da Nova Lei da Concorrência em alguns aspectos, Eduardo Moura Gaban e Juliana Oliveira Domingues tecem importantes considerações: "Embora com nobre intenção, ela enfraqueceu o controle de estruturas, pois houve a eliminação do critério de incidência de market share. Esse critério estabelecia que toda operação de fusão que resultasse concentração de 20% ou mais de um determinado mercado deveria ser analisada pelo Cade. Outro enfraquecimento se deve à inaplicabilidade da lei para controle de concentrações de consórcios e associações para fins de licitações, como no caso de empreiteiras que se unem para realizar uma obra pública, que não mais serão analisados pelo Cade. Não obstante, ao coroar tal enfraquecimento, em 31 de maio uma portaria interministerial elevou os valores do critério de incidência da lei para o controle de concentração. Agora, são de submissão obrigatória apenas operações cujas partes ou grupos econômicos possuam faturamentos brutos equivalentes ou superiores a R$ 750 milhões, de um lado, e R$ 75 milhões, do outro-antes, os valores eram respectivamente R$ 400 milhões e R$ 30 milhões. Com isso, muitas fusões que resultarão em monopólios estão automaticamente permitidas - sequer serão avaliadas. Os maiores exemplos são empresas que podem ser monopolistas em bairros, municípios e até pequenas regiões, como supermercados, postos de combustíveis, drogarias, faculdades e universidades privadas, clínicas e hospitais. Das oito operações vetadas pelo Cade desde 1994, por exemplo, duas (a de 2009 e a de 2010) ficariam isentas do controle antitruste. O principal argumento das mudanças foi eliminar a submissão obrigatória de operações sem potencial ofensivo, canalizando esforços para casos de interesse da sociedade. Ora, a Constituição não protege a livre concorrência apenas em mercados "grandes". A proteção abrange todos os mercados. Tais normas são incompatíveis com a Constituição, pois enfraquecem a eficácia de um de seus mandamentos nucleares: a livre concorrência. (DOMINGUES e GABAN, 2012).

dependente de capital intensivo[23] em produtos básicos por meio da diversificação da economia, fazendo com que fosse criado "um círculo virtuoso de reinversão" (2017: 258).

No caso da Austrália, a política de reinversão se deu, justamente, pela adoção de mecanismos de *competition advocacy* como, de resto, já referido anteriormente[24] (TAVARES JR., 2014). Como demonstra a OCDE, esta solução, entretanto, envolveria um pacote amplo de medidas cuja aplicação encontra obstáculos sociais e culturais, de tal forma que somente uma política de longo prazo poderia suplantar dificuldades de transição (OCDE, 2016: 19).[25]

---

23 Schneider observa que o modelo de capital intensivo adotado pelo Brasil com base em mão de obra maciça e desqualificada reduz incentivos até mesmo para que firmas invistam em educação qualificada ou demandem do Estado reformas educacionais nesse sentido (2013,150-152).

24 Segundo a ICN:

"Some of the most striking empirical work on competition and growth comes from the National Competition Policy (NCP) in Australia. In April 1995, the Australian government committed to the implementation of a wide-ranging National Competition Policy — that drew heavily on a blueprint established by an earlier independent inquiry, the "Hilmer Review." These efforts increased Australia's gross domestic product by 2.5 per cent, and the average household's income by A$7000 per annum. At the sector level, the results are equally impressive. For example, in the electricity sector, average real prices Australia-wide fell by 19 per cent, real port charges fell by up to 50 per cent, average telecommunications charges have fell by more than 20 per cent in real terms, etc." (2009).

25 Para a OCDE (2016: 19) "Technology policies need to be part of a broader package, developed in consultation with the social partners to ease transition problems. One strategy is to begin with those measures which appear to be the most feasible, universally supported and whose effects are likely to be the most evident. Once these measures have been in existence for some time and their effects have been evaluated, necessary corrections can be implemented and more difficult decisions can be pushed through. Science and technology policies in Finland, Iceland, Japan and the Netherlands have been able to evolve along these lines. Even when "big bang" policies have been introduced, technology policy has generally evolved gradually over a period of decades (e.g. New Zealand). On the other hand, the ability to advance may hinge on the political will to push through difficult decisions, handle the associated transition costs and demonstrate positive outcomes. In some countries, a crisis situation has helped muster support for reform (e.g. Finland, Japan). It is important that policymakers exploit such opportunities as they arise, thereby preventing conditions from deteriorating to a degree which makes it extremely difficult to repair the damage. Measures that promote broad-based upskilling and lifelong learning can help to raise the mobility and employability of workers and mitigate the costs of job displacement resulting from rapid technological change. To the extent that innovation and technology diffusion contribute to economic performance and increased job creation overall, they should help improve social cohesion. Social security programmes and transfers protecting social cohesion will nevertheless continue

Se no passado políticas de reinversão[26] poderiam parecer de difícil adoção, o cenário recente parece indicar um *momentum*[27], uma vez que o país, ao amargar uma recente crise decorrente em grande parte do aparente esgotamento do modelo *staples trap*,[28] apresenta estrutura industrial diversificada, mercado interno robusto, capacidade exportadora regional (PAMPLONA; CACCIAMALI, 2017: 262-263), bem como um sistema de controle de corrupção ativo e articulado. Todos estes fatores constituiriam pressupostos relevantes para uma política do gênero pautada em descentralização econômica, inovação e competitividade.

Como já se salientou em relação à articulação entre políticas de desenvolvimento e concorrência, há um modelo em que agentes econômicos esforçam-se para obterem a liderança em termos de inovação tecnológica e outro modelo em que as empresas seguem as firmas líderes (NELSON; WINTER, 1982: 123). Obviamente que estes padrões são dependentes de um dado modelo de desenvolvimento. Países que procuram inovação e competitividade liderarão novos ciclos de crescimento. Países que não se preocupam com o protagonismo econômico dependem da trajetória dos países líderes (*path-dependent change*).

Por certo que, dentre todos os temas enfrentados, este é o mais difícil, pois envolveria uma tomada de decisão, deveras, muito mais delicada no âmbito político cujo convencimento, portanto, extravasaria os específicos propósitos do presente trabalho. De qualquer forma, os exemplos dos países citados nesta investigação estão a demonstrar que a promoção da concorrência poderia se consubstanciar em importante mecanismo para auxiliar na elaboração de políticas de desenvolvimento mais efetivas e sustentáveis.

---

to play an important role in preserving a social fabric conducive to trust; itself a major building block for risk-taking, innovation and creativity in a broader sense. At the same time, such policies must not undermine incentives for work, upskilling, organisational change or restructuring. OECD countries face a major challenge in putting into place, and successfully communicating to the public, a comprehensive policy framework which allows for a mutual strengthening of social cohesion, on the one hand, and technological progress and change on the other."

26 Reutilização do capital para novas aplicações e de modo alternativo a políticas previamente adotadas.

27 Virada de rota.

28 Para mais detalhes, remetemos ao terceiro capítulo quando tratamos do tema, especificamente, quanto à articulação entre políticas de desenvolvimento e de concorrência.

4.5. A Reforma Institucional

O SBDC não é apenas uma ilha aparentemente incapaz de influenciar a cultura concorrencial de forma mais ampla. É também expressão dessa cultura. Aliás, não é por falta de vontade, esforço ou capacidade técnica de seus membros que o SBDC enfrenta e sempre enfrentou severas dificuldades para fazer valer a tutela concorrencial. Trata-se de uma barreira cultural difícil de suplantar.

Falar em reforma institucional[29] requer, sobretudo, a compreensão das dificuldades históricas para efetivação da tutela antitruste no país. Como já referido, no Brasil, padrões normativos foram criados para fomentar um movimento antitruste e não o contrário, como ocorreu no direito antitruste norte-americano em que o movimento precedeu a criação de estruturas formais de controle. O antitruste é, recorrentemente, tema central nos EUA diferentemente do que ocorre no Brasil. Theodore Roosevelt, Presidente norte-americano no período de 1901 a 1909, ficou conhecido como "trust-buster" (caçador de trustes)[30]. Já naquele tempo, o antitruste ocupava um papel nuclear na política e nas eleições presidenciais. Nas eleições de 2016, o debate voltou à tona com um pré-candidato cujo lema de campanha era "se os bancos são tão grandes para quebrar são tão grandes para existir" (Business Insider, 2015) e com um Presidente eleito, D. Trump, prometendo, a um só tempo, impedir a fusão entre AT&T e Time Warner e iniciar uma ofensiva contra a Amazon, uma vez que este grupo seria um "grande problema antitruste" (THE HILL, 2017). [31]

---

29 Aqui remetemos ao sentido de "instituições" e "ambiente institucional" que trabalhamos no capítulo 2.

30 T. Roosevelt foi responsável por uma implacável perseguição ao que chamava "bad trusts", refletindo os anseios da sociedade americana daquela época: "I believe that monopolies, unjust discriminations, which prevent or cripple competition, fraudulent overcapitalization, and other evils in trust organizations and practices which injuriously affect interstate trade can be prevented under the power of the Congress to "regulate commerce with foreign nations and among the several States" through regulations and requirements operating directly upon such commerce, the instrumentalities thereof, and those engaged therein." (State of The Union History, 2015).

31 Trump prometeu impedir a aquisição da AT&T pela Time Warner argumentando que a operação poderia criar "excessiva concentração de poder nas mãos de poucos" (THE HILL, 2017). O DOJ, na mesma linha, está pleiteando a reprovação da operação em virtude, justamente, da elevada concentração e do possível bloqueio à inovação por ela provocada.

"We are not attacking the corporations, but endeavoring to do away with any evil in them. We are not hostile to them; we are merely determined that they shall be so handled as to subserve the public good" - Theodore Roosevelt (1902).

Fonte: State of The Union History (2015)

Diferentemente da tradicional inserção da temática concorrencial no âmago da cultura social e política norte-americana, o antitruste brasileiro, além de, como já referido, decorrer de um modelo *top-down* (centro-periferia), em razão da transposição tardia de modelos formais sem o correlato movimento sociopolítico, acabou por criar e reforçar um *habitus* de atuação minimalista no âmbito concorrencial. As reformas legais que se seguiram avançaram em muitos aspectos, mas, certamente, foram insuficientes para o enfrentamento do problema.[32]

Com efeito, a Lei Malaia[33] (Decreto-lei 7666/45) talvez tenha marcado a primeira tentativa de criação de uma cultura da concorrência no país. A iniciativa do então Ministro da Justiça Agamenon Magalhães simbolizava mais uma ação isolada do que expressão de um movimento concorrencial

32 Aliás, como analisamos, nem mesmo o antitruste norte-americano tem conseguido fazer frente ao fenômeno concorrencial, quanto mais o direito concorrencial pátrio.

33 O termo "malaia" se deve às feições físicas de Agamemnon, parecidas com a de uma pessoa de origem oriental.

propriamente dito[34]. Um trecho da carta encaminhada por Agamenon ao jornal Folha da Manhã, escrita no período em se deu a tentativa de implementação da Lei Malaia, sintetiza essa percepção e demonstra o conflito entre uma visão capitalista mais progressista do então Ministro e a cultura econômica oligárquica que ainda predominava no país:

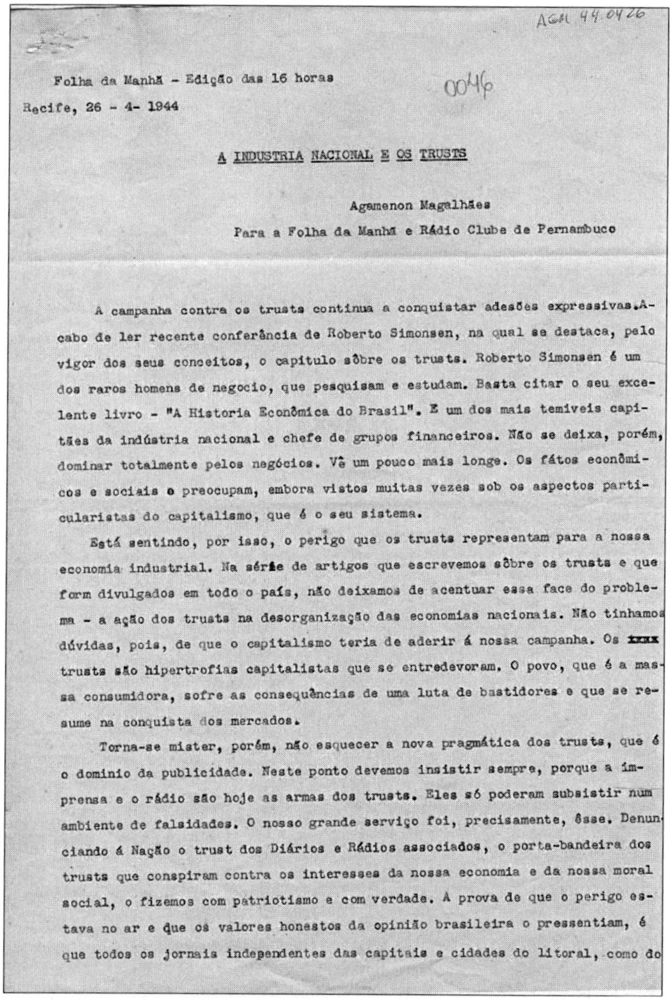

AGM 44.04.26

Folha da Manhã - Edição das 16 horas

0046

Recife, 26 - 4- 1944

A INDUSTRIA NACIONAL E OS TRUSTS

Agamenon Magalhães

Para a Folha da Manhã e Rádio Clube de Pernambuco

A campanha contra os trusts continua a conquistar adesões expressivas.Acabo de ler recente conferência de Roberto Simonsen, na qual se destaca, pelo vigor dos seus conceitos, o capitulo sôbre os trusts. Roberto Simonsen é um dos raros homens de negocio, que pesquisam e estudam. Basta citar o seu excelente livro - "A Historia Econômica do Brasil". E um dos mais temiveis capitães da indústria nacional e chefe de grupos financeiros. Não se deixa, porém, dominar totalmente pelos negócios. Vê um pouco mais longe. Os fátos econômicos e sociais o preocupam, embora vistos muitas vezes sob os aspectos particularistas do capitalismo, que é o seu sistema.

Está sentindo, por isso, o perigo que os trusts representam para a nossa economia industrial. Na série de artigos que escrevemos sôbre os trusts e que form divulgados em todo o país, não deixamos de acentuar essa face do problema - a ação dos trusts na desorganização das economias nacionais. Não tinhamos dúvidas, pois, de que o capitalismo teria de aderir á nossa campanha. Os xxxx trusts são hipertrofias capitalistas que se entredevoram. O povo, que é a massa consumidora, sofre as consequências de uma luta de bastidores e que se resume na conquista dos mercados.

Torna-se mister, porém, não esquecer a nova pragmática dos trusts, que é o dominio da publicidade. Neste ponto devemos insistir sempre, porque a imprensa e o rádio são hoje as armas dos trusts. Eles só poderam subsistir num ambiente de falsidades. O nosso grande serviço foi, precisamente, êsse. Denunciando á Nação o trust dos Diários e Rádios associados, o porta-bandeira dos trusts que conspiram contra os interesses da nossa economia e da nossa moral social, o fizemos com patriotismo e com verdade. A prova de que o perigo estava no ar e que os valores honestos da opinião brasileira o pressentiam, é que todos os jornais independentes das capitais e cidades do litoral, como do

Artigo de Agamenon Magalhães para a "Folha da Manhã" e "Rádio Clube de Pernambuco", A Industria Nacional contra os Trusts dos "Diários Associados". Recife, 26/04/44 (Arq. AGM c 1944.04.26)

34 Na exposição de Motivos, Agamenon Magalhães justificou a primeira lei antitruste brasileira da seguinte forma: "Lucros extraordinários provocados pela guerra estimulam a criação

Para os fins aqui propostos, o que vale chamar a atenção é que a tentativa de engendrar uma nova sistemática concorrencial sempre despertou, portanto, intensa oposição de determinados grupos econômicos. A Lei Malaia que, curiosamente, instituiu a Comissão Administrativa de Defesa Econômica (a CADE), provocou tamanha reação que houve quem dissesse se tratar de um "decreto maligno", ou de forma bastante extrema que: "Desaparece a propriedade privada que é uma expressão da liberdade individual" ou que "A economia brasileira na mesma situação da economia alemã no tempo do nazismo", ou mesmo que se trataria de uma lei "apocalíptica" dada sua numeração "7.666" (CABRAL: 2015).

Como se sabe, após a tentativa malsucedida de Agamenon, somente em 1962, o Brasil publicaria uma nova lei concorrencial. A Lei 4.137/1962 que criou o CADE, com a mesma denominação atual, recebeu severas com críticas, mas agora relacionadas ao estrangeirismo da iniciativa. O que importa ressaltar, nesse ponto, foi a falta de identificação da lei concorrencial com fatos ou demandas concretas brasileiras que culminaram na sua rara aplicação. Para Alberto Venâncio Filho a aprovação da Lei 4.137 de 1962 resultou de um:

> Mimetismo institucional, visando a copiar instituições legais não genuinamente necessárias ainda. É mais um episódio de um processo de ajustamento institucional, em que, por fôrça da aceleração histórica, se transplantam instituições, modos de vida e medidas, de que ainda não existe real necessidade social (1964: 30)

---

de novos latifúndios. Acelera-se o êxodo dos campos em benefício das cidades, onde se levantam faustosos arranha-céus com o dinheiro arrecadado, muitas vêzes, das zonas rurais depauperadas. E os latifúndios não vão formar-se nas zonas desertas. Não vão beneficiar as regiões áridas. Invadem os centros mais populosos e prósperos. Desmantelam as: pequenas propriedades, criando para os trabalhadores uma situação moral e econômica inferior à dos escravos no tempo do Império. Êsses fenômenos constituem conseqüências fatais de exercício abusivo do poder econômico contra o qual se tem sistemàticamente insurgido a opinião pública leiga ou técnica, conforme se poderá verificar nos anais das conferências econômicas ultimamente realizadas e do pronunciamento unânime dos especialistas e técnicos do assunto". (VENANCIO FILHO, 1964: 34).

A realidade é que a cultura concorrencial somente ganha corpo a partir da década de 90[35] e, ainda assim, em alguma medida, rudimentar embora todo esforço das autoridades concorrenciais.[36]

Este diuturno descompasso entre movimentos concorrenciais e sistemas normativos, entretanto, se por um lado, dificultaria a introdução de modos efetivos de operacionalização do antitruste, por outro, já seria sintoma do constante predomínio de uma mentalidade de privilégios e da perpetuação de instituições políticas refratárias à democratização dos mercados. Pode-se dizer que esta oposição ou até indiferença ao sistema de defesa da concorrência persiste em alguma medida, mas agora por outros meios, muito mais indiretos e sutis, que a própria visão convencional do antitruste já não conseguiria alcançar. O exemplo das Ilhas Guam referido no segundo capítulo é ilustrativo desse fenômeno: quanto mais ferramentas organizacionais são criadas, mais sofisticadas tornam-se as estratégias de

35 A evolução do direito antitruste no Brasil está intimamente ligada ao histórico econômico do país. Durante um longo período, o Estado brasileiro aderiu a uma política de intervenção intensa nas atividades privadas, a qual foi marcada por duplo perfil. De um lado, exacerbou a proteção da economia popular, utilizando-se técnicas de amplo controle de preços e substituição de importações e, de outro, o Estado passou, com intensidade jamais vista, a atuar na economia como um empresário, centralizando grande parte das atividades econômicas. Consequência lógica de uma tal configuração econômica foi o abandono da opção concorrencial cujo pressuposto de aplicação se funda em um patamar mínimo de liberdade aos agentes de mercado. Tal período, que se inicia com a criação do CADE pela Lei nº 4.137/62, pode ser definido, sob o prisma da eficácia normativa, como a *"Era perdida" do direito antitruste.* Gesner de Oliveira destaca que 74% das decisões do CADE, no período de 1962 a 2000, foram tomadas entre 1996 e 2000, ou seja, em quatro anos (2001:3). Como sublinha Forgioni, "em seu período de vigência, sem embargo de alguns breves 'surtos' ou 'ondas' de aplicabilidade, a Lei Antitruste de 1962 não encontrou maior efetividade na realidade brasileira, não sendo possível identificar qualquer atuação linear e constante de uma política econômica que se tenha corporificado em uma política da concorrência". (1998: 131). A partir do final da década de 80, com a gênese do processo de abertura da economia e o abandono das técnicas tradicionais de intervenção, o direito da concorrência, gradativamente, adquire maior efetividade. Do controle da economia popular passa-se a uma intensificação da tutela concorrencial. Marco desta mudança foi a edição da Lei nº 8.158/91, que, em certa medida, simbolizou o florescimento da defesa da concorrência. Esta nova etapa, que antecedeu à promulgação da Lei 8.884/94, foi marcada, entretanto, por um certo hibridismo, já que não representou o total abandono das práticas ortodoxas de intervenção nos mercados (QUEIROZ, 2005: 1-2).

36 Gaban e Domingues ressaltam que "a defesa da concorrência vem avançando fortemente se comparado com o período entre 1962 até 1994" (2012:273).

grupos de poder, de tal sorte a manter seu domínio econômico e político.[37] Até por este motivo, a concorrência é, altamente ameaçadora em países acostumados com mercados concentrados, não habituados com padrões de eficiência dinâmica e inovação. Não por acaso, verificam-se maiores barreiras[38] e menores incentivos ao início de novos empreendimentos em países pouco competitivos, até como um meio indireto (cultural e institucional) de proteção de grandes firmas já estabelecidas.

Diversas alterações legais, pressões de toda ordem e o permanente esforço de reversão judicial de decisões do CADE têm dificultado maiores avanços na aplicação da LDC. Existem muitos "pontos de veto" entre a atuação do SBDC e efetivas cominações. A despeito do sucesso da atuação da PROCADE, como se sabe, inúmeros casos de multas ou desaprovação de operações estão submetidos a riscos permanentes de suspensão ou até reversão judicial. Além disso, o órgão desde o seu nascedouro, tem estado sob constante risco de captura por interesses de todo gênero. Por vezes, tais interesses são difusos e se expressam, ainda que indiretamente, por meio de relações entre comissionados e escritórios de advocacia ou até mesmo partidos políticos. Escritórios e partidos políticos, por sua vez, são organizações, legitimamente, mandatárias dos mais variados interesses de grupos econômicos.

Tal como posta a estrutura atual, é, de certa forma, "natural" este atual estado de coisas. Organizações são apenas "jogadores" que seguem as "regras do jogo" tal como desenhado institucionalmente.[39] Sem a prévia mudança dos incentivos que precedem à formação desse ambiente institucional, isto é, sem a alteração das "regras do jogo", será difícil acreditar que Conselheiros poderão agir com completa autonomia. Muitos deixaram seus postos em grandes bancas privadas de advocacia, outros já eram filiados a partidos políticos e, depois do fim do mandato, devem retornar para o setor privado ou para suas agremiações políticas. Não seria razoável esperar que agissem de modo a ignorar a realidade, até porque encontram-se em uma posição de vulnerável dependência de salários e progressão profissional.

---

37 Obviamente, não significa que todos os detentores de poder econômico e financeiro ajam dessa forma e nem que atuem dessa maneira o tempo inteiro, até porque, por vezes, os interesses se modificam e um dado grupo pode preferir, por mero oportunismo, atacar uma dada operação de um grupo rival só porque lhe seria prejudicial. O que importa ressaltar, nesse sentido, é que essa reflexão se dá no âmbito institucional e não individual, isto é, no quadro mais amplo de incentivos criados por meio da configuração jurídico-econômica da relação Estado-sociedade.

38 Como dificuldades de acesso ao capital.

39 Conforme nos ensina North (1997).

Ainda assim, é notório que o SBDC tem desempenhado sua função de forma heroica, com satisfatória autonomia e notória especialização técnica. Além disso, Conselheiros e demais agentes públicos são realistas o bastante para constatar que, com orçamento raquítico e pressões de todo tipo, o SBDC, invariavelmente, não tem forças suficientes para ampliar ainda mais sua atuação. Para se ter uma ideia, quando da instalação do CADE, o orçamento do órgão era dez vezes inferior ao da extinta SUNAB (Superintendência Nacional de Abastecimento) e 150 vezes inferior ao dos órgãos de defesa da concorrência americanos. Difícil esperar que, nesse cenário, o órgão pudesse atingir, completamente, sua missão. De mais a mais, problemas do tipo "revolving door" são frequentes também nos EUA, comprovando que o sistema precisaria ser repensado mais profundamente não apenas no Brasil, mas em relação à própria interface do sistema burocrático-político com a sociedade e economia.

Nesse contexto, alguns casos chamam a atenção de como é possível fazer valer a cultura da "não-concorrência" no Brasil. Um dos casos paradigmáticos ocorreu logo após a celebração de um dos primeiros acordos de leniência pelo CADE no conhecido caso do cartel da laranja em dezembro de 2005[40] que culminou na chamada Operação Fanta da Polícia Federal, uma das primeiras operações articuladas no âmbito antitruste no Brasil. Após deflagrada a operação na qual restaram aprendidos uma série de documentos do cartel, um longo processo de barganha dificultou o avanço do processo cuja conclusão ocorreu apenas 19 anos após seu início[41]. Entre a operação e a conclusão do processo, inúmeras intervenções políticas e judiciais obliteraram o prosseguimento das investigações. Os documentos apreendidos permaneceram lacrados por ordem judicial de 2005 a 2011, data em que a Desembargadora Federal Consuelo Yoshida autorizou a continuidade das investigações, mas impôs severas restrições ao acesso dos documentos.[42] Paralelamente, o forte *lobby* da indústria logrou alterar a revogada lei da concorrência para que fosse permitida celebração de compromissos de cessação em casos de cartel, prática,

40 Processo Administrativo 08012.008372/99-14.

41 O processo foi instaurado em 1999 e encerrado em 28 de fevereiro de 2018. Nos TCCs assinados, Cutrale, Citrovita, Coinbra, Fischer, Cargill, Bascitrus, Abecitrus e 10 pessoas físicas reconheceram a participação no cartel e se comprometeram a cessar a prática, colaborar com as investigações e pagar contribuição pecuniária calculada com fundamento no valor total das aquisições de laranjas de terceiros no ano de 1998 (atualizado pela SELIC). No total, foram recolhidos R$ 301 milhões ao Fundo de Direitos Difusos.

42 Apelação Cível Nº 0000608-39.2006.4.03.6120/SP (Processo Original: 2006.61.20.000608-6/SP). O processo voltou a ser suspenso em 2015 por decisão do STJ, antes da sua conclusão em 2018.

expressamente, vedada até então pela antiga lei (VIEGAS, 2016). Tal alteração legislativa se deu pela prática, hoje proibida pelo STF, de "contrabando legislativo" por meio da inclusão de última hora na Medida Provisória 340/2006[43] que alterava a tabela de imposto de renda em 2007. Trata-se, portanto, de um típico exemplo de advocacia da "não-concorrência" e que revelaria que, em alguns casos, o SBDC não possuiria forças suficientes para fazer valer a cultura da concorrência no Brasil.

Nesse sentido, os compromissos de cessação têm, em alguma medida, transfigurado o caráter sancionatório da LDC e são objeto de preocupação em razão da possibilidade de reversão antecipada de condenações. Após a edição da Resolução nº 5, de 6 de março de 2013 do CADE, houve ampliação indiscriminada do uso instrumento para substituir sanções. Uma análise mais consequencialista tenderia a considerar vantajoso a celebração desses acordos, nomeadamente, em razão da maior efetividade e celeridade arrecadatória que proporcionam comparados à aplicação de multas que, invariavelmente, são questionadas judicialmente e de difícil execução.

De toda forma, trata-se mais de uma patologia do inoperante sistema sancionatório como um todo do que, exatamente, um problema do sistema de concorrência. Entretanto, como vimos, acordos substitutivos de sanção podem ser, extremamente, úteis para implementar uma visão alternativa da tutela concorrencial, menos reativa, mais tempestiva e dinâmica. Mas não deixa de ser uma via que expressa certo "improviso" e que busca remediar uma dada patologia do sistema, ainda não, satisfatoriamente, ajustado para lidar com a realidade concorrencial.

Outro caso paradigmático é a resistência do setor financeiro à aplicação da LDC às operações bancárias. Assim como a conhecida resistência das instituições financeiras a sua submissão à legislação consumerista,[44] o mesmo tem ocorrido no âmbito antitruste, mas por meio do próprio BACEN que tem reivindicado a competência privativa para análise de operações bancárias.[45] Após anos de discussão e inúmeros casos sobre o assunto em que

---

43 Convertida na Lei nº 11.482/2007. A medida provisória em questão foi apelidada de "laranjão" entre profissionais da área.

44 Ação Direta de Inconstitucionalidade 2.591/DF de 2006 proposta pela Confederação Nacional do Sistema Financeiro, em 2006 e, historicamente, rechaçada pelo Plenário do STF.

45 Para tentar, ainda que provisoriamente, pôr fim ao conflito, CADE e BACEN assinaram no dia 28/02/2018 um Memorando de Entendimentos para análise de atos de concentração envolvendo instituições financeiras. Atos de concentração que envolvam aspectos de natureza prudencial poderão ser aprovados unilateralmente pelo BACEN. Já nos demais

o CADE tentava fazer prevalecer sua competência no setor, o tema chegou ao STF, tendo o Ministro Dias Toffoli confirmado, em voto monocrático, o entendimento do STJ de que prevaleceria a competência do BACEN sobre o CADE (RE 664189).[46] Se por um lado, a "exceção concorrencial" em questão seria, deveras, problemática, por outro, incrementaria a importância de uma intervenção alternativa via *advocacy* que, certamente, poderá ser até mais efetiva e, possivelmente, contrária aos interesses das instituições financeiras.[47]

As dificuldades para implementação de ações mais efetivas em termos de promoção da concorrência no Brasil podem ter, em alguns aspectos, influenciado, negativamente, até mesmo o texto da atual Lei da Concorrência que, após um longo e difícil processo de aprovação, contemplou alguns retrocessos. Além da longa tramitação e dificuldades de todo gênero para aprovação, a multa máxima para condenações por condutas anticoncorrenciais foi reduzida de 30% sobre o faturamento da Lei 8.884/94 para 20% na LDC. Além disso, como já afirmado, a demanda por um mecanismo preventivo de análise de atos de concentração que, por um lado, era um avanço necessário, impôs, contudo, o abandono do controle de concentrações pelo critério do *market share*, excluindo do controle do CADE inúmeras operações sensíveis concorrencialmente e, dessa forma, até "sinalizando" para o mercado que tais operações não seriam mais controladas preventivamente (DOMINGUES e GABAN, 2012).[48]

Nesse contexto, as alterações no SBDC podem ter sido reflexo, por vezes, da necessidade de transposição de institutos estrangeiros e do importante trabalho de incansável convencimento por parte de membros do próprio sistema, conhecedores da relevância da matéria (profissionais da área, estudiosos e autoridades) do que, propriamente, reflexo de um ambiente geral e cultural de estímulo à competição como indutora do desenvolvimento social e econômico tal como ocorreu nos EUA.

---

casos, a aprovação será dos dois órgãos. No caso de infrações à concorrência, a competência é exclusiva do CADE que contará com auxílio técnico do BACEN, caso necessário. CADE e BACEN anda se comprometeram a apresentar um projeto de lei complementar ao Legislativo para formalizar a proposta de divisão de trabalho entre as autarquias.

46 O tema ainda será decidido pelo Plenário do STF e, esperar-se, que o Supremo compreenda a importância da defesa da concorrência de modo a não afastar a competência do CADE.

47 GODOY (2012: 214) demonstra que um dos conflitos intragovernamentais resolvidos pela Consultoria-Geral da União foi, justamente, entre CADE e PETROBRÁS em que o Presidente da República tentara interferir nos rumos das questões concorrenciais da política petroquímica nacional.

48 Objetivo contrário, portanto, ao papel indutivo e educativo da promoção da concorrência, como já referido.

Após a edificação do arcabouço legal e da sedimentação de práticas minimalistas de atuação no campo da defesa da concorrência, o esforço para "recriar" uma cultura concorrencial revela-se, assim, substancial. Nesse sentido, ilustrativa a afirmação de Rhodes; Binder e Rockman (2006, p. 15): "O cimento pode ser arrancado depois de seco, mas o esforço para fazer isso é substancial".[49]

Não se pode ignorar, todavia, que em um mundo globalizado, a transposição institucional é, por vezes, inevitável, de tal forma que mais relevante do que a simples importação de institutos alienígenas seria sua submissão a um processo contínuo de adaptação e readequação, não apenas para eliminar incompatibilidades, mas para aperfeiçoar as práticas vigentes com base na consagrada expressão "melhores práticas" que, em última análise, é fruto desse esforço de aperfeiçoamento institucional com base em mecanismos mais flexíveis de *soft law*. Afirmar, pura e simplesmente, que a transposição de institutos deve ser rechaçada seria o mesmo que negar modelos como o de *democracia*, *república* ou de *federalismo* outrora transplantados para o direito pátrio e, atualmente, em vigor.[50]

Uma teoria bastante útil, nessa senda, é a denominada "variedades de capitalismo" (*varieties of capitalism*) que tem por desiderato, justamente, contrastar peculiaridades dos diferentes regimes capitalistas nos países e, dessa forma, avaliar vantagens comparativas de um ou outro modelo.[51] Essa teoria tem demonstrado, empiricamente, que a total identidade entre os institutos, ainda que de países desenvolvidos, é uma quimera (CASAGRANDE: 2014: 111). Nesse sentido, Casagrande assevera:

> Ambientes institucionais dependentes de suas trajetórias, inovações tecnológicas que afetam custos de transação relativos e provocam novas externalidades positivas e negativas, e interações estratégicas entre empresas, autoridades, tribunais e parlamentos geram ou influenciam mudanças institucionais que, ao longo dos anos, combinam-se formando ambientes

49 No original: "Cement can be uprooted when it has dried, but the effort to do so is substantial". (RHODES; BINDER e ROCKMAN, 2006:15).

50 A despeito de todos os problemas que apresentam e da necessidade de constante repactuações.

51 Na obra clássica sobre o tema, Hall e Soskice asseveram: "Much of the work on comparative capitalism lacks developed conceptions of how national systems change. As a result, the literature on globalization tends to cluster around two poles. On one side are works that focus on institutions and the ways in which they reproduce stable patterns of behavior. Their relatively static view implies that national systems are unlikely to change very much in the face of globalization. On the other are works that attribute great force to the pressures associated with globalization. They tend to see national practices as inertial factors that will be transformed by these pressures." (2001: 62)

> institucionais com diversas peculiaridades em cada jurisdição. Embora em certo nível de generalidade seja possível identificar semelhanças entre países quanto a vários ramos do direito, como contratos, societários e mesmo antitruste, não pode presumir disso uma convergência das diversas jurisdições para um conjunto comum, padronizado e eficiente de regras. (2014:111).

A reforma institucional, portanto, passaria pela necessária compreensão de todo este fenômeno por meio do qual instituições foram edificadas e da revisão dos pressupostos que levaram a implementação do antitruste no Brasil. É preciso que o movimento concorrencial seja reinventado a partir da desconstrução de padrões naturalizados, atualização de teorias econômicas e reflexão dos próprios atores formais deste processo. Há uma grande oportunidade, pois o que pode estar por trás do atual movimento anticorrupção é, em essência, um movimento mais amplo contra abusos do poder econômico, fraudes em licitações, desvios eleitorais, utilização de bancos públicos para fins duvidosos e interferências no processo político-decisório.[52] Trata-se, no fundo, de um movimento disseminado contra abusos do poder econômico e financeiro como um todo, bem como de sua interface com a crise de paradigma do sistema político-burocrático.

4.6. Democratização do Acesso à Cultura e o Papel da Concorrência

Uma das questões mais interessantes é o papel exercido pela concorrência nos meios de comunicação de massa no Brasil. Assunto sempre delicado, a realidade é que a maior concorrência nos segmentos de mídia, radiodifusão, rádio e internet promoveria a democratização do acesso à cultura. Nesse aspecto, "promover inovações implica promover a concorrência, no sentido mais básico da rivalidade entre as firmas, como mecanismo impessoal de seleção e de difusão dessas inovações no interior da coletividade" (SCHUARTZ, 2009: 57).

Assim, a promoção da concorrência nos mercados influencia os demais segmentos da sociedade e estimularia uma *cultura criativa*. Winter demonstra que Schumpeter não distinguia inovações no campo econômico de processos criativos em outras áreas, de tal modo que processos disruptivos são dependentes do progresso em uma dinâmica coletiva que ambiciona a resolução de novos problemas (WINTER, 1982: 130).[53]

---

52 Vivencia-se um cenário semelhante ao descrito por Bork (1993) em relação aos EUA da década de 60 e 70, isto é, protecionismo, desvios competitivos, favorecimentos e utilização predatória de órgãos públicos para fins anticompetitivos.

53 Nesse ponto, "Schumpeter identified innovation with the 'carrying out of new combinations' (Schumpeter, 1934, pp. 65 -66). This phrase gives useful emphasis to the fact that innovation

Não por acaso, movimentos culturais ocorreram em períodos de transição, renascimento econômico, de *boom* no desenvolvimento ou abertura democrática. Como asseveramos, o modelo de desenvolvimento adotado por uma nação impacta todos os demais segmentos no seio da sociedade. O mesmo vale para o meio artístico, musical e cultural. A abertura de canais competitivos com o permanente incentivo a novas iniciativas permitiria o surgimento de empreendimentos de melhor qualidade que não se restringiriam aos padrões trabalhados pela indústria.[54] Nessa perspectiva, é a própria Constituição que prevê em seu art. 220 que "a manifestação do pensamento, a criação, a expressão e a informação, sob qualquer forma, processo ou veículo não sofrerão qualquer restrição" e, em seu parágrafo 5º, que "os meios de comunicação social não podem, direta ou indiretamente, ser objeto de monopólio ou oligopólio". Trata-se de manifestação do princípio do pluralismo que tem por objetivo evitar o controle por um ou poucos grupos do "mercado de ideias"[55] (BINENBOJM, 2006: 13).

Com efeito, o STF, ao tratar da constitucionalidade das restrições à verticalização e participação cruzada nos setores de audiovisual e telecomunicações previstas pelo artigo 5º da Lei nº. 12.485/2011,[56] talvez tenha proferido

in the economic system-and indeed the creation of any sort of novelty in art, science, or practical life-consists to a substantial extent of a recombination of conceptual and physical materials that were previously in existence. The vast momentum of scientific, technological, and economic progress in the modern world derives largely from the fact that each new achievement is not merely the answer to a particular problem, but also a new item in the vast storehouse of components that are available for use, in Unew combinations," in the solution of other problems in the future." (WINTER, 1982: 130).

54 Vulgarmente conhecidos como "jabá".

55 Nesse sentido, "(...) O §5º do art. 220 apresenta-se como norma constitucional de concretização de um pluralismo finalmente compreendido como fundamento das sociedades autenticamente democráticas; isto é, o pluralismo como a virtude democrática da respeitosa convivência dos contrários. A imprensa livre é, ela mesma, plural, devido a que são constitucionalmente proibidas a oligopolização e a monopolização no setor (§5º do art. 220 da CF). A proibição do monopólio e do oligopólio como novo e autônomo fator de contenção de abusos do chamado 'poder social da imprensa' (...)." (STF, Rel. Min. Ayres Brito, ADPF nº.130/DF, DJe 06-11-2008)

56 O artigo 5º da Lei nº. 12.485/2011 impões restrições à verticalização e participação cruzada nos setores de audiovisual e telecomunicações. Conforme dispõe: "O controle ou a titularidade de participação superior a 50% (cinquenta por cento) do capital total e votante de empresas prestadoras de serviços de telecomunicações de interesse coletivo não poderá ser detido, direta, indiretamente ou por meio de empresa sob controle comum, por concessionárias e permissionárias de radiodifusão sonora e de sons e imagens e por produtoras e programadoras com sede no Brasil, ficando vedado a estas explorar diretamente aqueles serviços. (Vigência) §1º O controle ou a titularidade de participação superior a 30% (trinta

uma das mais importantes e certeiras manifestações na matéria concorrencial que vale aqui ser colacionada:

> Os pareceres, acostados aos autos por intermédio da manifestação da Câmara dos Deputados e do Senado Federal, dão conta de que a *mens legislatoris* não foi a de restringir a competição, mas sim promovê-la, *evitando que agentes econômicos dotados de significativo poder de mercado pudessem dominar o setor e, ao final, aniquilar a livre concorrência.* Nesse sentido, a restrição à propriedade cruzada (art. 5º, caput e §1º) e a vedação à verticalização da cadeia de valor do audiovisual (art. 6º, I e II) representariam uma *restrição pontual à liberdade de iniciativa de alguns (i.e., aqueles potencialmente dotados de poder de mercado) em proveito da liberdade de iniciativa de todos os demais players do segmento produtivo* e, *a fortiori*, do hígido funcionamento daquele setor. (...) Dispõe o Título VII da Constituição da República sobre a "Ordem Econômica e Financeira" assentando suas bases axiológicas na valorização do trabalho humano e na livre iniciativa, bem como nos princípios da livre concorrência e da defesa do consumidor, dentre outros. Sobressaem desse plexo normativo vetores de sentido aparentemente contraditórios. De um lado, a garantia da livre iniciativa desponta como desdobramento da liberdade individual projetada nos domínios da economia, a erigir verdadeira proteção do indivíduo contra interferências externas que tolham sua autonomia empreendedora. Cuida-se, aqui, de um típico direito negativo ou de defesa, oponível precipuamente ao Poder Público e às suas prerrogativas de autoridade. De outro lado, porém, *a proteção da concorrência e a defesa do consumidor exigem uma postura intervencionista do Estado sobre os mercados, de modo a evitar que o poder econômico de um indivíduo possa asfixiar a liberdade dos outros, bem como a impedir que a iniquidade reine nas relações intersubjetivas. Trata-se, portanto, de um dever de atuação do Estado, a que corresponde um direito positivo ou prestacional do cidadão de ver-se tutelado contra o abuso de terceiros.* Densificando o conteúdo jurídico e conciliando a eficácia desses princípios constitucionais fundamentais, a Carta de 1988 positivou regras específicas, ao determinar, por exemplo, que a lei reprima o 'abuso do poder econômico que vise à dominação dos mercados, à eliminação da concorrência e ao aumento arbitrário dos lucros'. Particularmente sobre mercado de comunicação audiovisual, a Lei Maior trouxe dispositivo próprio, voltado a proibir a configuração de monopólio ou oligopólio no

por cento) do capital total e votante de concessionárias e permissionárias de radiodifusão sonora e de sons e imagens e de produtoras e programadoras com sede no Brasil não poderá ser detido, direta, indiretamente ou por meio de empresa sob controle comum, por prestadoras de serviços de telecomunicações de interesse coletivo, ficando vedado a estas explorar diretamente aqueles serviços."

setor. (...) No mercado de produtos audiovisuais, os efeitos deletérios da concentração excessiva de poder econômico suscitam problemas adicionais e de inegável sensibilidade constitucional. Refiro-me aqui aos desdobramentos nocivos da concorrência imperfeita sobre o direito à liberdade de expressão e à liberdade de informação. (...) Diante desse quadro fático e jurídico, não me parece que o art. 5º, caput e §1º nem o art. 6º, I e II, ambos da Lei nº 12.485/11, tenham violado qualquer previsão constitucional. Bem ao revés: as regras proibitivas da propriedade cruzada entre os setores de radiodifusão e de telecomunicações, bem como aquelas impeditivas da verticalização da cadeia de valor do audiovisual nada mais fazem do que, direta e imediatamente, concretizar os comandos constitucionais inscritos no art. 170, §4º e 220, §5º, da Lei Maior, no sentido de coibir o abuso do poder econômico e evitar a concentração excessiva do mercado. *Cuida-se, portanto, de regras antitruste que buscam prevenir a configuração de falhas de mercado (monopólios e oligopólios) e a distorção alocativa que lhes é correlata. De forma mediata, as aludidas regras contribuem ainda para promover a diversificação do conteúdo produzido, justamente porque tendem a evitar que o mercado de TV por assinatura se feche, ampliando as fontes de informação disponíveis e o espaço para a manifestação de novos entrantes.* Na linha já apontada pela Procuradoria-Geral da República, trata-se de reconhecer que as proibições veiculadas pelo art. 5º, caput e §1º, e pelo art. 6º, I e II, ambos da Lei nº 12.485/11, realizam a dimensão objetiva do direito fundamental à liberdade de expressão e de informação, no que *tem destaque o papel promocional do Estado no combate à concentração do poder comunicativo*. (Ação Direta de Constitucionalidade nº. 4.679-DF, Relator: Ministro LUIZ FUX. Itálicos nossos.)[57]

---

57 No mesmo sentido, a PGR identificou e defendeu o argumento promocional: "20. Tendo em vista a eficácia irradiante dos direitos fundamentais, cujos efeitos se espraiam por todo o ordenamento jurídico e incidem inclusive nas relações privadas, *revela-se legítima a intervenção do Estado na estruturação e no funcionamento do mercado*. Principalmente quando se trata de coibir os excessos da concentração de poderes em determinados grupos econômicos, de modo a se garantir a diversidade de pontos de vista e a prevalência da autonomia individual na livre formação da convicção de cada um. 21. Nos termos do artigo 175 e 223 da CR, a comunicação social tem natureza de atividade econômica em sentido amplo, na modalidade de serviço público, sendo-lhe aplicáveis as restrições incidentes sobre as empresas particulares quando concessionárias ou permissionárias. Observadas as garantias inerentes à liberdade de pensamento, o Estado pode figurar como ente regulador, assim como o faz em outras searas (e.g., energia e telecomunicações), oferecendo balizas aos particulares para que se tenha uma maior amplitude de canais de comunicação, propagando-se pontos de vistas diferentes e atingindo-se cada vez mais pessoas. 22. As regras legais de restrição à propriedade cruzada e à propriedade vertical (art. 5º e 6º da Lei nº. 12.485/2011) consistem em medidas de implementação da vedação constitucional ao monopólio ou oligopólio nos meios de comunicação social. (art. 220, §5º, da CR)." Itálicos nossos.

Como se vê, a histórica decisão em questão não apenas identifica com perfeição o argumento concorrencial como reconhece a necessidade de atuação do Estado na promoção da concorrência por meios interventivos que, no caso, consubstanciaram-se na regulação pró-competitiva nos setores de radiodifusão e telecomunicações.

Como já referimos anteriormente, o enfoque em preços não funcionaria nesses mercados, pois são mercados do chamado "preço zero", ou seja, nos quais não há cobrança direta dos consumidores pelos serviços prestados e nos quais o que interessa é qualidade e multiplicidade de opções (OCDE, 2016). A concorrência, nesses casos, é pressuposto para a diversidade, acesso à informação e proteção à privacidade no caso da internet; uma necessidade democrática, portanto. Promover maior concorrência por meio de diversificação da mídia, jornal, TV, rádio e internet é uma necessidade democrática (STIGLITZ, 2013: 161). Uma das propostas de promoção da concorrência seria incentivar novos entrantes nestes meios, novas estações de rádio comunitárias e novas opções de jornais até mesmo em comunidades menores (STIGLITZ 2013:161).

Uma questão que tem suscitado preocupações, especialmente, das autoridades de defesa da concorrência europeias é a concentração de dados e ferramentas informacionais nas mãos de grandes companhias como Google e Facebook, o que poderia inviabilizar a entrada de novas firmas e dificultar a inovação nos mercados relacionados. Um fator importante considerado é que a ausência de efetiva competição poderia colocar a privacidade dos usuários em risco. Isto é, a concorrência seria um fator de segurança informacional e proteção da intimidade que, portanto, deve ser estimulada nos mercados de tecnologia.

A análise, nesse caso, deve ser deslocada da análise de preços para uma análise caso a caso com base nas características específicas do mercado (OCDE, 2016). Sobre o tema, Rodas afirma:

> Na União Europeia, está em curso a Estratégia do Mercado Único Digital, que, pretende, além de diminuir as barreiras nos serviços eletrônicos dos 28 países membros, revisitar plataformas como AirBnB e Uber, com o intuito de aquilatar a transparência do resultado das buscas, o modo como utilizam as informações dos clientes, a política de preços, a modalidade da promoção dos seus serviços e suas relações com outros negócios. O objetivo dessa estratégia é fazer com que os 503 milhões de consumidores europeus maximizem a utilização dos negócios on-line da Europa. O sonho do presidente da União Europeia, Jean-Claude Juncker, é ver redes de

> comunicação pancontinental, serviços digitais transfronteiriços, uma onda de startups europeias inovadoras, bem como todos os negócios acedendo a mercados mais amplos e todos os consumidores podendo beneficiar das melhores ofertas (2015).

Como se vê, é marcante a preocupação das autoridades europeias com meios alternativos de tutela concorrencial, especialmente, por mecanismos promocionais que estimulem a inovação e o empreendedorismo.

É certo que a inexistência de uma cultura da concorrência no Brasil permitiu que os meios de comunicação de massa ficassem restritos e ligados aos mesmos grupos políticos e econômicos dominantes. A Internet, rapidamente, passou a reproduzir este modelo e refletir a dominação de poder econômico, com a diferença de que, aberta aos *players* internacionais, a dominação, como já vimos, tem-se dado via grandes plataformas (google, facebook etc) e mídia.[58]

Estudo recente demonstrou que metade dos lucros acima da média de mercado está concentrado em empresas de tecnologia, sendo que as cinco maiores firmas detentoras de plataformas, Alphabet, Amazon, Apple, Facebook e Microsoft faturaram, sozinhas, espantosos US$ 93 bilhões em 2016, além de possuírem elevadas participações de mercado e terem adquirido 519 empresas nascentes (THE ECONOMIST, 2017a).

Inovação tecnológica, econômica ou cultural são, no fundo, conceitos análogos que dependem da abertura de canais competitivos. Pode-se dizer, portanto, que, sem concorrência, não há inovação também no campo cultural. O que importa ressaltar é que a evolução do antitruste reflete a visão da sociedade sobre a própria capacidade de inovar e empreender, isto é, na crença de que o sucesso está ao alcance de todos e não apenas de uma parcela da sociedade. Esta noção reflete a concepção de igualdade de oportunidades que não depende, obviamente, apenas da existência de oportunidades, mas da igualdade de acesso às oportunidades. Liberdades somente são usufruíveis democraticamente se há um pressuposto de igualdade no exercício de liberdades (RAWLS, 2008: 3). Nesse sentido, a já referida Emenda Constitucional 85 de 2015, em linha com essas ideias, impôs como dever da União, Estados, Distritos Federais e Municípios, justamente, "*proporcionar os meios de acesso* à cultura, à educação, à ciência, à tecnologia, à pesquisa e à inovação" (art. 23, V da CF; itálicos nossos).

58 Nas palavras de RIFKIN: "The unfolding economic clash between the collaboratists and capitalists is a manifestation of a cultural conflict that will likely redefine the nature of the human journey in the years ahead. If there is an underlying theme to the emerging cultural narrative, it is the 'monopolization vs. democratization of everything.'" (2016:138)

O ponto crucial, portanto, é que a higidez de um sistema competitivo depende da efetividade da *advocacy* e a debilidade desta função é reflexo da ausência de uma cultura competitiva, efetivamente, enraizada nas instituições e na sociedade como um todo. É, por isso que, como já afirmamos, nas palavras de Bork, não seria errôneo vislumbrar o antitruste como uma subcategoria ideológica, um microcosmo no qual grandes movimentos da nossa sociedade se refletem em que, de alguma forma, são reforçados e criados (1993:10).

CONCLUSÃO

O livro objetivou evidenciar que o direito da concorrência, tal como edificado no presente, talvez esteja sendo insuficiente para fazer frente à crescente concentração de mercado e incapaz de eliminar ou mesmo reduzir distorções competitivas ocasionadas, ainda que indiretamente, pelo próprio Estado. Como demonstramos, inúmeros trabalhos recentes atestam esta incapacidade do antitruste em alcançar todos os problemas concorrenciais, especialmente, aqueles ocasionados por meios não-convencionais, isto é, por mecanismos de diferenciação de produtos, práticas apoiadas em facilitações institucionais, subsídios estatais, obtenção de vantagens indiretas por influência no processo legislativo e, entre outros, por decisões administrativas ou regulatórias.

Esta incapacidade operacional do antitruste tem provocado tamanha preocupação que, até mesmo, estudiosos de escolas, tradicionalmente "liberais" como da Universidade de Chicago, tem-se questionado sobre esta excessiva concentração e sobre o arrefecimento da concorrência nos mais variados segmentos (THE CHICAGO MAROON, 2017).

Demonstrou-se que o SBDC está centrado, essencialmente, em suas tradicionais funções, legalmente, bem definidas: o controle de atos de concentração (função preventiva) e a repressão de condutas anticompetitivas (função repressiva). Existiriam, entretanto, "pontos cegos" de aplicação da livre concorrência que as tradicionais funções já não conseguiriam alcançar.[1] As estratégias anticompetitivas se sofisticaram e muitos desvios são, indiretamente, amparados por atuações ou omissões do próprio Estado. Mas não apenas isso. A defesa da concorrência já não estaria mais se revelando, totalmente, apta ao alcance de seu objetivo inicial, qual seja, a efetivação ampla do princípio da livre concorrência. Seus mecanismos, de caráter, essencialmente, reativo e

1 Aqui não se trata de uma crítica aos operadores do setor, mas sim ao desenho institucional, até porque, estou certo, a vontade geral dos profissionais e estudiosos do antitruste seria uma atuação muito mais ampla e fortalecida.

estático, já não conseguiriam alcançar os problemas concorrenciais tal como antes se preconizava.

Buscou-se também ressaltar não apenas o papel central da concorrência para o desenvolvimento, como geralmente preconizado, mas também sua contribuição para o fortalecimento das instituições democráticas. Nesse sentido, a aptidão do antitruste em promover a democracia depende de uma abordagem que ultrapasse a mera consideração de benefícios imediatos advindos de ganhos de eficiência estática e também do modo de efetivação da tutela antitruste, isto é, da suficiência de seus mecanismos para um controle mais amplo e dinâmico. A consideração de que existe (ou que pode existir) um componente democrático relevante no antitruste importa a própria mudança da concepção atual de tutela concorrencial e revela um aparente *trade off* entre uma concepção que privilegia crescimento puro e simples e outra que valorizaria o crescimento, social e economicamente, sustentável. Este *trade off*, entretanto, como asseveramos, seria apenas aparente na medida em que supostas "eficiências" no presente, que impliquem perdas democráticas, revelar-se-ão verdadeiros problemas no futuro, vale dizer, uma espécie de externalidade negativa advinda de estruturas excessivamente, concentradas que passariam a produzir mais efeitos negativos do que aqueles, inicialmente, considerados positivos. Somente uma análise evolucionária (não-estacionária) poderia dar conta deste fenômeno adequadamente.

A verdade é que a qualificação "democrática" do desenvolvimento é o que permitiria a efetiva incorporação do crescimento de forma duradoura e disseminada pela sociedade. Prevenir a excessiva concentração do poder econômico talvez não tenha sido uma das preocupações recentes dos sistemas de defesa da concorrência, o que pode ter comprometido sua função de democratização das instituições (PETERSEN, 2011: 22). Se é verdade que a concorrência, comprovadamente, contribui para o desenvolvimento econômico, é verdade também que o qualifica. Isto é, os fins do antitruste influenciam "qual" modelo de desenvolvimento deve ser perseguido pelo Estado: um modelo mais ou menos inclusivo, mais ou menos democrático. Obviamente que quando falamos de um padrão concorrencial não nos referimos, exatamente, ao específico papel do SBDC, também relevante, mas ao sistema concorrencial como um todo presente na configuração de políticas de desenvolvimento. Sendo a concorrência central ao desenvolvimento e um imperativo constitucional, a ausência de preocupação concorrencial nessas políticas seria, *ultima ratio*, uma escolha por um dado padrão de desenvolvimento, ainda que muitas vezes, realizada de modo implícito ou indireto.

Assim, buscamos demonstrar que a capacidade de um sistema concorrencial mitigar a excessiva concentração econômica e prevenir pressões antidemocráticas depende, essencialmente, de como este aparato é desenhado e vivenciado institucionalmente. Talvez o sistema tradicional de defesa da concorrência reproduza, justamente, um modo de operar focado em resolução de questões pontuais, atuando de forma essencialmente reativa, incapaz, portanto, de concretizar mais amplamente os fins esperados de uma tutela antitruste. Deve-se questionar, assim, qual a capacidade do sistema de defesa da concorrência atual para contribuir para o desenvolvimento e para a democracia.

Nesse sentido, a reforma legal do SBDC pode ter representado um importante passo para aperfeiçoamento das instituições, mas talvez ainda exista um longo caminho a ser percorrido até que a concorrência se apresente, de fato, como elemento central ao desenvolvimento social e econômico do Estado Democrático. É importante lembrar, entretanto, que a reforma do sistema concorrencial que resultou na "nova" LDC se iniciou em agosto de 2000 após o aperfeiçoamento de anteprojetos que já buscavam introduzir muitas das modificações incorporadas na Lei 12.529/2011.[2]

Vale dizer, os avanços verificados na LDC foram fruto de pleitos de longa data que, por certo, captaram apenas, parcialmente, novas demandas advindas de um contexto político e econômico que se transformou rapidamente nas últimas duas décadas. O processo de rápida integração entre a velha e nova economia por meio do advento da "internet das coisas", o surgimento de novas tecnologias e novos produtos, a rápida transformação da dinâmica de custos e do mercado de trabalho, as profundas alterações das teorias econômicas e os problemas advindos da corrupção sistêmica demandam um olhar renovado do antitruste para lidar, de modo mais amplo e dinâmico, com o fenômeno concorrencial sob pena de inefetividade no cumprimento do desiderato constitucional. A promoção da concorrência seria, justamente, a contrapartida para lidar com a questão concorrencial de modo mais amplo e efetivo.

Uma intervenção renovada em termos de promoção da concorrência pode-se traduzir em uma intervenção muito mais estratégica e efetiva do que métodos tradicionais de defesa da concorrência e de regulação setorial. Isto porque se consubstanciaria em uma atuação tempestiva, indutora de comportamentos e preventiva. Além disso, a promoção da concorrência é

2 Mais especificamente pelo Grupo de Trabalho Interministerial criado por decreto em 11 de agosto de 2000.

concretizada, por vezes, por instrumentos, em alguma medida, consensuais[3] (ainda que com apoio indireto da "ameaça" dos mecanismos sancionatórios) em substituição à aplicação de multas pecuniárias[4] , de modo articulado com medidas impositivas e, como já referido, pelos mais variados meios preventivos e de *soft law*. Um mecanismo geral de promoção da concorrência prescindiria, em muitos casos, de mecanismos de *hard law*, normalmente, adotados *ex post* [5] e, não raro, inefetivos.

Além disso, uma função geral de *advocacy* bem estruturada exigiria menos regulação, pois o acompanhamento permanente de determinados mercados já seria uma forma de identificar e inibir estruturas ineficientes e pouco competitivas. Mas como já foi pontuado, os limites entre a intervenção regulatória e a concorrencial ainda não foram, suficientemente, estudados (COASE, 2016), o que dificultaria a avaliação da necessidade de mais ou menos regulação em muitos casos. A promoção da concorrência consubstanciar-se-ia em alternativa para que o controle da regulação ocorresse de modo contínuo por meio do acompanhamento dos mercados, de pressupostos de eficiência e de padrões de otimalidade concorrencial.

A ideia mais adequada seria identificar *advocacy* não apenas com difusão da cultura da concorrência e nem como "residual" às tradicionais funções de *enforcement* como, de resto, aqui preconizado. Da mesma forma, importa reconhecer um papel mais relevante à promoção da concorrência que não se restrinja a funções passivas e que também seja, eventualmente, instrumentalizadora de meios impositivos e coercitivos, não dissociada, portanto, das funções de *enforcement*.

Daí porque definimos a promoção da concorrência como a função de natureza dinâmica e intertemporal que objetiva calibrar o grau de competição e de eficiência nos mercados, bem como corrigir distorções concorrenciais em setores econômicos por meio de mecanismos que podem ou não envolver as conhecidas funções de *enforcement* e que, devido a sua natureza transversal, pode ser implementada por diferentes órgãos, entes da Federação e esferas de Poder, mas de acordo com suas competências originárias.

A diferença básica em relação às funções típicas do antitruste, portanto, é que não se trata de uma função com natureza, meramente, adjudicatória,

---

3 Na prática, muitas vezes, impositivos.

4 Tanto em sentido amplo, na medida em que uma atuação preventiva evitaria ilícitos concorrenciais, como em sentido estrito, por meio da instrumentalização de acordos premiais para reduzir ou substituir punições.

5 Em virtude da prevenção dos danos que já não precisariam ser controlados posteriormente.

isto é, que objetive resolver, pontualmente, um problema concorrencial com a aplicação de multa ou com a aprovação de uma operação com base em um referencial estático-temporal. Daí porque a *competition advocacy* pressupõe mais que resolução de conflitos, mas a própria realização de um controle concorrencial do mercado de forma continua e não limitado à atuação formal dos órgãos do SBDC. Não existe, portanto, uma oposição entre a tutela concorrencial tradicional e a promoção da concorrência, mas, essencialmente, uma complementaridade na medida em que a *promoção* é mais ampla e difusa. Além disso, a promoção da concorrência impõe uma mudança de enfoque na própria aplicação do controle tradicional na medida em que promove uma valorização do conceito de eficiência dinâmica e pressupõe, por conseguinte, um questionamento sobre a efetividade da utilização dos atuais instrumentos de intervenção[6] para satisfação do princípio constitucional da livre concorrência. Como vimos, esta nova postura importa uma releitura até mesmo dos conceitos relacionados à análise de mercado relevante e, portanto, de poder de mercado. A promoção da concorrência tenta aproximar o tempo do direito ao tempo econômico contanto que o direito sirva a soluções mais efetivas do que as atualmente disponíveis. Somente uma análise que contemple a dimensão institucional e intertemporal dos mercados permitiria ao direito, de fato, "alcançar" o fenômeno concorrencial.

Com efeito, as teorias de décadas atrás poderiam sugerir que seria mais eficiente uma abordagem que incentivasse ganhos produtivos e alocativos advindos das concentrações. Mas, sob um prisma dinâmico, que tentamos valorizar no nosso trabalho, é a excessiva concentração de mercado que pode estar comprometendo a própria eficiência econômica. Para Zingales, Professor de Chicago, "talvez o pêndulo tenha mudado para a outra direção. Isto não significa que o ponto de vista tenha mudado em direção oposta, e sim que os fatos são, notoriamente, diferentes" (THE CHICAGO MAROON, 2017). Além disso, a rápida transformação da economia com a tendência à drástica redução do custo marginal estaria a alterar todos os pressupostos de eficiência que sempre nortearam a análise antitruste como, de resto, tentamos demonstrar nesta investigação (RIFKIN, 2016).

Como se demonstrou, outro problema é o de que muitos identifiquem a aplicação do princípio da livre concorrência com ações apenas dos órgãos

6 Nomeadamente, a aplicação de multa pura e simples ou a mera imposição de condições à aprovação de uma operação.

que compõem o SBDC (Sistema Brasileiro de Defesa da Concorrência). Seria possível, entretanto, por meio da promoção da concorrência, vislumbrar a aplicação do princípio da livre concorrência para além dos órgãos do SBDC. Isto, por uma razão muito simples, todos somos responsáveis pela observância do vetor concorrencial assim como devemos observar, diariamente, o princípio da legalidade ou da igualdade independentemente do uso da força ou do *enforcement* jurisdicional. Isto é, a livre concorrência não é um princípio restrito aos especialistas na matéria. Os órgãos do SBDC são órgãos oficiais destacados especialmente para *reforço* da livre concorrência, princípio que, por imposição constitucional, deveria, entretanto, ser por todos observado. Além disso, vale ressaltar que a livre concorrência deveria ser abordada não apenas como princípio do direito econômico e do antitruste, mas observável, com as devidas ponderações, em relação a outros princípios, em disciplinas que tratem de obrigações e contratos, tributação (v.g.: extrafiscalidade e neutralidade tributária), crimes contra a ordem econômica e, entre outros, no direito administrativo (licitações, contratos, agências reguladoras etc).

A abordagem minimalista do antitruste, pressuposta na teoria tradicional, teve como efeito transformar, ainda que involuntariamente, a parte (microssistema) no todo (toda a realidade concorrencial), de tal sorte que a temática concorrencial acabou, de certa forma, insulada nos órgãos oficiais de controle. Por tal razão, seria necessário transversalizar a tutela antitruste, pois também transversal é o princípio da livre concorrência em sua essência. A tutela deve refletir seu desiderato e não permanecer insulada em um microssistema, infelizmente, incapaz de alcançar a realidade concorrencial. Mas a verdade é que esta mudança de enfoque pode e deve ocorrer a partir dos próprios atores formais do SBDC, de modo a que, uma vez "desinsulada", a tutela concorrencial se amplie e atinja sua finalidade interdepartamental. Sem dúvida, esta ampliação do escopo antitruste trará novos desafios e mais trabalho para advogados e economistas, mas isto não é, necessariamente, ruim, até porque o controle concorrencial irá se ampliar e trazer benefícios para toda a sociedade.

Talvez um ponto sensível à difusão da cultura concorrencial é a necessidade de valorização da dimensão educativa da função promocional. Sem a reforma de padrões educacionais e curriculares, especialmente, nas Faculdades de Direito, Administração e Economia, para que seja valorizada a temática antitruste, dificilmente, haverá terreno propício para enraizar a cultura da concorrência no Brasil. Nesse sentido, "uma vigorosa cultura competitiva é o marco característico de um bem-sucedido regime concorrencial e a *competition advocacy* é o pré-requisito básico para que isso aconteça" (ZOGHBI, 2009: 1).[7]

De mais a mais, a despeito de central ao desenvolvimento e à democracia, o antitruste não vem merecendo um tratamento à altura de seu *status* constitucional e econômico. Somente em 2015, o CADE arrecadou R$ 524 milhões (CADE, 2016). O orçamento do CADE, entretanto, foi de apenas R$ 22 milhões. Para se ter uma ideia, o orçamento da ANATEL para o mesmo ano foi de cerca de R$ 500 milhões e da ANCINE de R$ 56 milhões.[8] Todos superiores ao CADE. Obviamente que a arrecadação do CADE nem de longe corresponde aos benefícios econômicos e sociais da sua atuação, até porque sua finalidade não seria, exatamente, arrecadatória. Por outro lado, a arrecadação em questão é apenas uma pequena amostra dos potenciais benefícios de uma atuação mais ampla em torno do princípio concorrencial.

Para se ter uma ideia do impacto direto da promoção da concorrência para os cofres públicos, como evidenciamos, somente a AGU ajuizou ações para recuperar R$ 11,3 bilhões[9] contra envolvidos em práticas de cartel em licitações.[10] Por meio de acordos de leniência assinados pela AGU e CGU com empresas investigadas nas recentes operações da Polícia Federal, espera-se arrecadar valores ainda maiores.[11] A atuação preventiva do TCU com base na livre concorrência, sem dúvida, também tem gerado expressiva economia para os cofres públicos e esta atuação pode e deve ser ampliada para os demais órgãos de controle presentes nas outras esferas federativas. De toda forma, é no mínimo, incompreensível que o SBDC detenha um orçamento que não chega nem mesmo a um décimo do que arrecada. Para incorporar funções mais amplas de promoção da concorrência, o CADE deveria ter um orçamento compatível

7 No original: "a healthy competition culture is the halmark of a good competition regime and competition advocacy is a basis pre-requisite for that" (ZOGHBI, 2009: 1)

8 Mas o que seria mais benéfico à sociedade? Destinar recursos para mais intervenções regulatórias ou investir em promoção da concorrência? Esta é uma pergunta que, curiosamente, os próprios mecanismos de advocacy poderiam responder com a demonstração empírica do custo de intervenções supressivas da competição vis a vis seus supostos benefícios.

9 Ação de Improbidade Administrativa 5017254-05.2017.4.04.7000.

10 Certamente, este valor poderia ter sido muito maior caso o órgão detivesse conhecimento e atuação frequente em ações judiciais do gênero na matéria concorrencial.

11 É certo que muitas das práticas de corrupção estão associadas práticas anticompetitivas e, nem sempre, o prejuízo "imediato" alcança o prejuízo para o mercado, de tal sorte que ações judiciais são necessárias não apenas para recuperar quantias, mas para restabelecer o equilíbrio nos mercados.

com a relevância e alcance dessa função. [12] Reconhece-se, todavia, que seria uma tarefa inglória investir em um mecanismo de difusão da concorrência se a maior parte dos incentivos institucionais, no mais das vezes, originados do próprio Poder Público, caminham, justamente, na direção oposta, isto é, são indutores de um ambiente institucional contrário à livre concorrência.

Por fim, cumpre concluir que, na realidade, o que pode estar em risco com a crescente concentração de poder econômico, redução da concorrência e crescente aumento da desigualdade nas últimas décadas[13] é a própria democracia.[14] A *competition advocacy* surgiria, portanto, como pilar de sustentação de um efetivo ambiente institucional de maior competição no Brasil, contributo para o desenvolvimento, mas também como um imperativo democrático.

12 O CADE arrecadou R$ 524 milhões (CADE, 2016). Isto sem contar valores arrecadados em acordos de leniência assinados pela AGU e CGU em questões anticorrupção, por vezes, associadas à práticas anticompetitivas.

13 A propósito, conferir Piketty (2014).

14 Nesse sentido, PITOFSKY (1979,:1075) afirma: "the fear that excessive concentration of economic power will foster antidemocratic political pressures, the desire to reduce the range of private discretion by a few in order to enhance individual freedom, and the fear that increased governmental intrusion will become necessary if the economy is dominated by the few, can and should be feasibly incorporated into the antitrust equation. Although economic concerns would remain paramount, to ignore these non-economic factors would be to ignore the bases of antitrust legislation and the political consensus by which antitrust has been supported."

PROPOSTAS

A ideia de apresentar propostas para a implementação mais efetiva do princípio da livre concorrência, nomeadamente, por meio de ferramentas promocionais, tem muito mais por intuito iniciar uma discussão e reflexão mais profunda sobre a necessidade de revisão do sistema de defesa da concorrência do que, propriamente, esgotar o assunto aqui tratado. "Se", "como" e "quando" estas propostas serão viabilizadas são questões que, obviamente, exorbitam os estritos objetivos desta investigação.

O primeiro ponto a ser destacado é o de que as ações promocionais em matéria concorrencial deveriam partir, com mais frequência, não apenas do SBDC, mas também de outros níveis e órgãos: Estados, Municípios, Poder Judiciário, Legislativo, Ministério Público, advocacias públicas, agências reguladoras, tribunais de contas, órgãos de controle e Universidades que, neste particular, deveriam desempenhar papel mais ativo por meio de ações educativas. Talvez um equívoco seja acreditar que a livre concorrência não teria relevância na realidade regional e local (e, nesse particular, a importância reduzida do tema nas faculdades de Direito seria também um fator a enfraquecer a difusão nessa esfera).

Na verdade, a promoção da concorrência, no âmbito regional e local, é crucial ao desenvolvimento até para permitir a democratização das instituições. Assim, por exemplo, na realidade local, a *competition advocacy* cumpriria papel crucial nas instituições responsáveis por processos licitatórios ou, até mesmo, no caráter educativo de estimulo à concorrência, empreendedorismo e inovação (caraterísticas essenciais ao desenvolvimento) ou mesmo para combater desvios anticoncorrenciais em leis e regulações que favoreçam monopólios nos mais variados setores (construção civil, planos de saúde, mercado funerário, centros de formação de condutores etc).

A propósito da descentralização da tutela concorrencial, Bork já em 1978 criticava o fato de, nos EUA, os órgãos de defesa da concorrência serem localizados "apenas" nas maiores cidades e que isso implicava um distanciamento da tutela antitruste em relação às demais localidades (BORK, 1993:

406). Esta não é uma dificuldade apenas brasileira, portanto. Porém, a representatividade antitruste no Brasil é, excessivamente, minimalista e este fato, certamente, tem muito a ver com a já citada falta de consciência em relação ao papel central da concorrência para o desenvolvimento e para fortalecimento das instituições democráticas. Talvez isso possa ser atribuído também a um certo receio de que a cultura da concorrência possa gerar pressões nos campos políticos e econômicos ou até mesmo porque estas estruturas estejam já de tal forma acomodadas que mudar um *habitus* estabelecido e arraigado se revelaria uma tarefa, demasiadamente, difícil (BOURDIEU, 2008). Entretanto, há soluções alternativas como compartilhamento de estruturas com outros órgãos. A AGU, a Receita Federal e a Polícia Federal estão localizadas na maior parte dos grandes centros. Custaria muito pouco à União manter microestruturas dentro destes órgãos com uma contrapartida extraordinária em termos de efetivação da cultura concorrencial.[1]

Assim, para suplantar a pouca capilaridade do sistema, pode-se aproveitar a estrutura de órgãos públicos federais para exercer competências relativas à promoção da concorrência, de modo que até mesmo o CADE possa compartilhar esta estrutura para investigações e ações educativas. Nessa senda, uma ideia interessante seria, por uma questão de aproveitamento de recursos nessas localidades, reunir, tematicamente, questões concorrenciais e aquelas relativas à combate à corrupção em articulação com os respectivos órgãos competentes, até porque, invariavelmente, as práticas locais estão ligadas a cartéis em compras públicas que, como vimos, costumam estar associadas à corrupção.[2] A própria AGU teria capacidade para postular em nome da União questões concorrenciais como, aliás, já vem fazendo, especialmente, nos casos que envolvem, como já referido, a Operação Lava Jato. Além disso, o MPF e os Ministérios Públicos estaduais poderiam assumir, mais ativamente, o papel de promoção da tutela concorrencial. Dessa forma, o combate a condutas anticompetitivas associadas às práticas de desvio de dinheiro público, sobrepreço

1 Para Bork, "field offices are located in a few major cities, and their staffs tend not to work at any distance from their bases. One way to compensate for this deficiency is to give antitruste enforcement authority to states' attorneys general, but this may be a dubious solution. The attorneys general, but this may be a dubious solution. The attorneys general of many states may prove more willing to attack large out-of-state corporaions than to punish price fixing by politically important local businesses. The better solution would be to create more Antitrust Division Field offices by dispersing the personnel now concentrated in Washington." (1993: 406).

2 Isto, certamente, alavancaria a discussão do tema no âmbito local.

e superfaturamento em compras e obras públicas poderiam embasar uma atuação promocional que se estenderia aos demais ilícitos dos agentes privados.

Condutas e vícios frequentes das organizações públicas e privadas com potenciais impactos negativos na competição podem ser parametrizados de sorte a facilitar a difusão da concorrência por meio de normas conjuntas de atuação. Isto permitiria a supervisão e acompanhamento de eventuais desvios competitivos pelos órgãos competentes (Ministério Público, Poder Judiciário, Advocacia Pública, Tribunais de Contas, órgãos internos de controle etc). No âmbito local, seria mais simples, por exemplo, adotar um plano de ação geral com base em determinadas condutas anticompetitivas que se repetem nessas realidades (v. g.: cartéis em licitação, cartéis de postos de combustível, mercado de táxis, etc).

Outra ideia a ser avaliada seria um ambicioso plano de capacitação permanente dos envolvidos na defesa e promoção da concorrência que incluiria, além de membros do SBDC, magistrados, advogados públicos membros do Ministério Público, dos Tribunais de Contas e agentes públicos atuantes no processo de formulação de políticas públicas. O já referido intercâmbio do CADE é, sem dúvida, um modelo também a ser ampliado. Mas talvez ainda mais efetivo seria a aproximação e maior articulação sistêmica com órgãos que podem fazer muito mais pela defesa e promoção da concorrência no Brasil, como já referido, Judiciário, Ministério Público, advocacias públicas, Tribunais de Contas, instituições de ensino etc

No âmbito acadêmico, em razão da dificuldade até de convencimento quanto à relevância do princípio da livre concorrência para o desenvolvimento e para a democracia, a temática antitruste poderia ser enfeixada em uma disciplina mais geral e básica que englobe temas correlatos como corrupção e conceitos básicos de direito e desenvolvimento. Nos cursos de Economia e Administração, a temática concorrencial pode ser associada com temas relacionados à inovação e competitividade, além daqueles nos quais já seria, indiretamente, trabalhada (microeconomia, organização industrial, teoria dos jogos, economia política etc).

Considerando a inexistência de fronteiras entre mercados é impossível imaginar também uma atuação que se revele efetiva sem que exista mínima coordenação no âmbito supranacional para formular novos padrões para o antitruste e para implementação da *advocacy*. Nesse sentido, a aproximação do SBDC com órgãos como ICN, OCDE, UNCTAD e Banco Mundial, como, de resto, já vem sendo empreendida, é de fundamental importância para promoção da concorrência (RODAS, 2016).

Com intuito de facilitar a reflexão e debate sobre eventuais aperfeiçoamentos no sistema de defesa da concorrência, sumarizo a seguir algumas destas possíveis ideias:

1) Alteração da LDC, de modo a que esta passe a se constituir em uma autêntica Lei de Promoção e Defesa da Concorrência[3], implementando-se uma visão pró-ativa de *competition advocacy* (OLIVEIRA, 1998) e incorporando também, expressamente, como requisitos para aprovação de atos de concentração, a necessidade de que contribuam para inovação e competitividade (CORRÊA, 2009: 100) nos termos dos artigos 218 e 219 da CF;
2) Incorporação da SEPRAC (ex-SEAE) pelo CADE com a criação de nova Divisão de Promoção da Concorrência acompanhada do aproveitamento de cargos, pessoal e *expertise* da Secretaria ou, alternativamente, a vinculação direta da SEPRAC à Presidência da República, conferindo-lhe *status* de Ministério, fixando-se "hipóteses nas quais órgãos legislativos e executivos (das administrações direta e indireta) federais, estaduais e municipais devem obrigatoriamente consultar"[4] a Secretaria em relação a proposições normativas com possíveis impactos concorrenciais (IBRAC, 2016: 133). O objetivo seria, justamente, valorizar a *advocacy* como uma das atividades centrais ao desenvolvimento econômico à semelhança do que já vem sendo feito no Reino Unido, EUA, Austrália, México e, entre outros, no Canadá;
3) Alteração das respectivas Diretrizes Curriculares do MEC para que os eixos curriculares dos cursos de Direito, Economia e Administração apresentem também o tema da defesa e promoção da concorrência que, no caso do direito, pode ser previsto, conjuntamente, com a temática anticorrupção e defesa do consumidor, que, infelizmente, também ficaram de fora dos "eixos interligados de formação" ("eixo de formação fundamental", "eixo de formação profissional" e "eixo de formação prática") regulamentados pelo MEC;
4) Sugestão de Inclusão da disciplina autônoma "Direito da Concorrência" nos Exames da OAB, concursos do Ministério Público, Magistratura e

3 A prioridade da promoção da concorrência sobre as funções tradicionais de defesa da concorrência tem sido proposta por organismos internacionais (ICN, 2002: 8).

4 Trata-se de excelente proposta presente no já referido estudo sobre *advocacy* realizado pelo IBRAC (2016) em compasso com o que já vem sendo feito nos EUA, Reino Unido, Canadá e Austrália.

Advocacia Pública. A inclusão teria importante efeito indutor sobre a organização de estruturas curriculares de faculdades e "cursinhos", de tal forma que passem a prever a matéria concorrencial como preparação para estes exames;

5) Previsão de que recursos das decisões do CADE sejam dirigidos, diretamente, para Turma Especializada do TRF1 conforme proposta presente em obra de autoria dos Professores Juliano Souza de Albuquerque Maranhão, Paulo Furquim de Azevedo e Tércio Sampaio Ferraz Júnior (2014) e, recentemente, avalizada pela própria Justiça Federal por meio do Processo nº CJF-PPP-2016/00010;

6) Criação de uma rede de estudos em pesquisa empírica no âmbito concorrencial entre SBDC, IPEA e BNDES, até como um meio de avaliar possíveis impactos na competição de políticas de desenvolvimento, para acompanhamento concorrencial permanente de setores específicos e incentivo à inovação e competitividade nos termos previstos pelos artigos 218 e 219 da CF;

7) "Retorno" da regra revogada da Lei 8.884/94 (§ 3 do art. 54 da Lei 8.884/94) que previa como critério para notificação obrigatória que a operação resulte em 20% ou mais de participação de mercado (DOMINGUES e GABAN, 2012). A alteração teria importante efeito indutor de comportamentos pró-competitivos em diversos mercados não alcançados pelo controle de estruturas e até para difusão da cultura da concorrência de modo mais amplo. Além disso, para valorizar a análise com base em componente inovativo, seria importante também revogar o art. 88, II da LDC que excluiu da apreciação do CADE aquelas operações em que o outro grupo envolvido tenha registrado, no último balanço, faturamento bruto anual ou volume de negócios total no País, no ano anterior à operação, inferior a R$ 30.000.000,00 (trinta milhões de reais), uma vez que há, atualmente, grande risco de eliminação de empresas nascentes, startups ou focadas em nichos (*premium* ou regionais) sem que o SBDC sequer tome conhecimento de tal fato como, de resto já demonstrado anteriormente.

8) Ampliar SBDC de modo a que consista em sistema articulado com órgãos em outras esferas. Como referido, é possível aproveitar estrutura de órgãos federais que hoje se encontram nas principais cidades do país. Pode-se pensar também em comissões de promoção da concorrência e combate à corrupção em cidades com mais de 500 mil habitantes composta por membros do MP (federal e/ou estadual), membros da advocacia pública

federal e/ou estadual, com a competência de instruir processos e receber denúncias para subsidiar ações judiciais, bem como auxiliar o CADE em suas investigações como uma espécie de *longa manus*.

9) Previsão de que empresas que queiram participar do Novo Mercado ou que desejem contratar com o Poder Público acima de um determinado valor tenham que comprovar participação periódica em programas oficiais de *Compliance* na área concorrencial e anticorrupção.

10) Criação, no âmbito antitruste, do "*compliance* premiado" como fator de redução da multa a exemplo do que já existe no âmbito anticorrupção conforme Decreto 8.420/2015 (GABAN e DOMINGUES, 2016:346);

11) Repensar estrutura organizacional do CADE para que Conselheiros tenham maior isenção, de modo a que sejam evitados problemas do tipo "*revolving door*", isto é, trocas constantes de pessoas que ocupam posições no SBDC e, em outros momentos, na iniciativa privada. Conselheiros do CADE deveriam ser dotados de garantias e prerrogativas para fortalecer a autonomia do órgão;

12) Alteração do § 3º do art. 28 da LDC de modo que a receita oriunda de multas e acordos do CADE sejam destinadas, especificamente, para atividades educativas de promoção da concorrência em parceria com OAB, MEC e CJF;

13) Acionamento mais frequente da CCAF pelo SBDC para contestação de atos contrários à concorrência emanados de órgãos públicos federais, distritais, estaduais e municipais (GODOY, 2012). Nesse caso, o ideal seria alteração legal para que não apenas questões de conflitos de competência propriamente dito sejam solucionadas, mas possíveis atos oriundos de outros órgãos e esferas da Federação que, pela sistemática atual, não poderiam ser revistos pelo CADE e que, portanto, seriam levados ao CCAF para solução consensual. Em caso de inexistência de acordo nos casos de conflitos com órgãos de outras esferas, o CADE poderia recorrer à própria AGU para contestação judicial do ato.

SIGLAS E ABREVIATURAS

AC – Ato de Concentração

AED – Análise Econômica do Direito

AIR – Análise de impacto regulatório

ANA – Agência Nacional de Águas

ANAC – Agência Nacional de Aviação Civil

ANATEL – Agência Nacional de Telecomunicações

ANCINE – Agência Nacional do Cinema

ANEEL – Agência Nacional de Energia Elétrica

ANP – Agência Nacional do Petróleo, Gás Natural e Biocombustíveis

ANTAQ – Agência Nacional de Transportes Aquaviários

ANTT – Agência Nacional de Transportes Terrestres

ANVISA – Agência Nacional de Vigilância Sanitária

BNDES – Banco Nacional de Desenvolvimento Econômico e Social

BRE – Better Regulation Executive, Reino Unido

CADE – Conselho Administrativo de Defesa Econômica

CAMEX – Câmara de Comércio Exterior

CB – Competition Bureau, Canadá

CC – Competition Commission, Reino Unido

CE – Comissão Europeia

CEE – Comunidade Econômica Européia

CFC – Centro de Formação de Condutores

CMA – Competition & Markets Authority, Reino Unido

COGAP – Coordenação-Geral de Análise de Promoções Comerciais e Regulação de Loterias, SUDEP, SEAE

COGCI – Coordenação-Geral de Comércio Internacional, SUDEP, SEAE

COGCR – Coordenação-Geral de Advocacia da Concorrência em Setores Regulados, SUCON, SEAE

COGEN – Coordenação-Geral de Energia, SUINFRA, SEAE

COGPC – Coordenação-Geral de Promoção da Concorrência, SUCON, SEAE

COGTL – Coordenação-Geral de Transporte e Logística, SUINFRA, SEAE

COGUN – Coordenação-Geral de Infraestrutura Urbana e Recursos Naturais, SUINFRA, SEAE

CPB – Competition Promotion Branch

DEE – Departamento de Estudos Econômicos do CADE

Denatran – Departamento Nacional de Trânsito

Detran – Departamento Estadual de Trânsito

DOJ – Department of Justice, Estados Unidos

DOT – U.S. Department of Transportation

DOU – Diário Oficial da União

ESAF – Escola de Administração Fazendária, Ministério da Fazenda

FCC – Federal Communications Commission

FERC – Federal Energy Regulatory Commission

FTC – Federal Trade Commission, Estados Unidos

IBRAC – Instituto Brasileiro de Estudos de Concorrência, Consumo e Comércio Internacional

ICN – International Competition Network

LDC – Lei de Defesa da Concorrência – Lei 12.529/11

MDIC – Ministério do Desenvolvimento, Indústria e Comércio Exterior

MF – Ministério da Fazenda

MPF – Ministério Público Federal

NCRA – National Cooperative Research Act of 1984 (EUA)

NCRPA – National Cooperative Research and Production Act of 1993 (EUA)

NEI – Nova Economia Institucional

OCDE – Organização para a Cooperação e Desenvolvimento Econômico

OFT – Office of Fair Trading, Reino Unido

OIRA – Office of Information and Regulatory Affairs, OMB, Estados Unidos

OMB – Office of Management and Budget, Estados Unidos

P&D – Pesquisa e Desenvolvimento

PA – Processo Administrativo

PL – Projeto de lei

PROCADE – Procuradoria Geral do CADE

PROCON – Órgão Público de Proteção e Defesa do Consumidor

SBDC – Sistema Brasileiro de Defesa da Concorrência

SDE – Secretaria de Direito Econômico

SEAE – Secretaria de Acompanhamento Econômico, Ministério da Fazenda

SEPRAC	– Secretaria de Promoção da Produtividade e Advocacia da Concorrência
STF	– Supremo Tribunal Federal
STJ	– Superior Tribunal de Justiça
SUCON	– Subsecretaria de Análise Econômica e Advocacia da Concorrência, SEAE
SUDEP	– Subsecretaria de Concorrência Internacional e Defesa da Economia Popular, SEAE
SUINFRA	– Subsecretaria de Regulação e Infraestrutura, SEAE
TCU	– Tribunal de Contas da União
UE	– União Européia
UNCTAD	– United Nations Conference on Trade and Development

BIBLIOGRAFIA

ACEMOGLU, Daron e ROBINSON, James. ***Why Nations Fail*** – The Origins of Power, Prosperity, and Poverty. Crown Publishers, New York: 2012.

ACEMOGLU, Daron; Johnson, Simon; Robinson, James A. **The Colonial Origins of Comparative Development:** An Empirical Investigation. American Economic Review, 91, pp. 1369-1401, Dez. 2001.

AGHION, Phillippe; GRIFFITH, Rachel. **Competition and Growth**: Reconciling Theory and Evidence. Cambridge: MIT Press. 2005.

AGHION P. HOWITT, P. **The Economics of Growth,** MIT Press 2009 and Aghion P, Akcigit U, Howitt P. What Do We Learn From Schumpeterian Growth Theory? 2013.

AGHION, Philippe. BRAUN, Matias, FEDDERKE, Johannes. **Competition and productivity growth in South Africa**. Economics of Transition 16(4): 741-768. 2008.

ANDRADE, José Maria Arruda. **Economicização do Direito Concorrencial e Positivismo Jurídico:** Entre Teoria da Decisão e das Provas. São Paulo: Tese (Livre-Docência) – Faculdade de Direito da USP, Universidade de São Paulo, São Paulo, 2012.

ARAUJO JR., José Tavares de. **Antitruste e advocacia da concorrencia: perspectivas do Sistema Brasileiro de Defesa da Concorrencia à luz da experiencia australiana**. Publicações do BNDES, 2014. Disponível em: <http://www.bndes.gov.br/bibliotecadigital>. Acesso em 18/03/2017.

ÁVILA, Humberto. **Teoria da Igualdade Tributária**. São Paulo. Malheiros Editores, 2008.

__________. **A Distinção entre Princípios e Regras e a Redefinição do Dever de Proporcionalidade.** R. Dir. Adm., *Rio de Janeiro,* 215: 151-179, jan. /mar. 1999.

ARNAUD, André-Jean. **O Direito Entre Modernidade e Globalização:** lições de filosofia do Direito e do Estado. Front Cover. André-Jean Arnaud. Rio de Janeiro: Renovar, 1999.

ARNAUD, André-Jean e JUNQUEIRA, Eliane Botelho (orgs), **Dicionário da Globalização.** Direito, Ciência Política, Rio de Janeiro, Editora Lumen Juris, 2006.

ASSIS, Jesus de Paula. **Kuhn e as Ciências Sociais**: in *Estud. av.* [online]. 1993, vol.7, n.19, pp.133-164. ISSN 0103-4014. Disponível em Scielo: <http://dx.doi.org/10.1590/S0103-40141993000300004>. Acesso em 18/02/2017.

BAGNOLI, Vicente, PIERI, Simone & KOZAK, Malgorzata. **The role of competition authorities in competition law reforms.** Data de publicação: 2014. Editora: Revista dos Tribunais. Fonte: Revista do IBRAC: RIBRAC, v. 21, n. 26, p. 195-217, jul./dez. 2014.

BAKER, Jonathan B., **Beyond Schumpeter vs. Arrow**: How Antitrust Fosters Innovation (June 1, 2007). Antitrust Law Journal, Vol. 74, 2007. Disponível em SSRN: <http://ssrn.com/abstract=962261> or <http://dx.doi.org/10.2139/ssrn.962261>. Acesso em 07/08/2015.

BAKER, Jonathan. SALOP, Steven. **Antitrust, Competition Policy, and Inequality** (2015). Working Papers. Paper 41. Disponível em: <http://digitalcommons.wcl.american.edu/fac_works_papers/41>. Acesso em 20/12/2015.

BALKIN, Jack M. **Too Good to Be True**: The Positive Economic Theory of Law. (1987). Faculty Scholarship Series. Paper 290. Disponível em http://digitalcommons.law.yale.edu/fss_papers/290. Acesso em 18/02/2017.

BANCO MUNDIAL. **Transforming markets through competition:** new developments and recent trends in competition advocacy. 2016. Disponível em: <http://documents.worldbank.org/curated/pt/640191467990945906/pdf/104806-REPF-Transforming-Markets-Through-Competition.pdf>. Acesso em 23/12/2016.

BARTH, James R., CAPRIO Jr., Gerald; ROSS, Levine. **Rethinking Bank Regulation** – Till Angels Govern. New York: Cambridge. 2006.

BECK, Ulrich. **La Sociedad Del Riesgo.** Barcelona: Paidós, 1998.

BHAGWATI, Jagdish N. Democracy and Development: Cruel Dilemma or Symbiotic Relationship? Review of Development Economics; v. 6, n. 2, Jun/2002.

BINENBOJM, Gustavo. **Meios de comunicação de massa, pluralismo e democracia deliberativa.** As liberdades de expressão e de imprensa nos Estados Unidos e no Brasil. Revista Eletrônica de Direito Administrativo Econômico. Salvador, nº. 5, fev/mar/abr, 2006.

BIS (Bank for International Settlements). 87th Annual Report, 2016/17. Março-Abril de 2016. Basel-Suíça. 2017. Disponível em: <https://www.bis.org/publ/arpdf/ar2017e.pdf> Acesso em 18/09/2017.

BOBBIO, Norberto. **Da estrutura à função**: novos estudos da teoria do direito. Barueri: Manole, 2007.

__________. **Locke e o Direito Natural**. Brasília: Editora UNB, 2ª. Ed., 1997.

__________. **O Marxismo e o Estado**. Rio de Janeiro: Editora Graal. 2ª. Ed., 1991.

BORK. **The Antitrust Paradox**: a Policy at War with Itself. New York: The Free Press, 2ª. ed., 1993.

__________. BOWMAN, W. S. **The Crisis in Antitrust**. Columbia Law Rev., March 1965, 65, 363-76.

BORTOLOZZI, Madian Luana. **Verbete "Soft Law"**. In: ARNAUD, André-Jean e JUNQUEIRA, Eliane Botelho (orgs), Dicionário da Globalização (pp. 422-423). Direito, Ciência Política, Rio de Janeiro, Editora Lumen Juris, 2006.

BOURDIEU, Pierre. **Homo Academicus**. Madrid: Siglo XXI, 2008.

BOVINO, Alberto; COURTIS, Christian. 2000. **Por una dogmática conscientemente política**, Anuario de filosofía del derecho, N°. 17, Madrid. Crelier, Andrés. 2012.

BRENNAN, Timothy J. (2008) **Essential Facilities and Trinko**: Should Antitrust and Regulation Be Combined?. Federal Communications Law Journal: Vol. 61: Iss. 1, Article 9. 2009 Available at: http://www.repository.law.indiana.edu/fclj/vol61/iss1/9> Acesso em: 12/04/2017.

BRASIL. Ministério da Fazenda. Julho de 2017. **Sancionada lei que cria Taxa de Longo Prazo (TLP) em substituição à TJLP.** Disponível em: http://fazenda.gov.br/noticias/2017/julho/sancionada-lei-que-cria-taxa-de-longo-prazo-tlp-em-substituicao-a-tjlp Acesso em 13/12/2017.

BRELÁZ, Gabriela de. **Advocacy das Organizações da Sociedade Civil: Principais Descobertas de um Estudo Comparativo entre Brasil e**

Estados Unidos. Setembro de 2007. Disponível em <http://www.anpad.org.br/admin/pdf/APS-A1916.pdf> Acesso em 13/12/2016.

BRETTEL, Malte, FRIEDERICHSEN, Niklas, KELLER, Michael; ROSENBERG, Marius. **How Virtualization, Decentralization and Network Building Change the Manufacturing Landscape: An Industry 4.0 Perspective.** World Academy of Science, Engineering and Technology International Journal of Information and Communication Engineering Vol:8, No:1, 2014. Disponível em: http://www.waset.org/publications/9997144 Acesso em 13/12/2016.

BRZOWSKI, Marcos Vinicius. **Economia como Processo Complexo**: A Crítica De Hayek Aos Economistas Neoclássicos. Dissertação de Mestrado do Programa de Pós-Graduação em Filosofia da Universidade Federal do Paraná, Curitiba, 2014.

BUCCIROSSI, Paolo Lorenzo Ciari. DUSO, Tomaso. SPAGNOLO, Giancarlo. VITALE, Cristiana. **Competition Policy and Productivity Growth: An Empirical Assessment**. In: The Review of Economics and Statistics, October 2013, 95(4): 1324–1336.

BUSINESS INSIDER, "2016 hopeful Bernie Sanders: If a bank is too big to fail, 'it's too big to exist'" <http://www.businessinsider.com/r-us-presidential-hopeful-sanders-break-up-the-big-banks-2015-5>, 5/05/2015. Acesso em 18/02/2017.

BUSINESS INSIDER, "Blockbuster's CEO once passed up a chance to buy Netflix for only $50 million", Jul. 17, 2015, Disponível em: <http://www.businessinsider.com/blockbuster-ceo-passed-up-chance-to-buy-netflix-for-50-million-2015-7> Acesso em 05/04/2017.

CABRAL, Mário André Machado. **Primeiro passo na política antitruste brasileira,** Lei Malaia completa 70 anos.In Revista Consultor Jurídico. 12/122015. Disponível em: <http://www.conjur.com.br/2015-dez-12/mario-cabral-primeira-antitruste-lei-malaia-completa-70-anos>. Acesso em 07/07/2016.

CADE: Conselho Administrativo de Defesa Econômica. Departamento de Estudos Econômicos (DEE). **Documento de Trabalho No. 001/10**. Brasília, Novembro de 2010. Disponível em: <http://www.cade.gov.br/acesso-a-informacao/publicacoes-institucionais/dee-publicacoes-anexos/delimitacao_de_mercado_relevante.pdf> Acesso em 05/04/2017.

__________. **Mercado de Saúde Suplementar**: Condutas. 2015. http://en.cade.gov.br/topics/about-us/dee/arquivos/cadernos-do-cade-2013-mercado-de-saude-suplementar-condutas-2013-2015.pdf.

__________. **Relatório de Gestão do Exercício de 2015**, Brasília, Março de 2016. Disponível em: <http://www.cade.gov.br/acesso-a-informacao/auditorias-1/auditorias-anexos/2015/relatorio-de-gestao-2015-final.pdf>. Acesso em 05/04/2017.

__________. **Guia para Análise de Atos de Concentração Horizontal (GUIA H)**, Julho de 2016. Disponível em: < http://www.cade.gov.br/acesso-a-informacao/publicacoes-institucionais/guias_do_Cade/guia-para-analise-de-atos-de-concentracao-horizontal.pdf> Acesso em 05/04/2017.

CAMPILONGO, Celso Fernandes. **O Direito na Sociedade Complexa**. São Paulo: Max Limonad, 2000.

__________. **Tributos, Liminares e Concorrência.** São Paulo, Valor Econômico, 23 de fev. 2006.

CANADÁ. **Competition Bureau**, 2015. Disponível em: http://www.competitionbureau.gc.ca/eic/site/cb-bc.nsf/eng/03897.html Acesso em 07/08/2017.

CANADÁ. **Competition Bureau**, 2016. Disponível em: https://www.ic.gc.ca/eic/site/ae-ve.nsf/eng/h_03856.html Acesso em 07/08/2017.

CANADÁ. **Competition Bureau**, 2017a. Disponível em: https://www.canada.ca/en/competition-bureau/news/2017/05/the_borderless_digitaleconomywhatconsumersandbusinessesneedtokno.html?wbdisable=true Acesso em 07/08/2017.

CANADÁ. **Competition Bureau**, 2017b. Disponível em: https://www.canada.ca/en/competition-bureau/news/2017/03/promoting_competitioninnovationandgrowthinsaskatchewanandallofca.html?wbdisable=true Acesso em 07/08/2017.

CANADÁ. **Competition Bureau**, 2017c. Evaluation of the Competition Bureau's Advocacy Function, Junho de 2016, Presented to the Performance Measurement and Evaluation Committee on February 8, 2017, Approved by the Deputy Minister on May 29, 2017 Disponível em: https://www.ic.gc.ca/eic/site/ae-ve.nsf/vwapj/CB-Final-Report-2017-eng.pdf/$file/CB-Final-Report-2017-eng.pdf Acesso em 07/08/2017.

CANOTILHO, José Joaquim Gomes. **Direito Constitucional e Teoria da Constituição.** Coimbra: Editora Almedina. 3ª. Ed. 1999.

CARVALHO, Leonardo Arquimino. **O Ensino da Defesa e da Promoção da Concorrência nos Cursos de Graduação em Direito no Brasil.** In: Revista de Direito Empresarial, p. 167-235 Curitiba: Juruá Editora, jul-dez. 2008.

CASAGRANDE, Paulo Leonardo. **Inovação, Cooperação e Concorrência: Desafios para a Política Antitruste no Brasil.** 2014. Doutorado em Direito do Estado. Universidade de São Paulo, USP, Brasil.

CELLI JR., Umberto. **O Direito da Concorrência no Direito Comunitário Europeu:** uma Contribuição ao Mercosul. Porto Alegre: Livraria do Advogado, 1999.

CMA. **CMA recommendations to government**. 2016. Disponível em: <https://www.gov.uk/government/publications/cma-recommendations-to-government> Acesso em 01/05/2017.

COASE, Ronald H. **A Firma, o Mercado e o Direito**. Rio de Janeiro: Forense Universitária, 2016.

CORRÊA, Daniela Godoy Martins. **Eficiências Econômicas na Análise Antitruste**: Limitações dos Critérios Tradicionais e Perspectivas. Dissertação apresentada ao Curso de Mestrado do Instituto de Economia da Universidade Federal do Rio De Janeiro como requisito parcial à obtenção do título de Mestre em Economia. Rio de Janeiro, Setembro de 2009.

COUTINHO, Diogo R. **Direito, desigualdade e desenvolvimento**. São Paulo: Saraiva, 2013.

COUTINHO, Paulo C. . **Prolegômenos da Economia da Defesa da Concorrência**. Revista do IBRAC, São Paulo, SP, v. 8, n.4, p. 151-182, 2001.

CRANE, Daniel A. **The Tempting of Antitrust**: Robert Bork and the Goals of Antitrust Policy. Antitrust L. J. 79, no. 3 (2014): 835-53.

CUEVA, Ricardo Villas Bôas. **A proteção da propriedade intelectual e a defesa da concorrência nas decisões do CADE**. In: Revista do IBRAC, v. 16, n. 1, p. 121-147, 2009.

CULPEPPER, Pepper D. Quiet Politics and Business Power: Corporate Control in Europe and Japan. Cambridge University, 2011.

DE LOECKER, J., EECKHOUT, J. **The Rise of Market Power and the Macroeconomic Implications,** 2017. Disponível em: http://www.janeeckhout.com/wp-content/uploads/RMP.pdf Acesso em: 14/09/2014.

DE HAAN, Jakob; SIERMANN, Clemens L. J. **New evidence on the relationship between democracy and economic growth**. Public Choice, v. 86, n. 1-2, Janeiro, 1996. Disponível em: http://www.springerlink.com/content/n7h1706010602k58/. Acesso em: 01 jun. 2015.

DECKER, R., J. HALTIWANGER, R. JARMIN, AND J. MIRANDA: **The secular decline in business dynamism in the US.** University of Maryland. 2014. Disponível em: http://econweb.umd.edu/~haltiwan/DHJM_6_2_2014.pdf Acesso em: 07/08/2017.

DECKER, R., J. HALTIWANGER, R. JARMIN, AND J. MIRANDA: **Where has all the skewness gone? the decline in high-growth (young) firms in the U.S.** Working Papers 15-43, Center for Economic Studies, U.S. Census Bureau, November 2015.

DERANI, Cristiane. Direito Ambiental Econômico. 2. ed. São Paulo: Max Limonad, 2001.

DESCARTES, René. **Discurso do Método**. São Paulo: Martins Fontes. 2001.

DOJ. **Division Update Spring 2013**. Atualizado em 21 de julho de 2015. Disponível em: <https://www.justice.gov/atr/public-documents/division-update-spring-2013/competition-advocacy> Acesso em 01/05/2017.

__________. **Competition Guidance and Advocacy 2017 (Division Update *Spring* 2017).** 2017. Disponível em: <https://www.justice.gov/atr/division-operations/division-update-spring-2017/competition-guidance-and-advocacy-2017>. Acesso em 01/05/2017.

__________. FTC. **Antitrust Guidance For Human Resource Professionals**. 2016. Disponível em: <https://www.justice.gov/atr/file/903511/download>. Acesso em 01/05/2017.

__________. __________. **Antitrust Guidance For The Licensing of Intellectual Property**. 2017. Disponível em: https://www.justice.gov/atr/IPguidelines/download.

DOMINGUES, Juliana Oliveira. **Comentários ao artigo 36, incisos I a IV e §§1º e 3º**. In: ANDERS, Eduardo Caminati; PAGOTTO, Leopoldo. BAGNOLI, Vicente. Comentários à nova lei de defesa da concorrência. Rio de Janeiro: Forense, 2012.

__________. GABAN, Eduardo Molan. **Direito antitruste**. 3.ed. São Paulo: Saraiva, 2012.

__________. __________. **Direito antitruste**. 4.ed. São Paulo: Saraiva, 2016.

__________. __________. **Instituições, Livre Concorrência e o CADE**: Inspiração ao Desenvolvimento da América Latina. In: Instituciones y desarollo en la hora actual de America Latina, 2016, Montevideu. V Encontro Internacional do CONPEDI Montevidéu, Uruguai. Florianópolis: CONPEDI, 2016. p. 105-121.

__________. __________. **Nova lei permitirá a criação de monopólios**. Folha de São Paulo, Opinião, 08 jul./2012. Disponível em: <http://www1.folha.uol.com.br/fsp/opiniao/53304-nova-lei-permitira-a-criacao-demonopolios.shtml>. Acesso em: 06.11.2016.

__________. LOCHAGIN, Gabriel L. A. A ZFM e os princípios da OMC: o Processo Produtivo Básico visto como um política necessária ao desenvolvimento regional In: DESIGUALDADES E DESENVOLVIMENTO: O papel do Direito nas políticas públicas", 2017, Brasilia. XXVII Encontro do CONPEDI. Florianópolis: CONPEDI, 2017.

DOTTLING, Robbin.; GUTIÉRREZ, German e PHILIPPON, Thomas. **Is there an investment gap in advanced economies? If so, why?** 2017. Disponível em: https://www.ecbforum.eu/uploads/originals/2017/speakers/papers/T_Philippon_Is_there_an_investment_gap_in_advanced_economies_If_so_why_with_R_Dottling_and_G_Gutierrez.pdf Acesso em: 14/09/2017.

EMBRAER. **Embraer lands in the Silicon Valley, with sights on disruptive innovation**. 2017. Disponível em: <http://www.embraer.com/en-US/ImprensaEventos/Press-releases/noticias/Pages/Embraer-lands-in-the-Silicon-Valley,-with-sights-on-disruptive-innovation.aspx>. Acesso em 25/04/2017.

EXAME. "O que fazer com as cervejas 'artesanais', Lemman?", 18/05/2016. Disponível em: <http://exame.abril.com.br/blog/branding-consumo-negocios/o-que-fazer-com-as-cervejas-artesanais-lemman/> Acesso em 25/04/2017.

FAGUNDES, J.; NISHIJIMA, Marislei; LIMA, M.; Lagroteria, E.; Rocha, M.M. **Sobre a determinação de mercados relevantes:** teste de elasticidade crítica e teste de perda crítica. 2010. Revista do IBRAC Suplemento Eletrônico, nº2.

FAGUNDES, J. **Concorrência, Eficiência Dinâmica e Análise Antitruste**. In: Revista do IBRAC, volume 11, número 4, 2004.

FAGUNDES, J. **Políticas de Defesa da Concorrência e Política Industrial**: Convergência ou Divergência? In: Revista do IBRAC, volume 5, número 6, 1998.

FERRAZ, Ana Paula do Carmo Marcheti. BELHOT, Renato Vairo. **Gest. Prod.**, São Carlos, v. 17, n. 2, p. 421-431, 2010. Disponível em <http://www.scielo.br/pdf/gp/v17n2/a15v17n2> Acesso em: 04-08-2015.

FERRAZ, João Carlos; PAULA, Germano Mendes de e KUPFER, David. Política industrial. In: KUPFER, David e HASENCLEVER, Lia (Org.). Economia industrial. Rio de Janeiro, Campus, 2002.

FERRAZ, Roberto. **A inversão do princípio da capacidade contributiva no aumento da Cofins pela Lei 9.718.** Revista Dialética de Direito Tributário, S.P., Ed. Oliveira Rocha, v. 130, jul de 2006.

FLYNN, John J. **Antitrust policy and the concept of a competitive process**. New York Law School Review, New York, v. 35, n. 4, p. 893-916, 1990.

FOER, Albert. **The Third Leg of the Antitrust Stool**: What the Business Schools Have to Offer to Antitrust, in 47 N.Y.L. SCH. L. REV. 21 (2003).

FOX, Eleanor M., **Antitrust and Institutions***:* Design and Change, 41 Loy. U. Chi. L. J. 473 (2010). Disponível em: <http://lawecommons.luc.edu/luclj/vol41/iss3/6>.

FOX, Eleanor M., The Efficiency Paradox (July 8, 2009). **How the Chicago School overshot the mark: the effect of conservative economic analysis on U.S.** ANTITRUST, R. Pitofsky, ed., Oxford, p. 77, 2008; NYU Law and Economics Research Paper No. 09-26. Disponível em SSRN: <https://ssrn.com/abstract=1431558>.

FORGIONI, Paula A. **Os Fundamentos do Antitruste**. São Paulo, Editora RT, 1998.

FREITAS DE OLIVEIRA, Raul Miguel Freitas de. **Concessão Florestal**: exploração sustentável de florestas públicas por particular, Ano de obtenção: 2010. Doutorado em Direito do Estado. Universidade de São Paulo, USP, Brasil. Disponível em: <http://www.teses.usp.br/teses/disponiveis/2/2134/tde-18112010-135806/pt-br.php>. Acesso em 10 de nov. 2015.

FREITAS MARTINS, Ana Gouveia e. **O Princípio da Precaução no Direito do Ambiente**. Lisboa: Associação Acadêmica da Faculdade de Direito de Lisboa, 2002.

FRIEDMAN, Milton. **Capitalism and Freedom.** Chicago: University of Chicago Press. 1962. Disponível em <https://www.pdf-archive.com/2011/12/28/friedman-milton-capitalism-and-freedom/friedman-milton-capitalism-and-freedom.pdf>.

__________. **The Methodology of Positive Economics.** In: Essays In Positive Economics (Chicago: Univ. of Chicago Press, 1966), pp. 3-16, 30-43.

__________. **There's No Such Thing as a Free Lunch**. Chicago: Open Court Pub, 1975.

GALA, Paulo. **A Teoria Institucional de Douglass North**. Revista de Economia Política, vol. 23, nº 2 (90), abril-junho/2003.

GELLHORN, Ernest & KOVACIC, William E. **Antitrust Law and Economics in a Nutshell**. St. Paul: West Group, 1994.

GERADIN, Damien. **Antitrust Compliance Programmes & Optimal Antitrust Enforcement**: A Reply to Wouter Wils (March 29, 2013). Journal of Antitrust Enforcement (2013) (Forthcoming). Disponível em SSRN: https://ssrn.com/abstract=2241452.

GEROSKI, Paul. **Competition Policy and National Champions.** *In*: "Essays in Competition Policy", UK Competition Commission, 2005, pp. 37-42, disponível em https://www.regulation.org.uk/library/2006_geroski_essays.pdf Acesso em 13/12/2016.

GIL, Antonio Carlos. **Métodos e Técnicas de Pesquisa Social**. 6ª. Edição. São Paulo. Editora Atlas. 2012.

GODOY, Arnaldo Sampaio de Moraes. **Domesticando o Leviatã**: Litigância Intragovernamental e Presidencialismo de Articulação Institucional. Tese de Livre Docência. Faculdade de Direito. USP. São Paulo, 2012.

GOMES, Nelson Gonçalves. **Um Panorama da Lógica Deôntica**. Kriterion, Belo Horizonte, v. 49, n. 117, p. 9-38, 2008. Disponível em: <http://www.scielo.br/scielo.php?script=sci_arttext&pid=S0100-512X2008000100002&lng=en&nrm=iso>. Acesso em 20 de fevereiro de 2017.

GOMEZ, R.; GOEREE, J.; HOLT, C. A. **Predatory Pricing**: Rare Like a Unicorn? Virginia Economics Online Papers 339, University of Virginia,

Department of Economics, 1999. Disponível em:<http://www.virginia.edu/economics/RePEc/vir/virpap/papers/virpap339.pdf> Acesso em 02/04/2017.

GRAU, Eros Roberto. **O Direito Posto e o Direito Pressuposto.** 7ª. ed. São Paulo: Malheiros, 2008.

GREENE, Brian. **El Universo Elegante**. *Supercuerdas, Dimensiones Ocultas y la Búsqueda de uma Teoria Final.* Barcelona: Drakontos. 2006.

GRULLON, G.; LARKIN, Y.; MICHAELY, R.. **Are us industries becoming more concentrated**. 31/08/2017. Disponível em SSRN: https://ssrn.com/abstract=2612047 ou http://dx.doi.org/10.2139/ssrn.26120472017. Acesso em 14/09/2017.

GUNNINGHAM, N., & SINCLAIR, D. (1999). **Designing smart regulation**. Disponível em: http://www.oecd.org/dataoecd/18/39/33947759.pdf Acesso em 01/05/2017.

GUEST, Stephen. **Ronald Dworkin**. Tradução de Carlos Borges. Revisão técnica de Rafael Mafei Rabelo Queiroz. Rio de Janeiro: Elsevier.2010. (Coleção Teoria e Filosofia do Direito). Imprenta: Rio de Janeiro, Campus, 2010.

GUSTIN, Miracy Barbosa de Sousa; DIAS, Maria Tereza Fonseca. **(Re) Pensando a pesquisa jurídica**: teoria e prática. 2ª ed. Belo Horizonte: Del Rey, 2006.

GUTIÉRREZ, Gérman; PHILIPPON, Thomas. **Investmentless Growth: An Empirical Investigation**. BPEA Conference Drafts 7–8/09/2017. Disponível em: https://www.brookings.edu/wp-content/uploads/2017/09/2_gutierrezphilippon.pdf Acesso em 14/09/2017.

HABERMAS, Jürgen **Modernity's Consciousness of Time and Its Need for Self-Reassurance**, 1985, Cambridge, MA: MIT Press, 1998.

HABERMAS, Jürgen. **Direito e democracia: entre facticidade e validade**. Tradução de Flávio Beno Siebeneichler. 2.ed. Rio de Janeiro: Tempo Brasileiro, 2003, v. 1.

HABERMAS, Jürgen. **Técnica e Ciência Como Ideologia.** São Paulo: Editora Unesp. 2014.

HALL, Peter A. e SOSKICE, David. **Varieties of Capitalism** – LSE: The Institutional Foundations of Comparative Advantage. Oxford: Oxford Scholarship Online. 2001.

HAYEK, Friedrich. **Individualism and Economic Order**. Chicago: The University of Chicago Press, 1946.

HAWKER, Norman W. **Antitrust Insights From Strategic Management**. In: Foreword: Antitrust as Public Interest Law (p. 767), PERITZ, Rudolph J. R. New York Law School Review, v. 35, no. 4, 1990.

____________. **Antitrust Insights from Strategic Management**. In: New York Law School Review, REV. 67, 74 v. 47, no. 1, 2003.

HENRIQUES Miguel Gorjão; CUNHA, Carolina. **Lei da Concorrência** – Comentário Conimbricense. Miguel Gorjão-Henriques (dir.) Almedina, 2013.

HEISENBERG, Werner. **Ist eine deterministische Erg¨anzung der Quantenmechanik m¨oglich?**. 1935. Tradução de Guido Bacciagaluppi and Elise Crull, 2011. Disponível em: <http://philsci-archive.pitt.edu/8590/1/Heis1935_EPR_Final_translation.pdf >Acesso em 20 de fevereiro de 2017.

HOFSTADTER, Richard. **The Paranoid Style in American Politics**. New York: Vintage Books. 2008.

HOHER, Angel Lopez. **Competition Advocacy in Mexico**: Lessons From the Past Decade. August 28, 2012. Disponível em: <https://www.competitionpolicyinternational.com/competition-advocacy-in-mexico-lessons-from-the-past-decade> Acesso em: 05 nov. 2015.

HOVENKAMP, Herbert. **Federal Antitrust Policy**. The Law of Competition and its Practice, West Group, 2a ed. 1999.

IBRAC. Instituto Brasileiro de Estudos de Concorrência, Consumo e Comércio Internacional. **Advocacia da Concorrência: Propostas com base nas Experiências Brasileira e Internacional**. Autores: Alexandre Jorge dos Reis Junior. Ana Carolina Estevão. Ana Elisa Laquimia de Souza. Andréa da Cunha Cruz. Beatriz Faustino França Mori. Caio Mario da Silva Pereira, Carolina Milani Marchiori, Denis Alves Guimarães, Cesar Mattos, Eduardo Carvalhaes, Enrico Spini Romanielo, Felipe Zolezi Pelussi, Francisco Amaral De Almeida Sampaio, Itamar Carvalho Jr., Jackson de Freitas Ferreira, José Inácio F. de Almeida Prado Filho, José Augusto De Leça Pereira, Juliana Oliveira Domingues, Maria Cecília Andrade, Mateus Piva Adami, Pedro Paulo Salles Cristofaro, Ricardo Franco Botelho e Vinicius Da Silva Ribeiro. São Paulo: Editora Singular. 2016.

ICN - International Competition Network. **Report and Summary of the Presentations of the 2009-2010 ICN Competition Advocacy Teleseminars** in ICN Competition Advocacy Working Group Sub-Group 1: Experience Sharing Project Presented at the 9th Annual Conference of the ICN Istanbul, April 27-29, 2010. Disponível em: <http://www.internationalcompetitionnetwork.org/uploads/library/doc633.pdf> Acesso em: 05 nov. 2015.

ICN – **Advocacy and Competition Policy**. Report prepared by the Advocacy Working Group ICN's Conference Naples, Italy, 2002.

ICN, **Economic Growth and Productivity**, 2009. Disponível em: <http://www.internationalcompetitionnetwork.org/working-groups/current/advocacy/benefits/messages/productivity.aspx>. Acesso em 10 de nov. 2015.

IPEA. Instituto de Pesquisa Econômica Aplicada. **Avanços e desafios da transversalidade nas políticas públicas federais voltadas para minorias.** In: ________Brasil em Desenvolvimento: Estado, planejamento e políticas públicas, vol 3. p. 779-795.

IPEA, **Brasil em Desenvolvimento. Estado Planejamento e Políticas Públicas.** 2009. Disponível em: http://www.ipea.gov.br/portal/images/stories/Livro_BrasilDesenvEN_Vol03.pdf. Acesso em 26 nov 2016.

IPEA. **Desindustrialização no Brasil: Apontamentos para um Debate em Favor do Desenvolvimento Econômico Disponível**, 2012. em: http://www.ipea.gov.br/agencia/images/stories/PDFs/conjuntura_em_foco/120315_conjunturaemfoco_marco.pdf Acesso em 26 nov 2016.

JORDÃO, Eduardo Ferreira. **Limites constitucionais às restrições legislativas da concorrência**. Revista Eletrônica de Direito Administrativo Econômico (REDAE), Salvador, Instituto Brasileiro de Direito Público, nº. 26 maio/junho/julho, 2011. Disponível na Internet: <http://www.direitodoestado.com/revista/REDAE-26-MAIO-2011-EDUARDO--JORDAO.pdf>. Acesso em: 05 nov. 2015.

KAFKA, Franz. **O Castelo**. São Paulo: Companhia das Letras, 2a. edição, 2000.

KANT DE LIMA, Roberto. **A antropologia da academia**: quando os índios somos nós. Petrópolis: Vozes; Niterói: UFF, 1985.

KAPLOW, Louis. **Market Definition** (May 15, 2013). Forthcoming in The Oxford Handbook of International Antitrust Economics

(Roger D. Blair & D. Daniel Sokol, ed., 2013). Disponível em SSRN: https://ssrn.com/abstract=2265304 or http://dx.doi.org/10.2139/ssrn.2265304.

KAPP, William K. **The Social Costs of Private Enterprise**. Cambridge: Harvard University Press, 1950.

KEECH, William R. **Economic politics: The costs of democracy**. University of North Carolina at Chapel Hill. New York: CAMBRIDGE UNIVERSITY PRESS. 1995.

KIRKWOOD, John B. **The Essence of Antitrust**: Protecting Consumers and Small Suppliers from Anticompetitive Conduct, 81 Fordham L. Rev. 2425 (2013). Disponível em: <http://ir.lawnet.fordham.edu/flr/vol81/iss5/10> Acesso em 29/04/2017.

KNYAZEVA, Irina. **Competition Advocacy**: Soft Power in Competitive Policy. In: Procedia Economics and Finance. Elsevier. 2013.

KOVACIC, William E. **Assessing the Quality of Competition Policy**: The Case of Horizontal Merger Enforcement5 Competition Policy International 129 (2009). Disponível em https://www.ftc.gov/public-statements/2009/04/assessing-quality-competition-policy-case-horizontal-merger-enforcement Acesso em 26/04/2017.

KWOKA, John. **Mergers, Merger Control, and Remedies**: A Retrospective Analysis of U.S. Policy, Cambridge: MIT Press, 2015.

KYMLICKA, Will. **Contemporary Political Philosophy**: an introduction. Oxford: University Press, 2002.

KUHN, T. S. (1970a). **The Structure of Scientific Revolutions**. 2nd. ed. Chicago, University of Chicago Press.

LANDES, David. **The Wealth and Poverty of Nations.** S. W. W. Norton & Company. New York-Londom. 1998.

LAVILLE, Christian; DIONNE, Jean. **A Construção do saber** – manual de metodologia da pesquisa em ciências humanas. Porto Alegre: Artes Médicas Sul Ltda; Belo Horizonte: UFMG, 1999.

LAZZARINI, Sérgio. **Capitalismo de Laços:** Os Donos do Brasil e suas Conexões. Editora: ELSEVIER EDITORA; Edição: 1; Ano: 2010.

LESLIE, Christopher R. **Predatory Pricing and Recoupment**. In: Columbia Law Review, Vol. 113, No. 7 (NOVEMBER 2013), pp. 1695-1771 Published by: Columbia Law Review Association, Inc. Disponível em: <http://www.jstor.org/stable/23561380> Acesso em 03-04-2017.

LIGO (Laser Interferometer Gravitational - Wave Observatory). 2017. Disponível em <https://www.ligo.caltech.edu> Acesso em 11/03/2017.

LIMA, Luiz A. de Oliveira. **A Integração Micro Macroeconomia** – Modelos E Justificativas. FGV/SP. Relatório de Pesquisa Nº 17/2005. Disponível em: <http://gvpesquisa.fgv.br/sites/gvpesquisa.fgv.br/files/publicacoes/P00329_1.pdf>. Acesso em 11/03/2017.

LIMA Ricardo Seibel de Freitas. **Livre Concorrência e o Dever de Neutralidade Tributária**. 2005. Disponível em: <http://hdl.handle.net/10183/5221>. Acesso em 19 de Mar. 2016.

LUCRETIUS, T. C., **De Rerum Natura**, 100 a.c. Disponível em: <https://www.loebclassics.com/view/lucretius-de_rerum_natura/1924/pb_LCL181.113.xml> Acesso em 9 de março de 2017.

MACEDO JUNIOR, Ronaldo Porto. **Posner e a Análise Econômica Do Direito:** Da Rigidez Neoclássica Ao Pragmatismo Frouxo. In: Maria Lucia L M Padua Lima. (Org.). Direito E Economia 30 Anos De Brasil - Tomo 1. 1ªed.São Paulo: Editora Saraiva, 2012, V. 1, P. 260-281.

MAGALHÃES, Agamenon. **A Industria Nacional e os Trusts**. Folha da Manhã e Rádio Clube de Pernambuco: Diários Associados. Recife, 26/04/44 (Arq. AGM c 1944.04.26). Disponível em: http://www.fgv.br/cpdoc/guia/detalhesfundo.aspx?sigla=AGM Acesso em: 10/05/2016.

MANKIW, Greg. **Al Gore in the Pigou Club**. 24 de junho de 2006. Disponível em: http://gregmankiw.blogspot.com.br/2006/06/al-gore-in-pigou-club.html Acesso em: 10/05/2017.

MARANHÃO, J. S. A. et. al. **Direito Regulatório e Concorrencial, no Poder Judiciário**. 1. ed. São Paulo: Singular, 2014. v. 1. 289p.

MARRARA, Thiago. **A Conformação do Direito Administrativo da Concorrência**: Organização, Processos e Acordos Administrativos no SBDC. Tese (Livre-Docência) – Faculdade de Direito da USP, Universidade de São Paulo, São Paulo, 2014.

__________. **Defesa da concorrência x regulação setorial**: o que mudou com a lei de 2011? Revista de Direito Público da Economia - RDPE, Belo Horizonte, ano 13, n. 50, p. 245-261, abr./jun. 2015.

__________. **O Princípio da Publicidade**: uma Proposta de Renovação. In: Princípios de Direito Administrativo. Editora Atlas S.A. 2012.

__________. **Sistema Brasileiro de Defesa da Concorrência**: organização, processos e acordos administrativos. São Paulo: Atlas, 2015.

MARQUES NETO, Agostinho Ramalho. **A Ciência do Direito**. Rio de Janeiro: Renovar, 2ª edição, 2001.

MARQUES NETO, Floriano de Azevedo. FREITAS, Rafael Véras de. **Uber, WhatsApp, Netflix**: os novos quadrantes da *publicatio* e da assimetria regulatória. In: R. de Dir. Público da Economia - RDPE, Belo Horizonte: Fórum, ano 14, n. 56, p. 75-108, out./dez. 2016.

MAZZUCATO, Mariana. **O Estado empreendedor**. São Paulo: Portfolio Penguin, 2014.

MCCLOSKEY, Deirdre N. **Bourgeois Dignity**: Why Economics Can't Explain the Modern World. Chicago: University of Chicago Press. 2010.

MENDES, Guilherme Adolfo dos Santos, **Extrafiscalidade:** análise semiótica. Tese de doutorado em Direito. Ano de Obtenção: 2009. Disponível em www.teses.usp.br/teses/disponiveis/2/2133/tde-18112009-090938/.

MIRA, Elson Cedro. **O Desenvolvimento Econômico Além do Mainstream**: Institucionalismo e Outras Perspectivas (IPEA). Disponível em: <www.ipea.gov.br/code2011/chamada2011/pdf/area4/area4-artigo15.pdf>.

MONTEIRO, Jorge Vianna. **Lições de Economia Constitucional Brasileira**. Rio de Janeiro: FGV Editora. 2004.

MORAIS, L. D. S. **Direito da Concorrência: Perspectivas do seu Ensino.** Coimbra: Almedina. 2009.

MOREIRA, Vital. **A Auto-Regulação Profissional e Administração Pública**. Coimbra, Almedina, 1997.

MURRISA Terry. **Materials of the First international competition network**. Naples, September, 2002.

MUSACCHIO, Aldo; LAZZARINI, Sérgio. **Reinventando o capitalismo de Estado**. O Leviatã nos negócios: Brasil e outros países. São Paulo: Portfolio-Penguin, 2015.

NAKANE, Márcio I. Concorrência e spread bancário: uma revisão da evidência no Brasil. **Relatório de Economia Bancária e Crédito**. Dezembro de 2003. Banco Central do Brasil. Disponível em: <http://www.bcb.gov.br/?SPREAD>. Acesso em: 29 jun. 2016.

NELSON, Richard R; WINTER Sidney G., **An Evolutionary Theory of Economic Change**. Cambridge: Harvard University Press, 1982.

NICKELL, Stephen J. **Competition and Corporate Performance.** Journal of Political Economy. Vol. 104, No. 4 (Aug., 1996), pp. 724-746 . See also Michael E. Porter, The Competitive Advantage of Nations (1990), at 662.

NORSEN, Travis. **Foundations of Quantum Mechanics. An Exploration of the Physical Meaning of Quantum Theory.** New York: Springer. 2017.

NORTH, Douglass. **Institutional Change and Economic Growth**. The Journal of Economic History, Vol. 31, No. 1, The Tasks of Economic History (Mar., 1971), pp. 118-125. Cambridge University Press Economic History Association Stable URL: http://www.jstor.org/stable/2117023 Acesso em: 04-08-201.

__________. DAVIS, Lance. **Institutional Change and American Economic Growth**. The Journal of Economic History, Vol. 30, No. 1, The Tasks of Economic History (Mar., 1970), pp. 131-149. Cambridge University Press Economic History Association Stable URL:<http://www.jstor.org/stable/2116728> Acesso em: 04-08-2015.

__________. **Institutions**. The Journal of Economic Perspectives, Vol. 5, No. 1 (Winter, 1991), pp. 97-112. American Economic Association. Stable URL: http://www.jstor.org/stable/1942704. Accesso em: 04-08-2015.

__________. MANTZAVINOS, Chris. SHARIQ, Syed. **Learning, Institutions, and Economic Performance**. Perspectives on Politics, Vol. 2, No. 1, 2004. Available at SSRN: http://ssrn.com/abstract=510902 Acesso em: 04-08-2015.

__________. WALLIS, John Joseph, WEBB, Steven B. e WEINGAST, Barry R. **Limited Access Orders in the Developing World.** A New Approach to the Problems of Development. The World Bank. Independent Evaluation Group. Country Relations Division. September 2007.

__________. FOGEL, Robert W. **Nobel Lectures, Economics 1991-1995**, Editor Torsten Persson, World Scientific Publishing Co., Singapore, 1997. Disponível em: <http://lawecommons.luc.edu/luclj/vol41/iss3/6>.

OCDE. **Big Data**: Bringing Competition Policy to the Digital Era -- Background note by the Secretariat -- 29-30 November 2016 <https://one.oecd.org/document/DAF/COMP(2016)14/en/pdf>.

__________. **Competition Advocacy**: Challenges for Developing Countries", Washington 14-15 June 2004. Disponível em: <https://www.oecd.org/competition/latinamerica/2004%20Latin%20American%20Competition%20Forum.pdf>. Acesso em: 05 nov. 2015.

__________. **Glossary of Industrial Organisation Economics and Competition Law**, compiled by R. S. Khemani and D. M. Shapiro, commissioned by the Directorate for Financial, Fiscal and Enterprise Affairs, OECD, 1993. Disponível em: <http://www.oecd.org/regreform/sectors/2376087.pdf>. Acesso em: 20-03-2017.

__________. **Guidelines for Fighting Bid Rigging in Public Procurement**. 2009. Disponível em: <http://www.oecd.org/dataoecd/27/19/42851044.pdf>. Acesso em: 05 nov. 2015.

__________. **Facsheet on How Competition Policy Affects Macro-economic Outcomes.** 2014. Disponível em: <http://www.oecd.org/daf/competition/2014-competition-factsheet-iv-en.pdf>. Acesso em: 20-03-2017.

__________.**OECD. The Competition Assessment Toolkit** (2011). Disponível em: <https://www.oecd.org/daf/competition/42228385.pdf> Acesso em: 20-03-2017.

__________. **The Future Ain't What It Used to Be** - 20 Years of Competition Law and the Challenges Ahead. 2013. Disponível em: <http://www.oecd.org/tax/20-years-of-competition-law-and-the-challenges-ahead.htm> Acesso em: 05 nov. 2015.

OCKÉ-REIS, C. O.; ANDREAZZI, M.F.S e SILVEIRA, F.G. **O Mercado de Planos de Saúde no Brasil: uma Criação do Estado.** R. Econom. Contemporânea, 157-185. Rio de Janeiro, Jan-Abr de 2006. Disponível em: <http://www.scielo.br/pdf/rec/v10n1/07.pdf> Acesso em: 05 nov. 2015.

OFT. **Evaluation of OFT Competition Advocacy**. Disponível em: <https://londoneconomics.co.uk/wp-content/uploads/2011/09/21-Evaluation-of-OFT-Competition-Advocacy.pdf> Acesso em 03/05/2017.

OLIVEIRA, Gesner. **Concorrência** - Panorama no Brasil e no Mundo, São Paulo, Saraiva, 2001.

__________. **Defesa da Concorrência em Países em Desenvolvimentos**: Aspectos da Experiência do Brasil e do Mercosul, 1998, Disponível em: <http://bibliotecadigital.fgv.br/dspace/bitstream/handle/10438/1863/TD66.pdf?sequen>. Acesso em: 10 nov. 2015.

__________. **Defesa da Livre Concorrência no Brasil**: Tendências Recentes e Desafios à Frente, RAE - Revista de Administração de Empresas, v. 39, n. 3, São Paulo. Jul./Set. 1999. Disponível em:< http://www.scielo.br/pdf/rae/v39n3/v39n3a03.pdf>. Acesso em 10 de nov. 2015.

ORBACH, Barak. **How Antitrust Lost Its Goal**. In: 81 Fordham L. Rev. 2253 (2012).

ORBACH, Barak. **Was the Crisis in Antitrust a Trojan Horse?** Forthcoming. In: The Antitrust Law Journal (2014). Disponível em: <http://awa2014.concurrences.com/IMG/pdf/orbach-crisis.pdf>. Acesso em 27/03/2017.

ORBACH, Barak. CAMPBELL REBLING, Grace E. **The Antitrust Curse of Bigness (May 17, 2012).** 85 Southern California Law Review 605 (2012); Arizona Legal Studies Discussion Paper No. 11-23. Disponível em SSRN: <https://ssrn.com/abstract=1856553>. Acesso em 27/03/2017.

ORBACH, Barak. **A State of Inaction**: Regulatory Preferences, Rent, and Income Inequality. Theoretical Inquiries in Law, 16(1), pp. 45-68. 2015 Retrieved 16 Jun. 2017, from doi:10.1515/til-2015-004.

ORWELL, George. **1984**. São Paulo: Companhia das Letras, 1ª ed. 2009.

PALARES, LLuis Cases. **Derecho Administrativo de la Defensa de la Competencia**. Madrid: Marcial Pons, 1995.

PALMA, JULIANA BONACORSI DE. **Sanção e Acordo na Administração Pública.** Malheiros Editores. 2015.

PAMPLONA, João Batista; CACCIAMALI, Maria Cristina. **O Paradoxo da Abundância:** recursos naturais e desenvolvimento da América Latina. In: Estudos Avançados IEA/USP, V. 31, no. 89, Janeiro/Abril: 251-271, 2017.

PENTEADO, Luciano de Camargo. **Abuso do Poder Econômico-Contratual e Boa-Fé**. Revista de Direito Privado, São Paulo, v. 11, p. 138-153, 2002.

PERES, Wilson. **A Dimensão Local das Políticas de Competitividade Industrial**. In: GUIMARÃES, Nadya Araújo e MARTIN, Scorr (orgs.). Competitividade e desenvolvimento. Atores e instituições locais. São Paulo: Senac.

PERITZ, Rudolph J. R. **Foreword**: Antitrust as Public Interest Law. p. 789-790. New York Law School Review, v. 35, no. 4, 1990.

PERITZ, Rudolph J. R. **Toward a Dynamic Antitrust Analysis**, p. 47 N.Y.L.S. L. Rev. 101 (2003).

PETERSEN, Niels. **Antitrust Law and the Promotion fo Democracy and Economic Growth**. Journal of Competition Law & Economics vol.9 no.3 (September 2013): 593-636, 2013.

PGFN. **Listas dos Maiores Devedores da União**. Disponível em: <http://www.fazenda.gov.br/carta-de-servicos/lista-de-servicos/procuradoria-geral-da-fazenda-nacional-pgfn/lista-de-devedores>. Acesso em 15/06/2017.

PFEIFFER, Roberto Augusto Catellanos. **Defesa da Concorrência e Bem-Estar do Consumidor**. Tese de Doutorado. Faculdade de Direito da USP. 2010.

PIERUCCI, Antônio Flávio. **Secularização em Max Weber: Da contemporânea serventia de voltarmos a acessar aquele velho sentido.** Rev. bras. Ci. Soc., São Paulo, v. 13, n. 37, p. 43-73, June 1998. Disponível em: http://www.scielo.br/scielo.php?script=sci_arttext&pid=S0102-69091998000200003&lng=en&nrm=iso. Acesso em 13 Dec. 2017. http://dx.doi.org/10.1590/S0102-69091998000200003.

PIGOU, Arthur Cecil. **The Economics of Welfare.** The Economics of Welfare, 4ª ed. London: Macmillan, 1932.

PIKETTY, Thomas. **O capital no século XXI**. Rio de Janeiro: Intrínseca, 2014.

PIRES, Álvaro P. **Sobre algumas questões epistemológicas de uma metodologia geral para as ciências sociais**. In: POUPART, Jean; et all. A pesquisa qualitativa – enfoques epistemológicos e metodológicos. Rio de Janeiro: Vozes, 2008, p. 43-94.

PITOFSKY, Robert. **The Political Content of Antitrust**. University Of Pennsylvania Law Review, Philadelphia, Pa., U.S.A. Volume 127, no 4, April, 1979.

PLANCK, Max. **Prefácio de Albert Einstein**. Tradução de Murphy James. Londres: George Allen & Unwin, Ltd,1933.

PLATÃO. **O Mito da Caverna**. 1ª ed. São Paulo: Edipro, 2015.

POPPER, Karl. **Textos Escolhidos /Karl Popper**. Rio de Janeiro: Ed. PUC--RIO. 2010.

POSNER, Richard A. **Problemas de filosofia do direito.** São Paulo: Martins Fontes, 2007.

POSNER, Richard A. "**Some Uses and Abuses of Economics in Law**," HeinOnline, 46 University of Chicago Law Review 281 (1979). Disponível em: http://chicagounbound.uchicago.edu/cgi/viewcontent.cgi?article=2864&context=journal_articles Acesso em: 19-02-2017.

POSNER, R. "**Antitrust in the New Economy**", In: John M. Olin Program in Law and Economics Working Paper No. 106, 2000. Disponível em: <http://chicagounbound.uchicago.edu/cgi/viewcontent.cgi?article=1057&context=law_and_economics> Acesso em 24/04/2017.

POSSAS, M. L. **Os conceitos de mercado relevante e de poder de mercado no âmbito da defesa da concorrência**. IN: Revista do IBRAC, v.3, n.5, p.10-35, 1996.

POSSAS, M.L., FAGUNDES, J. E PONDÉ, J. (1995) "Política Antitruste: um enfoque Schumpeteriano". Anais do XXIII Encontro Nacional de Economia, ANPEC, dezembro.

POSSAS, M.L., FAGUNDES, J. E PONDÉ, J. **Defesa da Concorrência e Regulação de Setores de Infraestrutura em Transição**. In: Revista do IBRAC, v.8, n.8, p. 99-121, 2001.

QUEIROZ, Pedro Aurélio Pereira da Silva, **Agências Reguladoras e Defesa da Concorrência**. Revista do IBRAC, São Paulo, Ed. Singular, v.8, n º 02, maio de 2001.

__________. **As Telecomunicações e o Desafio da Concorrência**. Gazeta Mercantil, São Paulo, agosto de 2001, Legal e Jurisprudência, p.2.

__________. **Direito da Concorrência e Regulação dos Serviços Públicos**. In: Revista de Direito Administrativo Econômico. Salvador: Instituto de Direito Público da Bahia. nº 1, fevereiro de 2005. Disponível em: <http:// www.fd.unl.pt/pt/wps/> Acesso em: 7 de agosto de 2016.

__________. **Entre Isonomia e Liberdade:** o Princípio da Livre Concorrência como Paradigma Geral da Neutralidade no Campo Tributário. In: Direito tributário e financeiro I [Recurso eletrônico on-line] organização CONPEDI/UNICURITIBA; Coordenadores: Antônio Carlos Diniz Murta, Demetrius Nichele Macei, Octavio Campos Fischer – Florianópolis: CONPEDI, p. 105-125, 2016. Disponível em: <http://www.conpedi.org.br/publicacoes/02q8agmu/9084t7dw/Fn1z1A975E7wE4ey.pdf>. Acesso em 02/07/2017.

__________. **Incentivos fiscais às montadoras não se justificam.** In Revista Consultor Jurídico (CONJUR). 4 de jun de 2012. Disponível em http://www.conjur.com.br/2012-jun-04/pedro-queiroz-incentivos-fiscais-montadoras-nao-justificam Acesso em: 7 de agosto de 2016.

__________. **Regulação concorrencial dos organismos geneticamente modificados**. Revista de Direito Público da Economia _ RDPE, Belo Horizonte, ano 3, n. 9, p. 219-236, jan./mar. 2005. Disponível em: http://www.direitodoestado.com/revista/REDAE-1-FEVEREIRO-2005-PEDRO-AURELIO.pdf. Acesso em: 7 de agosto de 2016.

__________. **Verbete "Concorrência"**. In: ARNAUD, André-Jean e JUNQUEIRA, Eliane Botelho (orgs), Dicionário da Globalização (pp. 65-70). Direito, Ciência Política, Rio de Janeiro, Editora Lumen Juris, 2006.

RAFFAELLI, Enrico Adriano (ORG.). **Antitrust Between EU Law and National Law / Antitrust Fra Diritto Nazionale e Diritto Dell'unione Europea:** Xe Conference. Union des Avocats Europeens - UAE), 2013.

RAGAZZO, Carlos. **Análise Econômica da Regulação**: O Papel da Advocacia da Concorrência. Latin American and Caribbean Law and Economics Association (ALACDE) Annual Papers. 2007. Berkeley Program in Law and Economics, UC Berkeley. Disponível em <http://works.bepress.com/carlos_ragazzo/1>.

__________. **Preço Abusivo, Eficácia Jurídica e Análise Econômica**: afinal, onde está a cabeça de bacalhau?. In: Revista do IBRAC. Vol. 19. São Paulo Ed. Revista dos Tribunais. 2011.

RAWLS, John. **Uma Teoria da Justiça**. São Paulo: Martins Fontes. 2008.

REUTERS. **Trio Norte-Americano Ganha Nobel de Economia 2007**, 15 de outubro de 2007. Disponível em <http://br.reuters.com/article/idBRN1521792320071015>. Acesso em 25/04/2017.

RHODES, R; BINDER, S. and ROCKMAN, B.A. **The Oxford Handbook of Political Institutions**. Oxford: Oxford University, 2006. Disponível em <http://cnqzu.com/library/To%20Organize/Books/Rhodes%20et%20al%20(eds)%20-%20Handbook%20of%20Political%20Institutions.pdf>. Acesso em 10 de nov. 2015.

RODAS. João Grandino. **A Uber, Minimamente Regulamentado, Favorece a Livre Concorrência.** In: Revista Consultor Jurídico. 15 de outubro de 2015. Disponível em: <http://www.conjur.com.br/2015-out-15/olhar-economico-uber-minimamente-regulamentado-favorece-livre--concorrencia>. Acesso em: 7 de julho de 2017.

__________. **A Colaboração Universal em Matéria Concorrencial é Digna de Nota**. 8 de outubro de 2015. Disponível em: <http://www.conjur.com.br/2015-out-08/olhar-economico-colaboracao-universal-materia-concorrencial-digna-nota>. Acesso em: 5 de maio de 2016.

__________. **A preocupação com a concorrência surgiu no direito interno**. In: Revista Consultor Jurídico. 15 de outubro de 2015 (2015b). Disponível em: <http://www.conjur.com.br/2015-set-17/olhar-economico-preocupacao-concorrencia-surgiu-direito-interno>. Acesso em: 5 de maio de 2016.

RODRIGUEZ, José Rodrigo. **As Figuras da Perversão do Direito:** Para Um Modelo Crítico de Pesquisa Jurídica Empírica Revista Prolegómenos - Derechos y Valores - pp. 99-124, 2015, II.

__________. PÜSCHEL, Flávia Portella. MACHADO, Marta Rodriguez de Assis. **Dogmática é conflito**: a racionalidade jurídica entre sistema e problema. Série Direito em Debate – Direito Desenvolvimento Justiça. Direito GV. São Paulo: Editora Saraiva, 2012.

RODRIGUEZ, A. E. MENON, A. **The Limits of Competition Policy:** The Shortcomings of Antitrust in Developing and Reforming Economies (International Competition Law Series). Kluwer Law International, 2010.

RODRIK, Dani. **Democracy and Economic Performance** (Dezembro, 1997). Disponível em: <http://ksghome.harvard.edu/~drodrik/demoecon.PDF>. Acesso em: 30 junho 2015.

ROSS, Alf. **Direito e Justiça.** 2ª edição, São Paulo: Editora: Edipro. 2007.

ROVELLI, Carlo. **A Realidade não é o que Parece.** A Estrutura Elementar das Coisas. Rio de Janeiro: Editora Objetiva, 1ª ed., 2017.

SACRISTÁN, José Gimeno (Org.). **O que significa o currículo?** In: Saberes e incertezas sobre o currículo. Porto Alegre: Penso, 2013.p.16 a 35.

SALAMA, Bruno Meyerhof. **Estado de Direito e os Desafios do Desenvolvimento**. VIEIRA, Oscar Vilhena (Org.); DIMOULIS, Dimitri (Org.) São Paulo: Saraiva, 2011, pp. 44-45.

__________. **O que é Pesquisa em Direito e Economia?** Caderno Direito GV No. 22 (mar/2008). Disponível em <https://works.bepress.com/bruno_meyerhof_salama/19/>. Acesso em 21/11/2015.

__________. **Sete Enigmas do Desenvolvimento em Douglass North**. Economic Analysis of Law Review, vol. 2, nº 2 (2011).

SALAMA, Bruno Meyerhof. **A História do Declínio e Queda do Eficientismo na Obra de Richard Posner**. In: LIMA, Maria Lúcia L. M. Pádua (org.). Trinta Anos de Brasil: Diálogos entre Direito e Economia. São Paulo: Saraiva, 2012. Republicado: Revista do Instituto do Direito Brasileiro da Faculdade de Direito da Universidade de Lisboa (RIDB), n. 1, 2012. Disponível em:<https://works.bepress.com/bruno_meyerhof_salama/35/>. Acesso em 01/03/2017.

SALOMÃO FILHO, Calixto. **Direito Concorrencial** - As Estruturas, São Paulo, Malheiros Editores, 1998.

__________. **Direito Concorrencial**, São Paulo, Malheiros Editores, 2013.

__________. **Regulação da Atividade Econômica (princípios e fundamentos jurídicos),** São Paulo, Malheiros Editores, 2001.

__________.**Teoria Crítico-estruturalista do Direito Comercial.** São Paulo: Marcial Pons, 2015.

SANTACRUZ, Ruy. **Preço Abusivo e Cabeça de Bacalhau**. In Revista do IBRAC, v. 5, nº 2. 1998.

SANTOS, Boaventura de Sousa. **A Crítica da Razão Indolente**: Contra o Desperdício da Experiência. São Paulo: Editora Cortez, 7ª. Ed., 2000.

SAAD, Andreia. **Preços excessivos 'puros' na nova Lei Antitruste**: uma proposta de abordagem baseada na advocacia da concorrência" In: Revista do IBRAC: RIBRAC, v. 19, n. 22, p. 249-275, São Paulo: Revista dos Tribunais jul./dez. 2012.

SANTOS, Boaventura de Souza e CHAUÍ, Marilena. **Direitos Humanos, Democracia e Desenvolvimento**. São Paulo. Editora Cortez, 2013.

SHAPIRO, Ian. **Os Fundamentos Morais da Política**, 2006. Martins Fontes.

SCHERER, F. M.; ROSS, David. **Industrial Market Structure and Economic Performance**. New York: Houghton Mifflin Company. 3ª. ed., 1990.

SCHMALENSEE, Richard. **Antitrust Issues in Schumpeterian Industries**. American Economic Review,90(2): 192-196. 2000.

SCHNEIDER, B. R. **Hierarchical Capitalism in Latin America. Business, Labor, and the Challenges of Equitable Development.** Chapter 7 – Business-Group Politics: Institutional Bias and Business Preferences. Cambridge University Press, 2013, pp. 139-159.

SCHRÖDINGER. Erwin. **The Present Situation in Quantum Mechanics**: A Translation of Schrödinger's 'Cat Paradox' Paper. by John D. Trimmer, Proceedings of the American Philosophical Society 124:5 (Oct. 10, 1980), 323-338, 328. Disponível em: <http://www.mathematik.uni-muenchen.de/~schlenga/SS16/Material/SchroedingerEN.pdf>. Acesso em 23/03/2017.

SCHUARTZ, Luis Fernando. **Inovações e Defesa da Concorrência:** em busca de uma política que minimize os custos de decisões equivocadas". In: Propriedade Intelectual, Antistruste e Desenvolvimento. 35-58. TIMM, Luciano Benetti; PARANAGUÀ, Pedro (Organizadores). Rio de Janeiro: Editora FGV/Direito Rio. 2009.

SCHUMPETER, J. A. **Teoria do desenvolvimento econômico**. São Paulo: Nova Cultura, 1997.

SERRA, Albert. **La gestión transversal**. Expectativas y resultados. In: Revista del CLAD Reforma y Democracia, n. 32. Jun. 2005. Caracas, Venezuela.

SHLEIFER, Andrei. 1985. **A Theory of Yardstick Competition.** IN: Rand Journal of Economics 16 (3): 319-327. Disponível em: <http://scholar.harvard.edu/files/shleifer/files/theory_yardstick_comp.pdf>. Acesso em: 03/04/2017.

SILVA, T. D. **Gestão da transversalidade em políticas públicas**. In: ENCONTRO DA ASSOCIAÇÃO NACIONAL DE PÓS-GRADUAÇÃO EM ADMINISTRAÇÃO, 35. Anais. Rio de Janeiro: ENANPAD, set. 2011.

SOKOL, D. Daniel. **Antitrust, Institutions, and Merger Control (June 16, 2010).** George Mason Law Review, Vol. 17, No. 4, 2010. Disponível em SSRN: <https://ssrn.com/abstract=1625965>. Acesso em 16/06/2016.

STATE OF THE UNION HISTORY. **1902 Theodore Roosevelt – TRUSTBUSTER**. 13 de agosto de 2015. Disponível em: <http://www.stateoftheunionhistory.com/2015/08/1902-theodore-roosevelt-trustbuster.html> 2017. Acesso em 16/06/2016.

STEINER, G. **Business, Government, and Society**. 11th Ed. New York: McGraw-Hill, 2006. 731 p.

STIGLITZ, Joseph. **The Price of Inequality**. New York-London: W. W. Norton & Company, 2013.

STREECK, Wolfgang. **Como crises do capitalismo democrático**. Novos estud. CEBRAP, São Paulo, n. 92, p. 35-56, março de 2012. Disponível em: < http://dx.doi.org/10.1590/S0101-33002012000100004>. Acesso em 30 de maio de 2017.

STUCKE, Maurice E. **Should Competition Policy Promete Happiness?**81 Fordham L. Rev. 2575 (2013).

STUCKE, Maurice. **Is Competition Always Good?** In: E. J Antitrust Enforcement (2013) 1 (1): 162-197. DOI: <https://doi.org/10.1093/jaenfo/jns008> Published: 04 February 2013.

TAYLOR, Charles. **As Fontes do Self**. A Construção da Identidade Moderna. São Paulo. Edições Loyola. 2011.

TAUFICK, Roberto Domingos. **Nova Lei Antitruste Brasileira**. Rio de Janeiro: Editora Forense. 2012.

TELLES JÚNIOR, Goffredo. **Direito quântico**. 1915. 8ª. Ed. Revista – São Paulo: Editora Juarez de Oliveira.

THE CHICAGO MAROON. **Professors Talk Changing Chicago Economics.** 17/04/2017. Disponível em: <https://www.chicagomaroon.com/article/2017/4/18/editorial-economist-suggests-changing-u-c-economic/> Acesso em 23/04/2017.

THE ECONOMIST. **The University of Chicago Worries About a Lack of Competition**. Edição Impressa da Business Section - "Crony capitalism" dia 12 de abril de 2017 (2017a). Disponível em: <http://www.economist.com/news/business/21720657-its-economists-used-champion-big-firms-mood-has-shifted-university-chicago?frsc=dg%7Ce> Acesso em 18/04/2017.

THE ECONOMIST. **Richard Thaler wins the Nobel prize for economic sciences.** Edição Impressa da Business Section - "Free Exchange" do dia 10 de outubro de 2017 (2017b). Disponível em: < https://www.economist.com/news/business-and-finance/21730109-economist-who-recognises-human-behaviour-not-always-strictly> Acesso em 10/10/2017.

THE HILL. **Trump team may inject populist agenda into antitrust decisions**. In: The Hill. 31/01/2017. Disponível em: <http://thehill.com/blogs/pundits-blog/finance/317091-trump-team-may-inject-populist-agenda-into-antitrust-decisions> Acesso em 18/04/2017.

THE ROYAL SWEDISH ACADEMY OF SCIENCES (T.R.S.A.S.) Angus Deaton: **Consumption, Poverty and Welfare**. The Committee for the Prize in Economic Sciences in Memory of Alfred Nobel. 2015. Disponível em: <http://www.nobelprize.org/nobel_prizes/economic-sciences/laureates/2015/advanced-economicsciences2015.pdf>. Acesso em 10 de nov. 2015.

UNCTAD. **Developing a competition advocacy model in the context of the introduction of competition policies in Latin America**: study prepared for the Competition Law and Policy and Consumer Protection Section. Curiel Leidenz, Claudia – UNCTAD. 2002. Disponível em: <http://repository.un.org/handle/11176/334768>.

UNCTAD. **The relationship between competition and industrial policies in promoting economic development**, Geneva, 7–9 July 2009. Disponível em: <http://unctad.org/en/Docs/ciclpd3_en.pdf>. Acesso em 10 de nov. 2015.

UNCTAD. **The role of competition advocacy, merger control and the effective enforcement of law in times of economic trouble.** Disponível em: <http://unctad.org/en/Docs/tdrbpconf7d6_en.pdf>. Acesso em 10 de nov. 2015.

VALOR ECONÔMICO. **Participação da indústria no PIB volta à década de 40, diz Ibre.** 25/08/2015. Disponível em: http://www.valor.com.br/brasil/4194804/participacao-da-industria-no-pib-volta-decada-de--40-diz-ibre Acesso em 29 abr. 2017.

VARIAN, Hal R. **Microeconomia**: Princípios Básicos. 5ª. ed, Rio de Janeiro: Campus, 2000.

VENÂNCIO FILHO, Alberto. **Abuso do Poder Econômico**. In: Rev. Dir. Públ. e Ciência Politica - Rio dt Janeiro - Vol. VII. no 1 - jan./abr, 1964. Disponível em: <bibliotecadigital.fgv.br/ojs/index.php/rdpcp/article/download/59506/57874>. Acesso em 29 abr. 2017.

VERÍSSIMO, Marcos Paulo. AZEVEDO, Marcos Paulo Furquim de. **CADE e o Controle Preventivo de Condutas**. In: Jornal Valor Econômico. 29 de jun. 2014.

VIEGAS, Flávio. **Os erros de cálculo do Cade no cartel do suco de laranja**. In: JOTA. Disponível em: <https://jota.info/artigos/os-erros-de-calculo-cade-no-cartel-suco-de-laranja-08122016>. Acesso em 29 jun. 2017.

VIEIRA, Oscar Vilhena (Org.); DIMOULIS, Dimitri (Org.). **Estado de Direito e os Desafios do Desenvolvimento.** São Paulo: Saraiva, 2011.

VIGOTSKI, Lev Semenovich. **A Construção do Pensamento e da Linguagem**. São Paulo. Ed. Martins Fontes, 2001.

VISCUSI, W. Kip; HARRINGTON Jr., Joseph E.; VERNON, J. **Economics of Regulation and Antitrust**. 4ª. edição, Cambridge: MIT PRESS, 2005.

WALD, Arnoldo. **O Interesse Social no Direito Privado**. Publicação na RTRF3R nº 77, págs. 129/148, maio/junho – 2006.

WALLER, Spencer Weber. **Corporate Governance and Competition Policy**. 18 Geo. Mason L. Rev. 833 (2011).

__________. **The Uses of Business Theory in Antitrust Litigation**, 47 N.Y.L.S. L. Rev. 119 (2003).

WASHINGTON POST. **Justice Department investigates beer industry anti-competition accusations**. 2015. Disponível em: <https://www.washingtonpost.com/business/economy/justice-department-investigates-beer-industry-anti-competition-accusations/2015/10/12/7dc29502-712a-11e5-8248-98e0f5a2e830_story.html?utm_term=.3c4e01b25b24>. Acesso em 19/04/2017.

WHITE HOUSE. **Executive Order** - Steps to Increase Competition and Better Inform, Consumers and Workers to Support Continued Growth of the American Economy, 15 de abril de 2016. Disponível em: <https://obamawhitehouse.archives.gov/the-press-office/2016/04/15/executive-order-steps-increase-competition-and-better-inform-consumers> Acesso em 01/05/2017.

WILLIAMSON, Oliver E. **Markets and Hierarchies**: Analysis and Antitrust Implications. New York: Free Press, 1975.

WILLIAMSON, Oliver E. Williamson, Oliver E. **Review of The Antitrust Paradox**: A Policy at War with Itself by Robert H. Bork. University of Chicago Law Review: Vol. 46: Iss. 2. 1979. Disponível em: <http://chicagounbound.uchicago.edu/cgi/viewcontent.cgi?article=4174&context=uclrev> Acesso em 19/04/2017.

WU, Tim. **In the Grip of the New Monopolists**. In: The Wall Street Journal, 2010. Disponível em <https://www.wsj.com/articles/SB10001424052748704635704575604993311538482> Acesso em 13/08/2017.

YOGANANDA, Paramahansa. **Autobiografia de um Iogue**. Editora: Self Realization Fellowship. 3ª. ed., 2016.

ZEPPELINI, Márcio. **Advocacy: o lobby do bem.** 2010. IPEA - Instituto de Pesquisa Econômica Aplicada. <http://www.ipea.gov.br/acaosocial/article26c3.html?id.article=592> Acesso em 19/04/2017.

ZIMMER, Daniel. **The Goals of Competition Law.** Cheltenham, UK • Northampton, MA, USA: Edward Elgar Publishing Limited, 2012.

ZOGHBI, Valentina. **Strategic Priorities of Competition and Regulatory Agencies**. In Developing Countries. In Politics Triumphs Economics?. Political Economy and the Implementation of Competition Law and Economic Regulation in Developing Countries. Pradeep S. Mehta (Editor). Simon J. Evenett (Editor). Academic Foundation, 2009.

ZYWICKI, Todd J., COOPER, James C. and PAUTLER, Paul A., **Theory and Practice of Competition Advocacy at the FTC.** Antitrust Law Journal, Vol. 72, No. 3, pp. 1091-1112, 2005; George Mason Law & Economics Research Paper No. 04-48. Available at SSRN: <https://ssrn.com/abstract=610586 or http://dx.doi.org/10.2139/ssrn.610586> Acesso em 19/04/2017.

Impressão e acabamento
psi7 | book7
psi7.com.br book7.com.br